Sigmund-Freud-Gesamtausgabe
Band 17
1921–1923

BIBLIOTHEK DER PSYCHOANALYSE
HERAUSGEGEBEN VON HANS-JÜRGEN WIRTH

Sigmund Freud

Gesamtausgabe

Band 17
1921–1923

Herausgegeben von Christfried Tögel
unter Mitarbeit von Urban Zerfaß

Psychosozial-Verlag

Bibliografische Information der Deutschen Nationalbibliothek
Die Deutsche Nationalbibliothek verzeichnet diese Publikation
in der Deutschen Nationalbibliografie; detaillierte bibliografische Daten
sind im Internet über http://dnb.d-nb.de abrufbar.

Originalausgabe
© 2020 Psychosozial-Verlag, Gießen
E-Mail: info@psychosozial-verlag.de
www.psychosozial-verlag.de
Umschlaggestaltung & Innenlayout
nach Entwürfen von Hanspeter Ludwig, Wetzlar
Druck: Beltz Bad Langensalza GmbH
Printed in Germany
ISBN 978-3-8379-2417-6

Abb. 1: Sigmund Freud 1920

Inhalt

Zu diesem Band   11

Abkürzungen   13

1921-01 Massenpsychologie und Ich-Analyse   15

1921-02 Preface zu Putnam:
Addresses on Psycho-Analysis   87

1921-03 Introduction zu Varendonck:
The Psychology of Day-Dreams   91

1921-04 Preiszuteilungen   95

1921-05 Die Traumdeutung [6. Auflage]   99

1921-06 Über den Traum [3. Auflage]   101

1921-07 Der Witz und seine Beziehung zum Unbewußten
[3. Auflage]   103

1921-08 Jenseits des Lustprinzips [2. Auflage]   105

1922-01 Traum und Telepathie   107

1922-02 Über einige neurotische Mechanismen
bei Eifersucht, Paranoia und Homosexualität   133

1922-03 Nachschrift zur Analyse des kleinen Hans 145

1922-04 Preisausschreibung 149

1922-05 Préface zu Saussure: La méthode psychanalytique 153

1922-06 Etwas vom Unbewußten 157

1922-07 An die Künstler und Intellektuellen Oesterreichs 161

1922-08 Antwort auf eine Europa-Umfrage
der Zeitschrift *Túz*: Was wird aus Europa? 165

1922-09 Freud, Sigmund [autobiografischer Artikel] 169

1922-10 Freud, Sigmund [autobiografischer Artikel] 173

1922-11 Studien über Hysterie [4. Auflage] 177

1922-12 Die Traumdeutung [7. Auflage] 179

1922-13 Zur Psychopathologie des Alltagslebens [8. Auflage] 181

1922-14 Drei Abhandlungen zur Sexualtheorie [5. Auflage] 183

1922-15 Meine Ansichten über die Rolle der Sexualität
in der Ätiologie der Neurosen [3. Auflage] 185

1922-16 Über Psychoanalyse [6. Auflage] 187

1922-17 Vorlesungen zur Einführung in die Psychoanalyse
[4. Auflage] 189

1922-18 Totem und Tabu [3. Auflage] 191

1923-01 Libidotheorie 193

1923-02 Psychoanalyse 201

1923-03 Bemerkungen zur Theorie und Praxis
der Traumdeutung 223

1923-04 Eine Teufelsneurose im siebzehnten Jahrhundert 237

1923-05 Das Ich und das Es 269

1923-06 Die infantile Genitalorganisation
(Eine Einschaltung in die Sexualtheorie) 313

1923-07 Josef Popper-Lynkeus und die Theorie des Traumes 321

1923-08 Vorwort zu Eitingon:
Bericht über die Berliner psychoanalytische Poliklinik 327

1923-09 Dr. Ferenczi Sándor (Zum 50. Geburtstag) 331

1923-10 Zur Psychopathologie des Alltagslebens [9. Auflage] 337

1923-11 Eine Kindheitserinnerung des Leonardo da Vinci
[3. Auflage] 339

1923-12 Jenseits des Lustprinzips [3. Auflage] 341

1923-13 Massenpsychologie und Ich-Analyse [2. Auflage] 343

Konkordanz 345

Abbildungen 347

Literatur 349

Personenregister 351

Sachregister 355

Zu diesem Band

Das erste wichtige und vielleicht positivste Ereignis in Freuds Privatleben dieser Jahre war die Geburt seines Enkels Anton Walter am 3. April 1921. Danach folgten eher düstere Ereignisse:

Am 18. August 1922 beging Freuds Nichte Cäcilie („Mausi") Graf, die zeitweise in der Familie gelebt hatte, wegen einer Liebesaffäre Selbstmord mit Veronal (Freud, 2006h, S. 302).

Ende Februar 1923 entdeckte Freud erste Zeichen seines Mundhöhlenkrebses. Sein Arzt Felix Deutsch stellt wenige Wochen später, um Freud zu beruhigen, die Diagnose „Leukoplakie" (oft harmlose Schleimhautflecken), der glaubt ihm jedoch nicht. Ende April wird eine erste Operation nötig, der später noch über 30 weitere folgen sollten. Es kam zu einer postoperativen Blutung und Freud wurde dank eines zwergwüchsigen Mitpatienten gerettet.[1]

Anfang Juni 1923 erkrankte Freuds Lieblingsenkel Rudolf („Heinele") Halberstadt, der Sohn von Freuds Tochter Sophie, an Miliartuberkulose und starb Ende Juni (Freud, 1970b, S. 67).

Aufgrund einer nur noch geringen Lebenserwartung wegen seiner Krebserkrankung unternahm Freud im September mit seiner Tochter Anna eine Reise nach Rom. Im Zug dorthin bekam er eine starke Blutung im Mund. Trotzdem war die Romreise eine wunderbare Erfahrung für beide (Freud, 2002b, S. 377–384).

Am 17. November 1923 unterzog sich Freud auf Empfehlung von Paul

---

[1] Zu Freuds Krebserkrankung vgl. besonders Romm (1983) und Schur (1982).

Federn in der Hoffnung, dass sein Krebsleiden positiv beeinflusst würde, einer sogenannten Steinach-Operation (Unterbindung beider Samenleiter). Das war aber nach Meinung seines behandelnden Zahnarztes Pichler nicht der Fall (Freud, 1992g, Bd. III/1, S. 180; Jones, 1960–1962, Bd. 3, S. 123; Romm, 1983, S. 73ff.).

In Bezug auf die Psychoanalyse, ihre Weiterentwicklung und internationale Anerkennung gab es dagegen eher positive Entwicklungen:

Ende 1921 wurde Freud Ehrenmitglied der Niederländischen Gesellschaft für Psychiatrie, und aus Moskau und aus Kalkutta gingen Anträge auf Bildung von Ortsgruppen des Internationalen Psychoanalytischen Vereins ein (Freud, 1960a, S. 353).

Am 22. Mai 1922 eröffnete das Wiener Psychoanalytische Ambulatorium in der Pelikangasse 18 (Jones, 1960–1962, S. 35). Wenige Tage später, am 31. Mai, hielt Tochter Anna vor der Wiener Psychoanalytischen Vereinigung ihren Probevortrag über „Schlagephantasien und Tagtraum" (Freud, 2004h, S. 288) und wurde am 13. Juni als Mitglied aufgenommen (Fallend, 1995, S. 230).

Der Höhepunkt war der VII. Internationale Psychoanalytische Kongress vom 25. bis 27. September 1922 in Berlin. Es war der letzte Kongress, an dem Freud teilnahm.

Die wichtigsten Veröffentlichungen Freuds aus den Jahren 1921 bis 1923 waren *Massenpsychologie und Ich-Analyse* (1921) und *Das Ich und das Es* (1923).

Abkürzungen

FML	Freud Museum London
LoC	Library of Congress
MPF	Freud-Bibliographie von Ingeborg Meyer-Palmedo und Gerhard Fichtner
SFM	Sigmund Freud Museum Wien
SFP	Sigmund Freud Papers in der Manuscript Division der Library of Congress
WPV	Wiener Psychoanalytische Vereinigung

Freud-Ausgaben:

GS	Gesammelte Schriften
GW	Gesammelte Werke
SA	Studienausgabe
SE	Standard Edition
SFG	Sigmund-Freud-Gesamtausgabe
SKSN	Sammlung kleiner Schriften zur Neurosenlehre

1921-01
Massenpsychologie und Ich-Analyse

Erstveröffentlichung:
Freud, Sigmund (1921): *Massenpsychologie und Ich-Analyse*. Leipzig/
Wien/Zürich: Internationaler Psychoanalytischer Verlag.

Im April 1919 hatte Freud „mit einem simplen Einfall eine φα Begründung
der Massenpsychologie versucht" (Freud, 1992g, Band II/2, S. 236),
wurde aber durch die Nachrichten
über den verschlechterten Gesund-
heitszustand Anton von Freunds[1]
abgehalten, die Idee weiter zu verfolgen. Erst im Herbst begann er sich
wieder intensiver mit dem Thema
zu beschäftigen (Freud, 2004h,
S. 176), und im Frühjahr 1920
entschied er, ein Buch daraus zu
machen (Freud, 2009h, S. 657).
Ursprünglich sollte der Titel *Massenpsychologie und Analyse des Ich* lauten, aber mit Fertigstellung des Textes
im August stand auch der endgültigen Titel (Freud, 2006h, S. 274). Im
Frühjahr 1921 bereitete Freud ihn für

Prof. Sigm. Freud

Massenpsychologie
und
Ich-Analyse

Internationaler
Psychoanalytischer Verlag
G. m. b. H.

---

[1] Siehe SFG 16, 1920-03.

den Druck vor (Freud, 2004h, S. 245; Reik, 1976, S. 105). Das Buch erschien Anfang Juni 1921 (Wittenberger & Tögel, 2001a, S. 191).

Massenpsychologie und Ich-Analyse

Inhalt.

I.	Einleitung	1
II.	L e B o n's Schilderung der Massenseele	5
III.	Andere Würdigungen des kollektiven Seelenlebens	25
IV.	Suggestion und Libido	37
V.	Zwei künstliche Massen: Kirche und Heer	46
VI.	Weitere Aufgaben und Arbeitsrichtungen	57
VII.	Die Identifizierung	66
VIII.	Verliebtheit und Hypnose	78
IX.	Der Herdentrieb	89
X.	Die Masse und die Urhorde	100
XI.	Eine Stufe im Ich	112
XII.	Nachträge	122

I.
Einleitung.

Der Gegensatz von Individual- und Sozial- oder Massenpsychologie, der uns auf den ersten Blick als sehr bedeutsam erscheinen mag, verliert bei eingehender Betrachtung sehr viel von seiner Schärfe. Die Individualpsychologie ist zwar auf den einzelnen Menschen eingestellt und verfolgt, auf welchen Wegen derselbe die Befriedigung seiner Triebregungen zu erreichen sucht, allein sie kommt dabei nur selten, unter bestimmten Ausnahmsbedingungen, in die Lage, von den Beziehungen dieses Einzelnen zu anderen Individuen abzusehen. Im Seelenleben des Einzelnen kommt ganz regelmäßig der Andere als Vorbild, als Objekt, als Helfer und als Gegner in Betracht und die Individualpsychologie ist daher von Anfang an auch gleichzeitig Sozialpsychologie in diesem erweiterten, aber durchaus berechtigten Sinne.

[2] Das Verhältnis des Einzelnen zu seinen Eltern und Geschwistern, zu seinem Liebesobjekt und zu seinem Arzt, also alle die Beziehungen, welche bisher vorzugsweise Gegenstand der psychoanalytischen Untersuchung geworden sind, können den Anspruch erheben, als soziale Phänomene gewürdigt zu werden, und stellen sich dann in Gegensatz zu gewissen anderen, von uns n a r z i ß t i s c h genannten Vorgängen, bei denen die Triebbefriedigung sich dem Einfluß anderer Personen entzieht oder auf sie verzichtet. Der Gegensatz zwischen sozialen und narzißtischen – B l e u l e r würde vielleicht sagen: a u t i s t i s c h e n – seelischen Akten fällt also durchaus innerhalb des Bereichs der Individualpsychologie und eignet sich nicht dazu, sie von einer Sozial- oder Massenpsychologie abzutrennen.

In den erwähnten Verhältnissen zu Eltern und Geschwistern, zur Geliebten, zum Freunde und zum Arzt erfährt der Einzelne immer nur den Einfluß einer einzigen oder einer sehr geringen Anzahl von Personen, von denen eine jede eine großartige Bedeutung für ihn erworben hat. Man hat sich nun gewöhnt, wenn man von Sozial- oder Massenpsychologie spricht, von diesen Beziehungen abzusehen und die gleichzeitige Beeinflussung des Einzelnen [3] durch eine große Anzahl von Personen, mit denen er durch irgend etwas verbunden ist, während sie ihm sonst in vielen Hinsichten fremd sein mögen, als Gegenstand der Untersuchung abzusondern. Die Massenpsychologie behandelt also den einzelnen Menschen als Mitglied eines Stammes, eines Volkes, einer Kaste, eines Standes, einer Institution oder als Bestandteil eines Menschenhaufens, der sich zu einer gewissen Zeit für einen bestimmten Zweck zur Masse organisiert. Nach dieser Zerreißung eines natürlichen Zusammenhanges lag es dann nahe, die Erscheinungen, die sich unter diesen besonderen Bedingungen zeigen, als Äußerungen eines besonderen, weiter nicht zurückführbaren Triebes anzusehen, des sozialen Triebes – herd instinct, group mind – der in anderen Situationen nicht zum Ausdruck kommt. Wir dürfen aber wohl den Einwand erheben, es falle uns schwer, dem Moment der Zahl eine so große Bedeutung einzuräumen, daß es ihm allein möglich sein sollte, im menschlichen Seelenleben einen neuen und sonst nicht betätigten Trieb zu wecken. Unsere Erwartung wird somit auf zwei andere Möglichkeiten hingelenkt: daß der soziale Trieb kein ursprünglicher und unzerlegbarer sein mag, und daß die Anfänge seiner Bildung in einem **[4]** engeren Kreis wie etwa in dem der Familie gefunden werden können.

Die Massenpsychologie, obwohl erst in ihren Anfängen befindlich, umfaßt eine noch unübersehbare Fülle von Einzelproblemen und stellt dem Untersucher ungezählte, derzeit noch nicht einmal gut gesonderte Aufgaben. Die bloße Gruppierung der verschiedenen Formen von Massenbildung und die Beschreibung der von ihnen geäußerten psychischen Phänomene erfordern einen großen Aufwand von Beobachtung und Darstellung und haben bereits eine reichhaltige Literatur entstehen lassen. Wer dies schmale Büchlein an dem Umfang der Massenpsychologie mißt, wird ohneweiters vermuten dürfen, daß hier nur wenige Punkte des ganzen Stoffes behandelt werden sollen. Es werden wirklich auch nur einige Fragen sein, an denen die Tiefenforschung der Psychoanalyse ein besonderes Interesse nimmt.

II.
Le Bon's Schilderung der Massenseele.

Zweckmäßiger als eine Definition voranzustellen scheint es, mit einem Hinweis auf das Erscheinungsgebiet zu beginnen und aus diesem einige besonders auffällige und charakteristische Tatsachen herauszugreifen, an welche die Untersuchung anknüpfen kann. Wir erreichen beides durch einen Aus-

zug aus dem mit Recht berühmt gewordenen Buch von L e   B o n, P s y -
c h o l o g i e   d e r   M a s s e n[1].

Machen wir uns den Sachverhalt nochmals klar: Wenn die Psychologie,
welche die Anlagen, Triebregungen, Motive, Absichten eines einzelnen Menschen bis zu seinen Handlungen und in die Beziehungen zu seinen Nächsten
verfolgt, ihre Aufgabe restlos gelöst und alle diese Zusammenhänge durchsichtig gemacht hätte, dann fände sie sich plötzlich [6] vor einer neuen Aufgabe, die sich ungelöst vor ihr erhebt. Sie müßte die überraschende Tatsache
erklären, daß dies ihr verständlich gewordene Individuum unter einer bestimmten Bedingung ganz anders fühlt, denkt und handelt, als von ihm zu
erwarten stand, und diese Bedingung ist die Einreihung in eine Menschenmenge, welche die Eigenschaft einer „psychologischen Masse" erworben hat.
Was ist nun eine „Masse", wodurch erwirbt sie die Fähigkeit, das Seelenleben
des Einzelnen so entscheidend zu beeinflussen, und worin besteht die seelische Veränderung, die sie dem Einzelnen aufnötigt?

Diese drei Fragen zu beantworten, ist die Aufgabe einer theoretischen
Massenpsychologie. Man greift sie offenbar am besten an, wenn man von der
dritten ausgeht. Es ist die Beobachtung der veränderten Reaktion des Einzelnen, welche der Massenpsychologie den Stoff liefert; jedem Erklärungsversuch muß ja die Beschreibung des zu Erklärenden vorausgehen.

Ich lasse nun L e   B o n zu Worte kommen. Er sagt (S. 13): „An einer
psychologischen Masse ist das Sonderbarste dies: welcher Art auch die sie
zusammensetzenden Individuen sein mögen, wie ähn- [7] lich oder unähn-
lich ihre Lebensweise, Beschäftigung, ihr Charakter oder ihre Intelligenz ist,
durch den bloßen Umstand ihrer Umformung zur Masse besitzen sie eine
Kollektivseele, vermöge deren sie in ganz anderer Weise fühlen, denken und
handeln, als jedes von ihnen für sich fühlen, denken und handeln würde. Es
gibt Ideen und Gefühle, die nur bei den zu Massen verbundenen Individuen
auftreten oder sich in Handlungen umsetzen. Die psychologische Masse ist
ein provisorisches Wesen, das aus heterogenen Elementen besteht, die für
einen Augenblick sich miteinander verbunden haben, genau so wie die Zellen
des Organismus durch ihre Vereinigung ein neues Wesen mit ganz anderen
Eigenschaften als denen der einzelnen Zellen bilden."

---

[1] Übersetzt von Dr. Rudolf E i s l e r, zweite Auflage 1912.

Indem wir uns die Freiheit nehmen, die Darstellung L e B o n's durch unsere Glossen zu unterbrechen, geben wir hier der Bemerkung Raum: Wenn die Individuen in der Masse zu einer Einheit verbunden sind, so muß es wohl etwas geben, was sie an einander bindet, und dies Bindemittel könnte gerade das sein, was für die Masse charakteristisch ist. Allein L e B o n beantwortet diese Frage nicht, er geht auf die Veränderung des Individuums in der Masse ein und beschreibt sie in Ausdrücken, welche [8] mit den Grundvoraussetzungen unserer Tiefenpsychologie in guter Übereinstimmung stehen.

(S. 14.) „Leicht ist die Feststellung des Maßes von Verschiedenheit des einer Masse angehörenden vom isolierten Individuum, weniger leicht ist aber die Entdeckung der Ursachen dieser Verschiedenheit.

Um diese Ursachen wenigstens einigermaßen zu finden, muß man sich zunächst der von der modernen Psychologie gemachten Feststellung erinnern, daß nicht bloß im organischen Leben, sondern auch in den intellektuellen Funktionen die unbewußten Phänomene eine überwiegende Rolle spielen. Das bewußte Geistesleben stellt nur einen recht geringen Teil neben dem unbewußten Seelenleben dar. Die feinste Analyse, die schärfste Beobachtung gelangt nur zu einer kleinen Anzahl bewußter Motive des Seelenlebens. Unsere bewußten Akte leiten sich aus einem, besonders durch Vererbungseinflüsse geschaffenen, unbewußten Substrat her. Dieses enthält die zahllosen Ahnenspuren, aus denen sich die Rassenseele konstituiert. Hinter den eingestandenen Motiven unserer Handlungen gibt es zweifellos die geheimen Gründe, die wir nicht eingestehen, hinter diesen liegen aber noch geheimere, [9] die wir nicht einmal kennen. Die Mehrzahl unserer alltäglichen Handlungen ist nur die Wirkung verborgener, uns entgehender Motive."

In der Masse, meint L e B o n, verwischen sich die individuellen Erwerbungen der Einzelnen, und damit verschwindet deren Eigenart. Das rassenmäßige Unbewußte tritt hervor, das Heterogene versinkt im Homogenen. Wir werden sagen, der psychische Oberbau, der sich bei den Einzelnen so verschiedenartig entwickelt hat, wird abgetragen, und das bei allen gleichartige unbewußte Fundament wird bloßgelegt.

Auf diese Weise käme ein durchschnittlicher Charakter der Massenindividuen zustande. Allein L e B o n findet, sie zeigen auch neue Eigenschaften, die sie vorher nicht besessen haben, und sucht den Grund dafür in drei verschiedenen Momenten.

(S. 15.) „Die erste dieser Ursachen besteht darin, daß das Individuum in der Masse schon durch die Tatsache der Menge ein Gefühl unüberwindlicher Macht erlangt, welches ihm gestattet, Trieben zu fröhnen, die es allein notwendig gezügelt hätte. Es wird dies nun umso weniger Anlaß haben, als bei der Anonymität und demnach auch Unverantwort- [10] lichkeit der Masse das Verantwortlichkeitsgefühl, welches die Individuen stets zurückhält, völlig schwindet."

Wir brauchten von unserem Standpunkt weniger Wert auf das Auftauchen neuer Eigenschaften zu legen. Es genügte uns zu sagen, das Individuum komme in der Masse unter Bedingungen, die ihm gestatten, die Verdrängungen seiner unbewußten Triebregungen abzuwerfen. Die anscheinend neuen Eigenschaften, die es dann zeigt, sind eben die Äußerungen dieses Unbewußten, in dem ja alles Böse der Menschenseele in der Anlage enthalten ist; das Schwinden des Gewissens oder Verantwortlichkeitsgefühls unter diesen Umständen macht unserem Verständnis keine Schwierigkeit. Wir hatten längst behauptet, der Kern des sogenannten Gewissens sei „soziale Angst".

Eine gewisse Differenz zwischen der Anschauung L e B o n's und der unserigen stellt sich dadurch her, daß sein Begriff des Unbewußten nicht ganz mit dem von der Psychoanalyse angenommenen zusammenfällt. Das Unbewußte L e B o n's enthält vor allem die tiefsten Merkmale der Rassenseele, welche für die Psychoanalyse eigentlich außer Betracht kommt. Wir verkennen zwar nicht, daß der Kern des Ichs, dem die „archaische Erbschaft" der Menschenseele angehört, unbewußt ist, aber wir sondern außerdem das „unbewußte Verdrängte" ab, [11] welches aus einem Anteil dieser Erbschaft hervorgegangen ist. Dieser Begriff des Verdrängten fehlt bei L e B o n.

(S. 16.) „Eine zweite Ursache, die Ansteckung, trägt ebenso dazu bei, bei den Massen die Äußerung spezieller Merkmale und zugleich deren Richtung zu bewerkstelligen. Die Ansteckung ist ein leicht zu konstatierendes aber unerklärliches Phänomen, das man den von uns sogleich zu studierenden Phänomenen hypnotischer Art zurechnen muß. In der Menge ist jedes Gefühl, jede Handlung ansteckend, und zwar in so hohem Grade, daß das Individuum sehr leicht sein persönliches Interesse dem Gesamtinteresse opfert. Es ist dies eine seiner Natur durchaus entgegengesetzte Fähigkeit, deren der Mensch nur als Massenbestandteil fähig ist."

Wir werden auf diesen letzten Satz später eine wichtige Vermutung begründen.

(S. 16.) „Eine dritte, und zwar die wichtigste Ursache bedingt in den zur Masse vereinigten Individuen besondere Eigenschaften, welche denen des isolierten Individuums völlig entgegengesetzt sind. Ich rede hier von der Suggestibilität, von der die erwähnte Ansteckung übrigens nur eine Wirkung ist.

Zum Verständnis dieser Erscheinung gehört die Vergegenwärtigung gewisser neuer Entdeckungen [12] der Physiologie. Wir wissen jetzt, daß ein Mensch mittels mannigfacher Prozeduren in einen solchen Zustand versetzt werden kann, daß er nach Verlust seiner ganzen bewußten Persönlichkeit allen Suggestionen desjenigen gehorcht, der ihn seines Persönlichkeitsbewußtseins beraubt hat, und daß er die zu seinem Charakter und seinen Gewohnheiten in schärfstem Gegensatz stehenden Handlungen begeht. Nun scheinen sehr sorgfältige Beobachtungen darzutun, daß ein eine Zeitlang im Schoße einer tätigen Masse eingebettetes Individuum in Bälde – durch Ausströmungen, die von ihr ausgehen oder sonst eine unbekannte Ursache – in einem Sonderzustand sich befindet, der sich sehr der Faszination nähert, die den Hypnotisierten unter dem Einfluß des Hypnotisators befällt … Die bewußte Persönlichkeit ist völlig geschwunden, Wille und Unterscheidungsvermögen fehlen, alle Gefühle und Gedanken sind nach der durch den Hypnotisator hergestellten Richtung orientiert.

So ungefähr verhält sich auch der Zustand des einer psychologischen Masse angehörenden Individuums. Es ist sich seiner Handlungen nicht mehr bewußt. Wie beim Hypnotisierten können bei ihm, während zugleich gewisse Fähigkeiten aufgehoben [13] sind, andere auf einen Grad höchster Stärke gebracht werden. Unter dem Einflusse einer Suggestion wird es sich mit einem unwiderstehlichen Triebe an die Ausführung bestimmter Handlungen machen. Und dieses Ungestüm ist bei den Massen noch unwiderstehlicher als beim Hypnotisierten, weil die für alle Individuen gleiche Suggestion durch Gegenseitigkeit anwächst."

(S. 17.) „Die Hauptmerkmale des in der Masse befindlichen Individuums sind demnach: Schwund der bewußten Persönlichkeit, Vorherrschaft der unbewußten Persönlichkeit, Orientierung der Gedanken und Gefühle in derselben Richtung durch Suggestion und Ansteckung, Tendenz zur unverzüglichen Verwirklichung der suggerierten Ideen. Das Individuum ist nicht mehr es selbst, es ist ein willenloser Automat geworden."

Ich habe dies Zitat so ausführlich wiedergegeben, um zu bekräftigen, daß L e B o n den Zustand des Individuums in der Masse wirklich für einen hypnotischen erklärt, nicht etwa ihn bloß mit einem solchen vergleicht. Wir beabsichtigen hier keinen Widerspruch, wollen nur hervorheben, daß die beiden letzten Ursachen der Veränderung des Einzelnen in der Masse, die Ansteckung und die höhere [14] Suggerierbarkeit offenbar nicht gleichartig sind, da ja die Ansteckung auch eine Äußerung der Suggerierbarkeit sein soll. Auch die Wirkungen der beiden Momente scheinen uns im Text L e B o n's nicht scharf geschieden. Vielleicht deuten wir seine Äußerung am besten aus, wenn wir die Ansteckung auf die Wirkung der einzelnen Mitglieder der Masse aufeinander beziehen, während die mit den Phänomenen der hypnotischen Beeinflussung gleichgestellten Suggestionserscheinungen in der Masse auf eine andere Quelle hinweisen. Auf welche aber? Es muß uns als eine empfindliche Unvollständigkeit berühren, daß eines der Hauptstücke dieser Angleichung, nämlich die Person, welche für die Masse den Hypnotiseur ersetzt, in der Darstellung L e B o n's nicht erwähnt wird. Immerhin unterscheidet er von diesem im Dunkeln gelassenen faszinierenden Einfluß die ansteckende Wirkung, die die Einzelnen auf einander ausüben, durch welche die ursprüngliche Suggestion verstärkt wird.

Noch ein wichtiger Gesichtspunkt für die Beurteilung des Massenindividuums: (S. 17.) „Ferner steigt durch die bloße Zugehörigkeit zu einer organisierten Masse der Mensch mehrere Stufen auf der Leiter der Zivilisation herab. In seiner Verein- [15] zelung war er vielleicht ein gebildetes Individuum, in der Masse ist er ein Barbar, d.h. ein Triebwesen. Er besitzt die Spontaneität, die Heftigkeit, die Wildheit und auch den Enthusiasmus und Heroismus primitiver Wesen." Er verweilt dann noch besonders bei der Herabsetzung der intellektuellen Leistung, die der Einzelne durch sein Aufgehen in der Masse erfährt[2].

Verlassen wir nun den Einzelnen und wenden wir uns zur Beschreibung der Massenseele, wie L e B o n sie entwirft. Es ist kein Zug darin, dessen

---

[2] Vergleiche das S c h i l l e r'sche Distichon:
Jeder, sieht man ihn einzeln, ist leidlich klug und verständig;
Sind sie in corpore, gleich wird euch ein Dummkopf daraus.

Ableitung und Unterbringung dem Psychoanalytiker Schwierigkeiten bereiten würde. L e B o n weist uns selbst den Weg, indem er auf die Übereinstimmung mit dem Seelenleben der Primitiven und der Kinder hinweist. (S. 19.)

Die Masse ist impulsiv, wandelbar und reizbar. Sie wird fast ausschließlich vom Unbewußten geleitet[3]. Die Impulse, denen die Masse gehorcht, können je nach Umständen edel oder grausam, heroisch oder feige sein, jedenfalls aber sind sie so gebie- [16] terisch, daß nicht das persönliche, nicht einmal das Interesse der Selbsterhaltung zur Geltung kommt. (S. 20.) Nichts ist bei ihr vorbedacht. Wenn sie auch die Dinge leidenschaftlich begehrt, so doch nie für lange, sie ist unfähig zu einem Dauerwillen. Sie verträgt keinen Aufschub zwischen ihrem Begehren und der Verwirklichung des Begehrten. Sie hat das Gefühl der Allmacht, für das Individuum in der Masse schwindet der Begriff des Unmöglichen[4].

Die Masse ist außerordentlich beeinflußbar und leichtgläubig, sie ist kritiklos, das Unwahrscheinliche existiert für sie nicht. Sie denkt in Bildern, die einander assoziativ hervorrufen, wie sie sich beim Einzelnen in Zuständen des freien Phantasierens einstellen, und die von keiner verständigen Instanz an der Übereinstimmung mit der Wirklichkeit gemessen werden. Die Gefühle der Masse sind stets sehr einfach und sehr überschwenglich. Die Masse kennt also weder Zweifel noch Ungewißheit.

In der Deutung der Träume, denen wir ja unsere beste Kenntnis vom unbewußten Seelenleben verdanken, befolgen wir die technische Regel, daß von Zweifel und Unsicherheit in der Traumerzählung abgesehen und jedes Element des manifesten Traumes als gleich gesichert [17] behandelt wird. Wir leiten Zweifel und Unsicherheit von der Einwirkung der Zensur ab, welcher die Traumarbeit unterliegt, und nehmen an, daß die primären Traumgedanken Zweifel und Unsicherheit als kritische Leistung nicht kennen. Als Inhalte mögen sie natürlich, wie alles andere, in den zum Traum führenden Tagesresten vorkommen. (S. Traumdeutung. 5. Aufl. 1919, S. 386.)

Sie geht sofort zum Äußersten, der ausgesprochene Verdacht wandelt sich

---

[3] Unbewußt wird von L e B o n richtig im Sinne der Deskription gebraucht, wo es nicht allein das „Verdrängte" bedeutet.

[4] Vergleiche T o t e m u n d T a b u III. Animismus, Magie und Allmacht der Gedanken.

bei ihr sogleich in unumstößliche Gewißheit, ein Keim von Antipathie wird zum wilden Haß. (S. 32.)

Die nämliche Steigerung aller Gefühlsregungen zum Extremen und Maßlosen gehört auch der Affektivität des Kindes an und findet sich im Traumleben wieder, wo dank der im Unbewußten vorherrschenden Isolierung der einzelnen Gefühlsregungen ein leiser Ärger vom Tage sich als Todeswunsch gegen die schuldige Person zum Ausdruck bringt oder ein Anflug irgend einer Versuchung zum Anstoß einer im Traum dargestellten verbrecherischen Handlung wird. Zu dieser Tatsache hat Dr. Hanns S a c h s die hübsche Bemerkung gemacht: „Was der Traum uns an Beziehungen zur Gegenwart (Realität) kundgetan hat, wollen wir dann auch im Bewußtsein aufsuchen und dürfen uns nicht wundern, wenn wir das Ungeheuer, das wir unter dem Vergrößerungsglas der Analyse gesehen haben, als Infusionstierchen wiederfinden." (Traumdeutung, S. 457.)

Selbst zu allen Extremen geneigt, wird die Masse auch nur durch übermäßige Reize erregt. Wer auf sie [18] wirken will, bedarf keiner logischen Abmessung seiner Argumente, er muß in den kräftigsten Bildern malen, übertreiben und immer das Gleiche wiederholen.

Da die Masse betreffs des Wahren oder Falschen nicht im Zweifel ist und dabei das Bewußtsein ihrer großen Kraft hat, ist sie ebenso intolerant wie autoritätsgläubig. Sie respektiert die Kraft und läßt sich von der Güte, die für sie nur eine Art von Schwäche bedeutet, nur mäßig beeinflussen. Was sie von ihren Helden verlangt, ist Stärke, selbst Gewalttätigkeit. Sie will beherrscht und unterdrückt werden und ihren Herrn fürchten. Im Grunde durchaus konservativ hat sie tiefen Abscheu vor allen Neuerungen und Fortschritten und unbegrenzte Ehrfurcht vor der Tradition. (S. 37.)

Um die Sittlichkeit der Massen richtig zu beurteilen, muß man in Betracht ziehen, daß im Beisammensein der Massenindividuen alle individuellen Hemmungen entfallen und alle grausamen, brutalen, destruktiven Instinkte, die als Überbleibsel der Urzeit im Einzelnen schlummern, zur freien Triebbefriedigung geweckt werden. Aber die Massen sind auch unter dem Einfluß der Suggestion hoher Leistungen von Entsagung, Uneigennützigkeit, Hingebung an [19] ein Ideal fähig. Während der persönliche Vorteil beim isolierten Individuum so ziemlich die einzige Triebfeder ist, ist er bei den Massen sehr selten vorherrschend. Man kann von einer Versittlichung des Einzelnen durch die Masse sprechen. (S. 39.) Während die intellektuelle Leistung der Masse immer tief unter der des Einzelnen steht, kann ihr ethisches Verhalten dies Niveau ebenso hoch überragen wie tief darunter herabgehen.

Ein helles Licht auf die Berechtigung, die Massenseele mit der Seele der Primitiven zu identifizieren, werfen einige andere Züge der L e B o n'schen Charakteristik. Bei den Massen können die entgegengesetztesten Ideen nebeneinander bestehen und sich miteinander vertragen, ohne daß sich aus deren logischem Widerspruch ein Konflikt ergäbe. Dasselbe ist aber im unbewußten Seelenleben der Einzelnen, der Kinder und der Neurotiker der Fall, wie die Psychoanalyse längst nachgewiesen hat.

Beim kleinen Kinde bestehen z. B. ambivalente Gefühlseinstellungen gegen die ihm nächsten Personen lange Zeit nebeneinander, ohne daß die eine die ihr entgegengesetzte in ihrem Ausdruck stört. Kommt es dann endlich zum Konflikt zwischen den beiden, so wird er oft dadurch erledigt, daß das Kind das Objekt wechselt, die eine der ambivalenten Regungen auf ein Ersatzobjekt [20] verschiebt. Auch aus der Entwicklungsgeschichte einer Neurose beim Erwachsenen kann man erfahren, daß eine unterdrückte Regung sich häufig lange Zeit in unbewußten oder selbst bewußten Phantasien fortsetzt, deren Inhalt natürlich einer herrschenden Strebung direkt zuwiderläuft, ohne daß sich aus diesem Gegensatz ein Einschreiten des Ichs gegen das von ihm Verworfene ergäbe. Die Phantasie wird eine ganze Weile über toleriert, bis sich plötzlich einmal, gewöhnlich infolge einer Steigerung der affektiven Besetzung derselben, der Konflikt zwischen ihr und dem Ich mit allen seinen Folgen herstellt.

Im Fortschritt der Entwicklung vom Kinde zum reifen Erwachsenen kommt es überhaupt zu einer immer weiter greifenden I n t e g r a t i o n der Persönlichkeit, zu einer Zusammenfassung der einzelnen unabhängig voneinander in ihr gewachsenen Triebregungen und Zielstrebungen. Der analoge Vorgang auf dem Gebiet des Sexuallebens ist uns als Zusammenfassung aller Sexualtriebe zur definitiven Genitalorganisation lange bekannt (Drei Abhandlungen zur Sexualtheorie 1905). Daß die Vereinheitlichung des Ichs übrigens dieselben Störungen erfahren kann wie die der Libido, zeigen vielfache, sehr bekannte Beispiele, wie das der Naturforscher, die bibelgläubig geblieben sind u. a.

Ferner unterliegt die Masse der wahrhaft magischen Macht von Worten, die in der Massenseele die furchtbarsten Stürme hervorrufen und sie auch besänftigen können. (S. 74.) „Mit Vernunft und Argumenten kann man gegen gewisse Worte und Formeln nicht ankämpfen. Man spricht sie mit Andacht **[21]** vor den Massen aus, und sogleich werden die Mienen respektvoll und die Köpfe neigen sich. Von vielen werden sie als Naturkräfte oder als übernatürliche Mächte betrachtet." (S. 75.) Man braucht sich dabei nur an die Tabu der Namen bei den Primitiven, an die magischen Kräfte, die sich ihnen an Namen und Worte knüpfen, zu erinnern[5].

Und endlich: Die Massen haben nie den Wahrheitsdurst gekannt. Sie fordern Illusionen, auf die sie nicht verzichten können. Das Irreale hat bei ihnen stets den Vorrang vor dem Realen, das Unwirkliche beeinflußt sie fast ebenso stark wie das Wirkliche. Sie haben die sichtliche Tendenz, zwischen beiden keinen Unterschied zu machen. (S. 47.)

Diese Vorherrschaft des Phantasielebens und der vom unerfüllten Wunsch getragenen Illusion haben wir als bestimmend für die Psychologie der Neurosen aufgezeigt. Wir fanden, für die Neurotiker gelte nicht die gemeine objektive, sondern die psychische Realität. Ein hysterisches Symptom gründe sich auf Phantasie anstatt auf die Wiederholung wirklichen Erlebens, ein zwangsneurotisches Schuldbewußtsein auf die Tatsache eines bösen Vorsatzes, **[22]** der nie zur Ausführung gekommen. Ja wie im Traum und in der Hypnose, tritt in der Seelentätigkeit der Masse die Realitätsprüfung zurück gegen die Stärke der affektiv besetzten Wunschregungen.

Was L e B o n über die Führer der Massen sagt, ist weniger erschöpfend und läßt das Gesetzmäßige nicht so deutlich durchschimmern. Er meint, sobald lebende Wesen in einer gewissen Anzahl vereinigt sind, einerlei ob eine Herde Tiere oder eine Menschenmenge, stellen sie sich instinktiv unter die Autorität eines Oberhauptes. (S. 86.) Die Masse ist eine folgsame Herde, die nie ohne Herrn zu leben vermag. Sie hat einen solchen Durst zu gehorchen, daß sie sich jedem, der sich zu ihrem Herrn ernennt, instinktiv unterordnet.

Kommt so das Bedürfnis der Masse dem Führer entgegen, so muß er ihm doch durch persönliche Eigenschaften entsprechen. Er muß selbst durch einen starken Glauben (an eine Idee) fasziniert sein, um Glauben in der Masse

---

[5] Siehe T o t e m   u n d   T a b u.

zu erwecken, er muß einen starken, imponierenden Willen besitzen, den die willenlose Masse von ihm annimmt. L e B o n bespricht dann die verschiedenen Arten von Führern und die Mittel, durch welche sie auf die Masse [23] wirken. Im ganzen läßt er die Führer durch die Ideen zur Bedeutung kommen, für die sie selbst fanatisiert sind.

Diesen Ideen wie den Führern schreibt er überdies eine geheimnisvolle unwiderstehliche Macht zu, die er „Prestige" benennt. Das Prestige ist eine Art Herrschaft, die ein Individuum, ein Werk oder eine Idee über uns übt. Sie lähmt all unsere Fähigkeit zur Kritik und erfüllt uns mit Staunen und Achtung. Sie dürfte ein Gefühl hervorrufen, ähnlich wie das der Faszination der Hypnose. (S. 96.).

Er unterscheidet erworbenes oder künstliches und persönliches Prestige. Das erstere wird bei Personen durch Name, Reichtum, Ansehen verliehen, bei Anschauungen, Kunstwerken u. dgl. durch Tradition. Da es in allen Fällen auf die Vergangenheit zurückgreift, wird es für das Verständnis dieses rätselhaften Einflusses wenig leisten. Das persönliche Prestige haftet an wenigen Personen, die durch dasselbe zu Führern werden, und macht, daß ihnen alles wie unter der Wirkung eines magnetischen Zaubers gehorcht. Doch ist jedes Prestige auch vom Erfolg abhängig und geht durch Mißerfolge verloren. (S. 105.)

[24] Man gewinnt nicht den Eindruck, daß bei L e B o n die Rolle der Führer und die Betonung des Prestige in richtigen Einklang mit der so glänzend vorgetragenen Schilderung der Massenseele gebracht worden ist.

III.
Andere Würdigungen des kollektiven Seelenlebens.

Wir haben uns der Darstellung von L e B o n als Einführung bedient, weil sie in der Betonung des unbewußten Seelenlebens so sehr mit unserer eigenen Psychologie zusammentrifft. Nun müssen wir aber hinzufügen, daß eigentlich keine der Behauptungen dieses Autors etwas Neues bringt. Alles was er Abträgliches und Herabsetzendes über die Äußerungen der Massenseele sagt, ist schon vor ihm ebenso bestimmt und ebenso feindselig von anderen gesagt worden, wird seit den ältesten Zeiten der Literatur von Denkern, Staatsmännern und Dichtern gleichlautend so wiederholt[6]. Die beiden Sätze, welche die wichtigsten Ansichten L e B o n's enthalten, der von der kollektiven Hemmung der intellektuellen Leistung und der von der Steigerung **[26]** der Affektivität in der Masse waren kurz vorher von S i g h e l e formuliert worden[7]. Im Grunde erübrigen als L e B o n eigentümlich nur die beiden Gesichtspunkte des Unbewußten und des Vergleichs mit dem Seelenleben der Primitiven, auch diese natürlich oftmals vor ihm berührt.

Aber noch mehr, die Beschreibung und Würdigung der Massenseele, wie L e B o n und die anderen sie geben, ist auch keineswegs unangefochten geblieben. Kein Zweifel, daß alle die vorhin beschriebenen Phänomene der Massenseele richtig beobachtet worden sind, aber es lassen sich auch andere, geradezu entgegengesetzt wirkende Äußerungen der Massenbildung erkennen, aus denen man dann eine weit höhere Einschätzung der Massenseele ableiten muß.

Auch L e B o n war bereit zuzugestehen, daß die Sittlichkeit der Masse unter Umständen höher sein kann als die der sie zusammensetzenden Einzelnen, und daß nur die Gesamtheiten hoher Uneigennützigkeit und Hingebung fähig sind.

(S. 38.) „Während der persönliche Vorteil beim **[27]** isolierten Individuum so ziemlich die einzige Triebfeder ist, ist er bei den Massen sehr selten vorherrschend."

Andere machen geltend, daß es überhaupt erst die Gesellschaft ist, welche dem Einzelnen die Normen der Sittlichkeit vorschreibt, während der Einzelne in der Regel irgendwie hinter diesen hohen Ansprüchen zurückbleibt. Oder, daß in Ausnahmszuständen in einer Kollektivität das Phänomen der Begeisterung zustande kommt, welches die großartigsten Massenleistungen ermöglicht hat.

In Betreff der intellektuellen Leistung bleibt zwar bestehen, daß die großen Entscheidungen der Denkarbeit, die folgenschweren Entdeckungen und Problemlösungen nur dem Einzelnen, der in der Einsamkeit arbeitet, mög-

---

[6] Vergleiche den Text und das Literaturverzeichnis in B. K r a š k o v i č jun., Die Psychologie der Kollektivitäten. Aus dem Kroatischen übersetzt von S i e g - m u n d v o n P o s a v e c. Vukovar 1915.

[7] Siehe Walter M o e d e, Die Massen- und Sozialpsychologie im kritischen Überblick. Zeitschrift für pädagogische Psychologie und experimentelle Pädagogik von M e u m a n n und S c h e i b n e r, XVI., 1915.

lich sind. Aber auch die Massenseele ist genialer geistiger Schöpfungen fähig, wie vor allem, die Sprache selbst beweist, sodann das Volkslied, Folklore und anderes. Und überdies bleibt es dahingestellt, wieviel der einzelne Denker oder Dichter den Anregungen der Masse, in welcher er lebt, verdankt, ob er mehr als der Vollender einer seelischen Arbeit ist, an der gleichzeitig die anderen mitgetan haben.

Angesichts dieser vollkommenen Widersprüche **[28]** scheint es ja, daß die Arbeit der Massenpsychologie ergebnislos verlaufen müsse. Allein es ist leicht, einen hoffnungsvolleren Ausweg zu finden. Man hat wahrscheinlich als „Massen" sehr verschiedene Bildungen zusammengefaßt, die einer Sonderung bedürfen. Die Angaben von S i g h e l e, L e B o n und anderen beziehen sich auf Massen kurzlebiger Art, die rasch durch ein vorübergehendes Interesse aus verschiedenartigen Individuen zusammengeballt werden. Es ist unverkennbar, daß die Charaktere der revolutionären Massen, besonders der großen französischen Revolution, ihre Schilderungen beeinflußt haben. Die gegensätzlichen Behauptungen stammen aus der Würdigung jener stabilen Massen oder Vergesellschaftungen, in denen die Menschen ihr Leben zubringen, die sich in den Institutionen der Gesellschaft verkörpern. Die Massen der ersten Art sind den letzteren gleichsam aufgesetzt, wie die kurzen, aber hohen Wellen den langen Dünungen der See.

Mc D o u g a l l, der in seinem Buch T h e G r o u p M i n d[8] von dem nämlichen, oben erwähnten Widerspruch ausgeht, findet die Lösung desselben im Moment der Organisation. Im einfach- **[29]** sten Falle, sagt er, besitzt die Masse (group) überhaupt keine Organisation oder eine kaum nennenswerte. Er bezeichnet eine solche Masse als einen Haufen (crowd). Doch gesteht er zu, daß ein Haufen Menschen nicht leicht zusammenkommt, ohne daß sich in ihm wenigstens die ersten Anfänge einer Organisation bildeten, und daß gerade an diesen einfachen Massen manche Grundtatsachen der Kollektivpsychologie besonders leicht zu erkennen sind. (S. 22.) Damit sich aus den zufällig zusammengewehten Mitgliedern eines Menschenhaufens etwas wie eine Masse im psychologischen Sinne bilde, wird als Bedingung erfordert, daß diese Einzelnen etwas miteinander gemein haben, ein gemeinsames Interesse an einem Objekt, eine gleichartige Gefühlsrichtung in einer

---

[8] Cambridge, 1920.

gewissen Situation und (ich würde einsetzen: infolgedessen) ein gewisses Maß von Fähigkeit sich untereinander zu beeinflussen. (Some degree of reciprocal influence between the members of the group) (S. 23.) Je stärker diese Gemeinsamkeiten (this mental homogeneity) sind, desto leichter bildet sich aus den Einzelnen eine psychologische Masse und desto auffälliger äußern sich die Kundgebungen einer Massenseele.

[30] Das merkwürdigste und zugleich wichtigste Phänomen der Massenbildung ist nun die bei jedem Einzelnen hervorgerufene Steigerung der Affektivität (exaltation or intensification of emotion) (S. 24). Man kann sagen, meint Mc D o u g a l l, daß die Affekte der Menschen kaum unter anderen Bedingungen zu solcher Höhe anwachsen, wie es in einer Masse geschehen kann, und zwar ist es eine genußreiche Empfindung für die Beteiligten, sich so schrankenlos ihren Leidenschaften hinzugeben und dabei in der Masse aufzugehen, das Gefühl ihrer individuellen Abgrenzung zu verlieren. Dies Mitfortgerissenwerden der Individuen erklärt Mc D o u g a l l aus dem von ihm so genannten „principle of direct induction of emotion by way of the primitive sympathetic response" (S.25), d. h. durch die uns bereits bekannte Gefühlsansteckung. Die Tatsache ist die, daß die wahrgenommenen Zeichen eines Affektzustandes geeignet sind, bei dem Wahrnehmenden automatisch denselben Affekt hervorzurufen. Dieser automatische Zwang wird umso stärker, an je mehr Personen gleichzeitig derselbe Affekt bemerkbar ist. Dann schweigt die Kritik des Einzelnen und er läßt sich in denselben Affekt gleiten. Dabei erhöht er aber die Erregung der anderen, die [31] auf ihn gewirkt hatten, und so steigert sich die Affektladung der Einzelnen durch gegenseitige Induktion. Es ist unverkennbar etwas wie ein Zwang dabei wirksam, es den anderen gleichzutun, im Einklang mit den Vielen zu bleiben. Die gröberen und einfacheren Gefühlsregungen haben die größere Aussicht, sich auf solche Weise in einer Masse zu verbreiten. (S. 39.)

Dieser Mechanismus der Affektsteigerung wird noch durch einige andere, von der Masse ausgehende Einflüsse begünstigt. Die Masse macht dem Einzelnen den Eindruck einer unbeschränkten Macht und einer unbesiegbaren Gefahr. Sie hat sich für den Augenblick an die Stelle der gesamten menschlichen Gesellschaft gesetzt, welche die Trägerin der Autorität ist, deren Strafen man gefürchtet, der zuliebe man sich so viele Hemmungen auferlegt hat. Es ist offenbar gefährlich, sich in Widerspruch mit ihr zu setzen, und man ist sicher, wenn man dem ringsumher sich zeigenden Beispiel folgt, also eventuell sogar „mit den Wölfen heult". Im Gehorsam gegen die neue Autorität darf man sein früheres „Gewissen" außer Tätigkeit setzen und dabei der Lockung des Lustgewinns nachgeben, den man sicherlich durch die Aufhebung seiner Hemmungen erzielt. Es ist [32] also im ganzen nicht so merkwürdig, wenn wir den Einzelnen in der Masse Dinge tun oder gutheißen sehen, von denen er sich in seinen gewohnten Lebensbedingungen abgewendet hätte, und wir können selbst die Hoffnung fassen, auf diese Weise ein Stück der Dunkelheit zu lichten, die man mit dem Rätselwort der „Suggestion" zu decken pflegt.

Dem Satz von der kollektiven Intelligenzhemmung in der Masse widerspricht auch Mc D o u g a l l nicht (S. 41). Er sagt, die geringeren Intelligenzen ziehen die größeren auf ihr Niveau herab. Die letzteren werden in ihrer Betätigung gehemmt, weil die Steigerung der Affektivität überhaupt ungünstige Bedingungen für korrekte geistige Arbeit schafft, ferner weil die Einzelnen durch die Masse eingeschüchtert sind und ihre Denkarbeit nicht frei ist, und weil bei jedem Einzelnen das Bewußtsein der Verantwortlichkeit für seine Leistung herabgesetzt wird.

Das Gesamturteil über die psychische Leistung einer einfachen, „unorganisierten" Masse lautet bei Mc D o u g a l l nicht freundlicher als bei L e   B o n. Eine solche Masse ist (S. 45): überaus erregbar, impulsiv, leidenschaftlich, wankelmütig, inkonsequent, unentschlossen und dabei zum äußersten [33] bereit in ihren Handlungen, zugänglich nur für die gröberen Leidenschaften und einfacheren Gefühle, außerordentlich suggestibel, leichtsinnig in ihren Überlegungen, heftig in ihren Urteilen, aufnahmsfähig nur für die einfachsten und unvollkommensten Schlüsse und Argumente, leicht zu lenken und zu erschüttern, ohne Selbstbewußtsein, Selbstachtung und Verantwortlichkeitsgefühl, aber bereit, sich von ihrem Kraftbewußtsein zu allen Untaten fortreißen zu lassen, die wir nur von einer absoluten und unverantwortlichen Macht erwarten können. Sie benimmt sich also eher wie ein ungezogenes Kind oder wie ein leidenschaftlicher, nicht beaufsichtigter Wilder in einer ihm fremden Situation; in den schlimmsten Fällen ist ihr Benehmen eher das eines Rudels von wilden Tieren als von menschlichen Wesen.

Da Mc D o u g a l l das Verhalten der hoch organisierten Massen in Gegensatz zu dem hier Geschilderten bringt, werden wir besonders gespannt sein zu erfahren, worin diese Organisation besteht und durch welche Momente sie hergestellt wird. Der Autor zählt fünf dieser „principal conditions" für die Hebung des seelischen Lebens der Masse auf ein höheres Niveau auf.

[34] Die erste, grundlegende Bedingung ist ein gewisses Maß von Kontinuität im Bestand der Masse. Diese kann eine materielle oder eine formale sein, das erste, wenn dieselben Personen längere Zeit in der Masse verbleiben, das andere, wenn innerhalb der Masse bestimmte Stellungen entwickelt sind, die den einander ablösenden Personen angewiesen werden.

Die zweite, daß sich in dem Einzelnen der Masse eine bestimmte Vorstellung von der Natur, der Funktion, den Leistungen und Ansprüchen der Masse gebildet hat, so daß sich daraus für ihn ein Gefühlsverhältnis zum Ganzen der Masse ergeben kann.

Die dritte, daß die Masse in Beziehung zu anderen ihr ähnlichen, aber doch von ihr in vielen Punkten abweichenden Massenbildungen gebracht wird, etwa daß sie mit diesen rivalisiert.

Die vierte, daß die Masse Traditionen, Gebräuche und Einrichtungen besitzt, besonders solche, die sich auf das Verhältnis ihrer Mitglieder zueinander beziehen.

Die fünfte, daß es in der Masse eine Gliederung gibt, die sich in der Spezialisierung und Differenzie- **[35]** rung der dem Einzelnen zufallenden Leistung ausdrückt.

Durch die Erfüllung dieser Bedingungen werden nach Mc D o u g a l l die psychischen Nachteile der Massenbildung aufgehoben. Gegen die kollektive Herabsetzung der Intelligenzleistung schützt man sich dadurch, daß man die Lösung der intellektuellen Aufgaben der Masse entzieht und sie Einzelnen in ihr vorbehält.

Es scheint uns, daß man die Bedingung, die Mc D o u g a l l als „Organisation" der Masse bezeichnet hat, mit mehr Berechtigung anders beschreiben kann. Die Aufgabe besteht darin, der Masse gerade jene Eigenschaften zu verschaffen, die für das Individuum charakteristisch waren und die bei ihm durch die Massenbildung ausgelöscht wurden. Denn das Individuum hatte – außerhalb der primitiven Masse – seine Kontinuität, sein Selbstbewußtsein, seine Traditionen und Gewohnheiten, seine besondere Arbeitsleistung und Einreihung und hielt sich von anderen gesondert, mit denen es rivalisierte. Diese Eigenart hatte es durch seinen Eintritt in die nicht „organisierte"

Masse für eine Zeit verloren. Erkennt man so als Ziel, die Masse mit den Attributen des Individuums auszu- [36] statten, so wird man an eine gehaltreiche Bemerkung von W. T r o t t e r[9] gemahnt, der in der Neigung zur Massenbildung eine biologische Fortführung der Vielzelligkeit aller höheren Organismen erblickt.

IV.
Suggestion und Libido.

Wir sind von der Grundtatsache ausgegangen, daß ein Einzelner innerhalb einer Masse durch den Einfluß derselben eine oft tiefgreifende Veränderung seiner seelischen Tätigkeit erfährt. Seine Affektivität wird außerordentlich gesteigert, seine intellektuelle Leistung merklich eingeschränkt, beide Vorgänge offenbar in der Richtung einer Angleichung an die anderen Massenindividuen; ein Erfolg, der nur durch die Aufhebung der jedem Einzelnen eigentümlichen Triebhemmungen und durch den Verzicht auf die ihm besonderen Ausgestaltungen seiner Neigungen erreicht werden kann. Wir haben gehört, daß diese oft unerwünschten Wirkungen durch eine höhere „Organisation" der Massen wenigstens teilweise hintangehalten werden, aber der Grundtatsache der Massenpsychologie, den beiden Sätzen von der Affektsteigerung und der Denkhemmung in [38] der primitiven Masse ist dadurch nicht widersprochen worden. Unser Interesse geht nun dahin, für diese seelische Wandlung des Einzelnen in der Masse die psychologische Erklärung zu finden.

Rationelle Momente wie die vorhin erwähnte Einschüchterung des Einzelnen, also die Aktion seines Selbsterhaltungstriebes, decken offenbar die zu beobachtenden Phänomene nicht. Was uns sonst als Erklärung von den Autoren über Soziologie und Massenpsychologie geboten wird, ist immer das nämliche, wenn auch unter wechselnden Namen: das Zauberwort der S u g g e s t i o n. Bei T a r d e hieß sie N a c h a h m u n g, aber wir müssen einem Autor recht geben, der uns vorhält, die Nachahmung falle unter den Begriff der Suggestion, sei eben eine Folge derselben[10]. Bei L e

---

[9]   Instincts of the herd in peace and war. London 1916.
[10]   B r u g e i l l e s, L'essence du phénomène social: la suggestion. Revue philosophique XXV. 1913.

B o n wurde alles Befremdende der sozialen Erscheinungen auf zwei Faktoren zurückgeführt, auf die gegenseitige Suggestion der Einzelnen und das Prestige der Führer. Aber das Prestige äußert sich wiederum nur in der Wirkung, Suggestion hervorzurufen. Bei Mc D o u g a l l konnten wir einen Moment lang den Eindruck empfangen, daß sein Prinzip der „primären Affektinduk- [39] tion" die Annahme der Suggestion entbehrlich mache. Aber bei weiterer Überlegung müssen wir doch einsehen, daß dies Prinzip nichts anderes aussagt als die bekannten Behauptungen der „Nachahmung" oder „Ansteckung", nur unter entschiedener Betonung des affektiven Moments. Daß eine derartige Tendenz in uns besteht, wenn wir die Zeichen eines Affektzustandes bei einem anderen gewahren, in denselben Affekt zu verfallen, ist unzweifelhaft, aber wie oft widerstehen wir ihr erfolgreich, weisen den Affekt ab, reagieren oft in ganz gegensätzlicher Weise? Warum also geben wir dieser Ansteckung in der Masse regelmäßig nach? Man wird wiederum sagen müssen, es sei der suggestive Einfluß der Masse, der uns nötigt, dieser Nachahmungstendenz zu gehorchen, der den Affekt in uns induziert. Übrigens kommen wir auch sonst bei Mc D o u g a l l nicht um die Suggestion herum; wir hören von ihm wie von anderen: die Massen zeichnen sich durch besondere Suggestibilität aus.

Man wird so für die Aussage vorbereitet, die Suggestion (richtiger die Suggerierbarkeit) sei eben ein weiter nicht reduzierbares Urphänomen, eine Grundtatsache des menschlichen Seelenlebens. So hielt es auch B e r n - h e i m, von dessen erstaunlichen [40] Künsten ich im Jahre 1889 Zeuge war. Ich weiß mich aber auch damals an eine dumpfe Gegnerschaft gegen diese Tyrannei der Suggestion zu erinnern. Wenn ein Kranker, der sich nicht gefügig zeigte, angeschrieen wurde: Was tun Sie denn? Vous vous contresuggestionnez! so sagte ich mir, das sei offenbares Unrecht und Gewalttat. Der Mann habe zu Gegensuggestionen gewiß ein Recht, wenn man ihn mit Suggestionen zu unterwerfen versuche. Mein Widerstand nahm dann später die Richtung einer Auflehnung dagegen, daß die Suggestion, die alles erklärte, selbst der Erklärung entzogen sein sollte. Ich wiederholte mit Bezug auf sie die alte Scherzfrage[11]:

---

[11] K o n r a d R i c h t e r, Der deutsche S. Christoph. Berlin 1896. Acta Germanica V. 1.

Christoph trug Christum,
Christus trug die ganze Welt,
Sag', wo hat Christoph
Damals hin den Fuß gestellt?

Christophorus Christum, sed Christus sustulit orbem: Constiterit pedibus
dic ubi Christophorus?

Wenn ich nun nach etwa 30jähriger Fernhaltung wieder an das Rätsel der
Suggestion heran- [41] trete, finde ich, daß sich nichts daran geändert hat.
Von einer einzigen Ausnahme, die eben den Einfluß der Psychoanalyse bezeugt, darf ich ja bei dieser Behauptung absehen. Ich sehe, daß man sich
besonders darum bemüht, den Begriff der Suggestion korrekt zu formulie-
ren, also den Gebrauch des Namens konventionell festzulegen[12], und dies
ist nicht überflüssig, denn das Wort geht einer immer weiteren Verwendung
mit aufgelockerter Bedeutung entgegen und wird bald jede beliebige Beeinflussung bezeichnen wie im Englischen, wo „to suggest, suggestion" unserem
„nahelegen", unserer „Anregung" entspricht. Aber über das Wesen der Suggestion, d.h. über die Bedingungen, unter denen sich Beeinflussungen ohne
zureichende logische Begründung herstellen, hat sich eine Aufklärung nicht
ergeben. Ich würde mich der Aufgabe nicht entziehen, diese Behauptung
durch die Analyse der Literatur dieser letzten 30 Jahre zu erhärten, allein
ich unterlasse es, weil mir bekannt ist, daß in meiner Nähe eine ausführli-
che Untersuchung vorbereitet wird, welche sich eben diese Aufgabe gestellt
hat. Anstatt dessen werde ich den Versuch machen, [42] zur Aufklärung
der Massenpsychologie den Begriff der L i b i d o zu verwenden, der uns im
Studium der Psychoneurosen so gute Dienste geleistet hat.

Libido ist ein Ausdruck aus der Affektivitätslehre. Wir heißen so die als
quantitative Größe betrachtete – wenn auch derzeit nicht meßbare – Energie solcher Triebe, welche mit alldem zu tun haben, was man als L i e b e
zusammenfassen kann. Den Kern des von uns Liebe Geheißenen bildet
natürlich, was man gemeinhin Liebe nennt und was die Dichter besingen,

---

[12] So Mc D o u g a l l im „Journal of Neurology and Psychopathology", Vol. I,
No. 1, May 1920: A note on suggestion.

die Geschlechtsliebe mit dem Ziel der geschlechtlichen Vereinigung. Aber wir trennen davon nicht ab, was auch sonst an dem Namen Liebe Anteil hat, einerseits die Selbstliebe, andererseits die Eltern- und Kindesliebe, die Freundschaft und die allgemeine Menschenliebe, auch nicht die Hingebung an konkrete Gegenstände und an abstrakte Ideen. Unsere Rechtfertigung liegt darin, daß die psychoanalytische Untersuchung uns gelehrt hat, alle diese Strebungen seien der Ausdruck der nämlichen Triebregungen, die zwischen den Geschlechtern zur geschlechtlichen Vereinigung hindrängen, in anderen Verhältnissen zwar von diesem sexuellen Ziel abgedrängt oder in der Erreichung desselben aufgehalten werden, dabei aber doch **[43]** immer genug von ihrem ursprünglichen Wesen bewahren, um ihre Identität kenntlich zu erhalten (Selbstaufopferung, Streben nach Annäherung).

Wir meinen also, daß die Sprache mit dem Wort „Liebe" in seinen vielfältigen Anwendungen eine durchaus berechtigte Zusammenfassung geschaffen hat, und daß wir nichts Besseres tun können, als dieselbe auch unseren wissenschaftlichen Erörterungen und Darstellungen zugrunde zu legen. Durch diesen Entschluß hat die Psychoanalyse einen Sturm von Entrüstung entfesselt, als ob sie sich einer frevelhaften Neuerung schuldig gemacht hätte. Und doch hat die Psychoanalyse mit dieser „erweiterten" Auffassung der Liebe nichts Originelles geschaffen. Der „E r o s" des Philosophen P l a t o zeigt in seiner Herkunft, Leistung und Beziehung zur Geschlechtsliebe eine vollkommene Deckung mit der Liebeskraft, der Libido der Psychoanalyse, wie N a c h m a n s o h n und P f i s t e r im Einzelnen dargelegt haben[13], und wenn der Apostel P a u l u s in dem berühmten Brief an die Korinther die Liebe über alles andere preist, hat er sie gewiß im nämlichen **[44]** „erweiterten" Sinn verstanden[14], woraus nur zu lernen ist, daß die Menschen ihre großen Denker nicht immer ernst nehmen, auch wenn sie sie angeblich sehr bewundern.

Diese Liebestriebe werden nun in der Psychoanalyse a potiori und von ihrer Herkunft her Sexualtriebe geheißen. Die Mehrzahl der „Gebildeten" hat diese Namengebung als Beleidigung empfunden und sich für sie gerächt,

---

[13] N a c h m a n s o h n, Freuds Libidotheorie verglichen mit der Eroslehre Platos. Intern. Zeitschr. f. Psychoanalyse III, 1915, P f i s t e r, ebd. VII. 1921.

[14] „Wenn ich mit Menschen- und mit Engelzungen redete, und hätte der Liebe nicht, so wäre ich ein tönend Erz oder eine klingende Schelle", u. ff.

indem sie der Psychoanalyse den Vorwurf des „Pansexualismus" entgegen-
schleuderte. Wer die Sexualität für etwas die menschliche Natur Beschämendes und Erniedrigendes hält, dem steht es ja frei, sich der vornehmeren
Ausdrücke Eros und Erotik zu bedienen. Ich hätte es auch selbst von Anfang
an so tun können und hätte mir dadurch viel Widerspruch erspart. Aber ich
mochte es nicht, denn ich vermeide gern Konzessionen an die Schwachmütigkeit. Man kann nicht wissen, wohin man auf diesem Wege gerät; man
gibt zuerst in Worten nach und dann allmählich auch in der Sache. Ich
kann nicht finden, daß irgend ein Verdienst daran ist, sich der Sexualität
zu schämen; das griechische Wort Eros, das den **[45]** Schimpf lindern soll,
ist doch schließlich nichts anderes als die Übersetzung unseres deutschen
Wortes Liebe, und endlich, wer warten kann, braucht keine Konzessionen
zu machen.

Wir werden es also mit der Voraussetzung versuchen, daß Liebesbezie-
hungen (indifferent ausgedrückt: Gefühlsbindungen) auch das Wesen der
Massenseele ausmachen. Erinnern wir uns daran, daß von solchen bei den
Autoren nicht die Rede ist. Was ihnen entsprechen würde, ist offenbar hinter dem Schirm, der spanischen Wand, der Suggestion verborgen. Auf zwei
flüchtige Gedanken stützen wir zunächst unsere Erwartung. Erstens, daß die
Masse offenbar durch irgend eine Macht zusammengehalten wird. Welcher
Macht könnte man aber diese Leistung eher zuschreiben als dem Eros, der
alles in der Welt zusammenhält? Zweitens, daß man den Eindruck empfängt,
wenn der Einzelne in der Masse seine Eigenart aufgibt und sich von den anderen suggerieren läßt, er tue es, weil ein Bedürfnis bei ihm besteht, eher im
Einvernehmen mit ihnen als im Gegensatz zu ihnen zu sein, also vielleicht
doch „ihnen zuliebe".

V.

Zwei künstliche Massen: Kirche und Heer.

Aus der Morphologie der Massen rufen wir uns ins Gedächtnis, daß man
sehr verschiedene Arten von Massen und gegensätzliche Richtungen in ihrer
Ausbildung unterscheiden kann. Es gibt sehr flüchtige Massen und höchst
dauerhafte; homogene, die aus gleichartigen Individuen bestehen, und nicht

homogene; natürliche Massen und künstliche, die zu ihrem Zusammenhalt auch einen äußeren Zwang erfordern; primitive Massen und gegliederte, hoch organisierte. Aus Gründen aber, in welche die Einsicht noch verhüllt ist, möchten wir auf eine Unterscheidung besonderen Wert legen, die bei den Autoren eher zu wenig beachtet wird; ich meine die von führerlosen Massen und von solchen mit Führern. Und recht im Gegensatz zur gewohnten Übung soll unsere Untersuchung nicht eine relativ einfache Massenbildung zum Ausgangs- [47] punkt wählen, sondern an hoch organisierten, dauerhaften, künstlichen Massen beginnen. Die interessantesten Beispiele solcher Gebilde sind die Kirche, die Gemeinschaft der Gläubigen, und die Armee, das Heer.

Kirche und Heer sind künstliche Massen, das heißt, es wird ein gewisser äußerer Zwang aufgewendet, um sie vor der Auflösung zu bewahren und Veränderungen in ihrer Struktur hintanzuhalten. Man wird in der Regel nicht befragt oder es wird einem nicht freigestellt, ob man in eine solche Masse eintreten will; der Versuch des Austritts wird gewöhnlich verfolgt oder strenge bestraft oder ist an ganz bestimmte Bedingungen geknüpft. Warum diese Vergesellschaftungen so besonderer Sicherungen bedürfen, liegt unserem Interesse gegenwärtig ganz ferne. Uns zieht nur der eine Umstand an, daß man an diesen hochorganisierten, in solcher Weise vor dem Zerfall geschützten Massen mit großer Deutlichkeit gewisse Verhältnisse erkennt, die anderswo weit mehr verdeckt sind.

In der Kirche – wir können mit Vorteil die katholische Kirche zum Muster nehmen – gilt wie im Heer, so verschieden beide sonst sein mögen, die nämliche Vorspiegelung (Illusion), daß ein Oberhaupt [48] da ist, – in der katholischen Kirche Christus, in der Armee der Feldherr – das alle Einzelnen der Masse mit der gleichen Liebe liebt. An dieser Illusion hängt alles; ließe man sie fallen, so zerfielen sofort, soweit der äußere Zwang es gestattete, Kirche wie Heer. Von Christus wird diese gleiche Liebe ausdrücklich ausgesagt: Was ihr getan habt Einem unter diesen meinen geringsten Brüdern, das habt ihr mir getan. Er steht zu den Einzelnen der gläubigen Masse im Verhältnis eines gütigen älteren Bruders, ist ihnen ein Vaterersatz. Alle Anforderungen an die Einzelnen leiten sich von dieser Liebe Christi ab. Ein demokratischer Zug geht durch die Kirche, eben weil vor Christus alle gleich sind, alle den gleichen Anteil an seiner Liebe haben. Nicht ohne tiefen Grund wird

die Gleichartigkeit der christlichen Gemeinde mit einer Familie heraufbe-
schworen und nennen sich die Gläubigen Brüder in Christo, d. h. Brüder
durch die Liebe, die Christus für sie hat. Es ist nicht zu bezweifeln, daß die
Bindung jedes Einzelnen an Christus auch die Ursache ihrer Bindung unter
einander ist. Ähnliches gilt für das Heer; der Feldherr ist der Vater, der alle
seine Soldaten gleich liebt, und darum sind sie Kameraden untereinander.
Das Heer unterscheidet sich struk- **[49]** turell von der Kirche darin, daß
es aus einem Stufenbau von solchen Massen besteht. Jeder Hauptmann ist
gleichsam der Feldherr und Vater seiner Abteilung, jeder Unteroffizier der
seines Zuges. Eine ähnliche Hierarchie ist zwar auch in der Kirche ausgebildet, spielt aber in ihr nicht dieselbe ökonomische Rolle, da man Christus
mehr Wissen und Bekümmern um die Einzelnen zuschreiben darf als dem
menschlichen Feldherrn.

Gegen diese Auffassung der libidinösen Struktur einer Armee wird man
mit Recht einwenden, daß die Ideen des Vaterlandes, des nationalen Ruhms
u. a., die für den Zusammenhalt der Armee so bedeutsam sind, hier keine
Stelle gefunden haben. Die Antwort darauf lautet, dies sei ein anderer, nicht
mehr so einfacher Fall von Massenbindung, und wie die Beispiele großer
Heerführer, Caesar, Wallenstein, Napoleon, zeigen, sind solche Ideen für den
Bestand einer Armee nicht unentbehrlich. Von dem möglichen Ersatz des
Führers durch eine führende Idee und den Beziehungen zwischen beiden
wird später kurz die Rede sein. Die Vernachlässigung dieses libidinösen Fak-
tors in der Armee, auch dann, wenn er nicht der einzig wirksame ist, scheint
nicht nur ein theoretischer Mangel, sondern auch eine praktische Gefahr.
Der preußische Militarismus, der ebenso unpsychologisch war wie die deutsche Wissenschaft, hat dies vielleicht im großen Weltkrieg erfahren müssen.
Die Kriegsneurosen, welche die deutsche Armee zersetzten, sind ja bekanntlich als Protest des Einzelnen gegen die ihm in der Armee **[50]** zugemutete
Rolle erkannt worden, und nach den Mitteilungen von E. S i m m e l[15] darf
man behaupten, daß die lieblose Behandlung des gemeinen Mannes durch
seine Vorgesetzten obenan unter den Motiven der Erkrankung stand. Bei
besserer Würdigung dieses Libidoanspruches hätten wahrscheinlich die phantastischen Versprechungen der 14 Punkte des amerikanischen Präsidenten

---

[15] Kriegsneurosen und „Psychisches Trauma", München 1918.

nicht so leicht Glauben gefunden und das großartige Instrument wäre den deutschen Kriegskünstlern nicht in der Hand zerbrochen.

Merken wir an, daß in diesen beiden künstlichen Massen jeder Einzelne einerseits an den Führer (Christus, Feldherrn), andererseits an die anderen Massenindividuen libidinös gebunden ist. Wie sich diese beiden Bindungen zueinander verhalten, ob sie gleichartig und gleichwertig sind und wie sie psychologisch zu beschreiben wären, das müssen wir einer späteren Untersuchung vorbehalten. Wir getrauen uns aber jetzt schon eines leisen Vorwurfes gegen die Autoren, daß sie die Bedeutung des Führers für die Psychologie der Masse nicht genügend gewürdigt haben, während uns die Wahl des ersten Untersuchungsobjekts in eine günstigere Lage gebracht hat. Es will uns scheinen, als befänden wir uns auf dem richtigen Weg, der die Haupterscheinung der Massenpsychologie, die Unfreiheit des [51] Einzelnen in der Masse, aufklären kann. Wenn für jeden Einzelnen eine so ausgiebige Gefühlsbindung nach zwei Richtungen besteht, so wird es uns nicht schwer werden, aus diesem Verhältnis die beobachtete Veränderung und Einschränkung seiner Persönlichkeit abzuleiten.

Einen Wink ebendahin, das Wesen einer Masse bestehe in den in ihr vorhandenen libidinösen Bindungen, erhalten wir auch in dem Phänomen der Panik, welches am besten an militärischen Massen zu studieren ist. Eine Panik entsteht, wenn eine solche Masse sich zersetzt. Ihr Charakter ist, daß kein Befehl des Vorgesetzten mehr angehört wird, und daß jeder für sich selbst sorgt ohne Rücksicht auf die anderen. Die gegenseitigen Bindungen haben aufgehört und eine riesengroße, sinnlose Angst wird frei. Natürlich wird auch hier wieder der Einwand naheliegen, es sei vielmehr umgekehrt, indem die Angst so groß gewachsen sei, daß sie sich über alle Rücksichten und Bindungen hinaussetzen konnte. Mc D o u g a l l hat sogar (S. 24) den Fall der Panik (allerdings der nicht militärischen) als Musterbeispiel für die von ihm betonte Affektsteigerung durch Ansteckung (primary induction) verwertet. Allein diese rationelle Erklärungsweise geht hier [52] doch ganz fehl. Es steht eben zur Erklärung, warum die Angst so riesengroß geworden ist. Die Größe der Gefahr kann nicht beschuldigt werden, denn dieselbe Armee, die jetzt der Panik verfällt, kann ähnlich große und größere Gefahren tadellos bestanden haben, und es gehört geradezu zum Wesen der Panik, daß sie nicht im Verhältnis zur drohenden Gefahr steht, oft bei den nichtigsten

Anlässen ausbricht. Wenn der Einzelne in panischer Angst für sich selbst zu sorgen unternimmt, so bezeugt er damit die Einsicht, daß die affektiven Bindungen aufgehört haben, die bis dahin die Gefahr für ihn herabsetzten. Nun, da er der Gefahr allein entgegensteht, darf er sie allerdings höher einschätzen. Es verhält sich also so, daß die panische Angst die Lockerung in der libidinösen Struktur der Masse voraussetzt und in berechtigter Weise auf sie reagiert, nicht umgekehrt, daß die Libidobindungen der Masse an der Angst vor der Gefahr zugrunde gegangen wären.

Mit diesen Bemerkungen wird der Behauptung, daß die Angst in der Masse durch Induktion (Ansteckung) ins Ungeheure wachse, keineswegs widersprochen. Die Mc D o u g a l l'sche Auffassung ist durchaus zutreffend für den Fall, daß die Gefahr eine real große ist und daß in der Masse keine starken Gefühlsbindungen bestehen, Bedingungen, die verwirklicht werden, wenn z. B. in **[53]** einem Theater oder Unterhaltungslokal Feuer ausbricht. Der lehrreiche und für unsere Zwecke verwertete Fall ist der oben erwähnte, daß ein Heereskörper in Panik gerät, wenn die Gefahr nicht über das gewohnte und oftmals gut vertragene Maß hinaus gesteigert ist. Man wird nicht erwarten dürfen, daß der Gebrauch des Wortes „Panik" scharf und eindeutig bestimmt sei. Manchmal bezeichnet man so jede Massenangst, andere Male auch die Angst eines Einzelnen, wenn sie über jedes Maß hinausgeht, häufig scheint der Name für den Fall reserviert, daß der Angstausbruch durch den Anlaß nicht gerechtfertigt wird. Nehmen wir das Wort „Panik" im Sinne der Massenangst, so können wir eine weitgehende Analogie behaupten. Die Angst des Individuums wird hervorgerufen entweder durch die Größe der Gefahr oder durch das Auflassen von Gefühlsbindungen (Libidobesetzungen); der letztere Fall ist der der neurotischen Angst. (S. Vorlesungen zur Einführung in die Psychoanalyse, XXV., 3. Aufl., 1920.) Ebenso entsteht die Panik durch die Steigerung der Alle betreffenden Gefahr oder durch das Aufhören der die Masse zusammenhaltenden Gefühlsbindungen, und dieser letzte Fall ist der neurotischen Angst analog. (Vgl. hiezu den gedankenreichen, etwas phantastischen Aufsatz von B e l a v. F e l s z e g h y: Panik und Pankomplex, „Imago", VI, 1920.)

Wenn man die Panik wie Mc D o u g a l l (l. c.) als eine der deutlichsten Leistungen des „group mind" beschreibt, gelangt man zum Paradoxon, daß sich diese Massenseele in einer ihrer auffälligsten Äußerungen selbst aufhebt. Es ist kein Zweifel möglich, daß die Panik die Zersetzung der Masse bedeutet, sie hat das Aufhören aller Rücksichten zur Folge, welche sonst die Einzelnen der Masse für einander zeigen.

[54] Der typische Anlaß für den Ausbruch einer Panik ist so ähnlich, wie er in der N e s t r o y'schen Parodie des H e b b e l schen Dramas von Judith und Holofernes dargestellt wird. Da schreit ein Krieger: „Der Feldherr hat den Kopf verloren", und darauf ergreifen alle Assyrer die Flucht. Der Verlust des Führers in irgend einem Sinne, das Irrewerden an ihm bringt die Panik bei gleichbleibender Gefahr zum Ausbruch; mit der Bindung an den Führer schwinden – in der Regel – auch die gegenseitigen Bindungen der Massenindividuen. Die Masse zerstiebt wie ein Bologneser Fläschchen, dem man die Spitze abgebrochen hat.

Die Zersetzung einer religiösen Masse ist nicht so leicht zu beobachten. Vor kurzem geriet mir ein von katholischer Seite stammender, vom Bischof von London empfohlener englischer Roman in die Hand mit dem Titel: „When it was dark", der eine solche Möglichkeit und ihre Folgen in geschickter und, wie ich meine, zutreffender Weise ausmalte. Der Roman erzählt wie aus der Gegenwart, daß es einer Verschwörung von Feinden der Person Christi und des christlichen Glaubens gelingt, eine Grabkammer in Jerusalem auffinden zu lassen, in deren Inschrift Josef von Arimathäa bekennt, [55] daß er aus Gründen der Pietät den Leichnam Christi am dritten Tag nach seiner Beisetzung heimlich aus seinem Grab entfernt und hier bestattet habe. Damit ist die Auferstehung Christi und seine göttliche Natur abgetan und die Folge dieser archäologischen Entdeckung ist eine Erschütterung der europäischen Kultur und eine außerordentliche Zunahme aller Gewalttaten und Verbrechen, die erst schwindet, nachdem das Komplott der Fälscher enthüllt werden kann.

Was bei der hier angenommenen Zersetzung der religiösen Masse zum Vorschein kommt, ist nicht Angst, für welche der Anlaß fehlt, sondern rücksichtslose und feindselige Impulse gegen andere Personen, die sich bis dahin dank der gleichen Liebe Christi nicht äußern konnten[16]. Außerhalb dieser Bindung stehen aber auch während des Reiches Christi jene Individuen, die

---

[16] Vgl. hiezu die Erklärung ähnlicher Phänomene nach dem Wegfall der landesväterlichen Autorität bei P. F e d e r n, Die vaterlose Gesellschaft, Wien, Anzengruber-Verlag, 1919.

nicht zur Glaubensgemeinschaft gehören, die ihn nicht lieben und die er nicht liebt; darum muß eine Religion, auch wenn sie sich die Religion der Liebe heißt, hart und lieblos gegen diejenigen sein, die ihr nicht angehören. Im Grunde ist ja jede Religion eine solche Reli- [56] gion der Liebe für alle, die sie umfaßt, und jeder liegt Grausamkeit und Intoleranz gegen die nicht dazugehörigen nahe. Man darf, so schwer es einem auch persönlich fällt, den Gläubigen daraus keinen zu argen Vorwurf machen; Ungläubige und Indifferente haben es in diesem Punkte psychologisch umso viel leichter. Wenn diese Intoleranz sich heute nicht mehr so gewalttätig und grausam kundgibt wie in früheren Jahrhunderten, so wird man daraus kaum auf eine Milderung in den Sitten der Menschen schließen dürfen. Weit eher ist die Ursache davon in der unleugbaren Abschwächung der religiösen Gefühle und der von ihnen abhängigen libidinösen Bindungen zu suchen. Wenn eine andere Massenbindung an die Stelle der religiösen tritt, wie es jetzt der sozialistischen zu gelingen scheint, so wird sich dieselbe Intoleranz gegen die Außenstehenden ergeben wie im Zeitalter der Religionskämpfe, und wenn die Differenzen wissenschaftlicher Anschauungen je eine ähnliche Bedeutung für die Massen gewinnen könnten, würde sich dasselbe Resultat auch für diese Motivierung wiederholen. [57]

VI.
Weitere Aufgaben und Arbeitsrichtungen.

Wir haben bisher zwei artifizielle Massen untersucht und gefunden, daß sie von zweierlei Gefühlsbindungen beherrscht werden, von denen die eine an den Führer – wenigstens für sie – bestimmender zu sein scheint als die andere, die der Massenindividuen aneinander.

Nun gäbe es in der Morphologie der Massen noch viel zu untersuchen und zu beschreiben. Man hätte von der Feststellung auszugehen, daß eine bloße Menschenmenge noch keine Masse ist, so lange sich jene Bindungen in ihr nicht hergestellt haben, hätte aber das Zugeständnis zu machen, daß in einer beliebigen Menschenmenge sehr leicht die Tendenz zur Bildung einer psychologischen Masse hervortritt. Man müßte den verschiedenartigen, mehr oder minder beständigen Massen, die spontan zustande kommen, Aufmerksamkeit schenken, die Be- [58] dingungen ihrer Entstehung und ihres Zerfalls studieren. Vor allem würde uns der Unterschied zwischen Massen, die einen Führer haben, und führerlosen Massen beschäftigen. Ob nicht die Massen mit Führer die ursprünglicheren und vollständigeren sind, ob in den anderen der Führer nicht durch eine Idee, ein Abstraktum ersetzt sein kann, wozu ja schon die religiösen Massen mit ihrem unaufzeigbaren Oberhaupt die Oberleitung bilden, ob nicht eine gemeinsame Tendenz, ein Wunsch, an dem eine Vielheit Anteil nehmen kann, den nämlichen Ersatz leistet. Dieses Abstrakte könnte sich wiederum mehr oder weniger vollkommen in der Person eines gleichsam sekundären Führers verkörpern, und aus der Beziehung zwischen Idee und Führer ergäben sich interessante Mannigfaltigkeiten. Der Führer oder die führende Idee könnten auch sozusagen negativ werden; der Haß gegen eine bestimmte Person oder Institution könnte ebenso einigend wirken und ähnliche Gefühlsbindungen hervorrufen wie die positive Anhänglichkeit. Es fragte sich dann auch, ob der Führer für das Wesen der Masse wirklich unerläßlich ist u. a. m.

Aber all diese Fragen, die zum Teil auch in der Literatur der Massenpsychologie behandelt sein [59] mögen, werden nicht imstande sein, unser Interesse von den psychologischen Grundproblemen abzulenken, die uns in der Struktur einer Masse geboten werden. Wir werden zunächst von einer Überlegung gefesselt, die uns auf dem kürzesten Weg den Nachweis verspricht, daß es Libidobindungen sind, welche eine Masse charakterisieren.

Wir halten uns vor, wie sich die Menschen im allgemeinen affektiv zueinander verhalten. Nach dem berühmten S c h o p e n h a u e r'schen Gleichnis von den frierenden Stachelschweinen verträgt keiner eine allzu intime Annäherung des anderen.

„Eine Gesellschaft Stachelschweine drängte sich, an einem kalten Wintertage, recht nahe zusammen, um durch die gegenseitige Wärme, sich vor dem Erfrieren zu schützen. Jedoch bald empfanden sie die gegenseitigen Stacheln, welches sie dann wieder voneinander entfernte. Wenn nun das Bedürfnis der Erwärmung sie wieder näher zusammenbrachte, wiederholte sich jenes zweite Übel, so daß sie zwischen beiden Leiden hin- und hergeworfen wurden, bis sie eine mäßige Entfernung herausgefunden hatten, in der sie es am besten aushalten konnten." (Parerga und Paralipomena, II. Teil, XXXI., Gleichnisse und Parabeln.)

Nach dem Zeugnis der Psychoanalyse hinterläßt fast jedes intime Gefühlsverhältnis zwischen zwei Personen von längerer Dauer – Ehebeziehung, **[60]** Freundschaft, Eltern- und Kindschaft[17] – einen Bodensatz von ablehnenden, feindseligen Gefühlen, der erst durch Verdrängung beseitigt werden muß. Unverhüllter ist es, wenn jeder Kompagnon mit seinem Gesellschafter hadert, jeder Untergebene gegen seinen Vorgesetzten murrt. Dasselbe geschieht dann, wenn die Menschen zu größeren Einheiten zusammentreten. Jedesmal, wenn sich zwei Familien durch eine Eheschließung verbinden, hält sich jede von ihnen für die bessere oder vornehmere auf Kosten der anderen. Von zwei benachbarten Städten wird jede zur mißgünstigen Konkurrentin der anderen; jedes Kantönli sieht geringschätzig auf das andere herab. Nächstverwandte Völkerstämme stoßen einander ab, der Süddeutsche mag den Norddeutschen nicht leiden, der Engländer sagt dem Schotten alles Böse nach, der Spanier verachtet den Portugiesen. Daß bei größeren Differenzen sich eine schwer zu überwindende Abneigung ergibt, des Galliers gegen den Germanen, des Ariers gegen den Semiten, des Weißen gegen den farbigen, hat aufgehört uns zu verwundern.

[61] Wenn sich die Feindseligkeit gegen sonst geliebte Personen richtet, bezeichnen wir es als Gefühlsambivalenz und erklären uns diesen Fall in wahrscheinlich allzu rationeller Weise durch die vielfachen Anlässe zu Interessenkonflikten, die sich gerade in so intimen Beziehungen ergeben. In den unverhüllt hervortretenden Abneigungen und Abstoßungen gegen nahestehende Fremde können wir den Ausdruck einer Selbstliebe, eines Narzißmus, erkennen, der seine Selbstbehauptung anstrebt und sich so benimmt, als ob das Vorkommen einer Abweichung von seinen individuellen Ausbildungen eine Kritik derselben und eine Aufforderung sie umzugestalten mit sich brächte. Warum sich eine so große Empfindlichkeit gerade auf diese Einzelheiten der Differenzierung geworfen haben sollte, wissen wir nicht; es ist aber unverkennbar, daß sich in diesem ganzen Verhalten der Menschen eine Haßbereitschaft, eine Aggressivität kundgibt, deren Herkunft unbekannt ist, und der man einen elementaren Charakter zusprechen möchte.

In einer kürzlich (1920) veröffentlichten Schrift „Jenseits des Lustprin-

---

17 Vielleicht mit einziger Ausnahme der Beziehung der Mutter zum Sohn, die auf Narzißmus gegründet, durch spätere Rivalität nicht gestört und durch einen Ansatz zur sexuellen Objektwahl verstärkt wird.

zips" habe ich versucht, die Polarität von Lieben und Hassen mit einem angenommenen Gegensatz von Lebens- und Todestrieben zu verknüpfen, **[62]** und die Sexualtriebe als die reinsten Vertreter der ersteren, der Lebenstriebe, hinzustellen.

Aber all diese Intoleranz schwindet, zeitweilig oder dauernd, durch die Massenbildung und in der Masse. Solange die Massenbildung anhält oder soweit sie reicht, benehmen sich die Individuen als wären sie gleichförmig, dulden sie die Eigenart des anderen, stellen sich ihm gleich und verspüren kein Gefühl der Abstoßung gegen ihn. Eine solche Einschränkung des Narzißmus kann nach unseren theoretischen Anschauungen nur durch ein Moment erzeugt werden, durch libidinöse Bindung an andere Personen. Die Selbstliebe findet nur an der Fremdliebe, Liebe zu Objekten, eine Schranke[18]. Man wird sofort die Frage aufwerfen, ob nicht die Interessengemeinschaft, an und für sich und ohne jeden libidinösen Beitrag, zur Duldung des anderen und zur Rücksichtnahme auf ihn führen muß. Man wird diesem Einwand mit dem Bescheid begegnen, daß auf solche Weise eine bleibende Einschränkung des Narzißmus doch nicht zustande kommt, da diese Toleranz nicht länger anhält als der unmittelbare Vorteil, den man aus der Mitarbeit des anderen zieht. **[63]** Allein der praktische Wert dieser Streitfrage ist geringer, als man meinen sollte, denn die Erfahrung hat gezeigt, daß sich im Falle der Mitarbeiterschaft regelmäßig libidinöse Bedingungen zwischen den Kameraden herstellen, welche die Beziehung zwischen ihnen über das Vorteilhafte hinaus verlängern und fixieren. Es geschieht in den sozialen Beziehungen der Menschen dasselbe, was der psychoanalytischen Forschung in dem Entwicklungsgang der individuellen Libido bekannt geworden ist. Die Libido lehnt sich an die Befriedigung der großen Lebensbedürfnisse an und wählt die daran beteiligten Personen zu ihren ersten Objekten. Und wie beim Einzelnen, so hat auch in der Entwicklung der ganzen Menschheit nur die Liebe als Kulturfaktor im Sinne einer Wendung vom Egoismus zum Altruismus gewirkt. Und zwar sowohl die geschlechtliche Liebe zum Weibe mit all den aus ihr fließenden Nötigungen das zu verschonen, was dem Weibe lieb war, als auch die desexualisierte, sublimiert homosexuelle Liebe zum anderen Manne, die sich aus der gemeinsamen Arbeit ergab.

---

[18] S. Zur Einführung des Narzißmus 1914, Sammlung kleiner Schriften zur Neurosenlehre, vierte Folge 1918.

Wenn also in der Masse Einschränkungen der narzißtischen Eigenliebe auftreten, die außerhalb derselben nicht wirken, so ist dies ein zwingender Hin- [64] weis darauf, daß das Wesen der Massenbildung in neuartigen libidinösen Bindungen der Massenmitglieder aneinander besteht.

Nun wird aber unser Interesse dringend fragen, welcher Art diese Bindungen in der Masse sind. In der psychoanalytischen Neurosenlehre haben wir uns bisher fast ausschließlich mit der Bindung solcher Liebestriebe an ihre Objekte beschäftigt, die noch direkte Sexualziele verfolgen. Um solche Sexualziele kann es sich in der Masse offenbar nicht handeln. Wir haben es hier mit Liebestrieben zu tun, die ohne darum minder energisch zu wirken, doch von ihren ursprünglichen Zielen abgelenkt sind. Nun haben wir bereits im Rahmen der gewöhnlichen sexuellen Objektbesetzung Erscheinungen bemerkt, die einer Ablenkung des Triebs von seinem Sexualziel entsprechen. Wir haben sie als Grade von Verliebtheit beschrieben und erkannt, daß sie eine gewisse Beeinträchtigung des Ichs mit sich bringen. Diesen Erscheinungen der Verliebtheit werden wir jetzt eingehendere Aufmerksamkeit zuwenden, in der begründeten Erwartung, an ihnen Verhältnisse zu finden, die sich auf die Bindungen in den Massen übertragen lassen. Außerdem möchten wir aber wissen, ob diese Art der Objektbesetzung, wie wir [65] sie aus dem Geschlechtsleben kennen, die einzige Weise der Gefühlsbindung an eine andere Person darstellt, oder ob wir noch andere solche Mechanismen in Betracht zu ziehen haben. Wir erfahren tatsächlich aus der Psychoanalyse, daß es noch andere Mechanismen der Gefühlsbindung gibt, die sogenannten I d e n t i f i z i e r u n g e n, ungenügend bekannte, schwer darzustellende Vorgänge, deren Untersuchung uns nun eine gute Weile vom Thema der Massenpsychologie fernhalten wird.

VII.
Die Identifizierung.

Die Identifizierung ist der Psychoanalyse als früheste Äußerung einer Gefühlsbindung an eine andere Person bekannt. Sie spielt in der Vorgeschichte des Ödipuskomplexes eine Rolle. Der kleine Knabe legt ein besonderes Interesse für seinen Vater an den Tag, er möchte so werden und so sein wie er, in allen Stücken an seine Stelle treten. Sagen wir ruhig: er nimmt den Vater zu seinem Ideal. Dies Verhalten hat nichts mit einer passiven oder femininen Einstellung zum Vater (und zum Manne überhaupt) zu tun, es ist vielmehr exquisit männlich. Es verträgt sich sehr wohl mit dem Ödipuskomplex, den es vorbereiten hilft.

Gleichzeitig mit dieser Identifizierung mit dem Vater oder etwas später, hat der Knabe begonnen, eine richtige Objektbesetzung der Mutter nach dem Anlehnungstypus vorzunehmen. Er zeigt also dann **[67]** zwei psychologisch verschiedene Bindungen, zur Mutter eine glatt sexuelle Objektbesetzung, zum Vater eine vorbildliche Identifizierung. Die beiden bestehen eine Weile nebeneinander, ohne gegenseitige Beeinflussung oder Störung. Infolge der unaufhaltsam fortschreitenden Vereinheitlichung des Seelenlebens treffen sie sich endlich und durch dies Zusammenströmen entsteht der normale Ödipuskomplex. Der Kleine merkt, daß ihm der Vater bei der Mutter im Wege steht; seine Identifizierung mit dem Vater nimmt jetzt eine feindselige Tönung an und wird mit dem Wunsch identisch, den Vater auch bei der Mutter zu ersetzen. Die Identifizierung ist eben von Anfang an ambivalent, sie kann sich ebenso zum Ausdruck der Zärtlichkeit wie zum Wunsch der Beseitigung wenden. Sie benimmt sich wie ein Abkömmling der ersten o r a l e n Phase der Libidoorganisation, in welcher man sich das begehrte und geschätzte Objekt durch Essen einverleibte und es dabei als solches vernichtete. Der Kannibale bleibt bekanntlich auf diesem Standpunkt stehen; er hat seine Feinde zum fressen lieb, und er frißt nur die, die er lieb hat[19].

[68] Das Schicksal dieser Vateridentifizierung verliert man später leicht aus den Augen. Es kann dann geschehen, daß der Ödipuskomplex eine Umkehrung erfährt, daß der Vater in femininer Einstellung zum Objekte genommen wird, von dem die direkten Sexualtriebe ihre Befriedigung erwarten, und dann ist die Vateridentifizierung zum Vorläufer der Objektbindung an den Vater geworden. Dasselbe gilt mit den entsprechenden Ersetzungen auch für die kleine Tochter.

Es ist leicht, den Unterschied einer solchen Vateridentifizierung von einer

---

[19] S. Drei Abhandlungen zur Sexualtheorie und A b r a h a m: „Untersuchungen über die früheste prägenitale Entwicklungsstufe **[68]** der Libido". Intern. Zeitschr. f. Psychoanalyse, IV, 1916, auch in dessen „Klinische Beiträge zur Psychoanalyse." Intern. psychoanalyt. Bibliothek, Bd. 10, 1921.

Vaterobjektwahl in einer Formel auszusprechen. Im ersten Falle ist der Vater das, was man s e i n, im zweiten das, was man h a b e n möchte. Es ist also der Unterschied, ob die Bindung am Subjekt oder am Objekt des Ichs angreift. Die erstere ist darum bereits vor jeder sexuellen Objektwahl möglich. Es ist weit schwieriger, diese Verschiedenheit metapsychologisch anschaulich darzustellen. Man erkennt nur, die Identifizierung strebt danach, das eigene Ich ähnlich zu gestalten wie das andere zum „Vorbild" genommene.

[69] Aus einem verwickelteren Zusammenhange lösen wir die Identifizierung bei einer neurotischen Symptombildung. Das kleine Mädchen, an das wir uns jetzt halten wollen, bekomme dasselbe Leidenssymptom wie seine Mutter, z. B. denselben quälenden Husten. Das kann nun auf verschiedenen Wegen zugehen. Entweder ist die Identifizierung dieselbe aus dem Ödipuskomplex, die ein feindseliges Ersetzenwollen der Mutter bedeutet, und das Symptom drückt die Objektliebe zum Vater aus; es realisiert die Ersetzung der Mutter unter dem Einfluß des Schuldbewußtseins: Du hast die Mutter sein wollen, jetzt bist du's wenigstens im Leiden. Das ist dann der komplette Mechanismus der hysterischen Symptombildung. Oder aber, das Symptom ist dasselbe wie das der geliebten Person (so wie z. B. Dora im „Bruchstück einer Hysterieanalyse" den Husten des Vaters imitiert); dann können wir den Sachverhalt nur so beschreiben, d i e I d e n t i f i z i e r u n g s e i a n S t e l l e d e r O b j e k t w a h l g e t r e t e n, d i e O b - j e k t w a h l s e i z u r I d e n t i f i z i e r u n g r e g r e d i e r t. Wir haben gehört, daß die Identifizierung die früheste und ursprünglichste Form der Gefühlsbindung ist; unter den Verhältnissen der Symptombildung, also der Verdrängung, [70] und der Herrschaft der Mechanismen des Unbewußten kommt es oft vor, daß die Objektwahl wieder zur Identifizierung wird, also das Ich die Eigenschaften des Objekts an sich nimmt. Bemerkenswert ist es, daß das Ich bei diesen Identifizierungen das eine Mal die ungeliebte, das andere Mal aber die geliebte Person kopiert. Es muß uns auch auffallen, daß beide Male die Identifizierung eine partielle, höchst beschränkte ist, nur einen einzigen Zug von der Objektperson entlehnt.

Es ist ein dritter, besonders häufiger und bedeutsamer Fall der Symptombildung, daß die Identifizierung vom Objektverhältnis zur kopierten Person ganz absieht. Wenn z. B. eines der Mädchen im Pensionat einen Brief vom geheim Geliebten bekommen hat, der ihre Eifersucht erregt, und auf den sie mit einem hysterischen Anfall reagiert, so werden einige ihrer Freundinnen, die darum wissen, diesen Anfall übernehmen, wie wir sagen, auf dem Wege der psychischen Infektion. Der Mechanismus ist der der Identifizierung auf Grund des sich in dieselbe Lage Versetzenkönnens oder Versetzenwollens. Die anderen möchten auch ein geheimes Liebesverhältnis haben und akzeptieren unter dem Einfluß des Schuldbewußtseins auch das damit ver- **[71]** bundene Leid. Es wäre unrichtig, zu behaupten, sie eignen sich das Symptom aus Mitgefühl an. Im Gegenteil, das Mitgefühl entsteht erst aus der Identifizierung, und der Beweis hiefür ist, daß sich solche Infektion oder Imitation auch unter Umständen herstellt, wo noch geringere vorgängige Sympathie zwischen beiden anzunehmen ist, als unter Pensionsfreundinnen zu bestehen pflegt. Das eine Ich hat am anderen eine bedeutsame Analogie in einem Punkte wahrgenommen, in unserem Beispiel in der gleichen Gefühlsbereitschaft, es bildet sich daraufhin eine Identifizierung in diesem Punkte, und unter dem Einfluß der pathogenen Situation verschiebt sich diese Identifizierung zum Symptom, welches das eine Ich produziert hat. Die Identifizierung durch das Symptom wird so zum Anzeichen für eine Deckungsstelle der beiden Ich, die verdrängt gehalten werden soll.

Das aus diesen drei Quellen Gelernte können wir dahin zusammenfassen, daß erstens die Identifizierung die ursprünglichste Form der Gefühlsbindung an ein Objekt ist, zweitens daß sie auf regressivem Wege zum Ersatz für eine libidinöse Objektbindung wird, gleichsam durch Introjektion des Objekts ins Ich, und daß sie drittens bei jeder **[72]** neu wahrgenommenen Gemeinsamkeit mit einer Person, die nicht Objekt der Sexualtriebe ist, entstehen kann. Je bedeutsamer diese Gemeinsamkeit ist, desto erfolgreicher muß diese partielle Identifizierung werden können und so dem Anfang einer neuen Bindung entsprechen.

Wir ahnen bereits, daß die gegenseitige Bindung der Massenindividuen von der Natur einer solchen Identifizierung durch eine wichtige affektive Gemeinsamkeit ist, und können vermuten, diese Gemeinsamkeit liege in der Art der Bindung an den Führer. Eine andere Ahnung kann uns sagen, daß wir weit davon entfernt sind, das Problem der Identifizierung erschöpft zu haben, daß wir vor dem Vorgang stehen, den die Psychologie „Einfühlung" heißt, und der den größten Anteil an unserem Verständnis für das Ichfremde anderer Personen hat. Aber wir wollen uns hier auf die nächsten affektiven

Wirkungen der Identifizierung beschränken und ihre Bedeutung für unser intellektuelles Leben beiseite lassen.

Die psychoanalytische Forschung, die gelegentlich auch schon die schwierigeren Probleme der Psychosen in Angriff genommen hat, konnte uns auch die Identifizierung in einigen anderen Fällen [73] aufzeigen, die unserem Verständnis nicht ohne weiteres zugänglich sind. Ich werde zwei dieser Fälle als Stoff für unsere weiteren Überlegungen ausführlich behandeln.

Die Genese der männlichen Homosexualität ist in einer großen Reihe von Fällen die folgende: Der junge Mann ist ungewöhnlich lange und intensiv im Sinne des Ödipuskomplexes an seine Mutter fixiert gewesen. Endlich kommt doch nach vollendeter Pubertät die Zeit, die Mutter gegen ein anderes Sexualobjekt zu vertauschen. Da geschieht eine plötzliche Wendung; der Jüngling verläßt nicht seine Mutter, sondern identifiziert sich mit ihr, er wandelt sich in sie um und sucht jetzt nach Objekten, die ihm sein Ich ersetzen können, die er so lieben und pflegen kann, wie er es von der Mutter erfahren hatte. Dies ist ein häufiger Vorgang, der beliebig oft bestätigt werden kann und natürlich ganz unabhängig von jeder Annahme ist, die man über die organische Triebkraft und die Motive jener plötzlichen Wandlung macht. Auffällig an dieser Identifizierung ist ihre Ausgiebigkeit, sie wandelt das Ich in einem höchst wichtigen Stück, im Sexualcharakter, nach dem Vorbild des bisherigen Objekts um. Dabei wird das Objekt selbst aufgegeben, ob [74] durchaus oder nur in dem Sinne, daß es im Unbewußten erhalten bleibt, steht hier außer Diskussion. Die Identifizierung mit dem aufgegebenen oder verlorenen Objekt zum Ersatz desselben, die Introjektion dieses Objekts ins Ich, ist für uns allerdings keine Neuheit mehr. Ein solcher Vorgang läßt sich gelegentlich am kleinen Kind unmittelbar beobachten. Kürzlich wurde in der Internationalen Zeitschrift für Psychoanalyse eine solche Beobachtung veröffentlicht, daß ein Kind, das unglücklich über den Verlust eines Kätzchens war, frischweg erklärte, es sei jetzt selbst das Kätzchen, dem entsprechend auf allen Vieren kroch, nicht am Tische essen wollte usw.[20]

Ein anderes Beispiel von solcher Introjektion des Objekts hat uns die Analyse der Melancholie gegeben, welche Affektion ja den realen oder affek-

---

[20] M a r k u s z e w i c z, Beitrag zum autistischen Denken bei Kindern. Internationale Zeitschrift für Psychoanalyse, VI., 1920.

tiven Verlust des geliebten Objekts unter ihre auffälligsten Veranlassungen zählt. Ein Hauptcharakter dieser Fälle ist die grausame Selbstherabsetzung des Ichs in Verbindung mit schonungsloser Selbstkritik und bitteren Selbstvorwürfen. Analysen haben ergeben, daß diese Einschätzung und diese Vorwürfe [75] im Grunde dem Objekt gelten und die Rache des Ichs an diesem darstellen. Der Schatten des Objekts ist auf das Ich gefallen, sagte ich an anderer Stelle. Die Introjektion des Objekts ist hier von unverkennbarer Deutlichkeit.

Diese Melancholien zeigen uns aber noch etwas anderes, was für unsere späteren Betrachtungen wichtig werden kann. Sie zeigen uns das Ich geteilt, in zwei Stücke zerfällt, von denen das eine gegen das andere wütet. Dies andere Stück ist das durch Introjektion veränderte, das das verlorene Objekt einschließt. Aber auch das Stück, das sich so grausam betätigt, ist uns nicht unbekannt. Es schließt das Gewissen ein, eine kritische Instanz im Ich, die sich auch in normalen Zeiten dem Ich kritisch gegenübergestellt hat, nur niemals so unerbittlich und so ungerecht. Wir haben schon bei früheren Anlässen die Annahme machen müssen (Narzißmus, Trauer und Melancholie), daß sich in unserem Ich eine solche Instanz entwickelt, welche sich vom anderen Ich absondern und in Konflikte mit ihm geraten kann. Wir nannten sie das „Ichideal" und schrieben ihr an Funktionen die Selbstbeobachtung, das moralische Gewissen, die Traumzensur und den Haupteinfluß bei der Verdrängung zu. Wir sagten, [76] sie sei der Erbe des ursprünglichen Narzißmus, in dem das kindliche Ich sich selbst genügte. Allmählich nehme sie aus den Einflüssen der Umgebung die Anforderungen auf, die diese an das Ich stelle, denen das Ich nicht immer nachkommen könne, so daß der Mensch, wo er mit seinem Ich selbst nicht zufrieden sein kann, doch seine Befriedigung in dem aus dem Ich differenzierten Ichideal finden dürfe. Im Beobachtungswahn, stellten wir ferner fest, werde der Zerfall dieser Instanz offenkundig und dabei ihre Herkunft aus den Einflüssen der Autoritäten, voran der Eltern, aufgedeckt[21]. Wir haben aber nicht vergessen anzuführen, daß das Maß der Entfernung dieses Ichideals vom aktuellen Ich für das einzelne Individuum sehr variabel ist, und daß bei vielen diese Differenzierung innerhalb des Ichs nicht weiter reicht als beim Kinde.

---

[21]   Zur Einführung des Narzißmus, l. c.

Ehe wir aber diesen Stoff zum Verständnis der libidinösen Organisation einer Masse verwenden können, müssen wir einige andere der Wechselbeziehungen zwischen Objekt und Ich in Betracht ziehen.

Wir wissen sehr gut, daß wir mit diesen der Pathologie entnommenen Beispielen das Wesen der Identi- [77] fizierung nicht erschöpft haben und somit am Rätsel der Massenbildung ein Stück unangerührt lassen. Hier müßte eine viel gründlichere und mehr umfassende psychologische Analyse eingreifen. Von der Identifizierung führt ein Weg über die Nachahmung zur Einfühlung, d. h. zum Verständnis des Mechanismus, durch den uns überhaupt eine Stellungnahme zu einem anderen Seelenleben ermöglicht wird. Auch an den Äußerungen einer bestehenden Identifizierung ist noch vieles aufzuklären. Sie hat unter anderem die Folge, daß man die Aggression gegen die Person, mit der man sich identifiziert hat, einschränkt, sie verschont und ihr Hilfe leistet. Das Studium solcher Identifizierungen, wie sie z. B. der Clangemeinschaft zugrunde liegen, ergab R o b e r t s o n   S m i t h das überraschende Resultat, daß sie auf der Anerkennung einer gemeinsamen Substanz beruhen (Kinship and Marriage, 1885), daher auch durch eine gemeinsam genommene Mahlzeit geschaffen werden können. Dieser Zug gestattet es, eine solche Identifizierung mit der von mir in „Totem und Tabu" konstruierten Urgeschichte der menschlichen Familie zu verknüpfen.

VIII.
Verliebtheit und Hypnose.

Der Sprachgebrauch bleibt selbst in seinen Launen irgend einer Wirklichkeit treu. So nennt er zwar sehr mannigfaltige Gefühlsbeziehungen „Liebe", die auch wir theoretisch als Liebe zusammenfassen, zweifelt aber dann wieder, ob diese Liebe die eigentliche, richtige, wahre sei, und deutet so auf eine ganze Stufenleiter von Möglichkeiten innerhalb der Liebesphänomene hin. Es wird uns auch nicht schwer, dieselbe in der Beobachtung aufzufinden.

In einer Reihe von Fällen ist die Verliebtheit nichts anderes als Objektbesetzung von seiten der Sexualtriebe zum Zweck der direkten Sexualbefriedigung, die auch mit der Erreichung dieses Zieles erlischt; das ist das, was man die gemeine, sinnliche Liebe heißt. Aber wie bekannt, bleibt die libidinöse

Situation selten so einfach. Die Sicherheit, mit der man auf das Wiedererwachen des eben erloschenen **[79]** Bedürfnisses rechnen konnte, muß wohl das nächste Motiv gewesen sein, dem Sexualobjekt eine dauernde Besetzung zuzuwenden, es auch in den begierdefreien Zwischenzeiten zu „lieben".

Aus der sehr merkwürdigen Entwicklungsgeschichte des menschlichen Liebeslebens kommt ein zweites Moment hinzu. Das Kind hatte in der ersten, mit fünf Jahren meist schon abgeschlossenen Phase in einem Elternteil ein erstes Liebesobjekt gefunden, auf welches sich alle seine Befriedigung heischenden Sexualtriebe vereinigt hatten. Die dann eintretende Verdrängung erzwang den Verzicht auf die meisten dieser kindlichen Sexualziele und hinterließ eine tiefgreifende Modifikation des Verhältnisses zu den Eltern. Das Kind blieb fernerhin an die Eltern gebunden, aber mit Trieben, die man „zielgehemmte" nennen muß. Die Gefühle, die es von nun an für diese geliebten Personen empfindet, werden als „zärtliche" bezeichnet. Es ist bekannt, daß im Unbewußten die früheren „sinnlichen" Strebungen mehr oder minder stark erhalten bleiben, so daß die ursprüngliche Vollströmung in gewissem Sinne weiterbesteht[22].

Mit der Pubertät setzen bekanntlich neue sehr **[80]** intensive Strebungen nach den direkten Sexualzielen an. In ungünstigen Fällen bleiben sie als sinnliche Strömung von den fortdauernden „zärtlichen" Gefühlsrichtungen geschieden. Man hat dann das Bild vor sich, dessen beide Ansichten von gewissen Richtungen der Literatur so gerne idealisiert werden. Der Mann zeigt schwärmerische Neigungen zu hochgeachteten Frauen, die ihn aber zum Liebesverkehr nicht reizen, und ist nur potent gegen andere Frauen, die er nicht „liebt", geringschätzt oder selbst verachtet[23]. Häufiger indes gelingt dem Heranwachsenden ein gewisses Maß von Synthese der unsinnlichen, himmlischen und der sinnlichen, irdischen Liebe, und ist sein Verhältnis zum Sexualobjekt durch das Zusammenwirken von ungehemmten mit zielgehemmten Trieben gekennzeichnet. Nach dem Beitrag der zielgehemmten Zärtlichkeitstriebe kann man die Höhe der Verliebtheit im Gegensatz zum bloß sinnlichen Begehren bemessen.

Im Rahmen dieser Verliebtheit ist uns von Anfang an das Phänomen der

---

[22] S. Sexualtheorie l. c.

[23] Über die allgemeinste Erniedrigung des Liebeslebens. Sammlung, 4. Folge, 1918.

Sexualüberschätzung aufgefallen, die Tatsache, daß das geliebte Objekt eine gewisse Freiheit von der Kritik genießt, daß alle **[81]** seine Eigenschaften höher eingeschätzt werden als die ungeliebter Personen oder als zu einer Zeit, da es nicht geliebt wurde. Bei einigermaßen wirksamer Verdrängung oder Zurücksetzung der sinnlichen Strebungen kommt die Täuschung zustande, daß das Objekt seiner seelischen Vorzüge wegen auch sinnlich geliebt wird, während umgekehrt erst das sinnliche Wohlgefallen ihm diese Vorzüge verliehen haben mag.

Das Bestreben, welches hier das Urteil fälscht, ist das der I d e a l i s i e - r u n g. Damit ist uns aber die Orientierung erleichtert; wir erkennen, daß das Objekt so behandelt wird wie das eigene Ich, daß also in der Verliebtheit ein größeres Maß narzißtischer Libido auf das Objekt überfließt. Bei manchen Formen der Liebeswahl wird es selbst augenfällig, daß das Objekt dazu dient, ein eigenes, nicht erreichtes Ichideal zu ersetzen. Man liebt es wegen der Vollkommenheiten, die man fürs eigene Ich angestrebt hat und die man sich nun auf diesem Umweg zur Befriedigung seines Narzißmus verschaffen möchte.

Nehmen Sexualüberschätzung und Verliebtheit noch weiter zu, so wird die Deutung des Bildes immer unverkennbarer. Die auf direkte Sexualbefriedigung drängenden Strebungen können nun ganz **[82]** zurückgedrängt werden, wie es z. B. regelmäßig bei der schwärmerischen Liebe des Jünglings geschieht; das Ich wird immer anspruchsloser, bescheidener, das Objekt immer großartiger, wertvoller; es gelangt schließlich in den Besitz der gesamten Selbstliebe des Ichs, so daß dessen Selbstaufopferung zur natürlichen Konsequenz wird. Das Objekt hat das Ich sozusagen aufgezehrt. Züge von Demut, Einschränkung des Narzißmus, Selbstschädigung sind in jedem Falle von Verliebtheit vorhanden; im extremen Falle werden sie nur gesteigert und durch das Zurücktreten der sinnlichen Ansprüche bleiben sie alleinherrschend.

Dies ist besonders leicht bei unglücklicher, unerfüllbarer Liebe der Fall, da bei jeder sexuellen Befriedigung doch die Sexualüberschätzung immer wieder eine Herabsetzung erfährt. Gleichzeitig mit dieser „Hingabe" des Ichs an das Objekt, die sich von der sublimierten Hingabe an eine abstrakte Idee schon nicht mehr unterscheidet, versagen die dem Ichideal zugeteilten Funktionen gänzlich. Es schweigt die Kritik, die von dieser Instanz ausgeübt wird; alles was das Objekt tut und fordert, ist recht und untadelhaft. Das Gewissen findet keine Anwendung auf alles, was zugunsten des Objekts geschieht; **[83]** in der Liebesverblendung wird man reuelos zum Verbrecher. Die ganze Situation läßt sich restlos in eine Formel zusammenfassen: D a s O b j e k t h a t s i c h a n d i e S t e l l e d e s I c h i d e a l s g e s e t z t.

Der Unterschied der Identifizierung von der Verliebtheit in ihren höchsten Ausbildungen, die man Faszination, verliebte Hörigkeit heißt, ist nun leicht zu beschreiben. Im ersteren Falle hat sich das Ich um die Eigenschaften des Objekts bereichert, sich dasselbe nach F e r e n c z i's Ausdruck „introjiziert"; im zweiten Fall ist es verarmt, hat sich dem Objekt hingegeben, dasselbe an die Stelle seines wichtigsten Bestandteils gesetzt. Indes merkt man bei näherer Erwägung bald, daß eine solche Darstellung Gegensätze vorspiegelt, die nicht bestehen. Es handelt sich ökonomisch nicht um Verarmung oder Bereicherung, man kann auch die extreme Verliebtheit so beschreiben, daß das Ich sich das Objekt introjiziert habe. Vielleicht trifft eine andere Unterscheidung eher das Wesentliche. Im Falle der Identifizierung ist das Objekt verloren gegangen oder aufgegeben worden; es wird dann im Ich wieder aufgerichtet, das Ich verändert sich partiell nach dem Vorbild des verlorenen Objekts. Im anderen Falle **[84]** ist das Objekt erhalten geblieben und wird als solches von seiten und auf Kosten des Ichs überbesetzt. Aber auch hiegegen erhebt sich ein Bedenken. Steht es denn fest, daß die Identifizierung das Aufgeben der Objektbesetzung voraussetzt, kann es nicht Identifizierung bei erhaltenem Objekt geben? Und ehe wir uns in die Diskussion dieser heikeln Frage einlassen, kann uns bereits die Einsicht aufdämmern, daß eine andere Alternative das Wesen dieses Sachverhalts in sich faßt, nämlich o b d a s O b j e k t a n d i e S t e l l e d e s I c h s o d e r d e s I c h i d e a l s g e s e t z t w i r d.

Von der Verliebtheit ist offenbar kein weiter Schritt zur Hypnose. Die Übereinstimmungen beider sind augenfällig. Dieselbe demütige Unterwerfung, Gefügigkeit, Kritiklosigkeit gegen den Hypnotiseur wie gegen das geliebte Objekt. Dieselbe Aufsaugung der eigenen Initiative; kein Zweifel, der Hypnotiseur ist an die Stelle des Ichideals getreten. Alle Verhältnisse sind in der Hypnose nur noch deutlicher und gesteigerter, so daß es zweckmäßiger wäre, die Verliebtheit durch die Hypnose zu erläutern als umgekehrt. Der Hypnotiseur ist das einzige Objekt, kein anderes wird neben ihm beachtet. Daß das Ich traumhaft erlebt, was er fordert und behauptet, [85] mahnt uns daran, daß wir verabsäumt haben, unter den Funktionen des Ichideals auch die Ausübung der Realitätsprüfung zu erwähnen[24]. Kein Wunder, daß das Ich eine Wahrnehmung für real hält, wenn die sonst mit der Aufgabe der Realitätsprüfung betraute psychische Instanz sich für diese Realität einsetzt. Die völlige Abwesenheit von Strebungen mit ungehemmten Sexualzielen trägt zur extremen Reinheit der Erscheinungen weiteres bei. Die hypnotische Beziehung ist eine uneingeschränkte verliebte Hingabe bei Ausschluß sexueller Befriedigung, während eine solche bei der Verliebtheit doch nur zeitweilig zurückgeschoben ist und als spätere Zielmöglichkeit im Hintergrunde verbleibt.

Anderseits können wir aber auch sagen, die hypnotische Beziehung sei – wenn dieser Ausdruck gestattet ist – eine Massenbildung zu zweien. Die Hypnose ist kein gutes Vergleichsobjekt mit der Massenbildung, weil sie vielmehr mit dieser identisch ist. Sie isoliert uns aus dem komplizierten Gefüge der Masse ein Element, das Verhalten des Massenindividuums zum Führer. Durch diese Einschränkung der Zahl scheidet sich die Hypnose von der [86] Massenbildung, wie durch den Wegfall der direkt sexuellen Strebungen von der Verliebtheit. Sie hält insoferne die Mitte zwischen beiden.

Es ist interessant zu sehen, daß gerade die zielgehemmten Sexualstrebungen so dauerhafte Bindungen der Menschen aneinander erzielen. Dies versteht sich aber leicht aus der Tatsache, daß sie einer vollen Befriedigung nicht fähig sind, während ungehemmte Sexualstrebungen durch die Abfuhr bei der Erreichung des jedesmaligen Sexualziels eine außerordentliche Herabsetzung erfahren. Die sinnliche Liebe ist dazu bestimmt, in der Befriedigung zu erlöschen; um andauern zu können, muß sie mit rein zärtlichen, d. h. zielgehemmten Komponenten von Anfang an versetzt sein oder eine solche Umsetzung erfahren.

Die Hypnose würde uns das Rätsel der libidinösen Konstitution einer Masse glatt lösen, wenn sie selbst nicht noch Züge enthielte, die sich der

---

[24] S. Metapsychologische Ergänzung zur Traumlehre. Sammlung kleiner Schriften zur Neurosenlehre, Vierte Folge, 1918.

bisherigen rationellen Aufklärung – als Verliebtheit bei Ausschluß direkt sexueller Strebungen – entziehen. Es ist noch vieles an ihr als unverstanden, als mystisch anzuerkennen. Sie enthält einen Zusatz von Lähmung aus dem Verhältnis eines Übermächtigen zu einem Ohnmächtigen, Hilflosen, was etwa **[87]** zur Schreckhypnose der Tiere überleitet. Die Art, wie sie erzeugt wird, ihre Beziehung zum Schlaf, sind nicht durchsichtig, und die rätselhafte Auswahl von Personen, die sich für sie eignen, während andere sie gänzlich ablehnen, weist auf ein noch unbekanntes Moment hin, welches in ihr verwirklicht wird, und das vielleicht erst die Reinheit der Libidoeinstellungen in ihr ermöglicht. Beachtenswert ist auch, daß häufig das moralische Gewissen der hypnotisierten Person sich selbst bei sonst voller suggestiver Gefügigkeit resistent zeigen kann. Aber das mag daher kommen, daß bei der Hypnose, wie sie zumeist geübt wird, ein Wissen erhalten geblieben sein kann, es handle sich nur um ein Spiel, eine unwahre Reproduktion einer anderen, weit lebenswichtigeren Situation.

Durch die bisherigen Erörterungen sind wir aber voll darauf vorbereitet, die Formel für die libidinöse Konstitution einer Masse anzugeben. Wenigstens einer solchen Masse, wie wir sie bisher betrachtet haben, die also einen Führer hat und nicht durch allzu viel „Organisation" sekundär die Eigenschaften eines Individuums erwerben konnte. E i n e   s o l c h e   p r i m ä r e   M a s s e   i s t   e i n e   A n z a h l   v o n   I n d i v i d u e n, d i e   e i n   u n d   d a s s e l b e   **[88]** O b j e k t   a n   d i e S t e l l e   i h r e s   I c h i d e a l s   g e s e t z t   u n d   s i c h   i n f o l g e d e s s e n   i n   i h r e m   I c h   m i t e i n a n d e r   i d e n t i f i z i e r t   h a b e n. Dies Verhältnis läßt eine graphische Darstellung zu:

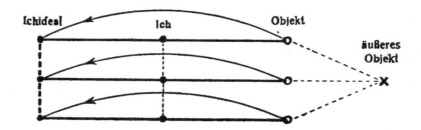

IX.
Der Herdentrieb.

Wir werden uns nur kurze Zeit der Illusion freuen, durch diese Formel das Rätsel der Masse gelöst zu haben. Alsbald muß uns die Mahnung beunruhigen, daß wir ja im wesentlichen die Verweisung auf das Rätsel der Hypnose angenommen haben, an dem so vieles noch unerledigt ist. Und nun zeigt uns ein anderer Einwand den weiteren Weg.

Wir dürfen uns sagen, die ausgiebigen affektiven Bindungen, die wir in der Masse erkennen, reichen voll aus, um einen ihrer Charaktere zu erklären, den Mangel an Selbständigkeit und Initiative beim Einzelnen, die Gleichartigkeit seiner Reaktion mit der aller anderen, sein Herabsinken zum Massenindividuum sozusagen. Aber die Masse zeigt, wenn wir sie als Ganzes ins Auge fassen, mehr; die Züge von Schwächung der intellektuellen Leistung, von [90] Ungehemmtheit der Affektivität, die Unfähigkeit zur Mäßigung und zum Aufschub, die Neigung zur Überschreitung aller Schranken in der Gefühlsäußerung und zur vollen Abfuhr derselben in Handlung, dies und alles Ähnliche, was wir bei L e B o n so eindrucksvoll geschildert finden, ergibt ein unverkennbares Bild von Regression der seelischen Tätigkeit auf eine frühere Stufe, wie wir sie bei Wilden oder bei Kindern zu finden nicht erstaunt sind. Eine solche Regression gehört insbesondere zum Wesen der gemeinen Massen, während sie, wie wir gehört haben, bei hoch organisierten, künstlichen weitgehend hintangehalten werden kann.

Wir erhalten so den Eindruck eines Zustandes, in dem die vereinzelte Gefühlsregung und der persönliche intellektuelle Akt des Individuums zu schwach sind, um sich allein zur Geltung zu bringen, und durchaus auf Bekräftigung durch gleichartige Wiederholung von seiten der anderen warten müssen. Wir werden daran erinnert, wieviel von diesen Phänomenen der Abhängigkeit zur normalen Konstitution der menschlichen Gesellschaft gehört, wie wenig Originalität und persönlicher Mut sich in ihr findet, wie sehr jeder Einzelne durch die Einstellungen einer Massenseele beherrscht wird, die [91] sich als Rasseneigentümlichkeiten, Standesvorurteile, öffentliche Meinung u. dgl. kundgeben. Das Rätsel des suggestiven Einflusses vergrößert sich für uns, wenn wir zugeben, daß ein solcher nicht allein vom Führer, sondern auch von jedem Einzelnen auf jeden Einzelnen geübt wird, und wir machen uns den Vorwurf, daß wir die Beziehung zum Führer einseitig herausgehoben, den anderen Faktor der gegenseitigen Suggestion aber ungebührend zurückgedrängt haben.

Auf solche Weise zur Bescheidenheit gewiesen, werden wir geneigt sein, auf eine andere Stimme zu horchen, welche uns Erklärung auf einfacheren Grundlagen verspricht. Ich entnehme eine solche dem klugen Buch von W. T r o t t e r über den Herdentrieb, an dem ich nur bedaure, daß es sich den durch den letzten großen Krieg entfesselten Antipathien nicht ganz entzogen hat[25].

T r o t t e r leitet die an der Masse beschriebenen seelischen Phänomene von einem Herdeninstinkt (gregariousness) ab, der dem Menschen wie anderen Tierarten angeboren zukommt. Diese Herdenhaftigkeit ist biologisch eine Analogie und gleich- [92] sam eine Fortführung der Vielzelligkeit, im Sinne der Libidotheorie eine weitere Äußerung der von der Libido ausgehenden Neigung aller gleichartigen Lebewesen, sich zu immer umfassenderen Einheiten zu vereinigen[26]. Der Einzelne fühlt sich unvollständig (incomplete), wenn er allein ist. Schon die Angst des kleinen Kindes sei eine Äußerung dieses Herdeninstinkts. Widerspruch gegen die Herde ist soviel wie Trennung von ihr und wird darum angstvoll vermieden. Die Herde lehnt aber alles Neue, Ungewohnte ab. Der Herdeninstinkt sei etwas Primäres, nicht weiter Zerlegbares (which cannot be split up).

T r o t t e r gibt als die Reihe der von ihm als primär angenommenen Triebe (oder Instinkte): den Selbstbehauptungs-, Ernährungs-, Geschlechtsund Herdentrieb. Der letztere gerate oft in die Lage, sich den anderen gegenüberzustellen. Schuldbewußtsein und Pflichtgefühl seien die charakteristischen Besitztümer eines gregarious animal. Vom Herdeninstinkt läßt T r o t t e r auch die verdrängenden Kräfte ausgehen, welche die Psychoanalyse im Ich aufgezeigt hat, und folgerichtig gleicherweise die Widerstände, [93] auf welche der Arzt bei der- psychoanalytischen Behandlung stößt. Die Sprache verdanke ihre Bedeutung ihrer Eignung zur gegenseitigen Verständigung in der Herde, auf ihr beruhe zum großen Teil die Identifizierung der Einzelnen miteinander.

---

[25] W. T r o t t e r. Instincts of the Herd in Peace and War. London 1916.
[26] Siehe meinen Aufsatz: Jenseits des Lustprinzips. Beiheft II zur Internationalen Zeitschrift für Psychoanalyse, VI., 1920.

Wie L e B o n vorwiegend die charakteristischen flüchtigen Massenbildungen und Mc D o u g a l l die stabilen Vergesellschaftungen, so hat
T r o t t e r die allgemeinsten Verbände, in denen der Mensch, dies ξῷον
πολιτικόν lebt, in den Mittelpunkt seines Interesses gerückt und deren psychologische Begründung angegeben. Für T r o t t e r bedarf es aber keiner
Ableitung des Herdentriebes, da er ihn als primär und nicht weiter auflösbar
bezeichnet. Seine Bemerkung, B o r i s S i d i s leite den Herdentrieb von
der Suggestibilität ab, ist zum Glück für ihn überflüssig; es ist eine Erklärung nach bekanntem, unbefriedigendem Muster, und die Umkehrung dieses
Satzes, also daß die Suggestibilität ein Abkömmling des Herdeninstinkts sei,
erschiene mir bei weitem einleuchtender.

Aber gegen T r o t t e r s Darstellung läßt sich mit noch besserem Recht als
gegen die anderen einwenden, daß sie auf die Rolle des Führers in der Masse zu
wenig Rücksicht nimmt, während wir doch **[94]** eher zum gegenteiligen Urteil
neigen, daß das Wesen der Masse bei Vernachlässigung des Führers nicht zu begreifen sei. Der Herdeninstinkt läßt überhaupt für den Führer keinen Raum, er
kommt nur so zufällig zur Herde hinzu, und im Zusammenhange damit steht,
daß von diesem Trieb aus auch kein Weg zu einem Gottesbedürfnis führt; es
fehlt der Hirt zur Herde. Außerdem aber kann man T r o t t e r s Darstellung
psychologisch untergraben, d. h. man kann es zum mindesten wahrscheinlich
machen, daß der Herdentrieb nicht unzerlegbar, nicht in dem Sinne primär ist
wie der Selbsterhaltungstrieb und der Geschlechtstrieb.

Es ist natürlich nicht leicht, die Ontogenese des Herdentriebes zu verfolgen. Die Angst des kleinen Kindes, wenn es allein gelassen wird, die T r o t -
t e r bereits als Äußerung des Triebes in Anspruch nehmen will, legt doch eine
andere Deutung näher. Sie gilt der Mutter, später anderen vertrauten Personen und ist der Ausdruck einer unerfüllten Sehnsucht, mit der das Kind noch
nichts anderes anzufangen weiß, als sie in Angst zu verwandeln[27]. Die Angst
des einsamen kleinen Kindes wird auch nicht durch **[95]** den Anblick eines
beliebigen anderen „aus der Herde" beschwichtigt, sondern im Gegenteil durch
das Hinzukommen eines solchen „fremden" erst hervorgerufen. Dann merkt
man beim Kinde lange nichts von einem Herdeninstinkt oder Massengefühl.
Ein solches bildet sich zuerst in der mehrzähligen Kinderstube aus dem Ver-

---

[27] Siehe Vorlesungen zur Einführung in die Psychoanalyse, über die Angst.

hältnis der Kinder zu den Eltern, und zwar als Reaktion auf den anfänglichen
Neid, mit dem das ältere Kind das jüngere aufnimmt. Das ältere Kind möchte
gewiß das nachkommende eifersüchtig verdrängen, von den Eltern fernhalten
und es aller Anrechte berauben, aber angesichts der Tatsache, daß auch dieses
Kind – wie alle späteren – in gleicher Weise von den Eltern geliebt wird, und
infolge der Unmöglichkeit, seine feindselige Einstellung ohne eigenen Schaden
festzuhalten, wird es zur Identifizierung mit den anderen Kindern gezwungen,
und es bildet sich in der Kinderschar ein Massen- oder Gemeinschaftsgefühl,
welches dann in der Schule seine weitere Entwicklung erfährt. Die erste Forderung dieser Reaktionsbildung ist die nach Gerechtigkeit, gleicher Behandlung
für alle. Es ist bekannt, wie laut und unbestechlich sich dieser Anspruch in
der Schule äußert. Wenn man schon selbst nicht der Bevorzugte sein kann, so
soll doch wenig- **[96]** stens keiner von allen bevorzugt werden. Man könnte
diese Umwandlung und Ersetzung der Eifersucht durch ein Massengefühl in
Kinderstube und Schulzimmer für unwahrscheinlich halten, wenn man nicht
den gleichen Vorgang später unter anderen Verhältnissen neuerlich beobachten würde. Man denke an die Schar von schwärmerisch verliebten Frauen und
Mädchen, die den Sänger oder Pianisten nach seiner Produktion umdrängen.
Gewiß läge es jeder von ihnen nahe, auf die andere eifersüchtig zu sein, allein
angesichts ihrer Anzahl und der damit verbundenen Unmöglichkeit, das Ziel
ihrer Verliebtheit zu erreichen, verzichten sie darauf, und anstatt sich gegen-
seitig die Haare auszuraufen, handeln sie wie eine einheitliche Masse, huldigen
dem Gefeierten in gemeinsamen Aktionen und wären etwa froh, sich in seinen
Lockenschmuck zu teilen. Sie haben sich, ursprünglich Rivalinnen, durch die
gleiche Liebe zu dem nämlichen Objekt miteinander identifizieren können.
Wenn eine Triebsituation, wie ja gewöhnlich, verschiedener Ausgänge fähig ist,
so werden wir uns nicht verwundern, daß jener Ausgang zustande kommt, mit
dem die Möglichkeit einer gewissen Befriedigung verbunden ist, während ein
anderer, selbst ein näher liegender, unterbleibt, **[97]** weil die realen Verhältnisse ihm die Erreichung dieses Zieles versagen.

Was man dann später in der Gesellschaft als Gemeingeist, esprit de corps
usw. wirksam findet, verleugnet nicht seine Abkunft vom ursprünglichen Neid.
Keiner soll sich hervortun wollen, jeder das gleiche sein und haben. Soziale
Gerechtigkeit will bedeuten, daß man sich selbst vieles versagt, damit auch die
anderen darauf verzichten müssen, oder was dasselbe ist, es nicht fordern kön-

nen. Diese Gleichheitsforderung ist die Wurzel des sozialen Gewissens und des Pflichtgefühls. In unerwarteter Weise enthüllt sie sich in der Infektionsangst der Syphilitiker, die wir durch die Psychoanalyse verstehen gelernt haben. Die Angst dieser Armen entspricht ihrem heftigen Sträuben gegen den unbewußten Wunsch, ihre Infektion auf die anderen auszubreiten, denn warum sollten sie allein infiziert und von so vielem ausgeschlossen sein und die anderen nicht? Auch die schöne Anekdote vom Urteil Salomonis hat denselben Kern. Wenn der einen Frau das Kind gestorben ist, soll auch die andere kein lebendes haben. An diesem Wunsch wird die Verlustträgerin erkannt.

[98] Das soziale Gefühl ruht also auf der Umwendung eines erst feindseligen Gefühls in eine positiv betonte Bindung von der Natur einer Identifizierung. Soweit wir den Hergang bis jetzt durchschauen können, scheint sich diese Umwendung unter dem Einfluß einer gemeinsamen zärtlichen Bindung an eine außer der Masse stehende Person zu vollziehen. Unsere Analyse der Identifizierung erscheint uns selbst nicht als erschöpfend, aber unserer gegenwärtigen Absicht genügt es, wenn wir auf den einen Zug, daß die konsequente Durchführung der Gleichstellung gefordert wird, zurückkommen. Wir haben bereits bei der Erörterung der beiden künstlichen Massen, Kirche und Armee, gehört, ihre Voraussetzung sei, daß alle von einem, dem Führer, in gleicher Weise geliebt werden. Nun vergessen wir aber nicht, daß die Gleichheitsforderung der Masse nur für die Einzelnen derselben, nicht für den Führer gilt. Alle Einzelnen sollten einander gleich sein, aber alle wollen sie von einem beherrscht werden. Viele Gleiche, die sich miteinander identifizieren können, und ein einziger, ihnen allen überlegener, das ist die Situation, die wir in der lebensfähigen Masse verwirklicht finden. Getrauen wir uns also, die Aussage T r o t t e r's, der Mensch sei ein H e r d e n- [99] t i e r, dahin zu korrigieren, er sei vielmehr ein H o r d e n t i e r, ein Einzelwesen einer von einem Oberhaupt angeführten Horde.

X.
Die Masse und die Urhorde.

Im Jahre 1912 habe ich die Vermutung von Ch. D a r w i n aufgenommen, daß die Urform der menschlichen Gesellschaft die von einem starken Männchen unumschränkt beherrschte Horde war. Ich habe darzulegen versucht, daß die Schicksale dieser Horde unzerstörbare Spuren in der menschlichen Erbgeschichte hinterlassen haben, speziell, daß die Entwicklung des Totemismus, der die Anfänge von Religion, Sittlichkeit und sozialer Gliederung in sich faßt, mit der gewaltsamen Tötung des Oberhauptes und der Umwandlung der Vaterhorde in eine Brüdergemeinde zusammenhängt[28]. Es ist dies zwar nur eine Hypothese wie so viele andere, mit denen die Prähistoriker das Dunkel der Urzeit aufzuhellen versuchen – eine „just so story" nannte sie [101] witzig ein nicht unliebenswürdiger englischer Kritiker (K r o e g e r) – aber ich meine, es ist ehrenvoll für eine solche Hypothese, wenn sie sich geeignet zeigt, Zusammenhang und Verständnis auf immer neuen Gebieten zu schaffen.

Die menschlichen Massen zeigen uns wiederum das vertraute Bild des überstarken Einzelnen inmitten einer Schar von gleichen Genossen, das auch in unserer Vorstellung von der Urhorde enthalten ist. Die Psychologie dieser Masse, wie wir sie aus den oft erwähnten Beschreibungen kennen, – der Schwund der bewußten Einzelpersönlichkeit, die Orientierung von Gedanken und Gefühlen nach gleichen Richtungen, die Vorherrschaft der Affektivität und des unbewußten Seelischen, die Tendenz zur unverzüglichen Ausführung auftauchender Absichten, – das alles entspricht einem Zustand von Regression zu einer primitiven Seelentätigkeit, wie man sie gerade der Urhorde zuschreiben möchte.

Für die Urhorde muß insbesondere gelten, was wir vorhin in der allgemeinen Charakteristik der Menschen beschrieben haben. Der Wille des Einzelnen war zu schwach, er getraute sich nicht der Tat. Es kamen gar keine anderen Impulse zustande als kollektive, es gab nur einen Gemeinwillen, keinen singulären. Die Vorstellung wagte es nicht, sich in Willen umzusetzen, wenn [102] sie sich nicht durch die Wahrnehmung ihrer allgemeinen Verbreitung gestärkt fand. Diese Schwäche der Vorstellung findet ihre Erklärung in der Stärke der allen gemeinsamen Gefühlsbindung, aber die Gleichartigkeit der Lebensumstände und das Fehlen eines privaten Eigentums kommen hinzu, um die Gleichförmigkeit der seelischen Akte bei den Einzelnen zu bestimmen. – Auch die exkrementellen Bedürfnisse schließen, wie man an Kindern und Soldaten merken kann, die Gemeinsamkeit nicht aus. Die einzige

---

[28] Totem und Tabu. 2. Auflage 1920.

mächtige Ausnahme macht der sexuelle Akt, bei dem der Dritte zumindest überflüssig, im äußersten Fall zu einem peinlichen Abwarten verurteilt ist. Über die Reaktion des Sexualbedürfnisses (der Genitalbefriedigung) gegen das Herdenhafte siehe unten.

Die Masse erscheint uns so als ein Wiederaufleben der Urhorde. So wie der Urmensch in jedem Einzelnen virtuell erhalten ist, so kann sich aus einem beliebigen Menschenhaufen die Urhorde wieder herstellen; soweit die Massenbildung die Menschen habituell beherrscht, erkennen wir den Fortbestand der Urhorde in ihr. Wir müssen schließen, die Psychologie der Masse sei die älteste Menschenpsychologie; was wir unter Vernachlässigung aller Massenreste als Individualpsychologie isoliert haben, hat sich erst später, allmählich und sozusagen immer noch nur partiell aus der alten Massenpsychologie herausgehoben. Wir werden noch den Versuch **[103]** wagen, den Ausgangspunkt dieser Entwicklung anzugeben.

Eine nächste Überlegung zeigt uns, in welchem Punkt diese Behauptung einer Berichtigung bedarf. Die Individualpsychologie muß vielmehr ebenso alt sein wie die Massenpsychologie, denn von Anfang gab es zweierlei Psychologien, die der Massenindividuen und die des Vaters, Oberhauptes, Führers. Die Einzelnen der Masse waren so gebunden, wie wir sie heute finden, aber der Vater der Urhorde war frei. Seine intellektuellen Akte waren auch in der Vereinzelung stark und unabhängig, sein Wille bedurfte nicht der Bekräftigung durch den anderer. Wir nehmen konsequenterweise an, daß sein Ich wenig libidinös gebunden war, er liebte niemand außer sich, und die anderen nur insoweit sie seinen Bedürfnissen dienten. Sein Ich gab nichts Überschüssiges an die Objekte ab.

Zu Eingang der Menschheitsgeschichte war er der Ü b e r m e n s c h, den N i e t z s c h e erst von der Zukunft erwartete. Noch heute bedürfen die Massenindividuen der Vorspiegelung, daß sie in gleicher und gerechter Weise vom Führer geliebt werden, aber der Führer selbst braucht niemand anderen zu lieben, er darf von Herrennatur sein, **[104]** absolut narzißtisch, aber selbstsicher und selbständig. Wir wissen, daß die Liebe den Narzißmus eindämmt und könnten nachweisen, wie sie durch diese Wirkung Kulturfaktor geworden ist.

Der Urvater der Horde war noch nicht unsterblich, wie er es später durch Vergottung wurde. Wenn er starb, mußte er ersetzt werden; an seine Stelle trat wahrscheinlich ein jüngster Sohn, der bis dahin Massenindividuum gewesen war wie ein anderer. Es muß also eine Möglichkeit geben, die Psychologie der Masse in Individualpsychologie umzuwandeln, es muß eine Bedingung gefunden werden, unter der sich solche Umwandlung leicht vollzieht, ähnlich wie es den Bienen möglich ist, aus einer Larve im Bedarfsfalle eine Königin anstatt einer Arbeiterin zu ziehen. Man kann sich da nur dies eine vorstellen: Der Urvater hatte seine Söhne an der Befriedigung ihrer direkten sexuellen Strebungen verhindert; er zwang sie zur Abstinenz und infolgedessen zu den Gefühlsbindungen an ihn und aneinander, die aus den Strebungen mit gehemmtem Sexualziel hervorgehen konnten. Er zwang sie sozusagen in die Massenpsychologie. Seine sexuelle Eifersucht und Intoleranz sind in letzter Linie die Ursache der Massenpsychologie geworden.

[105] Es läßt sich etwa auch annehmen, daß die vertriebenen Söhne, vom Vater getrennt, den Fortschritt von der Identifizierung miteinander zur homosexuellen Objektliebe machten und so die Freiheit gewannen, den Vater zu töten.

Für den, der sein Nachfolger wurde, war auch die Möglichkeit der sexuellen Befriedigung gegeben und damit der Austritt aus den Bedingungen der Massenpsychologie eröffnet. Die Fixierung der Libido an das Weib, die Möglichkeit der Befriedigung ohne Aufschub und Aufspeicherung machte der Bedeutung zielgehemmter Sexualstrebungen ein Ende und ließ den Narzißmus immer zur gleichen Höhe ansteigen. Auf diese Beziehung der Liebe zur Charakterbildung werden wir in einem Nachtrag zurückkommen.

Heben wir noch als besonders lehrreich hervor, in welcher Beziehung zur Konstitution der Urhorde die Veranstaltung steht, mittels deren eine künstliche Masse zusammengehalten wird. Bei Heer und Kirche haben wir gesehen, es ist die Vorspiegelung, daß der Führer alle Einzelnen in gleicher und gerechter Weise liebt. Dies ist aber geradezu die idealistische Umarbeitung der Verhältnisse der Urhorde, in der sich alle Söhne in gleicher Weise vom Urvater verfolgt wußten und ihn in gleicher Weise fürchteten. [106] Schon die nächste Form der menschlichen Sozietät, der totemistische Clan, hat diese Umformung, auf die alle sozialen Pflichten aufgebaut sind, zur Voraussetzung. Die unverwüstliche Stärke der Familie als einer natürlichen Massenbildung beruht darauf, daß diese notwendige Voraussetzung der gleichen Liebe des Vaters für sie wirklich zutreffen kann.

Aber wir erwarten noch mehr von der Zurückführung der Masse auf die Urhorde. Sie soll uns auch das noch Unverstandene, Geheimnisvolle an der Massenbildung näher bringen, das sich hinter den Rätselworten Hypnose und Suggestion verbirgt. Und ich meine, sie kann es auch leisten. Erinnern wir uns daran, daß die Hypnose etwas direkt Unheimliches an sich hat; der Charakter des Unheimlichen deutet aber auf etwas der Verdrängung verfallenes Altes und Wohlvertrautes hin[29]. Denken wir daran, wie die Hypnose eingeleitet wird. Der Hypnotiseur behauptet im Besitz einer geheimnisvollen Macht zu sein, die dem Subjekt den eigenen Willen raubt; oder, was dasselbe ist, das Subjekt glaubt es von ihm. Diese geheimnisvolle Macht – populär noch oft als tierischer Magnetismus bezeichnet – muß dieselbe sein, welche den Primitiven als [107] Quelle des Tabu gilt, dieselbe, die von Königen und Häuptlingen ausgeht und die es gefährlich macht, sich ihnen zu nähern (Mana). Im Besitz dieser Macht will nun der Hypnotiseur sein und wie bringt er sie zur Erscheinung? Indem er die Person auffordert, ihm in die Augen zu sehen; er hypnotisiert in typischer Weise durch seinen Blick. Gerade der Anblick des Häuptlings ist aber für den Primitiven gefährlich und unerträglich, wie später der der Gottheit für den Sterblichen. Noch Moses muß den Mittelsmann zwischen seinem Volke und Jehova machen, da das Volk den Anblick Gottes nicht ertrüge, und wenn er von der Gegenwart Gottes zurückkehrt, strahlt sein Antlitz, ein Teil des „Mana" hat sich wie beim Mittler[30] der Primitiven auf ihn übertragen.

Man kann die Hypnose allerdings auch auf anderen Wegen hervorrufen, was irreführend ist und zu unzulänglichen physiologischen Theorien Anlaß gegeben hat, z. B. durch das Fixieren eines glänzenden Gegenstandes oder durch das Horchen auf ein monotones Geräusch. In Wirklichkeit dienen diese Verfahren nur der Ablenkung und Fesselung der bewußten Aufmerksamkeit. Die Situation ist die nämliche, als ob der Hypnotiseur der Person gesagt [108] hätte: Nun beschäftigen Sie sich ausschließlich mit meiner Person, die übrige Welt ist ganz uninteressant. Gewiß wäre es technisch unzweckmäßig, wenn der Hypnotiseur eine solche Rede hielte; das Subjekt würde durch sie aus seiner unbewußten Einstellung gerissen und zum be-

---

[29] Das Unheimliche. Imago, V, 1919.
[30] S. Totem und Tabu, und die dort zitierten Quellen.

wußten Widerspruch aufgereizt werden. Aber während der Hypnotiseur es vermeidet, das bewußte Denken des Subjekts auf seine Absichten zu richten, und die Versuchsperson sich in eine Tätigkeit versenkt, bei der ihr die Welt uninteressant vorkommen muß, geschieht es, daß sie unbewußt wirklich ihre ganze Aufmerksamkeit auf den Hypnotiseur konzentriert, sich in die Einstellung des Rapports, der Übertragung, zum Hypnotiseur begibt. Die indirekten Methoden des Hypnotisierens haben also, ähnlich wie manche Techniken des Witzes, den Erfolg, gewisse Verteilungen der seelischen Energie, welche den Ablauf des unbewußten Vorgangs stören würden, hintanzuhalten, und sie führen schließlich zum gleichen Ziel wie die direkten Beeinflussungen durch Anstarren oder Streichen.

Die Situation, daß die Person unbewußt auf den Hypnotiseur eingestellt ist, während sie sich bewußt mit gleichbleibenden, uninteressanten Wahrnehmungen be- [109] schäftigt, findet ein Gegenstück in den Vorkommnissen der psychoanalytischen Behandlung, das hier erwähnt zu werden verdient. In jeder Analyse ereignet es sich mindestens einmal, daß der Patient hartnäckig behauptet, jetzt fiele ihm aber ganz bestimmt nichts ein. Seine freien Assoziationen stocken und die gewöhnlichen Antriebe, sie in Gang zu bringen, schlagen fehl. Durch Drängen erreicht man endlich das Eingeständnis, der Patient denke an die Aussicht aus dem Fenster des Behandlungsraumes, an die Tapete der Wand, die er vor sich sieht, oder an die Gaslampe, die von der Zimmerdecke herabhängt. Man weiß dann sofort, daß er sich in die Übertragung begeben hat, von noch unbewußten Gedanken in Anspruch genommen wird, die sich auf den Arzt beziehen, und sieht die Stockung in den Einfällen des Patienten schwinden, sobald man ihm diese Aufklärung gegeben hat.

F e r e n c z i hat richtig herausgefunden, daß sich der Hypnotiseur mit dem Schlafgebot, welches oft zur Einleitung der Hypnose gegeben wird, an die Stelle der Eltern setzt. Er meinte zwei Arten der Hypnose unterscheiden zu sollen, eine schmeichlerisch begütigende, die er dem Muttervorbild, und eine drohende, die er dem Vater zuschrieb[31]. Nun bedeutet das Gebot zu schlafen in der Hypnose auch nichts anderes als die Aufforderung, alles Interesse von der Welt abzuziehen und auf die Person des Hypnotiseurs

---

[31] F e r e n c z i, Introjektion und Übertragung. Jahrbuch der Psychoanalyse, I, 1909.

zu konzentrieren; es wird auch vom **[110]** Subjekt so verstanden, denn in dieser Abziehung des Interesses von der Außenwelt liegt die psychologische Charakteristik des Schlafes und auf ihr beruht die Verwandtschaft des Schlafes mit dem hypnotischen Zustand.

Durch seine Maßnahmen weckt also der Hypnotiseur beim Subjekt ein Stück von dessen archaischer Erbschaft, die auch den Eltern entgegenkam und im Verhältnis zum Vater eine individuelle Wiederbelebung erfuhr, die Vorstellung von einer übermächtigen und gefährlichen Persönlichkeit, gegen die man sich nur passiv-masochistisch einstellen konnte, an die man seinen Willen verlieren mußte, und mit der allein zu sein, „ihr unter die Augen zu treten" ein bedenkliches Wagnis schien. Nur so etwa können wir uns das Verhältnis eines Einzelnen der Urhorde zum Urvater vorstellen. Wie wir aus anderen Reaktionen wissen, hat der Einzelne ein variables Maß von persönlicher Eignung zur Wiederbelebung solch alter Situationen bewahrt. Ein Wissen, daß die Hypnose doch nur ein Spiel, eine lügenhafte Erneuerung jener alten Eindrücke ist, kann aber erhalten bleiben und für den Widerstand gegen allzu ernsthafte Konsequenzen der hypnotischen Willensaufhebung sorgen.

[111] Der unheimliche, zwanghafte Charakter der Massenbildung, der sich in ihren Suggestionserscheinungen zeigt, kann also wohl mit Recht auf ihre Abkunft von der Urhorde zurückgeführt werden. Der Führer der Masse ist noch immer der gefürchtete Urvater, die Masse will immer noch von unbeschränkter Gewalt beherrscht werden, sie ist im höchsten Grade autoritätssüchtig, hat nach L e   B o n's Ausdruck den Durst nach Unterwerfung. Der Urvater ist das Massenideal, das an Stelle des Ichideals das Ich beherrscht. Die Hypnose hat ein gutes Anrecht auf die Bezeichnung: eine Masse zu zweit; für die Suggestion erübrigt die Definition einer Überzeugung, die nicht auf Wahrnehmung und Denkarbeit, sondern auf erotische Bindung gegründet ist.

Es erscheint mir der Hervorhebung wert, daß wir durch die Erörterungen dieses Abschnittes veranlaßt werden, von der B e r n h e i m'schen Auffassung der Hypnose auf die naive ältere derselben zurückzugreifen. Nach B e r n h e i m sind alle hypnotischen Phänomene von dem weiter nicht aufzuklärenden Moment der Suggestion abzuleiten. Wir schließen, daß die Suggestion eine Teilerscheinung des hypnotischen Zustandes ist, der in einer unbewußt erhaltenen Disposition aus der Urgeschichte der menschlichen Familie seine gute Begründung hat. [112]

XI.
Eine Stufe im Ich.

Wenn man, eingedenk der einander ergänzenden Beschreibungen der Autoren über Massenpsychologie, das Leben der heutigen Einzelmenschen überblickt, mag man vor den Komplikationen, die sich hier zeigen, den Mut zu einer zusammenfassenden Darstellung verlieren. Jeder Einzelne ist ein Bestandteil von vielen Massen, durch Identifizierung vielseitig gebunden, und hat sein Ichideal nach den verschiedensten Vorbildern aufgebaut. Jeder Einzelne hat so Anteil an vielen Massenseelen, an der seiner Rasse, des Standes, der Glaubensgemeinschaft, der Staatlichkeit usw. und kann sich darüber hinaus zu einem Stückchen Selbständigkeit und Originalität erheben. Diese ständigen und dauerhaften Massenbildungen fallen in ihren gleichmäßig anhaltenden Wirkungen der Beobachtung weniger auf als die rasch gebildeten, vergänglichen Massen, [113] nach denen L e B o n die glänzende psychologische Charakteristik der Massenseele entworfen hat, und in diesen lärmenden, ephemeren, den anderen gleichsam superponierten Massen begibt sich eben das Wunder, daß dasjenige, was wir eben als die individuelle Ausbildung anerkannt haben, spurlos, wenn auch nur zeitweilig untergeht.

Wir haben dies Wunder so verstanden, daß der Einzelne sein Ichideal aufgibt und es gegen das im Führer verkörperte Massenideal vertauscht. Das Wunder, dürfen wir berichtigend hinzufügen, ist nicht in allen Fällen gleich groß. Die Sonderung von Ich und Ichideal ist bei vielen Individuen nicht weit vorgeschritten, die beiden fallen noch leicht zusammen, das Ich hat sich oft die frühere narzißtische Selbstgefälligkeit bewahrt. Die Wahl des Führers, wird durch dies Verhältnis sehr erleichtert. Er braucht oft nur die typischen Eigenschaften dieser Individuen in besonders scharfer und reiner Ausprägung zu besitzen und den Eindruck größerer Kraft und libidinöser Freiheit zu machen, so kommt ihm das Bedürfnis nach einem starken Oberhaupt entgegen und bekleidet ihn mit der Übermacht, auf die er sonst vielleicht keinen Anspruch hätte. Die anderen, deren Ichideal sich in seiner Person sonst [114] nicht ohne Korrektur verkörpert hätte, werden dann „suggestiv", d. h. durch Identifizierung mitgerissen.

Wir erkennen, was wir zur Aufklärung der libidinösen Struktur einer Masse beitragen konnten, führt sich auf die Unterscheidung des Ichs vom Ichideal und auf die dadurch ermöglichte doppelte Art der Bindung – Identifizierung und Einsetzung des Objekts an die Stelle des Ichideals – zurück. Die Annahme einer solchen Stufe im Ich als erster Schritt einer Ichanalyse muß ihre Rechtfertigung allmählich auf den verschiedensten Gebieten der Psychologie erweisen. In meiner Schrift „Zur Einführung des Narzißmus"[32] habe ich zusammengetragen, was sich zunächst von pathologischem Material zur Stütze dieser Sonderung verwerten ließ. Aber man darf erwarten, daß sich ihre Bedeutung bei weiterer Vertiefung in die Psychologie der Psychosen als eine viel größere enthüllen wird. Denken wir daran, daß das Ich nun in die Beziehung eines Objekts zu dem aus ihm entwickelten Ichideal tritt, und daß möglicherweise alle Wechselwirkungen, die wir zwischen äußerem Objekt und Gesamt-Ich in der Neurosenlehre kennen gelernt haben, auf diesem neuen Schau- [115] platz innerhalb des Ichs zur Wiederholung kommen.

Ich will hier nur einer der von diesem Standpunkt aus möglichen Folgerungen nachgehen und damit die Erörterung eines Problems fortsetzen, das ich an anderer Stelle ungelöst verlassen mußte[33]. Jede der seelischen Differenzierungen, die uns bekannt geworden sind, stellt eine neue Erschwerung der seelischen Funktion dar, steigert deren Labilität und kann der Ausgangspunkt eines Versagens der Funktion, einer Erkrankung werden. So haben wir mit dem Geborenwerden den Schritt vom absolut selbstgenügsamen Narzißmus zur Wahrnehmung einer veränderlichen Außenwelt und zum Beginn der Objektfindung gemacht, und damit ist verknüpft, daß wir den neuen Zustand nicht dauernd ertragen, daß wir ihn periodisch rückgängig machen und im Schlaf zum früheren Zustand der Reizlosigkeit und Objektvermeidung zurückkehren. Wir folgen dabei allerdings einem Wink der Außenwelt, die uns durch den periodischen Wechsel von Tag und Nacht zeitweilig den größten Anteil der auf uns wirkenden Reize entzieht. Keiner

---

[32] Jahrbuch der Psychoanalyse, VI, 1914. – Sammlung kleiner Schriften zur Neurosenlehre, 4. Folge.
[33] Trauer und Melancholie. Internationale Zeitschrift für Psychoanalyse, IV, 1916/18. – Sammlung kleiner Schriften zur Neurosenlehre, 4. Folge.

ähnlichen Einschränkung ist das zweite, für die Pathologie bedeutsamere Beispiel [116] unterworfen. Im Laufe unserer Entwicklung haben wir eine Sonderung unseres seelischen Bestandes in ein kohärentes Ich und in ein außerhalb dessen gelassenes, unbewußtes Verdrängtes vorgenommen und wir wissen, daß die Stabilität dieser Neuerwerbung beständigen Erschütterungen ausgesetzt ist. Im Traum und in der Neurose pocht dieses Ausgeschlossene um Einlaß an den von Widerständen bewachten Pforten, und in wacher Gesundheit bedienen wir uns besonderer Kunstgriffe, um das Verdrängte mit Umgehung der Widerstände und unter Lustgewinn zeitweilig in unser Ich aufzunehmen. Witz und Humor, zum Teil auch das Komische überhaupt, dürfen in diesem Licht betrachtet werden. Jedem Kenner der Neurosenpsychologie werden ähnliche Beispiele von geringerer Tragweite einfallen, aber ich eile zu der beabsichtigten Anwendung.

Es wäre gut denkbar, daß auch die Scheidung des Ichideals vom Ich nicht dauernd vertragen wird und sich zeitweilig zurückbilden muß. Bei allen Verzichten und Einschränkungen, die dem Ich auferlegt werden, ist der periodische Durchbruch der Verbote Regel, wie ja die Institution der Feste zeigt, die ursprünglich nichts anderes sind als vom Gesetz gebo- [117] tene Exzesse und dieser Befreiung auch ihren heiteren Charakter verdanken[34]. Die Saturnalien der Römer und unser heutiger Karneval treffen in diesem wesentlichen Zug mit den Festen der Primitiven zusammen, die in Ausschweifungen jeder Art mit Übertretung der sonst heiligsten Gebote auszugehen pflegen. Das Ichideal umfaßt aber die Summe aller Einschränkungen, denen das Ich sich fügen soll, und darum müßte die Einziehung des Ideals ein großartiges Fest für das Ich sein, das dann wieder einmal mit sich selbst zufrieden sein dürfte.

Es kommt immer zu einer Empfindung von Triumph, wenn etwas im Ich mit dem Ichideal zusammenfällt. Als Ausdruck der Spannung zwischen Ich und Ideal kann auch das Schuldgefühl (und Minderwertigkeitsgefühl) verstanden werden.

T r o t t e r läßt die Verdrängung vom Herdentrieb ausgehen. Es ist eher eine Übersetzung in eine andere Ausdrucksweise als ein Widerspruch, wenn ich in der „Einführung des Narzißmus" gesagt habe: die Idealbildung wäre von seiten des Ichs die Bedingung der Verdrängung.

---

[34] Totem und Tabu.

Es gibt bekanntlich Menschen, bei denen das Allgemeingefühl der Stimmung in periodischer Weise schwankt, von einer übermäßigen Gedrücktheit durch einen gewissen Mittelzustand zu einem [118] erhöhten Wohlbefinden, und zwar treten diese Schwankungen in sehr verschieden großen Amplituden auf, vom eben Merklichen bis zu jenen Extremen, die als Melancholie und Manie höchst qualvoll oder störend in das Leben der Betroffenen eingreifen. In typischen Fällen dieser zyklischen Verstimmung scheinen äußere Veranlassungen keine entscheidende Rolle zu spielen; von inneren Motiven findet man bei diesen Kranken nicht mehr oder nichts anderes als bei allen anderen. Man hat sich deshalb gewöhnt, diese Fälle als nicht psychogene zu beurteilen. Von anderen, ganz ähnlichen Fällen zyklischer Verstimmung, die sich aber leicht auf seelische Traumen zurückführen, soll später die Rede sein.

Die Begründung dieser spontanen Stimmungsschwankungen ist also unbekannt; in den Mechanismus der Ablösung einer Melancholie durch eine Manie fehlt uns die Einsicht: Somit wären dies die Kranken, für welche unsere Vermutung Geltung haben könnte, daß ihr Ichideal zeitweilig in's Ich aufgelöst wird, nachdem es vorher besonders strenge regiert hat.

Halten wir zur Vermeidung von Unklarheiten fest: Auf dem Boden unserer Ichanalyse ist es nicht zweifelhaft, daß beim Manischen Ich und Ichideal [119] zusammengeflossen sind, so daß die Person sich in einer durch keine Selbstkritik gestörten Stimmung von Triumph und Selbstbeglücktheit des Wegfalls von Hemmungen, Rücksichten und Selbstvorwürfen erfreuen kann. Es ist minder evident, aber doch recht wahrscheinlich, daß das Elend des Melancholikers der Ausdruck eines scharfen Zwiespalts zwischen beiden Instanzen des Ichs ist, in dem das übermäßig empfindliche Ideal seine Verurteilung des Ichs im Kleinheitswahn und in der Selbsterniedrigung schonungslos zum Vorschein bringt. In Frage steht nur, ob man die Ursache dieser veränderten Beziehungen zwischen Ich und Ichideal in den oben postulierten periodischen Auflehnungen gegen die neue Institution suchen, oder andere Verhältnisse dafür verantwortlich machen soll.

Der Umschlag in Manie ist kein notwendiger Zug im Krankheitsbild der melancholischen Depression. Es gibt einfache, einmalige und auch periodisch wiederholte Melancholien, welche niemals dieses Schicksal haben. Anderseits gibt es Melancholien, bei denen die Veranlassung offenbar eine ätiologische Rolle spielt. Es sind die nach dem Verlust eines geliebten Ob-

jekts, sei es durch den Tod desselben oder infolge von Umständen, die zum
Rück- **[120]** zug der Libido vom Objekt genötigt haben. Eine solche psychogene Melancholie kann ebensowohl in Manie ausgehen und dieser Zyk-
lus mehrmals wiederholt werden wie bei einer anscheinend spontanen. Die
Verhältnisse sind also ziemlich undurchsichtig, zumal da bisher nur wenige
Formen und Fälle von Melancholie der psychoanalytischen Untersuchung
unterzogen worden sind[35]. Wir verstehen bis jetzt nur jene Fälle, in denen
das Objekt aufgegeben wurde, weil es sich der Liebe unwürdig gezeigt hatte.
Es wird dann durch Identifizierung im Ich wieder aufgerichtet und vom
Ichideal streng gerichtet. Die Vorwürfe und Aggressionen gegen das Objekt
kommen als melancholische Selbstvorwürfe zum Vorschein.

Genauer gesagt: sie verbergen sich hinter den Vorwürfen gegen das eigene
Ich, verleihen ihnen die Festigkeit, Zähigkeit und Unabweisbarkeit, durch
welche sich die Selbstvorwürfe der Melancholiker auszeichnen.

Auch an eine solche Melancholie kann sich der Umschlag in Manie an-
schließen, so daß diese Möglichkeit einen von den übrigen Charakteren des
Krankheitsbildes unabhängigen Zug darstellt.

[121] Ich sehe indes keine Schwierigkeit, das Moment der periodischen
Auflehnung des Ichs gegen das Ichideal für beide Arten der Melancholien,
die psychogenen wie die spontanen, in Betracht kommen zu lassen. Bei den
spontanen kann man annehmen, daß das Ichideal zur Entfaltung einer besonderen Strenge neigt, die dann automatisch seine zeitweilige Aufhebung
zur Folge hat. Bei den psychogenen würde das Ich zur Auflehnung gereizt
durch die Mißhandlung von seiten seines Ideals, die es im Fall der Identifizierung mit einem verworfenen Objekt erfährt.

XII.
Nachträge.

Im Laufe der Untersuchung, die jetzt zu einem vorläufigen Abschluß gekommen ist, haben sich uns verschiedene Nebenwege eröffnet, die wir zuerst

---

[35] Vgl. A b r a h a m, Ansätze zur psychoanalytischen Erforschung und Behandlung des manisch-depressiven Irreseins etc., 1912, in „Klinische Beiträge zur
Psychoanalyse", 1921.

vermieden haben, auf denen uns aber manche nahe Einsicht winkte. Einiges von dem so zurückgestellten wollen wir nun nachholen.

A. Die Unterscheidung von Ichidentifizierung und Ichidealersetzung durch das Objekt findet eine interessante Erläuterung an den zwei großen künstlichen Massen, die wir eingangs studiert haben, dem Heer und der christlichen Kirche.

Es ist evident, daß der Soldat seinen Vorgesetzten, also eigentlich den Armeeführer, zum Ideal nimmt, während er sich mit seinesgleichen identifiziert und aus dieser Ichgemeinsamkeit die Verpflichtungen der Kameradschaft zur gegenseitigen Hilfeleistung und Güterteilung ableitet. Aber er wird [123] lächerlich, wenn er sich mit dem Feldherrn identifizieren will. Der Jäger in Wallensteins Lager verspottet darob den Wachtmeister:

Wie er räuspert und wie er spuckt,
Das habt ihr ihm glücklich abgeguckt! …

Anders in der katholischen Kirche. Jeder Christ liebt Christus als sein Ideal und fühlt sich den anderen Christen durch Identifizierung verbunden. Aber die Kirche fordert von ihm mehr. Er soll überdies sich mit Christus identifizieren und die anderen Christen lieben, wie Christus sie geliebt hat. Die Kirche fordert also an beiden Stellen die Ergänzung der durch die Massenbildung gegebenen Libidoposition. Die Identifizierung soll dort hinzukommen, wo die Objektwahl stattgefunden hat, und die Objektliebe dort, wo die Identifizierung besteht. Dieses Mehr geht offenbar über die Konstitution der Masse hinaus. Man kann ein guter Christ sein und doch könnte einem die Idee, sich an Christi Stelle zu setzen, wie er alle Menschen liebend zu umfassen, ferne liegen. Man braucht sich ja nicht als schwacher Mensch die Seelengröße und Liebesstärke des Heilands zuzutrauen. Aber diese Weiterentwicklung der Libidoverteilung in der Masse ist wahrscheinlich [124] das Moment, auf welches das Christentum den Anspruch gründet, eine höhere Sittlichkeit gewonnen zu haben.

B. Wir sagten, es wäre möglich, die Stelle in der seelischen Entwicklung der Menschheit anzugeben, an der sich auch für den Einzelnen der Fortschritt von der Massen- zur Individualpsychologie vollzog.

Das hier folgende steht unter dem Einflusse eines Gedankenaustausches mit Otto R a n k.

Dazu müssen wir wieder kurz auf den wissenschaftlichen Mythus vom Vater der Urhorde zurückgreifen. Er wurde später zum Weltenschöpfer erhöht, mit Recht, denn er hatte alle die Söhne erzeugt, welche die erste Masse zusammensetzten. Er war das Ideal jedes einzelnen von ihnen, gleichzeitig gefürchtet und verehrt, was für später den Begriff des Tabu ergab. Diese Mehrheit faßte sich einmal zusammen, tötete und zerstückelte ihn. Keiner der Massensieger konnte sich an seine Stelle setzen, oder wenn es einer tat, erneuerten sich die Kämpfe, bis sie einsahen, daß sie alle auf die Erbschaft des Vaters verzichten müßten. Sie bildeten dann die totemistische Brüdergemeinschaft, alle mit gleichem Rechte und **[125]** durch die Totemverbote gebunden, die das Andenken der Mordtat erhalten und sühnen sollten. Aber die Unzufriedenheit mit dem Erreichten blieb und wurde die Quelle neuer Entwicklungen. Allmählich näherten sich die zur Brudermasse Verbundenen einer Herstellung des alten Zustandes auf neuem Niveau, der Mann wurde wiederum Oberhaupt einer Familie und brach die Vorrechte der Frauenherrschaft, die sich in der vaterlosen Zeit festgesetzt hatte. Zur Entschädigung mag er damals die Muttergottheiten anerkannt haben, deren Priester kastriert wurden zur Sicherung der Mutter nach dem Beispiel, das der Vater der Urhorde gegeben hatte; doch war die neue Familie nur ein Schatten der alten, der Väter waren viele und jeder durch die Rechte des anderen beschränkt.

Damals mag die sehnsüchtige Entbehrung einen Einzelnen bewogen haben, sich von der Masse loszulösen und sich in die Rolle des Vaters zu versetzen. Wer dies tat, war der erste epische Dichter, der Fortschritt wurde in seiner Phantasie vollzogen. Dieser Dichter log die Wirklichkeit um im Sinne seiner Sehnsucht. Er erfand den heroischen Mythus. Heros war, wer allein den Vater erschlagen hatte, der im Mythus noch als totemistisches Ungeheuer **[126]** erschien. Wie der Vater das erste Ideal des Knaben gewesen war, so schuf jetzt der Dichter im Heros, der den Vater ersetzen will, das erste Ichideal. Die Anknüpfung an den Heros bot wahrscheinlich der jüngste Sohn, der Liebling der Mutter, den sie vor der väterlichen Eifersucht beschützt hatte, und der in Urhordenzeiten der Nachfolger des Vaters geworden war. In der lügenhaften Umdichtung der Urzeit wurde das Weib, das der Kampfpreis und die Verlockung des Mordes gewesen war, wahrscheinlich zur Verführerin und Anstifterin der Untat.

Der Heros will die Tat allein vollbracht haben, deren sich gewiß nur die Horde als Ganzes getraut hatte. Doch hat nach einer Bemerkung von R a n k das Märchen deutliche Spuren des verleugneten Sachverhalts bewahrt. Denn dort kommt es häufig vor, daß der Held, der eine schwierige Aufgabe zu lösen hat – meist ein jüngster Sohn, nicht selten einer, der sich vor dem Vatersurrogat dumm, d. h. ungefährlich gestellt hat – diese Aufgabe doch nur mit Hilfe einer Schar von kleinen Tieren (Bienen, Ameisen) lösen kann. Dies wären die Brüder der Urhorde, wie ja auch in der Traumsymbolik Insekten, Ungeziefer die Geschwister (verächtlich: als kleine Kinder) bedeuten. Jede der Aufgaben in **[127]** Mythus und Märchen ist überdies leicht als Ersatz der heroischen Tat zu erkennen.

Der Mythus ist also der Schritt, mit dem der Einzelne aus der Massenpsychologie austritt. Der erste Mythus war sicherlich der psychologische, der Heroenmythus; der erklärende Naturmythus muß weit später aufgekommen sein. Der Dichter, der diesen Schritt getan und sich so in der Phantasie von der Masse gelöst hatte, weiß nach einer weiteren Bemerkung von R a n k doch in der Wirklichkeit die Rückkehr zu ihr zu finden. Denn er geht hin und erzählt dieser Masse die Taten seines Helden, die er erfunden. Dieser Held ist im Grunde kein anderer als er selbst. Er senkt sich somit zur Realität herab und hebt seine Hörer zur Phantasie empor. Die Hörer aber verstehen den Dichter, sie können sich auf Grund der nämlichen sehnsüchtigen Beziehung zum Urvater mit dem Heros identifizieren[36].

Die Lüge des heroischen Mythus gipfelt in der Vergottung des Heros. Vielleicht war der vergottete Heros früher als der Vatergott, der Vorläufer der Wiederkehr des Urvaters als Gottheit. Die Götterreihe liefe dann chronologisch so: Muttergöttin – **[128]** Heros –Vatergott. Aber erst mit der Erhöhung des nie vergessenen Urvaters erhielt die Gottheit die Züge, die wir noch heute an ihr kennen.

In dieser abgekürzten Darstellung ist auf alles Material aus Sage, Mythus, Märchen, Sittengeschichte usw. zur Stütze der Konstruktion verzichtet worden.

C. Wir haben in dieser Abhandlung viel von direkten und von zielge-

---

[36] Vgl. H a n n s   S a c h s, Gemeinsame Tagträume, Autoreferat eines Vortrags auf dem VI. psychoanalytischen Kongreß im Haag, 1920. Internationale Zeitschrift für Psychoanalyse, VI, 1920.

hemmten Sexualtrieben gesprochen und dürfen hoffen, daß diese Unterscheidung nicht auf großen Widerstand stoßen wird. Doch wird eine eingehende Erörterung darüber nicht unwillkommen sein, selbst wenn sie nur wiederholt, was zum großen Teil bereits an früheren Stellen gesagt worden ist.

Das erste, aber auch beste Beispiel zielgehemmter Sexualtriebe hat uns die Libidoentwicklung des Kindes kennen gelehrt. Alle die Gefühle, welche das Kind für seine Eltern und Pflegepersonen empfindet, setzen sich ohne Schranke in die Wünsche fort, welche dem Sexualstreben des Kindes Ausdruck geben. Das Kind verlangt von diesen geliebten Personen alle Zärtlichkeiten, die ihm bekannt sind, will sie küssen, berühren, beschauen, ist neugierig, ihre Genitalien zu sehen und bei ihren intimen Exkretionsverrichtungen anwesend zu sein, es verspricht, **[129]** die Mutter oder Pflegerin zu heiraten, was immer es sich darunter vorstellen mag, setzt sich vor, dem Vater ein Kind zu gebären usw. Direkte Beobachtung sowie die nachträgliche analytische Durchleuchtung der Kindheitsreste lassen über das unmittelbare Zusammenfließen zärtlicher und eifersüchtiger Gefühle und sexueller Absichten keinen Zweifel und legen uns dar, in wie gründlicher Weise das Kind die geliebte Person zum Objekt aller seiner noch nicht richtig zentrierten Sexualbestrebungen macht. (Vgl. Sexualtheorie.)

Diese erste Liebesgestaltung des Kindes, die typisch dem Ödipuskomplex zugeordnet ist, erliegt dann, wie bekannt, vom Beginn der Latenzzeit an einem Verdrängungsschub. Was von ihr erübrigt, zeigt sich uns als rein zärtliche Gefühlsbindung, die denselben Personen gilt, aber nicht mehr als „sexuell" bezeichnet werden soll. Die Psychoanalyse, welche die Tiefen des Seelenlebens durchleuchtet, hat es nicht schwer aufzuweisen, daß auch die sexuellen Bindungen der ersten Kinderjahre noch fortbestehen, aber verdrängt und unbewußt. Sie gibt uns den Mut zu behaupten, daß überall, wo wir ein zärtliches Gefühl begegnen, dies der Nachfolger einer voll-„sinnlichen" Objektbindung an die betreffende Per- **[130]** son oder ihr Vorbild (ihre Imago) ist. Sie kann uns freilich nicht ohne besondere Untersuchung verraten, ob diese vorgängige sexuelle Vollströmung in einem gegebenen Fall noch als verdrängt besteht oder ob sie bereits aufgezehrt ist. Um es noch schärfer zu fassen: es steht fest, daß sie als Form und Möglichkeit noch vorhanden ist und jederzeit wieder durch Regression besetzt, aktiviert werden kann; es fragt sich nur und ist nicht immer zu entscheiden, welche Besetzung und Wirksamkeit sie gegenwärtig noch hat. Man muß sich hierbei gleichmäßig vor zwei Fehlerquellen in Acht nehmen, vor der Scylla der Unterschätzung des verdrängten Unbewußten, wie vor der Charybdis der Neigung, das Normale durchaus mit dem Maß des Pathologischen zu messen.

Der Psychologie, welche die Tiefe des Verdrängten nicht durchdringen will oder kann, stellen sich die zärtlichen Gefühlsbindungen jedenfalls als Ausdruck von Strebungen dar, die nicht nach dem Sexuellen zielen, wenngleich sie aus solchen, die danach gestrebt haben, hervorgegangen sind.

Die feindseligen Gefühle, um ein Stück komplizierter aufgebaut, machen hievon keine Ausnahme.

[131] Wir sind berechtigt zu sagen, sie sind von diesen sexuellen Zielen abgelenkt worden, wenngleich es seine Schwierigkeiten hat, in der Darstellung einer solchen Zielablenkung den Anforderungen der Metapsychologie zu entsprechen. Übrigens halten diese zielgehemmten Triebe immer noch einige der ursprünglichen Sexualziele fest; auch der zärtlich Anhängliche, auch der Freund, der Verehrer sucht die körperliche Nähe und den Anblick der nur mehr im „p a u l i n i s c h e n" Sinne geliebten Person. Wenn wir es wollen, können wir in dieser Zielablenkung einen Beginn von S u b l i - m i e r u n g der Sexualtriebe anerkennen oder aber die Grenze für letztere noch ferner stecken. Die zielgehemmten Sexualtriebe haben vor den ungehemmten einen großen funktionellen Vorteil. Da sie einer eigentlich vollen Befriedigung nicht fähig sind, eignen sie sich besonders dazu, dauernde Bindungen zu schaffen, während die direkt sexuellen jedesmal durch die Befriedigung ihrer Energie verlustig werden und auf Erneuerung durch Wiederanhäufung der sexuellen Libido warten müssen, wobei inzwischen das Objekt gewechselt werden kann. Die gehemmten Triebe sind jedes Maßes von Vermengung mit den ungehemmten fähig, können sich in sie rückverwandeln, [132] wie sie aus ihnen hervorgegangen sind. Es ist bekannt, wie leicht sich aus Gefühlsbeziehungen freundschaftlicher Art, auf Anerkennung und Bewunderung gegründet, erotische Wünsche entwickeln (das M o l i è r e'sche: Embrassez-moi pour l'amour du Grec), zwischen Meister und Schülerin, Künstler und entzückter Zuhörerin, zumal bei Frauen. Ja die Entstehung solcher zuerst absichtsloser Gefühlsbindungen gibt direkt einen viel begangenen Weg zur sexuellen Objektwahl. In der „Frömmigkeit

des Grafen von Zinzendorf" hat P f i s t e r ein überdeutliches, gewiß nicht vereinzeltes Beispiel dafür aufgezeigt, wie nahe es liegt, daß auch intensive religiöse Bindung in brünstige sexuelle Erregung zurückschlägt. Anderseits ist auch die Umwandlung direkter, an sich kurzlebiger, sexueller Strebungen in dauernde, bloß zärtliche Bindung etwas sehr gewöhnliches und die Konsolidierung einer aus verliebter Leidenschaft geschlossenen Ehe beruht zu einem großen Teil auf diesem Vorgang.

Es wird uns natürlich nicht verwundern zu hören, daß die zielgehemmten Sexualstrebungen sich aus den direkt sexuellen dann ergeben, wenn sich der Erreichung der Sexualziele innere oder äußere Hindernisse entgegenstellen. Die Verdrän- **[133]** gung der Latenzzeit ist ein solches inneres – oder besser innerlich gewordenes – Hindernis. Vom Vater der Urhorde haben wir angenommen, daß er durch seine sexuelle Intoleranz alle Söhne zur Abstinenz nötigt und sie so in zielgehemmte Bindungen drängt, während er selbst sich freien Sexualgenuß vorbehält und somit ungebunden bleibt. Alle Bindungen, auf denen die Masse beruht, sind von der Art der zielgehemmten Triebe. Damit aber haben wir uns der Erörterung eines neuen Themas genähert, welches die Beziehung der direkten Sexualtriebe zur Massenbildung behandelt.

Wir sind bereits durch die beiden letzten Bemerkungen darauf vorbereitet zu finden, daß die direkten Sexualstrebungen der Massenbildung ungünstig sind. Es hat zwar auch in der Entwicklungsgeschichte der Familie Massenbeziehungen der sexuellen Liebe gegeben (die Gruppenehe), aber je bedeutungsvoller die Geschlechtsliebe für das Ich wurde, je mehr Verliebtheit sie entwickelte, desto eindringlicher forderte sie die Einschränkung auf zwei Personen – una cum uno –, die durch die Natur des Genitalziels vorgezeichnet ist. Die polygamen Neigungen wurden darauf angewiesen, sich im Nacheinander des Objektwechsels zu befriedigen.

[134] Die beiden zum Zweck der Sexualbefriedigung aufeinander angewiesenen Personen demonstrieren gegen den Herdentrieb, das Massengefühl, indem sie die Einsamkeit aufsuchen. Je verliebter sie sind, desto vollkommener genügen sie einander. Die Ablehnung des Einflusses der Masse äußert sich als Schamgefühl. Die äußerst heftigen Gefühlsregungen der Eifersucht werden aufgeboten, um die sexuelle Objektwahl gegen die Beeinträchtigung durch eine Massenbindung zu schützen. Nur, wenn der zärtliche, also persönliche, Faktor der Liebesbeziehung völlig hinter dem sinnlichen zurücktritt, wird der Liebesverkehr eines Paares in Gegenwart anderer oder gleichzeitige Sexualakte innerhalb einer Gruppe wie bei der Orgie möglich. Damit ist aber eine Regression zu einem frühen Zustand der Geschlechtsbeziehungen gegeben, in dem die Verliebtheit noch keine Rolle spielte, die Sexualobjekte einander gleichwertig erachtet wurden, etwa im Sinne von dem bösen Wort B e r n a r d S h a w's: Verliebtsein heiße, den Unterschied zwischen einem Weib und einem anderen ungebührlich überschätzen.

Es sind reichlich Anzeichen dafür vorhanden, daß die Verliebtheit erst spät in die Sexualbeziehungen zwischen Mann und Weib Eingang fand, so daß auch die Gegnerschaft zwischen Geschlechtsliebe und Massenbindung eine spät entwickelte ist. Nun kann es den Anschein haben, als ob diese Annahme unverträglich mit unserem Mythus von der Urfamilie wäre. Die Brüderschar soll doch durch die Liebe zu den Müttern und Schwestern zum Vatermord getrieben worden sein, und es ist schwer, sich diese Liebe anders denn als eine ungebrochene, primitive, d. h. als innige Vereinigung von zärtlicher und sinnlicher vorzustellen. Allein bei weiterer Überlegung löst sich dieser Einwand in eine Bestätigung [135] auf. Eine der Reaktionen auf den Vatermord war doch die Einrichtung der totemistischen Exogamie, das Verbot jeder sexuellen Beziehung mit den von Kindheit an zärtlich geliebten Frauen der Familie. Damit war der Keil zwischen die zärtlichen und sinnlichen Regungen des Mannes eingetrieben, der heute noch in seinem Liebesleben festsitzt[37]. Infolge dieser Exogamie mußten sich die sinnlichen Bedürfnisse der Männer mit fremden und ungeliebten Frauen begnügen.

In den großen künstlichen Massen, Kirche und Heer, ist für das Weib als Sexualobjekt kein Platz. Die Liebesbeziehung zwischen Mann und Weib bleibt außerhalb dieser Organisationen. Auch wo sich Massen bilden, die aus Männern und Weibern gemischt sind, spielt der Geschlechtsunterschied keine Rolle. Es hat kaum einen Sinn zu fragen, ob die Libido, welche die Massen zusammenhält, homosexueller oder heterosexueller Natur ist, denn sie ist nicht nach den Geschlechtern differenziert und sieht insbesondere von den Zielen der Genitalorganisation der Libido völlig ab.

Die direkten Sexualstrebungen erhalten auch für das sonst in der Masse

---

[37] S. Über die allgemeinste Erniedrigung des Liebeslebens, 1912, Sammlung kleiner Schriften zur Neurosenlehre, 4. Folge.

aufgehende Einzelwesen ein Stück individueller Betätigung. Wo sie überstark **[136]** werden, zersetzen sie jede Massenbildung. Die katholische Kirche hatte die besten Motive, ihren Gläubigen die Ehelosigkeit zu empfehlen und ihren Priestern das Zölibat aufzuerlegen, aber die Verliebtheit hat oft auch Geistliche zum Austritt aus der Kirche getrieben. In gleicher Weise durchbricht die Liebe zum Weibe die Massenbindungen der Rasse, der nationalen Absonderung und der sozialen Klassenordnung und vollbringt damit kulturell wichtige Leistungen. Es scheint gesichert, daß sich die homsexuelle Liebe mit den Massenbindungen weit besser verträgt, auch wo sie als ungehemmte Sexualstrebung auftritt; eine merkwürdige Tatsache, deren Aufklärung weit führen dürfte.

Die psychoanalytische Untersuchung der Psychoneurosen hat uns gelehrt, daß deren Symptome von verdrängten, aber aktiv gebliebenen direkten Sexualstrebungen abzuleiten sind. Man kann diese Formel vervollständigen, wenn man hinzufügt: oder von solchen zielgehemmten, bei denen die Hemmung nicht durchgehends gelungen ist oder einer Rückkehr zum verdrängten Sexualziel den Platz geräumt hat. Diesem Verhältnis entspricht, daß die Neurose asozial macht, den von ihr Betroffenen aus den habituellen Massenbildungen heraus- **[137]** hebt. Man kann sagen, die Neurose wirkt in ähnlicher Weise zersetzend auf die Masse wie die Verliebtheit. Dafür kann man sehen, daß dort, wo ein kräftiger Anstoß zur Massenbildung erfolgt ist, die Neurosen zurücktreten und wenigstens für eine Zeitlang schwinden können. Man hat auch mit Recht versucht, diesen Widerstreit von Neurose und Massenbildung therapeutisch zu verwerten. Auch wer das Schwinden der religiösen Illusionen in der heutigen Kulturwelt nicht bedauert, wird zugestehen, daß sie den durch sie Gebundenen den stärksten Schutz gegen die Gefahr der Neurose boten, so lange sie selbst noch in Kraft waren. Es ist auch nicht schwer, in all den Bindungen an mystisch-religiöse oder philosophisch-mystische Sekten und Gemeinschaften den Ausdruck von Schiefheilungen mannigfaltiger Neurosen zu erkennen. Das alles hängt mit dem Gegensatz der direkten und der zielgehemmten Sexualstrebungen zusammen.

Sich selbst überlassen ist der Neurotiker genötigt, sich die großen Massenbildungen, von denen er ausgeschlossen ist, durch seine Symptombildungen zu ersetzen. Er schafft sich seine eigene Phantasiewelt, seine Religion, sein Wahnsystem und wiederholt so die Institutionen der Menschheit in einer

[138] Verzerrung, welche deutlich den übermächtigen Beitrag der direkten Sexualstrebungen bezeugt[38].

E. Fügen wir zum Schluß eine vergleichende Würdigung der Zustände, die uns beschäftigt haben, vom Standpunkt der Libidotheorie an, der Verliebtheit, Hypnose, Massenbildung und der Neurose.

Die V e r l i e b t h e i t beruht auf dem gleichzeitigen Vorhandensein von direkten und von zielgehemmten Sexualstrebungen, wobei das Objekt einen Teil der narzistischen Ichlibido auf sich zieht. Sie hat nur Raum für das Ich und das Objekt.

Die H y p n o s e teilt mit der Verliebtheit die Einschränkung auf diese beiden Personen, aber sie beruht durchaus auf zielgehemmten Sexualstrebungen und setzt das Objekt an die Stelle des Ichideals.

Die M a s s e vervielfältigt diesen Vorgang, sie stimmt mit der Hypnose in der Natur der sie zusammenhaltenden Triebe und in der Ersetzung des Ichideals durch das Objekt überein, aber sie fügt die Identifizierung mit anderen Individuen hinzu, die vielleicht ursprünglich durch die gleiche Beziehung zum Objekt ermöglicht wurde.

Beide Zustände, Hypnose wie Massenbildung, **[139]** sind Erbniederschläge aus der Phylogenese der menschlichen Libido, die Hypnose als Disposition, die Masse überdies als direktes Überbleibsel. Die Ersetzung der direkten Sexualstrebungen durch die zielgehemmten befördert bei beiden die Sonderung von Ich und Ichideal, zu der bei der Verliebtheit schon ein Anfang gemacht ist.

Die N e u r o s e tritt aus dieser Reihe heraus. Auch sie beruht auf einer Eigentümlichkeit der menschlichen Libidoentwicklung, auf dem durch die Latenzzeit unterbrochenen, doppelten Ansatz der direkten Sexualfunktion. (S. Sexualtheorie, 4. Aufl., 1920, S. 96.)

Insoferne teilt sie mit Hypnose und Massenbildung den Charakter einer Regression, welcher der Verliebtheit abgeht. Sie tritt überall dort auf, wo der Fortschritt von direkten zu zielgehemmten Sexualtrieben nicht voll geglückt ist, und entspricht einem K o n f l i k t zwischen den ins Ich aufgenommenen Trieben, welche eine solche Entwicklung durchgemacht haben, und den Anteilen derselben Triebe, welche vom verdrängten Unbewußten her

---

[38] S. Totem und Tabu, zu Ende des Abschnitts II: Das Tabu und die Ambivalenz.

– ebenso wie andere völlig verdrängte Triebregungen – nach ihrer direkten Befriedigung streben. Sie ist inhaltlich ungemein reichhaltig, da sie alle möglichen **[140]** Beziehungen zwischen Ich und Objekt umfaßt, sowohl die, in denen das Objekt beibehalten als auch andere, in denen es aufgegeben oder im Ich selbst aufgerichtet ist, aber ebenso die Konfliktbeziehungen zwischen dem Ich und seinem Ichideal.

1921-02
Preface zu Putnam:
Addresses on Psycho-Analysis

Erstveröffentlichung:
Putnam, James (1921): *Addresses on Psycho-Analysis* (S. III–V). London/
Wien/New York: The International Psycho-Analytical Press.

Freud hatte James Putnam (1846–1918) während seiner Amerikareise 1909 kennengelernt (vgl. auch den Einleitungstext zu 1911-09, SFG 12). Zwei Jahre nach seinem Tod erteilte seine Witwe Ernest Jones die Erlaubnis, ausgewählte Artikel und Vorträge ihres Mannes in einem Sammelband in der International Psycho-Analytical Press zu veröffentlichen. Sie war sogar bereit, einen Teil der Kosten dafür zu übernehmen (Freud, 1993e, S. 371).

Der Band umfasste Arbeiten Putnams von 1909

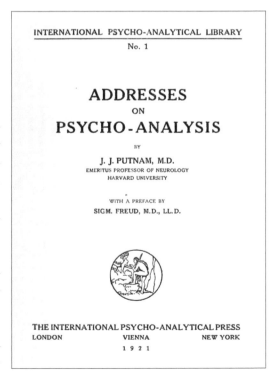

INTERNATIONAL PSYCHO-ANALYTICAL LIBRARY

No. 1

ADDRESSES
ON
PSYCHO-ANALYSIS

BY

J. J. PUTNAM, M.D.
EMERITUS PROFESSOR OF NEUROLOGY
HARVARD UNIVERSITY

WITH A PREFACE BY
SIGM. FREUD, M.D., LL.D.

THE INTERNATIONAL PSYCHO-ANALYTICAL PRESS
LONDON   VIENNA   NEW YORK
1 9 2 1

bis 1918 und wurde von einem Beitrag über Putnams persönliche Eindrücke von Freud eröffnet. Den Abschluss bildete ein Nachruf von Ernest Jones.

Preface

The Editor of this series must feel a special satisfaction in being able to issue as its opening volume this collection of the psycho-analytical writings of Professor James J. Putnam, the distinguished neurologist of Harvard University. Professor Putnam, who died in 1918 at the age of seventy-two, was not only the first American to interest himself in psycho-analysis, but soon became its most decided supporter and its most influential representative in America. In consequence of the established reputation which he had gained through his activities as a teacher, as well as through his important work in the domain of organic nervous disease, and thanks to the universal respect which his personality enjoyed, he was able to do perhaps more than anyone for the spread of psycho-analysis in his own country, and was able to protect it from aspersions which, on the other side of the Atlantic no less than this, would inevitably have been cast upon it. But all such reproaches were bound to be silenced when a man of Putnam's lofty ethical standards and moral rectitude had ranged himself among the supporters of the new science and of the therapeutics based upon it. The papers here collected into a single volume, which were written by Putnam between 1909 and the end of his life, give a good picture of his relations to psychoanalysis. They show how he was at first occupied in correcting a provisional judgement which was based on insufficient knowledge; how he then accepted the essence of analysis, recognized its capacity for throwing a clear light upon the origin of human imperfections and failings, [IV] and how he was struck by the prospect of contributing towards the improvement of humanity along analytical lines; how he then became convinced by his own activities as a physician as to the truth of most of the psychoanalytical conclusions and postulates, and then in his turn bore witness to the fact that the physician who makes use of analysis understands far more about the sufferings of his patients and can do far more for them than was possible with the earlier methods of treatment; and finally how he began to extend beyond the limits of analysis, demanding that as a science it should be linked on to a particular philosophical system, and that its practice should be openly associated with a particular set of ethical doctrines.

So it is not to be wondered at that a mind with such pre-eminently ethical and philosophical tendencies as Putnam's should have desired, after he had plunged deep into psycho-analysis, to establish the closest relation between it and the aims which lay nearest his heart. But his enthusiasm, so admirable in a man of his advanced age, did not succeed in carrying others along with him. Younger people remained cooler. It was especially Ferenczi who expressed the opposite view. The decisive reason for the rejection of Putnam's proposals was the doubt as to which of the countless philosophical systems should be accepted, since they all seemed to rest on an equally insecure basis, and since everything had up till then been sacrificed for the sake of the relative certainty of the results of psycho-analysis. It seemed more prudent to wait, and to discover whether a particular attitude towards life might be forced upon us with all the weight of necessity by analytical investigation itself.

It is our duty to express our thanks to the author's widow, Mrs. Putnam, for her assistance with the manuscripts, with the copyrights, and with financial support, [5] without all of which the publication of this volume would have been impossible. No English manuscripts were forthcoming in the case of the papers numbered VI, VII, and X. They have been translated into English by Dr. Katherine Jones from the German text which originated from Putnam himself.

This volume will keep fresh in analytical circles the memory of the friend whose loss we so profoundly deplore. May it be the first of a series of publications which shall serve the end of furthering the understanding and application of psycho-analysis among those who speak the English tongue – an end to which James J. Putnam dedicated the last ten years of his fruitful life.

Jan. 1921
SIGM. FREUD

1921-03
Introduction zu Varendonck:
The Psychology of Day-Dreams

Erstveröffentlichung:
Varendonck, Julien (1921): *The Psychology of Day-Dreams* (S. 9–10). London: George Allen & Unwin.

Zum ersten Mal wurde eine Arbeit des belgischen Pädagogen, Philosophen und Psychoanalytikers Julien Varendonck (1879–1924) in einer Sitzung der Wiener Psychoananalytischen Vereinigung im Februar 1909 von Eduard Hitschmann referiert (Nunberg & Federn, 1962–1975, Bd. 2, S. 134).

Freud stand mit Varendonck spätestens seit 1920 in brieflichem Kontakt.[1] Varendonck hatte ihn offensichtlich gebeten, ein Geleitwort für sein Buch über Tagträume zu schreiben. Auf dem VI. Internationalen Psychoanalytischen Kongress im Haag im September 1920 haben sich beide dann persönlich kennengelernt, und Freud wies in seinem Haager Vortrag „Ergänzungen zur Traumlehre"[2] auf Varendoncks Buch hin, dessen deutsche Übersetzung (Varendonck, 1922) Anna Freud gleich nach dem Erscheinen der englischen Ausgabe begonnen hatte (Freud, 2006h, S. 326).

---

[1] Keiner der Briefe ist erhalten.
[2] SFG 16, 1920-05.

THE PSYCHOLOGY OF DAY-DREAMS

BY

DR. J. VARENDONCK

FORMERLY LECTURER IN THE PAIDOLOGICAL FACULTY OF BRUSSELS

WITH AN INTRODUCTION BY
PROF. DR. S. FREUD

LONDON : GEORGE ALLEN & UNWIN LTD.
RUSKIN HOUSE, 40 MUSEUM STREET, W.C. 1
NEW YORK : THE MACMILLAN COMPANY

Introduction

By PROFESSOR DR. SIGM. FREUD

This present volume of Dr. Varendonck's contains a significant novelty, and will justly arouse the interest of all philosophers, psychologists and psychoanalysts. After an effort lasting for some years the author has succeeded in getting hold of the mode of thought-activity to which one abandons oneself during the state of distraction into which we readily pass before sleep or upon incomplete awakening. He has brought to the consciousness the chains of thought originating in these conditions without the interference of the will; he has written them down, studied their peculiarities and differences with directed conscious thinking, and has made thereby a series of important discoveries which lead to still vaster problems and give rise to the formulation of still more far-reaching questions. Many a point in the psychology of the dream and the defective act finds, thanks to the observations of Dr. Varendonck, a trustworthy settlement.

It is not my intention to give a review of the author's results. I will content myself with pointing to the significance of his work and will permit myself only a remark concerning the terminology which he has adopted. He includes the sort of thought-activity which he has observed in Bleuler's autistic thinking, but calls it, as a rule, *fore-conscious thinking,* according to the custom prevailing in psycho-analysis. However, the autistic thinking of Bleuler [10] does not by any means correspond with the extension and the contents of the fore-conscious, neither can I admit that the name used by Bleuler has been happily chosen. The designation "fore-conscious" thinking itself as a characteristic appears to me misleading and unsatisfactory. The point in question is that the sort of thought-activity of which the well-known day-dream is an example – complete by itself, developing a situation or an act that is being brought to a close – constitutes the best and until now the only studied example. This day-dreaming does not owe its peculiarities to the circumstance that it proceeds mostly fore-consciously, nor are the forms changed when it is accomplished consciously. From another point of view we know also that even strictly directed reflection may be achieved without the co-operation of consciousness, that is to say, fore-consciously. For that reason I think it is advisable, when establishing a distinction between the different modes of thought-activity, not to utilize the relation to consciousness in the first instance, and to designate the day-dream, as well as the chains of thought studied by Varendonck, as freely wandering or phantastic thinking, in opposition to intentionally directed reflection. At the same time it should be taken into consideration that even phantastic thinking is not invariably in want of an aim and end-representations.

1921-04
Preiszuteilungen

Erstveröffentlichung:
Internationale Zeitschrift für ärztliche Psychoanalyse, 7. Jg. (1921), H. 3,
S. 381.

Zur psychoanalytischen Bewegung.

Preiszuteilungen.

Durch eine neuerliche Spende des Direktors der Berliner Poliklinik (Dr. Max Eitingon) ist es dem Unterzeichneten ermöglicht worden, die zuerst im Jahre 1919 vorgenommenen Preiszuteilungen für vorbildliche psychoanalytische Arbeiten (siehe: diese Zeitschrift Bd. V, S. 138) wieder aufzunehmen. Den Preis für ärztliche Psychoanalyse erhielten die Veröffentlichungen von A. Stärcke (Den Dolder, Holland): „Der Kastrationskomplex" und „Psychoanalyse und Psychiatrie", beide Kongreßvorträge; die erste erschien im laufenden Jahrgang (VII) dieser Zeitschrift, die zweite als Beiheft (IV) derselben; der für angewandte Psychoanalyse fiel den Arbeiten von Dr. G. Róheim (Budapest): „Das Selbst" (Imago 1921) und „Über australischen Totemismus" (Kongreßvortrag) zu. Die Höhe eines Preises beträgt eintausend Mark.   Freud.

Die Preise sollten eigentlich jährlich vergeben werden, aber nach der ersten Preiszuteilung[1] war der Spender Anton von Freund gestorben und 1920

---

[1] Vgl. SFG 16, 1919-03.

wurden keine Preise verliehen. Ende 1920 machte Karl Abraham dann folgenden Vorschlag: „Da einstweilen keine Preise verteilt werden können, würde sich ev. eine ehrenvolle Erwähnung bestimmter Autoren empfehlen. Auf ärztlichem Gebiet käme Stärcke[2], auf anderm Róheim[3] in erster Linie in Betracht" (Wittenberger & Tögel, 1999a, S. 85).

Als dann Max Eitingon als Geldgeber einsprang, wurde aus der „ehrenvollen Erwähnung" ein Preis von jeweils 1.000 Mark. Allerdings entsprach das wegen der Inflation nur noch ca. 30 $.

---

[2] August Stärcke (1880–1954), holländischer Psychoanalytiker, zwischen 1911 und 1917 Mitglied der Wiener Psychoanalytischen Vereinigung (Mühlleitner, 1992, S. 313f.; Roudinesco & Plon, 2004, S. 971f.).

[3] Geza Róheim (1891–1953), amerikanischer Ethnologe und Psychoanalytiker ungarischer Abstammung (Roudinesco & Plon, 2004, S. 861f.).

Preiszuteilungen.

Durch eine neuerliche Spende des Direktors der Berliner Poliklinik (Dr. Max E i t i n g o n) ist es dem Unterzeichneten ermöglicht worden, die zuerst im Jahre 1919 vorgenommenen Preiszuteilungen für vorbildliche psychoanalytische Arbeiten (siehe: diese Zeitschrift Bd. V, S. 138) wieder aufzunehmen. Den Preis für ä r z t l i c h e Psychoanalyse erhielten die Veröffentlichungen von A. S t ä r c k e (Den Dolder, Holl): „Der Kastrationskomplex" und „Psychoanalyse und Psychiatrie", beide Kongreßvorträge; die erste erschien im laufenden Jahrgang (VII) dieser Zeitschrift, die zweite als Beiheft (IV) derselben; der für a n g e w a n d t e Psychoanalyse fiel den Arbeiten von Dr. G. R ó h e i m (Budapest): „Das Selbst" (Imago 1921) und „Über australischen Totemismus" (Kongreßvortrag) zu. Die Höhe eines Preises beträgt eintausend Mark.

Freud.

1921-05
Die Traumdeutung
[6. Auflage]

Erstveröffentlichung:
Freud, Sigmund (1921): *Die Traumdeutung*. Sechste Auflage. Mit Beiträgen von Dr. Otto Rank. Leipzig/Wien: Franz Deuticke.

Den digitalen Text der sechsten Auflage findet der Leser unter[1]:
www.psychosozial-verlag.de/download/Traumdeutung-Auflage6.pdf

Zwei Jahre nach der fünften (SFG 16, 1919-12) erschien die sechste Auflage. Es war das erste Mal, dass eine neue Auflage der *Traumdeutung* unverändert erschien. Otto Rank hatte lediglich das Literaturverzeichnis vervollständigt und Freud hatte ein Vorwort hinzugefügt, in dem er das der Nachfrage hinterherhinkende Erscheinen durch „die Schwierigkeiten, unter denen gegenwärtig das Buchgewerbe steht", erklärt.

---

[1] Eine Korrigenda zu allen bisher erschienenen Bänden finden Sie unter:
www.psychosozial-verlag.de/download/Korrigenda.pdf.

1921-06
Über den Traum
[3. Auflage]

Erstveröffentlichung:
Freud, Sigmund (1921): *Über den Traum*. Dritte Auflage. Wiesbaden: Bergmann.

Den digitalen Text der dritten Auflage findet der Leser unter[1]:
www.psychosozial-verlag.de/download/Traum-Auflage3.pdf

Die zweite Auflage dieser Schrift erschien 1911 und war von Freud um einen Abschnitt bzw. vier Seiten erweitert worden (SFG 12, 1911-20). Die dritte Auflage hat eine neue Paginierung, eine angepasste Orthografie und aktualisierte Fußnoten.

---

[1] Eine Korrigenda zu allen bisher erschienenen Bänden finden Sie unter:
www.psychosozial-verlag.de/download/Korrigenda.pdf.

1921-07
Der Witz und seine Beziehung zum Unbewußten
[3. Auflage]

Erstveröffentlichung:
Freud, Sigmund (1921): *Der Witz und seine Beziehung zum Unbewussten.*
Dritte Auflage. Leipzig/Wien: Franz Deuticke.

Den digitalen Text der dritten Auflage findet der Leser unter[1]:
www.psychosozial-verlag.de/download/Witz-Auflage3.pdf

Die zweite Auflage von 1912 (SFG 12, 1912-18) war leicht verändert,
die dritte ist ein unveränderter Nachdruck der zweiten Auflage.

---

[1] Eine Korrigenda zu allen bisher erschienenen Bänden finden Sie unter:
www.psychosozial-verlag.de/download/Korrigenda.pdf.

1921-08
Jenseits des Lustprinzips
[2. Auflage]

Erstveröffentlichung:
Freud, Sigmund (1921): *Jenseits des Lustprinzips*. Zweite, durchgesehene Auflage. Leipzig/Wien/Zürich: Internationaler Psychoanalytischer Verlag.

Den digitalen Text der zweiten Auflage findet der Leser unter:[1]
www.psychosozial-verlag.de/download/Lustprinzip-Auflage2.pdf

Nur ein Jahr nach dem Erscheinen der ersten (SFG 16, 1920-06) erschien die zweite, durchgesehene und durch Zusätze vermehrte Auflage.

---

[1] Eine Korrigenda zu allen bisher erschienenen Bänden finden Sie unter:
www.psychosozial-verlag.de/download/Korrigenda.pdf.

1922-01
Traum und Telepathie

Erstveröffentlichung:
Imago, 8. Jg. (1922), H. 1, S. 1–22.

Während des Sommeraufenthaltes 1921 in Badgastein hatte Freud ein Manuskript zu diesem Thema verfasst (Grubrich-Simitis, 1993, S. 260–275). Es war gedacht als „lockere[r], vertrauliche[r]" und „informelle[r]" Vortragstext für die Zusammenkunft des sogenannten „Geheimen Komitees" im September des Jahres im Harz (ebd., S. 260; Wittenberger & Tögel, 2001a, S. 236).

Traum und Telepathie.

(Vortrag in der Wiener psychoanalytischen Vereinigung.)

Von SIGM. FREUD.

Eine Ankündigung wie die meinige muß in diesen Zeiten, die so voll sind von Interesse für die sogenannt okkulten Phänomene, ganz bestimmte Erwartungen erwecken. Ich beeile mich also, diesen zu widersprechen. Sie werden aus meinem Vortrag nichts über das Rätsel der Telepathie erfahren, nicht einmal Aufschluß darüber erhalten, ob ich an die Existenz einer »Telepathie« glaube oder nicht. Ich habe mir hier die sehr bescheidene Aufgabe gestellt, das Verhältnis der telepathischen Vorkommnisse, welcher Herkunft immer sie sein mögen, zum Traum, genauer: zu unserer Theorie des Traumes, zu untersuchen. Es ist Ihnen bekannt, daß man die Beziehung zwischen Traum und Telepathie gemeinhin für eine sehr innige hält, ich werde vor Ihnen die Ansicht vertreten, daß die beiden wenig miteinander zu tun haben, und daß, wenn die Existenz telepathischer Träume sichergestellt würde, dies an unserer Auffassung des Traumes nichts zu ändern brauchte.

Ende 1921 knüpfte Freud an diesen Vortragstext an und schrieb einen weiteren Text, diesmal zum Thema „Traum und Telepathie". Er war gedacht als „Vortrag in der Wiener psychoanalytischen Vereinigung", wurde aber wohl nie gehalten. Stattdessen erschien er in der Zeitschrift *Imago*.

Traum und Telepathie.

(Vortrag in der Wiener psychoanalytischen Vereinigung.)

Von SIGM. FREUD.

Eine Ankündigung wie die meinige muß in diesen Zeiten, die so voll von Interesse für die sogenannt o k k u l t e n Phänomene, ganz bestimmte Erwartungen erwecken. Ich beeile mich also, diesen zu widersprechen. Sie werden aus meinem Vortrag nichts über das Rätsel der Telepathie erfahren, nicht einmal Aufschluß darüber erhalten, ob ich an die Existenz einer „Telepathie" glaube oder nicht. Ich habe mir hier die sehr bescheidene Aufgabe gestellt, das Verhältnis der telepathischen Vorkommnisse, welcher Herkunft immer sie sein mögen, zum Traum, genauer: zu unserer Theorie des Traumes, zu untersuchen. Es ist Ihnen bekannt, daß man die Beziehung zwischen Traum und Telepathie gemeinhin für eine sehr innige hält; ich werde vor ihnen die Ansicht vertreten, daß die beiden wenig miteinander zu tun haben, und daß, wenn die Existenz telepathischer Träume sichergestellt würde, dies an unserer Auffassung des Traumes nichts zu ändern brauchte.

Das Material, das dieser Mitteilung zugrunde liegt, ist sehr klein. Ich muß vor allem meinem Bedauern Ausdruck geben, daß ich nicht wie damals, als ich die „Traumdeutung" (1900) schrieb, an eigenen Träumen arbeiten konnte. Aber ich habe nie einen „telepathischen" Traum gehabt. Nicht etwa, daß es mir an Träumen **[2]** gefehlt hätte, welche die Mitteilung enthielten, an einem gewissen entfernten Ort spiele sich ein bestimmtes Ereignis ab, wobei es der Auffassung des Träumers überlassen ist, zu entscheiden, ob das Ereignis eben jetzt eintrete oder zu irgendeiner späteren Zeit; auch Ahnungen entfernter Vorgänge mitten im Wachleben habe ich oft verspürt, aber alle diese Anzeigen, Vorhersagen und Ahnungen sind, wie wir uns ausdrücken: nicht eingetroffen; es zeigte sich, daß ihnen keine äußere Realität entsprach, und sie mußten darum als rein subjektive Erwartungen aufgefaßt werden.

Ich habe z. B. einmal während des Krieges geträumt, daß einer meiner an der Front befindlichen Söhne gefallen sei. Der Traum sagte dies nicht direkt, aber doch unverkennbar, er drückte es mit den Mitteln der bekannten, zuerst von W. S t e k e l angegebenen Todessymbolik aus. (Versäumen wir nicht, hier die oft unbequeme Pflicht literarischer Gewissenhaftigkeit zu erfüllen!) Ich sah den jungen Krieger an einem Landungssteg stehen, an der Grenze von Land und Wasser; er kam mir sehr bleich vor, ich sprach ihn an, er aber antwortete nicht. Dazu kamen andere nicht mißverständliche Anspielungen. Er trug nicht militärische Uniform, sondern ein Skifahrerkostüm, wie er es bei seinem schweren Skiunfall mehrere Jahre vor dem Kriege getragen hatte. Er stand auf einer schemelartigen Erhöhung vor einem Kasten, welche Situation mir die Deutung des „Fallens" mit Hinsicht auf eine eigene Kindheitserinnerung nahe legen mußte, denn ich selbst war als Kind von wenig mehr als zwei Jahren auf einen solchen Schemel gestiegen, um etwas von einem Kasten herunterzuholen – wahrscheinlich etwas Gutes – bin dabei umgefallen und habe mir eine Wunde geschlagen, deren Spur ich noch heute zeigen kann. Mein Sohn aber, den jener Traum totsagte, ist heil aus den Gefahren des Krieges zurückgekehrt.

Vor kurzem erst habe ich einen anderen Unheil verkündenden Traum gehabt, ich glaube, es war, unmittelbar ehe ich mich zur Abfassung dieser kleinen Mitteilung entschloß; diesmal war nicht viel Verhüllung aufgewendet worden; ich sah meine beiden in England lebenden Nichten, sie waren schwarz gekleidet und sagten mir: am Donnerstag haben wir sie begraben. Ich wußte, daß es sich um den Tod ihrer jetzt siebenundachtzigjährigen Mutter, der Frau meines verstorbenen ältesten Bruders, handle.

Es gab natürlich eine Zeit peinlicher Erwartung bei mir; das plötzliche Ableben einer so alten Frau wäre ja nichts Überraschen- [3] des und es wäre doch so unerwünscht, wenn mein Traum gerade mit diesem Ereignis zusammenträfe. Aber der nächste Brief aus England zerstreute diese Befürchtung. Für alle diejenigen, welche um die Wunschtheorie des Traumes besorgt sind, will ich die beruhigende Versicherung einschalten, daß es der Analyse nicht schwer geworden ist, auch für diese Todesträume die zu vermutenden unbewußten Motive aufzudecken.

Unterbrechen Sie mich jetzt nicht mit dem Einwand, daß solche Mitteilungen wertlos sind, weil negative Erfahrungen hier so wenig, wie auf anderen minder okkulten Gebieten, irgend etwas beweisen können. Ich weiß das auch selbst und habe diese Beispiele auch gar nicht in der Absicht angeführt, um einen Beweis zu geben oder eine bestimmte Einstellung bei Ihnen zu erschleichen. Ich wollte nur die Einschränkung meines Materials rechtfertigen.

Bedeutsamer erscheint mir allerdings eine andere Tatsache, daß ich nämlich während meiner ungefähr siebenundzwanzigjährigen Tätigkeit als Analytiker niemals in die Lage gekommen bin, bei einem meiner Patienten einen richtigen telepathischen Traum mitzuerleben. Die Menschen, an denen ich arbeitete, waren doch eine gute Sammlung von schwer neuropathischen und „hochsensitiven" Naturen; viele unter ihnen haben mir die merkwürdigsten Vorkommnisse aus ihrem früheren Leben erzählt, auf die sie ihren Glauben an geheimnisvolle okkulte Einflüsse stützten. Ereignisse, wie Unfälle, Erkrankungen naher Angehöriger, insbesondere Todesfälle eines Elternteiles, haben sich während der Kur oft genug zugetragen und dieselbe unterbrochen, aber nicht ein einziges Mal verschafften mir diese ihrem Wesen nach so geeigneten Zufälle die Gelegenheit, eines telepathischen Traumes habhaft zu werden, obwohl die Kur sich über halbe, ganze Jahre und eine Mehrzahl von Jahren ausdehnte. Um die Erklärung meines Materials dieser Tatsache, die wiederum eine Einschränkung meines Materials mit sich bringt, möge sich bemühen, wer immer will. Sie werden sehen, daß sie selbst für den Inhalt meiner Mitteilung nicht in Betracht kommt.

Ebensowenig kann mich die Frage in Verlegenheit bringen, warum ich nicht aus der reichen Fülle der in der Literatur niedergelegten telepathischen Träume geschöpft habe. Ich hätte nicht lange zu suchen gehabt, da mir die Veröffentlichungen der englischen wie der amerikanischen Society for Psychical Research als deren Mitglied zu Gebote stehen. In all diesen Mitteilungen wird **[4]** eine analytische Würdigung der Träume, wie sie uns in erster Linie interessieren muß, niemals versucht[1]. Anderseits werden Sie

---

[1] In zwei Schriften des oben genannten Autors W. S t e k e l („Der telepathische Traum", Berlin, ohne Jahreszahl und „Die Sprache des Traumes", zweite Auflage 1922) finden sich wenigstens Ansätze zur Anwendung der analytischen Technik auf angeblich telepathische Träume. Der Autor bekennt sich zum Glauben an die Realität der Telepathie.

bald einsehen, daß den Absichten dieser Mitteilung auch durch ein einziges Traumbeispiel Genüge geleistet wird.

Mein Material besteht also einzig und allein aus zwei Berichten, die ich von Korrespondenten aus Deutschland erhalten habe. Die Betreffenden sind mir persönlich nicht bekannt, sie geben aber Namen und Wohnort an; ich habe nicht den mindesten Grund an eine irreführende Absicht der Schreiber zu glauben.

I. Mit dem einen der beiden stand ich schon früher in Briefverkehr; er war so liebenswürdig, mir, wie es auch viele andere Leser tun, Beobachtungen aus dem Alltagsleben und ähnliches mitzuteilen. Diesmal stellt der offenbar gebildete und intelligente Mann mir sein Material ausdrücklich zur Verfügung, wenn ich es „literarisch verwerten" wollte.

Sein Brief lautet:

„Nachstehenden Traum halte ich für interessant genug, um ihn Ihnen als Material für Ihre Studien zu liefern.

Vorausschicken muß ich: Meine Tochter, die in B e r l i n verheiratet ist, erwartet Mitte Dezember d. J. ihre erste Niederkunft. Ich beabsichtige, mit meiner (zweiten) Frau, der Stiefmutter meiner Tochter, um diese Zeit nach Berlin zu fahren. In der Nacht vom 16. auf den 17. November träume ich, und zwar so lebhaft und anschaulich wie sonst nie, daß meine Frau Zwillinge geboren hat. Ich sehe die beiden prächtig ausschauenden Kinder mit ihren roten Pausbacken deutlich nebeneinander in ihrem Bettchen liegen, das Geschlecht stelle ich nicht fest, das eine mit semmelblondem Haar trägt deutlich meine Züge, gemischt mit Zügen meiner Frau, das andere mit kastanienbraunem Haar trägt deutlich die Züge meiner Frau, gemischt mit Zügen von mir. Ich sage zu meiner Frau, die rotblondes Haar hat, wahrscheinlich wird das kastanienbraune Haar ‚deines' Kindes später auch rot werden. Meine Frau gibt den Kindern die Brust. Sie hatte in einer Waschschüssel Marmelade gekocht (auch Traum) und beide Kinder klettern auf allen vieren in der Schüssel herum und lecken sie aus.

Dies der Traum. Vier- oder fünfmal bin ich dabei halb erwacht, frage mich, ob es wahr ist, daß wir Zwillinge bekommen haben, komme aber doch nicht mit voller Sicherheit zu dem Ergebnis, daß ich nur geträumt habe. Der Traum dauert bis zum Erwachen und auch danach dauert es eine Weile, bis ich mir über die Wahrheit klar geworden bin. Beim Kaffee erzähle ich meiner Frau den Traum, der sie sehr belustigt.

Sie meint: Ilse (meine Tochter) wird doch nicht etwa [5] Zwillinge bekommen? Ich erwidere: Das kann ich mir kaum denken, denn weder in meiner noch in Gs. (ihres Mannes) Familie sind Zwillinge heimisch. Am 18. November früh zehn Uhr erhalte ich ein nachmittags vorher aufgegebenes Telegramm meines Schwiegersohnes, in dem er mir die Geburt von Zwillingen, eines Knaben und eines Mädchens, anzeigt. Die Geburt ist also in der Zeit vor sich gegangen, wo ich träumte, daß meine Frau Zwillinge bekommen habe. Die Niederkunft ist vier Wochen früher erfolgt, als wir alle auf Grund der Vermutungen meiner Tochter und ihres Mannes annahmen.

Und nun weiter: In der nächsten Nacht träume ich, meine verstorbene Frau, die Mutter meiner Tochter, habe achtundvierzig neugeborene Kinder in Pflege genommen. Als das erste Dutzend eingeliefert wird, protestiere ich. Damit endet der Traum.

Meine verstorbene Frau war sehr kinderlieb. Oft sprach sie davon, daß sie eine ganze Schar um sich haben möchte, je mehr desto lieber, daß sie sich als Kindergärtnerin ganz besonders eignen und wohlfühlen würde. Kinderlärm und Geschrei war ihr Musik. Gelegentlich lud sie auch einmal eine ganze Schar Kinder aus der Straße und traktierte sie auf dem Hof unserer Villa mit Schokolade und Kuchen. Meine Tochter hat nach der Entbindung und besonders nach der Überraschung durch das vorzeitige Eintreten, durch die Zwillinge und die Verschiedenheit des Geschlechts gewiß gleich an die Mutter gedacht, von der sie wußte, daß sie das Ereignis mit lebhafter Freude und Anteilnahme aufnehmen werde. ‚Was würde erst Mutti sagen, wenn sie jetzt an meinem Wochenbett stände?‘ Dieser Gedanke ist ihr zweifellos durch den Kopf gegangen. Und ich träume nun diesen Traum von meiner verstorbenen ersten Frau, von der ich sehr selten träume, nach dem ersten Traum aber auch nicht gesprochen und mit keinem Gedanken an sie gedacht habe.

Halten Sie das Zusammentreffen von Traum und Ereignis in beiden Fällen für Zufall? Meine Tochter, die sehr an mir hängt, hat in ihrer schweren Stunde sicher besonders an mich gedacht, wohl auch, weil ich oft mit ihr über Verhalten in der Schwangerschaft korrespondiert und ihr immer wieder Ratschläge gegeben habe.“

Es ist leicht zu erraten, was ich auf diesen Brief antwortete. Es tat mir leid, daß auch bei meinem Korrespondenten das analytische Interesse vom telepathischen so völlig erschlagen worden war; ich lenkte also von seiner direkten Frage ab, bemerkte, daß der Traum auch sonst noch allerlei enthielt, außer seiner Beziehung zur Zwillingsgeburt, und bat, mir jene Auskünfte und Einfälle mitzuteilen, die mir eine Deutung des Traumes ermöglichen könnten.

Daraufhin erhielt ich den nachstehenden zweiten Brief, der meine Wünsche freilich nicht ganz befriedigte:

„Erst heute komme ich dazu, Ihren freundlichen Brief vom 24. d. M. zu beantworten. Ich will Ihnen gern ‚lückenlos und rückhaltslos‘ alle Assoziationen, auf die ich komme, mitteilen. Leider ist es nicht viel geworden, bei einer mündlichen Aussprache käme mehr heraus.

[6] Also! Meine Frau und ich wünschen uns keine Kinder mehr. Wir verkehren auch so gut wie gar nicht geschlechtlich miteinander, wenigstens lag zur Zeit des Traumes keinerlei ‚Gefahr‘ vor. Die Niederkunft meiner Tochter, die Mitte Dezember erwartet wurde, war natürlich öfter Gegenstand unserer Unterhaltung. Meine Tochter war im Sommer untersucht und geröntgt worden, dabei stellte der Untersuchende fest, daß es ein Junge werde. Meine Frau äußerte gelegentlich: ‚Ich würde lachen, wenn es nun doch ein Mädchen würde.‘ Sie meinte auch gelegentlich, es wäre besser, wenn es ein H. als ein G. (Name meines Schwiegersohnes) würde, meine Tochter ist hübscher und stattlicher in der Figur als mein Schwiegersohn, obgleich er Marineoffizier war. Ich beschäftigte mich mit Vererbungsfragen und habe die Gewohnheit, mir kleine Kinder darauf anzusehen, wem sie gleichen. Noch eins! Wir haben ein kleines Hündchen, das abends mit am Tisch sitzt, sein Futter bekommt und Teller und Schüsseln ausleckt. All dieses Material kehrt im Traum wieder.

Ich habe kleine Kinder gern und schon oft gesagt, ich möchte noch einmal so ein Wesen aufziehen, jetzt, wo man es mit sehr viel mehr Verständnis, Interesse und Ruhe vermag, aber mit meiner Frau, die nicht die Fähigkeit zur vernünftigen Erziehung eines Kindes besitzt, möchte ich keins zusammen haben. Nun beschert mir der Traum zwei – das Geschlecht habe ich nicht festgestellt. Ich sehe sie noch heute im Bett liegen und erkenne scharf die Züge, das eine mehr ‚Ich‘, das andere mehr meine Frau, jedes aber kleine Züge vom anderen Teil. Meine Frau hat rotblondes Haar, eines der Kinder aber kastanien(rotes)braunes. Ich sage: ‚Na, das wird später auch noch rot werden.‘ Die beiden Kinder kriechen in einer großen Waschschüssel, in der meine Frau Marmelade gerührt hat, herum und lecken den Boden und die Ränder ab (Traum). Die Herkunft dieses Details ist leicht erklärlich, wie der Traum überhaupt nicht schwer verständlich und deutbar ist, wenn er nicht mit dem wider Erwarten frühen Eintreten der Geburt meiner Enkel (drei Wochen zu früh) zeitlich fast auf die Stunde (genau kann ich nicht sagen, wann der Traum begann, um neun und viertel zehn wurden meine Enkel geboren, um elf etwa ging ich zu Bett und nachts träumte ich) zusammengetroffen wäre und wir nicht schon vorher gewußt hätten, daß es ein Junge werden würde. Freilich kann wohl der Zweifel, ob die Feststellung richtig gewesen sei – Junge oder Mädchen – im Traume Zwillinge auftreten lassen, es bleibt aber immer noch das zeitliche Zusammentreffen des Traumes von den Zwillingen mit dem unerwarteten und drei Wochen zu frühen Eintreffen von Zwillingen bei meiner Tochter.

Es ist nicht das erste Mal, daß Ereignisse in der Ferne sich mir bewußt machen, ehe ich die Nachricht erhalte. Eines unter zahlreichen! Im Oktober besuchten mich meine drei Brüder. Wir habe uns seit dreißig Jahren nicht wieder zusammen (der eine den anderen natürlich öfter) gesehen, nur einmal ganz kurz beim Begräbnis des Vaters und dem meiner Mutter. Beider Tod war zu erwarten, in keinem Falle habe ich ‚vorgefühlt‘. Aber als vor zirka fünfundzwanzig Jahren mein jüngster Bruder im zehnten Lebensjahr plötzlich und unerwartet starb, kam mir, als mir der Briefbote die Postkarte mit der Nachricht von seinem Tode übergab, ohne daß ich einen Blick darauf geworfen hatte, sofort der Gedanke: Da steht darauf, daß dein Bruder gestorben ist. Er war doch allein im Elternhaus, ein kräftiger gesunder Bub, während wir vier älteren **[7]** Brüder alle vom Elternhaus schon flügge geworden und abwesend waren. Zufällig kam das Gespräch beim Besuch meiner Brüder jetzt auf dieses mein Erlebnis damals, und alle drei Brüder kamen nun wie auf Kommando mit der Erklärung heraus, daß ihnen damals genau dasselbe passiert sei wie mir. Ob auf dieselbe Weise, kann ich nicht mehr sagen, jedenfalls erklärte jeder, den Tod vorher als Gewißheit im Gefühl gehabt zu haben, ehe die bald darauf eintreffende und gar nicht zu erwartende Nachricht ihn angezeigt hatte. Wir sind alle vier von Mutters Seite her sensible Naturen, große, kräftige Menschen dabei, aber keiner etwa spiritistisch oder okkultistisch angehaucht, im Gegenteil, wir lehnen beides entschieden ab. Meine Brüder sind alle drei Akademiker, zwei Gymnasiallehrer, einer Oberlandmesser, eher Pedanten als Phantasten. – Das ist alles, was ich Ihnen zum Traum zu sagen weiß. Wenn Sie ihn etwa literarisch verwerten wollen, stelle ich ihn gern zur Verfügung.“

Ich muß befürchten, daß Sie sich ähnlich verhalten werden wie der Schreiber der beiden Briefe. Auch Sie werden sich vor allem dafür interessieren, ob man diesen Traum wirklich als eine telepathische Anzeige der unerwarteten Zwillingsgeburt auffassen darf, und gar nicht dazu geneigt sein, ihn wie einen anderen der Analyse zu unterziehen. Ich sehe voraus, daß es immer so sein wird, wenn Psychoanalyse und Okkultismus zusammenstoßen. Die erstere hat sozusagen alle seelischen Instinkte gegen sich, dem letzteren kommen starke, dunkle Sympathien entgegen. Ich werde aber nicht den Standpunkt einnehmen, ich sei nichts als ein Psychoanalytiker, die Fragen des Okkultismus gehen mich nichts an; das würden Sie doch nur als Problemflüchtigkeit beurteilen. Sondern, ich behaupte, daß es mir ein großes Vergnügen wäre, wenn ich mich und andere durch untadelige Beobachtungen von der Existenz telepathischer Vorgänge überzeugen könnte, daß aber die Mitteilungen zu diesem Traum viel zu unzulänglich sind, um eine solche Entscheidung zu rechtfertigen. Sehen Sie, dieser intelligente und an den Problemen seines Traumes interessierte Mann denkt nicht einmal daran, uns anzugeben, wann er die ein Kind erwartende Tochter zuletzt gesehen oder welche Nachrichten er kürzlich von ihr erhalten; er schreibt im ersten Brief, daß die Geburt um einen Monat verfrüht kam, im zweiten sind es aber nur drei Wochen und in keinem erhalten wir Auskunft darüber, ob die Geburt wirklich vorzeitig erfolgte, oder ob sich die Beteiligten, wie es so häufig vorkommt, verrechnet hatten. Von diesen und anderen Details der Begebenheiten würden wir aber abhängen, wenn wir die Wahrscheinlichkeit eines dem Träumer unbewußten Abschätzens und Erratens zu erwägen hätten. Ich sagte mir auch, es würde [8] nichts nützen, wenn ich auf einige solcher Anfragen Antwort bekäme. Im Laufe des angestrebten Beweisverfahrens würden doch immer neue Zweifel auftauchen, die nur beseitigt werden könnten, wenn man den Mann vor sich hätte und alle die dazugehörigen Erinnerungen bei ihm auffrischen würde, die er vielleicht als unwesentlich beiseite geschoben hat. Er hat gewiß recht, wenn er zu Anfang seines zweiten Briefes sagt, bei einer mündlichen Aussprache wäre mehr herausgekommen.

Denken Sie an einen anderen, ähnlichen Fall, an dem das störende okkultistische Interesse gar keinen Anteil hat. Wie oft sind Sie in die Lage gekommen, die Anamnese und den Krankheitsbericht, den Ihnen ein beliebiger Neurotiker in der ersten Besprechung gab, mit dem zu vergleichen, was Sie nach einigen Monaten Psychoanalyse von ihm erfahren haben. Von der begreiflichen Verkürzung abgesehen, wieviel wesentliche Mitteilungen hat er ausgelassen oder unterdrückt, wieviel Beziehungen verschoben, im Grunde: wieviel Unrichtiges und Unwahres hat er Ihnen das erste Mal erzählt! Ich glaube, Sie werden mich nicht für unbedenklich erklären, wenn ich unter den uns vorliegenden Verhältnissen es ablehne, darüber zu urteilen, ob der uns mitgeteilte Traum einer telepathischen Tatsache entspricht oder einer besonders feinen unbewußten Leistung des Träumers oder einfach als ein zufälliges Zusammentreffen hingenommen werden muß. Unsere Wißbegierde werden wir auf eine spätere Gelegenheit vertrösten, in der uns eine eingehende, mündliche Ausforschung des Träumers vergönnt sein mag. Sie können aber nicht sagen, daß dieser Ausgang unserer Untersuchung Sie enttäuscht hat, denn ich hatte Sie darauf vorbereitet, Sie würden nichts erfahren, was auf das Problem der Telepathie Licht wirft.

Wenn wir jetzt zur analytischen Behandlung dieses Traumes übergehen, so müssen wir von neuem unser Mißvergnügen bekennen. Das Material von Gedanken, die der Träumer an den manifesten Trauminhalt anknüpft, ist wiederum ungenügend; damit können wir keine Traumanalyse machen. Der Traum verweilt z. B. ausführlich bei der Ähnlichkeit der Kinder mit den Eltern, erörtert deren Haarfarbe und die voraussichtliche Wandlung derselben in späteren Zeiten, und zur Aufklärung dieser breit ausgesponnenen Details haben wir nur die dürftige Auskunft des Träumers, er habe sich immer für Fragen der Ähnlichkeit und **[9]** Vererbung interessiert; da sind wir doch gewohnt, weitergehende Ansprüche zu stellen! Aber an e i n e r Stelle gestattet der Traum eine analytische Deutung, gerade hier kommt die Analyse, die sonst nichts mit dem Okkultismus zu tun hat, der Telepathie in merkwürdiger Weise zur Hilfe. Dieser einen Stelle wegen nehme ich überhaupt Ihre Aufmerksamkeit für diesen Traum in Anspruch.

Wenn Sie es recht ansehen, so hat ja dieser Traum auf den Namen eines „telepathischen" gar kein Anrecht. Er teilt dem Träumer nichts mit, was sich – seinem sonstigen Wissen entzogen – gleichzeitig an einem anderen Orte vollzieht, sondern was der Traum erzählt, ist etwas ganz anderes als das Ereignis, von dem ein Telegramm am zweiten Tag nach der Traumnacht berichtet. Traum und Ereignis weichen in einem ganz besonders wichtigen Punkt voneinander ab, nur stimmen sie, von der Gleichzeitigkeit abgesehen, in einem anderen, sehr interessanten Element zusammen. Im Traum hat die F r a u des Träumers Zwillinge bekommen. Das Ergebnis besteht aber darin, daß seine entfernt lebende T o c h t e r Zwillinge geboren hat. Der Träumer übersieht diesen Unterschied nicht, er scheint keinen Weg zu kennen, über ihn hinwegzukommen, und da er nach seiner eigenen Angabe keine okkultistische Vorliebe hat, fragt er nur ganz schüchtern an, ob das Zusammentreffen von Traum und Ereignis im Punkte der Zwillingsgeburt mehr als ein Zufall sein kann. Die psychoanalytische Traumdeutung hebt aber diesen Unterschied zwischen Traum und Ereignis auf und gibt beiden den nämlichen Inhalt. Ziehen wir das Assoziationsmaterial zu diesem Traum zu Rate, so zeigt es uns trotz seiner Spärlichkeit, daß hier eine innige Gefühlsbindung zwischen Vater und Tochter besteht, eine Gefühlsbindung, die so gewöhnlich und natürlich ist, daß man aufhören sollte, sich ihrer zu schämen, die im Leben gewiß nur als zärtliches Interesse zum Ausdruck kommt und ihre letzten Konsequenzen erst im Traume zieht. Der Vater weiß, daß die Tochter sehr an ihm hängt, er ist überzeugt, daß sie in ihrer schweren Stunde viel an ihn gedacht hat; ich meine, im Grunde gönnt er sie dem Schwiegersohn nicht, den er im Briefe mit einigen abschätzigen Bemerkungen streift. Beim Anlaß ihrer (erwarteten oder telepathisch vernommenen) Niederkunft wird im Verdrängten der unbewußte Wunsch rege: Sie sollte lieber meine (zweite) Frau [10] sein, und dieser Wunsch ist es, der den Traumgedanken entstellt und den Unterschied zwischen dem manifesten Trauminhalt und dem Ereignis verschuldet. Wir haben das Recht, für die zweite Frau im Traume die Tochter einzusetzen. Besäßen wir mehr Material zum Traum, so würden wir diese Deutung gewiß versichern und vertiefen können.

Und nun bin ich bei dem, was ich Ihnen zeigen wollte. Wir haben uns der strengsten Unparteilichkeit bemüht und zwei Auffassungen des Traumes als gleich möglich und gleich unbewiesen gelten gelassen. Nach der ersten ist der Traum die Reaktion auf eine telepathische Botschaft: Deine Tochter bringt eben jetzt Zwillinge zur Welt. Nach der zweiten liegt ihm eine unbewußte Gedankenarbeit zugrunde, die sich etwa derart übersetzen ließe: Heute ist ja der Tag, an dem die Entbindung eintreten müßte, wenn sich die jungen Leute in Berlin wirklich um einen Monat verrechnet haben, wie ich eigentlich glaube. Und wenn meine (erste) Frau noch leben würde, die wäre doch mit einem Enkelkind nicht zufrieden! Für sie müßten es mindestens Zwillinge sein. Hat diese zweite Auffassung recht, so entstehen keine neuen Probleme für uns. Es ist eben ein Traum wie ein anderer. Zu den erwähnten (vorbewußten) Traumgedanken ist der (unbewußte) Wunsch hinzugetreten, daß keine andere als die Tochter die zweite Frau des Träumers hätte werden sollen, und so ist der uns mitgeteilte manifeste Traum entstanden.

Wollen Sie aber lieber annehmen, daß die telepathische Botschaft von der

Entbindung der Tochter an den Schlafenden herangetreten ist, so erheben sich neue Fragen nach der Beziehung einer solchen Botschaft zum Traum und nach ihrem Einfluß auf die Traumbildung. Die Antwort liegt dann sehr nahe und ist ganz eindeutig zu geben. Die telepathische Botschaft wird behandelt wie ein Stück des Materials zur Traumbildung, wie ein anderer Reiz von außen oder innen, wie ein störendes Geräusch von der Straße, wie eine aufdringliche Sensation von einem Organ des Schlafenden. In unserem Beispiel ist es ersichtlich, wie sie mit Hilfe eines lauernden, verdrängten Wunsches zur Wunscherfüllung umgearbeitet wird, und leider weniger deutlich zu zeigen, daß sie mit anderem gleichzeitig rege gewordenem Material zu einem Traum verschmilzt. Die telepathische Botschaft – wenn eine solche wirklich anzuerkennen ist – kann also an der Traum- **[11]** bildung nichts ändern, die Telepathie hat mit dem Wesen des Traumes nichts zu tun. Und um den Eindruck zu vermeiden, daß ich hinter einem abstrakten und vornehm klingenden Wort eine Unklarheit verbergen möchte, bin ich bereit zu wiederholen: Das Wesen des Traumes besteht in dem eigentümlichen Prozeß der Traumarbeit, welcher vorbewußte Gedanken (Tagesreste) mit Hilfe einer unbewußten Wunschregung in den manifesten Trauminhalt überführt. Das Problem der Telepathie geht aber den Traum so wenig an wie das Problem der Angst.

Ich hoffe, Sie werden das zugeben, mir aber bald einwenden, es gibt doch auch andere telepathische Träume, in denen kein Unterschied zwischen Ereignis und Traum besteht, und in denen nichts anders zu finden ist als die unentstellte Wiedergabe des Ereignisses. Ich kenne solche telepathische Träume wieder nicht aus eigener Erfahrung, weiß aber, daß sie häufig berichtet worden sind. Nehmen wir an, wir hätten es mit einem solchen unentstellten und unvermischten telepathischen Traum zu tun, dann erhebt sich eine andere Frage: Soll man ein derartiges telepathisches Erlebnis überhaupt einen „Traum" nennen? Sie werden es ja gewiß tun, solange Sie mit dem populären Sprachgebrauch gehen, für den alles Träumen heißt, was sich während der Schlafzeit in Ihrem Seelenleben ereignet. Sie sagen vielleicht auch: Ich habe mich im Traum herumgewälzt, und finden erst recht keine Inkorrektheit darin, zu sagen: Ich habe im Traum geweint oder mich im Traum geängstigt. Aber Sie merken doch wohl, daß Sie in all diesen Fällen „Traum" und „Schlaf" oder „Schlafzustand" unterscheidungslos miteinander vertauschen. Ich meine, es wäre im Interesse wissenschaftlicher Genauigkeit, wenn wir „Traum" und „Schlafzustand" besser auseinanderhielten. Warum sollten wir ein Seitenstück zu der von M a e d e r heraufbeschworenen Konfusion schaffen, der für den Traum eine neue Funktion entdeckte, indem er die Traumarbeit durchaus nicht von den latenten Traumgedanken sondern wollte? Wenn wir also einen solchen reinen telepathischen „Traum" antreffen sollten, so wollen wir ihn doch lieber ein telepathisches Erlebnis im Schlafzustand heißen. Ein Traum ohne Verdichtung, Entstellung, Dramatisierung, vor allem ohne Wunscherfüllung, verdient ja doch nicht diesen Namen. Sie werden mich daran mahnen, daß es noch andere seelische Produktionen im Schlaf gibt, denen man dann das Recht auf den Namen **[12]** „Traum" absprechen müßte. Es kommt vor, daß reale Erlebnisse des Tages im Schlaf einfach wiederholt werden, die Reproduktionen traumatischer Szenen im „Traume" haben und uns erst kürzlich zu einer Revision der Traumtheorie herausgefordert; es gibt Träume, die sich durch ganz besondere Eigenschaften von der gewohnten Art unterscheiden, die eigentlich nichts anders sind als unversehrte und unvermengte nächtliche Phantasien, den bekannten Tagesphantasien sonst durchaus ähnlich. Es wäre gewiß mißlich, diese Bildungen von der Bezeichnung „Träume" auszuschließen. Aber sie alle kommen doch von innen, sind Produkte unseres Seelenlebens, während der reine „telepathische Traum" seinem Begriff nach eine Wahrnehmung von außen wäre, gegen welche sich das Seelenleben rezeptiv und passiv verhielte.

II. Der zweite Fall, von dem ich Ihnen berichten will, liegt eigentlich auf einer anderen Linie. Er bringt uns keinen telepathischen Traum, sondern einen seit Kindheitsjahren rekurrierenden Traum bei einer Person, die viel telepathische Erlebnisse gehabt hat. Ihr Brief, den ich nachstehend wiedergebe, enthält manches Merkwürdige, worüber uns zu urteilen versagt ist. Einiges davon kann für das Verhältnis der Telepathie zum Traum verwertet werden.

1.

„... Mein Arzt, Herr Doktor N., riet mir, Ihnen einen Traum zu erzählen, der mich seit ungefähr dreißig bis zweiunddreißig Jahren verfolgt. Ich folgte seinem Rate, vielleicht hat der Traum in wissenschaftlicher Beziehung für Sie Interesse. Da nach

Ihrer Meinung solche Träume auf ein Erlebnis in sexueller Beziehung während der ersten Kinderjahre zurückzuführen sind, gebe ich Kindheitserinnerungen wieder, es sind Erlebnisse, die heute noch ihren Eindruck auf mich machen und so nachdrücklich gewesen sind, daß sie mir meine Religion bestimmt haben.

Darf ich Sie bitten, mir nach Kenntnisnahme vielleicht mitzuteilen, in welcher Weise Sie sich diesen Traum erklären, und ob es nicht möglich ist, ihn aus meinem Leben verschwinden zu lassen, da er mich wie ein Gespenst verfolgt und durch die Umstände, von denen er begleitet ist, – ich falle stets aus dem Bette und habe mir schon nicht unerhebliche Verletzungen zugezogen – sehr unangenehm und peinlich für mich ist.

2.

Ich bin siebenunddreißig Jahre alt, sehr kräftig und körperlich gesund, habe außer Masern und Scharlach in der Kindheit eine Nierenentzündung durchgemacht. Im fünften Jahre hatte ich eine sehr schwere Augenentzündung, nach der ein Doppelsehen zurückblieb. Die Bilder stehen schräg zueinander, die Umrisse des Bildes sind verwischt, weil Narben von Geschwüren die Klarheit be- [13] einträchtigen. Nach fachärztlichem Urteil ist am Auge aber nichts mehr zu ändern oder zu bessern. Durch das Zukneifen des linken Auges, um klarer zu sehen, hat sich die linke Gesichtshälfte nach oben verzerrt. Ich vermag durch Übung und Wille die feinsten Handarbeiten zu machen; ebenso habe ich mir als sechsjähriges Kind das schiefe Sehen vor dem Spiegel weggelernt, so daß heute von dem Augenfehler äußerlich nichts zu sehen ist.

In den frühesten Kinderjahren schon bin ich immer einsam gewesen, habe mich von allen Kindern zurückgezogen und habe schon Gesichte gehabt (hellhören und hellsehen), habe das aber von der Wirklichkeit nicht unterscheiden können und bin deshalb oft in Konflikte geraten, die aus mir einen sehr zurückhaltenden, scheuen Menschen gemacht haben. Da ich schon als kleinstes Kind viel mehr gewußt habe, als ich hatte lernen können, verstand ich einfach die Kinder meines Alters nicht mehr. Ich selbst bin die älteste von zwölf Geschwistern.

Von sechs bis zehn besuchte ich die Gemeindeschule und dann bis sechzehn Jahre die höhere Schule der Ursulinerinnen in B. Mit zehn Jahren habe ich innerhalb vier Wochen, es waren acht Nachhilfestunden, soviel Französisch nachgeholt, als andere Kinder in zwei Jahren lernen. Ich hatte nur zu repetieren, es war, als ob ich es schon gelernt und nur vergessen hätte. Überhaupt habe ich auch später Französisch nie zu lernen brauchen, im Gegensatz zu Englisch, das mir zwar keine Mühe machte, das mir aber unbekannt war. Ähnlich wie mit Französisch ging es mir mit Latein, das ich eigentlich nie richtig gelernt habe, sondern nur vom Kirchenlatein her kenne, das mir aber vollkommen vertraut ist. Lese ich heute ein französisches Werk, dann denke ich auch sofort in Französisch, während mir das bei Englisch nie passiert, trotzdem ich Englisch besser beherrsche. – Meine Eltern sind Bauersleute, die durch Generationen nie andere Sprachen als Deutsch und Polnisch gesprochen haben.

G e s i c h t e: Zuweilen verschwindet für Augenblicke die Wirklichkeit und ich sehe etwas ganz anderes. In meiner Wohnung sehe ich z. B. sehr oft ein altes Ehepaar und ein Kind, die Wohnung hat dann andere Einrichtung. – Noch in der Heilanstalt kam früh gegen vier Uhr meine Freundin in mein Zimmer, ich war wach, hatte die Lampe brennen und saß am Tische lesend, da ich sehr viel an Schlaflosigkeit leide. Stets bedeutet diese Erscheinung für mich Ärger, auch dieses Mal.

Im Jahre 1914 war mein Bruder im Felde, ich nicht bei den Eltern in B., sondern in Ch. Es war vormittags 10 Uhr, 22. August, da hörte ich „Mutter, Mutter" von der Stimme meines Bruders rufen. Nach zehn Minuten nochmals, habe aber n i c h t s gesehen. Am 24. August kam ich heim, fand Mutter bedrückt und auf Befragen erklärte sie, der Junge hatte sich am 22. August angemeldet. Sie sei vormittags im Garten gewesen, da hätte sie den Jungen „Mutter, Mutter" rufen hören. Ich tröstete sie und sagte ihr nichts von mir. Drei Wochen darauf kam eine Karte meines Bruders an, die er am 22. August zwischen 9 und 10 Uhr vormittags geschrieben hatte, kurz darauf starb er.

Am 27. September 1921 meldete sich mir etwas in der Heilanstalt an. Es wurde zwei- bis dreimal an das Bett meiner Zimmerkollegin heftig geklopft. Wir waren beide wach, ich fragte. ob sie geklopft hätte, sie hatte nicht einmal [14] etwas gehört. Nach acht Wochen hörte ich, daß eine meiner Freundinnen in der Nacht vom 26. auf 27. gestorben wäre.

Nun etwas, was Sinnestäuschung sein soll, Ansichtssache! Ich habe eine Freundin, die sich einen Witwer mit fünf Kindern geheiratet hat, den Mann lernte ich erst durch meine Freundin kennen. In deren Wohnung sehe ich fast jedes Mal, wenn ich bei ihr bin, eine Dame aus- und eingehen. Die Annahme lag nahe, daß das die erste Frau des Mannes sei. Ich fragte gelegentlich nach einem Bilde, konnte aber nach der Photographie die Erscheinung nicht identifizieren. Nach sieben Jahren sehe ich bei einem der Kinder ein Bild mit den Zügen der Dame. Es war doch die erste

Frau. Auf dem Bilde sah sie bedeutend besser aus, sie hatte gerade eine Mastkur durchgemacht und daher das für eine Lungenkranke veränderte Aussehen. – Das sind nur Beispiele von vielen.

D e r   T r a u m: Ich sehe eine Landzunge, von Wasser umgeben. Die Wellen werden von der Brandung herangetrieben und wieder zurückgerissen. Auf der Landzunge steht eine Palme, die etwas zum Wasser gebogen ist. Um den Stamm der Palme schlingt eine Frau ihren Arm und beugt sich ganz tief ins Wasser, wo ein Mann versucht, an Land zu kommen. Zuletzt legt sie sich auf die Erde, hält sich mit der Linken an der Palme fest und reicht, so weit wie möglich, ihre Rechte dem Manne ins Wasser, ohne ihn zu erreichen. Dabei falle ich aus dem Bette und wache auf. – Ich war ungefähr fünfzehn bis sechzehn Jahre, als ich wahrnahm, daß ich ja selbst diese Frau sei, und nun erlebte ich nicht nur die Angst der Frau um den Mann, sondern stand manchmal auch als unbeteiligte Dritte dabei und sah zu. Auch in Etappen träumte ich dieses Erlebnis. Wie das Interesse am Manne wach wurde (achtzehn bis zwanzig Jahre), versuchte ich das Gesicht des Mannes zu erkennen, es war mir nie möglich. Die Gischt ließ nur Nacken und Hinterkopf frei. Ich bin zweimal verlobt gewesen, aber dem Kopf und Körperbau nach war es keiner dieser beiden Männer. – Als ich in der Heilanstalt einmal im Paraldehydrausche lag, sah ich das Gesicht des Mannes, das ich nunmehr in jedem Traume sehe. Es ist das des mich in der Anstalt behandelnden Arztes, der mir wohl als Arzt sympathisch ist, mit dem mich aber nichts verbindet.

E r i n n e r u n g e n: ½ bis ¾ Jahr alt. Ich im Kinderwagen, rechts mir zur Seite zwei Pferde, das eine, ein Brauner, sieht mich groß und eindrucksvoll an. Das ist das stärkste Erlebnis, ich hatte das Gefühl, es sei ein Mensch.

E i n   J a h r   a l t. Vater und ich im Stadtpark, wo mir ein Parkwärter ein Vögelchen in die Hand gibt. Seine Augen sehen mich wieder an, ich fühle, das ist ein Wesen wie du.

H a u s s c h l a c h t u n g e n. Beim Quieken der Schweine habe ich stets um Hilfe geschrien und immer gerufen: Ihr schlagt ja einen Menschen tot (vier Jahre alt). Ich habe Fleisch als Nahrungsmittel stets abgelehnt. Schweinefleisch hat mir stets Erbrechen verursacht. Erst im Kriege habe ich Fleisch essen gelernt, aber nur mit Widerwillen, jetzt entwöhne ich mich dessen wieder.

F ü n f   J a h r e   a l t. Mutter kam nieder und ich hörte sie schreien. Ich hatte die Empfindung, dort ist ein Tier oder Mensch in höchster Not, ebenso wie ich es bei den Schlachtungen hatte.

In sexueller Beziehung bin ich als Kind ganz indifferent gewesen, mit zehn Jahren gingen Sünden wider die Keuschheit noch nicht in mein Begriffs- [15] vermögen. Mit zwölf Jahren wurde ich menstruiert. Mit sechsundzwanzig Jahren, nachdem ich einem Kinde das Leben gegeben hatte, erwachte erst das Weib in mir, bis dahin (ein halbes Jahr) hatte ich beim Koitus stets heftiges Erbrechen. Auch später trat Erbrechen ein, wenn die kleinste Verstimmung mich bedrückte.

Ich habe eine außerordentlich scharfe Beobachtungsgabe und ein ganz ausnahmsweise scharfes Gehör, Geruch ist ebenso ausgebildet. Bekannte Menschen kann ich mit verbundenen Augen unter einem Haufen anderer herausriechen.

Ich führe mein Mehrsehen und Hören nicht auf krankhaftes Wesen, sondern auf feineres Empfinden und schnelleres Kombinationsvermögen zurück, habe aber darüber nur mit meinem Religionslehrer und Herrn Dr. ... gesprochen, zu letzterem auch nur sehr widerwillig, weil ich mich davor scheute zu hören, daß ich Minuseigenschaften habe, die ich persönlich als Pluseigenschaften ansehe, und weil ich durch Mißverständnis in meiner Jugend sehr scheu geworden bin."

Der Traum, dessen Deutung uns die Schreiberin auferlegt, ist nicht schwer zu verstehen. Es ist ein Traum der Rettung aus dem Wasser, also ein typischer Geburtstraum. Die Sprache der Symbolik kennt, wie Sie wissen, keine Grammatik, sie ist das Extrem einer Infinitivsprache, auch das Aktivum und das Passivum werden durch dasselbe Bild dargestellt. Wenn im Traum eine Frau einen Mann aus dem Wasser zieht (oder ziehen will), so kann das heißen, sie will seine Mutter sein (anerkennt ihn als Sohn wie die Pharaotochter den Moses) oder auch: sie will durch ihn Mutter werden, einen Sohn von ihm haben, welcher als sein Ebenbild ihm gleichgesetzt wird. Der Baumstamm, an den die Frau sich hält, ist leicht als Phallussymbol zu erkennen, auch wenn er nicht gerade steht, sondern gegen den Wasserspiegel geneigt – im Traum heißt es: gebogen – ist. Das Andrängen und Zurückfluten der Brandung legte einmal einer anderen Träumerin, die einen ganz ähnlichen Traum produziert hatte, den Vergleich mit der intermittierenden Wehentätigkeit nahe, und als ich sie, die noch nie geboren hatte, fragte, woher sie diesen Charakter der Geburtsarbeit kenne, sagte sie, man stellt sich die Wehen wie eine Art Kolik vor, was physiologisch ganz untadelig ist. Sie assoziierte dazu: „Des Meeres und der Liebe Wellen." Woher unsere Träumerin die feinere Ausstattung des Symbols in so frühen Jahren genommen haben kann (Landzunge, Palme), weiß ich natürlich nicht zu sagen. Übrigens vergessen wir nicht daran: Wenn Personen behaupten, daß sie seit Jahren von demselben Traum verfolgt werden, so stellt sich oft heraus, daß es manifester Weise nicht ganz derselbe ist. Nur der Kern des Traumes [16] ist jedesmal wiedergekehrt, Einzelheiten des Inhalts sind abgeändert worden oder neu hinzugekommen.

Am Ende dieses offenbar angstvollen Traumes fällt die Träumerin aus dem Bett. Das ist eine neuerliche Darstellung der Niederkunft. Die analytische Erforschung der Höhenphobien, der Angst vor dem Impuls, sich aus dem Fenster zu stürzen, hat Ihnen gewiß allen das nämliche Ergebnis geliefert.

Wer ist nun der Mann, von dem sich die Träumerin ein Kind wünscht oder zu dessen Ebenbild sie Mutter sein möchte? Sie hat sich oft bemüht, sein Gesicht zu sehen, aber der Traum ließ es nicht zu, der Mann sollte inkognito bleiben. Wir wissen aus ungezählten Analysen, was diese Verschleierung bedeutet, und unser Analogieschluß wird durch eine andere Angabe der Träumerin gesichert. In einem Paraldehydrausch erkannte sie einmal das Gesicht des Mannes im Traum als das des Anstaltsarztes, der sie behandelte und der ihrem bewußten Gefühlsleben nichts weiter bedeutete. Das Original hatte sich also nie gezeigt, aber dessen Abdruck in der „Übertragung" gestattet den Schluß, daß es immer früher der Vater hätte sein sollen. Wie Recht hatte doch F e r e n c z i, als er auf die „Träume der Ahnungslosen" als wertvolle Urkunden zur Bestätigung unserer analytischen Vermutungen hinwies! Unsere Träumerin war die älteste von zwölf Kindern; wie oft mußte sie die Qualen der Eifersucht und Enttäuschung durchgemacht haben, wenn nicht sie, sondern die Mutter das ersehnte Kind vom Vater empfing!

Ganz richtig hat unsere Träumerin verstanden, daß ihre ersten Kindheitserinnerungen für die Deutung ihres frühen und seither wiederkehrenden Traumes wertvoll sein würden. In der ersten Szene vor einem Jahr sitzt sie im Kinderwagen, neben ihr zwei Pferde, von denen eines sie groß und eindrucksvoll ansieht. Sie bezeichnet das als ihr stärkstes Erlebnis, sie hatte das Gefühl, es sei ein Mensch. Wir aber können uns in diese Wertung nur einfühlen, wenn wir annehmen, zwei Pferde ständen hier, wie so oft, für ein Ehepaar, für Vater und Mutter. Es ist dann wie ein Aufblitzen des infantilen Totemismus. Könnten wir die Schreiberin sprechen, so würden wir die Frage an sie richten, ob nicht der Vater seiner Farbe nach in dem b r a u n e n

Pferd, das sie so menschlich ansieht, erkannt werden darf. Die zweite Erinnerung ist mit der ersten durch das gleiche „verständnisvolle Ansehen" [17] assoziativ verknüpft. Aber das In-die-Hand-Nehmen des Vögelchens mahnt den Analytiker, der nun einmal seine Vorurteile hat, an einen Zug des Traumes, der die Hand der Frau in Beziehung zu einem anderen Phallussymbol bringt.

Die nächsten beiden Erinnerungen gehören zusammen, sie bieten der Deutung noch geringere Schwierigkeiten. Das Schreien der Mutter bei ihrer Niederkunft erinnert sie direkt an das Quieken der Schweine bei einer Hausschlachtung und versetzt sie in dieselbe mitleidige Raserei. Wir vermuten aber auch, hier liegt eine heftige Reaktion gegen einen bösen Todeswunsch vor, welcher der Mutter galt.

Mit diesen Andeutungen der Zärtlichkeit für den Vater, der genitalen Berührungen mit ihm und der Todeswünsche gegen die Mutter ist der Umriß des weiblichen Ödipuskomplexes gezogen. Die lang bewahrte sexuelle Unwissenheit und spätere Frigidität entsprechen diesen Voraussetzungen. Unsere Schreiberin ist virtuell — und zeitweise gewiß auch faktisch — eine hysterische Neurotika geworden. Die Mächte des Lebens haben sie zu ihrem Glück mit sich fortgerissen, ihr weibliches Sexualempfinden, Mutterglück und mannigfache Erwerbsleistung möglich gemacht, aber ein Anteil ihrer Libido haftet noch immer an den Fixierungsstellen ihrer Kindheit, sie träumt noch immer jenen Traum, der sie aus dem Bett wirft und für die inzestuöse Objektwahl mit „nicht unerheblichen Verletzungen" bestraft.

Was die stärksten Einflüsse späteren Erlebens nicht zustande brachten, soll jetzt die briefliche Aufklärung eines fremden Arztes leisten. Wahrscheinlich würde es einer regelrechten Analyse in längerer Zeit gelingen. Wie die Verhältnisse liegen, mußte ich mich damit begnügen, ihr zu schreiben, ich sei überzeugt, daß sie an der Nachwirkung einer starken Gefühlsbindung an den Vater und der entsprechenden Identifizierung mit der Mutter leide, hoffe aber selbst nicht, daß diese Aufklärung ihr nützen werde. Spontanheilungen von Neurosen hinterlassen in der Regel Narben und diese werden von Zeit zu Zeit wieder schmerzhaft. Wir sind sehr stolz auf unsere Kunst, wenn wir eine Heilung durch Psychoanalyse vollbracht haben, können aber einen solchen Ausgang in Bildung einer schmerzhaften Narbe auch nicht immer abwenden. Die kleine Erinnerungsreihe soll unsere Aufmerksamkeit noch ein wenig festhalten. Ich habe einmal behauptet, daß solche Kindheitsszenen „Deckerinnerungen" sind, die zu einer späteren Zeit [18] herausgesucht, zusammengestellt und dabei nicht selten verfälscht werden. Mitunter läßt sich erraten, welcher Tendenz diese späte Umarbeitung dient. In unserem Falle hört man geradezu das Ich der Schreiberin sich mittels dieser Erinnerungsreihe rühmen oder beschwichtigen: Ich war von klein auf ein besonders edles und mitleidiges Menschenkind. Ich habe frühzeitig erkannt, daß die Tiere ebenso eine Seele haben wie wir, und habe Grausamkeit gegen Tiere nicht vertragen. Die Sünden des Fleisches sind mir fern geblieben und meine Keuschheit habe ich bis in späte Jahre bewahrt. Mit solcher Erklärung widerspricht sie laut den Annahmen, die wir auf Grund unserer analytischen Erfahrung über ihre frühe Kindheit machen müssen, daß sie voll war von vorzeitigen Sexualregungen und heftigen Haßregungen gegen die Mutter und die jüngeren Geschwister. (Das kleine Vögelchen kann, außer der ihm zugewiesenen genitalen Bedeutung, auch die eines Symbols für ein kleines Kind haben, wie alle kleinen Tiere, und die Erinnerung betont so sehr aufdringlich die Gleichberechtigung dieses kleinen Wesens mit ihr selbst.) Die kurze Erinnerungsreihe gibt so ein hübsches Beispiel für eine psychische Bildung mit zwiefachem Aspekt. Oberflächlich betrachtet, gibt sie einem abstrakten Gedanken Ausdruck, der hier, wie meistens, sich auf Ethisches bezieht, sie hat nach H.[2] S i l b e r e r s Bezeichnung a n a g o g i s c h e n Inhalt; bei tiefer eindringender Untersuchung erweist sie sich als eine Kette von Tatsachen aus dem Gebiet des verdrängten Trieblebens, sie offenbart ihren p s y c h o a n a l y t i s c h e n Gehalt. Wie Sie wissen, hat S i l - b e r e r, der als einer der ersten die Warnung an uns ergehen ließ, ja nicht an den edleren Anteil der menschlichen Seele zu vergessen, die Behauptung aufgestellt, daß alle oder die meisten Träume eine solche doppelte Deutung, eine reinere, anagogische, über der gemeinen, psychoanalytischen, zulassen. Dies ist nun leider nicht der Fall; im Gegenteil, eine solche Überdeutung gelingt recht selten; es ist auch meines Wissens bisher nicht ein brauchbares Beispiel einer solchen doppeldeutigen Traumanalyse veröffentlicht worden. Aber an den Assoziationsreihen, welche unsere Patienten in der analytischen Kur vorbringen, können Sie solche Beobachtungen relativ häufig machen.

---

[2] Im Original steht V. [Anmerkung des Herausgebers].

Die aufeinander folgenden Einfälle verknüpfen sich einerseits durch eine klar zutage liegende, durchlaufende Assoziation, anderseits werden Sie auf ein tiefer liegendes, ge- **[19]** heim gehaltenes Thema aufmerksam, welches gleichzeitig an all diesen Einfällen beteiligt ist. Der Gegensatz zwischen beiden in derselben Einfallsreihe dominierenden Themen ist nicht immer der von hoch-anagogisch und gemein-analytisch, eher der von a n s t ö ß i g und a n s t ä n d i g oder indifferent, was Sie dann das Motiv für die Entstehung einer solchen Assoziationskette mit doppelter Determinierung leicht verstehen läßt. In unserem Beispiel ist es natürlich kein Zufall, daß Anagogie und psychoanalytische Deutung in so scharfem Gegensatze stehen; beide beziehen sich auf das nämliche Material und die spätere Tendenz ist gerade die der Reaktionsbildungen, die sich gegen die verleugneten Triebregungen erhoben hatten.

Warum wir aber überhaupt nach einer psychoanalytischen Deutung suchen und uns nicht mit der näher liegenden anagogischen begnügen? Das hängt mit vielerlei zusammen, mit der Existenz der Neurose überhaupt, mit den Erklärungen, die sie notwendig fordert, mit der Tatsache, daß die Tugend die Menschen nicht so froh und lebensstark macht, wie man erwarten sollte, als ob sie noch zuviel von ihrer Herkunft an sich trüge – auch unsere Träumerin ist für ihre Tugend nicht recht belohnt worden – und mit manchem anderen, was ich gerade vor Ihnen nicht zu erörtern brauche.

Wir haben aber bisher die Telepathie, die andere Determinante unseres Interesses an diesem Fall, ganz beiseite gelassen. Es ist Zeit, zu ihr zurückzukehren. Wir haben es hier in gewissem Sinne leichter als im Falle des Herrn G. Bei einer Person, der so leicht und schon in früher Jugend die Wirklichkeit entschwindet, um einer Phantasiewelt Platz zu machen, wird die Versuchung überstark, ihre telepathischen Erlebnisse und „Gesichte" mit ihrer Neurose zusammenzubringen und aus dieser abzuleiten, wenngleich wir uns auch hier über die zwingende Kraft unserer Aufstellungen nicht täuschen dürfen. Wir setzen nur verständliche Möglichkeiten an die Stelle des Unbekannten und Unverständlichen.

Am 22. August 1914, vormittags zehn Uhr, unterliegt die Schreiberin der telepathischen Wahrnehmung, daß ihr im Feld befindlicher Bruder „Mutter, Mutter" ausruft. Das Phänomen ist ein rein akustisches, wiederholt sich kurz nachher, sie sieht aber nichts dabei. Zwei Tage später sieht sie ihre Mutter

und findet sie schwer bedrückt, da sich der Junge bei ihr mit dem wiederholten Ausruf „Mutter, Mutter" angemeldet. Sie erinnert sich so- [20] fort an
die nämliche telepathische Botschaft, die ihr zur gleichen Zeit zuteil geworden, und wirklich läßt sich nach Wochen feststellen, daß der junge Krieger
an jenem Tage zur bezeichneten Stunde gestorben ist.

Es ist nicht zu beweisen, aber auch nicht abzuweisen, daß der Vorgang
vielmehr der folgende war: Die Mutter macht ihr eines Tages die Mitteilung, daß sich der Sohn telepathisch bei ihr angezeigt. Sofort entsteht bei
ihr die Überzeugung, sie habe um dieselbe Zeit das gleiche Erlebnis gehabt.
Solche Erinnerungstäuschungen treten mit zwanghafter Stärke auf, die sie
aus realer Quelle beziehen; sie setzen aber psychische Realität in materielle
um. Das Starke an der Erinnerungstäuschung ist, daß sie ein guter Ausdruck für die in der Schwester vorhandene Tendenz zur Identifizierung mit
der Mutter werden kann. „Du sorgst dich um den Jungen, aber ich bin ja
eigentlich seine Mutter. Also hat sein Ausruf mich gemeint, ich habe jene
telepathische Botschaft empfangen." Die Schwester würde natürlich unseren
Erklärungsversuch entschieden ablehnen und ihren Glauben an das eigene
Erlebnis festhalten. Allein sie kann gar nicht anders; sie muß an die Realität
des pathogenen Erfolges glauben, solange ihr die Realität der unbewußten
Voraussetzung unbekannt ist. Die Stärke und Unangreifbarkeit eines jeden
Wahns führt sich ja auf seine Abstammung von einer unbewußten psychischen Realität zurück. Ich bemerke noch, das Erlebnis der Mutter haben
wir hier nicht zu erklären und dessen Tatsächlichkeit nicht zu untersuchen.

Der verstorbene Bruder ist aber nicht nur das imaginäre Kind unserer
Schreiberin, sondern er steht auch für einen schon bei der Geburt mit Haß
empfangenen Rivalen. Weitaus die zahlreichsten telepathischen Ahnungen
beziehen sich auf Tod und Todesmöglichkeit; den analytischen Patienten,
die uns von der Häufigkeit und Untrüglichkeit ihrer düsteren Vorahnun-
gen berichten, können wir mit ebensolcher Regelmäßigkeit nachweisen, daß
sie besonders starke unbewußte Todeswünsche gegen ihre Nächsten im Unbewußten hegen und darum seit langem unterdrücken. Der Patient, dessen
Geschichte ich 1909 in den „Bemerkungen über einen Fall von Zwangsneurose" erzählt, war ein Beispiel hiefür; er hieß bei seinen Angehörigen auch
der „Leichenvogel"; aber als der liebenswürdige und geistreiche Mann – der
seither selbst im Kriege untergegangen ist – auf den Weg [21] der Besserung

kam, verhalf er mir selbst dazu, seine psychologischen Taschenspielereien aufzuhellen. Auch die im Brief unseres ersten Korrespondenten enthaltene Mitteilung, wie er und seine drei Brüder die Nachricht vom Tod ihres jüngsten Bruders als etwas innerlich längst Gewußtes aufgenommen, scheint keiner anderen Aufklärung zu bedürfen. Die älteren Brüder werden alle die gleiche Überzeugung von der Überflüssigkeit dieses jüngsten Ankömmlings bei sich entwickelt haben.

Ein anderes „Gesicht" unserer Träumerin, dessen Verständnis vielleicht durch analytische Einsicht erleichtert wird! Freundinnen haben offenbar eine große Bedeutung für ihr Gefühlsleben. Der Tod einer derselben zeigte sich ihr kürzlich durch nächtliches Klopfen an das Bett einer Zimmerkollegin in der Heilanstalt an. Eine andere Freundin hatte vor vielen Jahren einen Witwer mit vielen (fünf) Kindern geheiratet. In deren Wohnung sah sie regelmäßig bei ihren Besuchen die Erscheinung einer Dame, in der sie die verstorbene erste Frau vermuten mußte, was sich zunächst nicht bestätigen ließ und ihr erst nach sieben Jahren durch die Auffindung einer neuen Photographie der Verstorbenen zur Gewißheit wurde. Diese visionäre Leistung steht in der nämlichen innigen Abhängigkeit von den uns bekannten Familienkomplexen der Schreiberin, wie ihre Ahnung vom Tode des Bruders. Wenn sie sich mit der Freundin identifizierte, konnte sie in deren Person ihre Wunscherfüllung finden, denn alle ältesten Töchter kinderreicher Familien schaffen im Unbewußten die Phantasie, durch den Tod der Mutter die zweite Frau des Vaters zu werden. Wenn die Mutter krank ist oder stirbt, rückt die älteste Tochter wie selbstverständlich an ihre Stelle im Verhältnis zu den Geschwistern und darf auch beim Vater einen Teil der Funktionen der Frau übernehmen. Der unbewußte Wunsch ergänzt hiezu den anderen Teil.

Das ist nun bald alles, was ich Ihnen erzählen wollte. Ich könnte noch die Bemerkung hinzufügen, daß die Fälle von telepathischer Botschaft oder Leistung, die wir hier besprochen haben, deutlich an Erregungen geknüpft sind, welche dem Bereich des Ödipuskomplexes angehören. Das mag frappant klingen, ich möchte es aber nicht für eine große Entdeckung ausgeben. Wir wollen lieber zu dem Ergebnis zurückkehren, welches wir aus der Untersuchung des Traumes in unserem ersten Fall gewonnen haben. Die Telepathie hat mit dem Wesen des Traumes nichts zu tun, **[22]** sie kann auch unser analytisches Verständnis des Traumes nicht vertiefen. Im Gegenteil kann die Psychoanalyse das Studium der Telepathie fördern, indem sie mit Hilfe ihrer Deutungen manche Unbegreiflichkeiten der telepathischen Phänomene unserem Verständnis näher bringt, oder von anderen, noch zweifelhaften Phänomenen erst nachweist, daß sie telepathischer Natur sind.

Was von dem Anschein einer innigen Beziehung zwischen Telepathie und Traum übrig bleibt, ist die unbestrittene Begründung der Telepathie durch den Schlafzustand. Dieser ist zwar keine unumgängliche Bedingung für das Zustandekommen telepathischer Vorgänge, – beruhen sie nun auf Botschaften oder auf unbewußter Leistung. Wenn Sie dies noch nicht wissen sollten, so muß das Beispiel unseres zweiten Falles, in dem der Junge sich zwischen neun und zehn Uhr vormittags anmeldet, es Sie lehren. Aber wir müssen doch sagen, man hat kein Recht, telepathische Beobachtungen darum zu beanstanden, weil Ereignis und Ahnung (oder Botschaft) nicht zur gleichen astronomischen Zeit vorgefallen sind. Von der telepathischen Botschaft ist es sehr wohl denkbar, daß sie gleichzeitig mit dem Ereignis eintrifft und doch erst während des Schlafzustandes der nächsten Nacht – oder selbst im Wachleben erst nach einer Weile, während einer Pause der aktiven Geistestätigkeit – vom Bewußtsein wahrgenommen wird. Wir sind ja auch der Meinung, daß die Traumbildung nicht notwendigerweise erst mit dem Einsetzen des Schlafzustandes beginnt. Die latenten Traumgedanken mögen oft den ganzen Tag über vorbereitet worden sein, bis sie zur Nachtzeit den Anschluß an den unbewußten Wunsch finden, der sie zum Traum umbildet. Wenn das telepathische Phänomen aber nur eine Leistung des Unbewußten ist, dann liegt ja kein neues Problem vor. Die Anwendung der Gesetze des unbewußten Seelenlebens verstünde sich dann für die Telepathie von selbst.

Habe ich bei Ihnen den Eindruck erweckt, daß ich für die Realität der Telepathie im okkulten Sinne versteckt Partei nehmen will? Ich würde es sehr bedauern, daß es so schwer ist, solchen Eindruck zu vermeiden. Denn ich wollte wirklich voll unparteiisch sein. Ich habe auch allen Grund dazu, denn ich habe kein Urteil, ich weiß nichts darüber.

1922-02
Über einige neurotische Mechanismen bei Eifersucht, Paranoia und Homosexualität

Erstveröffentlichung:
Internationale Zeitschrift für ärztliche Psychoanalyse, 8. Jg. (1922), H. 3, S. 249–258.

Von Oktober bis Dezember 1920 hatte Freud George Young (1882–1959) in Behandlung. Young war temporär Sekretär an der britischen Botschaft in Wien und durch Ernest Jones an Freud vermittelt worden (Freud, 1993e, S. 394). Freud hatte bei ihm „unerwartet tief in den Mechanism[us] der Eifersuchtsparanoia einblicken können und manches neu gefunden, was prinzipiell wichtig scheint" (Freud, 1992g, Bd. III/1, S. 97).

Über einige neurotische Mechanismen bei Eifersucht, Paranoia und Homosexualität.

Von Sigm. Freud.

A) Die Eifersucht gehört zu den Affektzuständen, die man ähnlich wie die Trauer als normal bezeichnen darf. Wo sie im Charakter und Benehmen eines Menschen zu fehlen scheint, ist der Schluß gerechtfertigt, daß sie einer starken Verdrängung erlegen ist und darum im unbewußten Seelenleben eine um so größere Rolle spielt. Die Fälle von abnorm verstärkter Eifersucht, mit denen die Analyse zu tun bekommt, erweisen sich als dreifach geschichtet. Die drei Schichten oder Stufen der Eifersucht verdienen die Namen der 1. konkurrierenden oder normalen, 2. der projizierten, 3. der wahnhaften.

Über die normale Eifersucht ist analytisch wenig zu sagen.

Seine Einblicke las Freud im September 1921 den Mitgliedern des sogenannten „Geheimen Komitees" während einer gemeinsamen Harzreise vor (Wittenberger & Tögel, 2001a, S. 236f.). Er veröffentlichte sie ein knappes Jahr später.

Über einige neurotische Mechanismen bei Eifersucht, Paranoia und Homosexualität.

Von Sigm. Freud.

A) Die E i f e r s u c h t gehört zu den Affektzuständen, die man ähnlich wie die Trauer als normal bezeichnen darf. Wo sie im Charakter und Benehmen eines Menschen zu fehlen scheint, ist der Schluß gerechtfertigt, daß sie einer starken Verdrängung erlegen ist und darum im unbewußten Seelenleben eine um so größere Rolle spielt. Die Fälle von abnorm verstärkter Eifersucht, mit denen die Analyse zu tun bekommt, erweisen sich als dreifach geschichtet. Die drei Schichten oder Stufen der Eifersucht verdienen die Namen der 1. k o n k u r r i e r e n d e n oder normalen, 2. der p r o j i - z i e r t e n, 3. der w a h n h a f t e n.

Über die normale Eifersucht ist analytisch wenig zu sagen. Es ist leicht zu sehen, daß sie sich wesentlich zusammensetzt aus der Trauer, dem Schmerz um das verloren geglaubte Liebesobjekt, und der narzißtischen Kränkung, soweit sich diese vom anderen sondern läßt, ferner aus feindseligen Gefühlen gegen den bevorzugten Rivalen und aus einem mehr oder minder großen Beitrag von Selbstkritik, die das eigene Ich für den Liebesverlust verantwortlich machen will. Diese Eifersucht ist, wenn wir sie auch normal heißen, keineswegs durchaus rational, d. h. aus aktuellen Beziehungen entsprungen, den wirklichen Verhältnissen proportional und restlos vom bewußten Ich beherrscht, denn sie wurzelt tief im Unbewußten, setzt früheste Regungen der kindlichen Affektivität fort und stammt aus dem Ödipus- oder aus dem Geschwisterkomplex der ersten Sexualperiode. Es ist immerhin bemerkenswert, daß sie von manchen Personen bisexuell erlebt wird, das heißt beim Manne wird außer dem Schmerz um das geliebte Weib und dem Haß gegen den männlichen Rivalen auch Trauer um den **[250]** unbewußt geliebten Mann und Haß gegen das Weib als Rivalin bei ihm zur Verstärkung wirksam. Ich weiß auch von einem Manne, der sehr arg unter seinen Eifersuchtsanfällen litt und die nach seinen Angaben ärgsten Qualen in der bewußten Versetzung in das ungetreue Weib durchmachte. Die Empfindung der Hilflosigkeit, die er dann verspürte, die Bilder, die er für seinen Zustand fand, als ob er wie Prometheus dem Geierfraß preisgegeben oder gefesselt in ein Schlangennest geworfen worden wäre, bezog er selbst auf den Eindruck mehrerer homosexueller Angriffe, die er als Knabe erlebt hatte.

Die Eifersucht der zweiten Schicht oder die p r o j i z i e r t e, geht beim Manne wie beim Weibe aus der eigenen im Leben betätigten Untreue oder aus Antrieben zur Untreue hervor, die der Verdrängung verfallen sind. Es ist eine alltägliche Erfahrung, daß die Treue, zumal die in der Ehe geforderte, nur gegen beständige Versuchungen aufrecht erhalten werden kann. Wer dieselben in sich verleugnet, verspürt deren Andrängen doch so stark, daß er gerne einen unbewußten Mechanismus zu seiner Erleichterung in Anspruch nimmt. Eine solche Erleichterung, ja einen Freispruch vor seinem Gewissen, erreicht er, wenn er die eigenen Antriebe zur Untreue auf die andere Partei, welcher er die Treue schuldig ist, projiziert. Dieses starke Motiv kann sich dann des Wahrnehmungsmaterials bedienen, welches die gleichartigen unbewußten Regungen des anderen Teiles verrät, und könnte sich durch die Überlegung rechtfertigen, daß der Partner oder die Partnerin wahrscheinlich auch nicht viel besser ist, als man selbst[1].

Die gesellschaftlichen Sitten haben diesem allgemeinen Sachverhalt in kluger Weise Rechnung getragen, indem sie der Gefallsucht der verheirateten Frau und der Eroberungssucht des Ehemannes einen gewissen Spielraum gestatten in der Erwartung, die unabweisbare Neigung zur Untreue dadurch zu drainieren und unschädlich zu machen. Die Konvention setzt fest, daß beide Teile diese kleinen Schrittchen in der Richtung der Untreue einander nicht anzurechnen haben, und erreicht zumeist, daß die am fremden Objekt entzündete Begierde in einer gewissen Rückkehr zur Treue am eigenen

---

[1] Vergl. die Strophe im Lied der Desdemona:
I called him thou false one, what answered he then?
If I court more women, you will couch with more men.
(Ich nannt' ihn: Du Falscher. Was sagt er dazu?
Schau ich nach den Mägdlein, nach den Büblein schielst du.)

Objekt befriedigt wird. Der Eifersüchtige will aber diese konventionelle Toleranz nicht anerkennen, er glaubt nicht, **[251]** daß es ein Stillhalten oder Umkehren auf dem einmal betretenen Weg gibt, daß der gesellschaftliche „Flirt" auch eine Versicherung gegen wirkliche Untreue sein kann. In der Behandlung eines solchen Eifersüchtigen muß man es vermeiden, ihm das Material, auf das er sich stützt, zu bestreiten, man kann ihn nur zu einer anderen Einschätzung desselben bestimmen wollen.

Die durch solche Projektion entstandene Eifersucht hat zwar fast wahnhaften Charakter, sie widersteht aber nicht der analytischen Arbeit, welche die unbewußten Phantasien der eigenen Untreue aufdeckt. Schlimmer ist es mit der Eifersucht der dritten Schicht, der eigentlich w a h n h a f t e n. Auch diese geht aus verdrängten Untreuestrebungen hervor, aber die Objekte dieser Phantasien sind gleichgeschlechtlicher Art. Die wahnhafte Eifersucht entspricht einer vergorenen Homosexualität und behauptet mit Recht ihren Platz unter den klassischen Formen der Paranoia. Als Versuch zur Abwehr einer überstarken homosexuellen Regung wäre sie (beim Manne) durch die Formel zu umschreiben:

I c h liebe ihn ja nicht, s i e liebt ihn[2].

In einem Falle von Eifersuchtswahn wird man darauf vorbereitet sein, die Eifersucht aus allen drei Schichten zu finden, niemals die aus der dritten allein.

B) P a r a n o i a. Aus bekannten Gründen entziehen sich Fälle von Paranoia zumeist der analytischen Untersuchung. Indes konnte ich doch in letzter Zeit aus dem intensiven Studium zweier Paranoiker einiges, was mir neu war, entnehmen.

Der erste Fall betraf einen jugendlichen Mann mit voll ausgebildeter Eifersuchtsparanoia, deren Objekt seine tadellos getreue Frau war. Eine stürmische Periode, in der ihn der Wahn ohne Unterbrechung beherrscht hatte, lag bereits hinter ihm. Als ich ihn sah, produzierte er nur noch gut gesonderte Anfälle, die über mehrere Tage anhielten und interessanterweise regelmäßig am Tage nach einem, übrigens für beide Teile befriedigenden, Sexualakt auftraten. Es ist der Schluß berechtigt, daß jedesmal nach der Sät-

---

[2] Vergl. die Ausführungen zum Falle Schreber in „Sammlung kleiner Schriften", dritter Folge: Psychoanalytische Bemerkungen über einen autobiographisch beschriebenen Fall von Paranoia (Dementia paranoides).

tigung der heterosexuellen Libido die mitgereizte homosexuelle Komponente sich ihren Ausdruck im Eifersuchtsanfall erzwang.

Sein Material bezog der Anfall aus der Beobachtung der kleinsten Anzeichen, durch welche sich die völlig unbewußte Koketterie der Frau, einem anderen unmerklich, ihm verraten hatte. **[252]** Bald hatte sie den Herrn, der neben ihr saß, unabsichtlich mit ihrer Hand gestreift, bald ihr Gesicht zu sehr gegen ihn geneigt oder ein freundlicheres Lächeln aufgesetzt, als wenn sie mit ihrem Mann allein war. Für all diese Äußerungen ihres Unbewußten zeigte er eine außerordentliche Aufmerksamkeit und verstand sie immer richtig zu deuten, so daß er eigentlich immer Recht hatte und die Analyse noch zur Rechtfertigung seiner Eifersucht anrufen konnte. Eigentlich reduzierte sich seine Abnormität darauf, daß er das Unbewußte seiner Frau schärfer beobachtete und dann weit höher einschätzte, als einem anderen eingefallen wäre.

Wir erinnern uns daran, daß auch die verfolgten Paranoiker sich ganz ähnlich benehmen. Auch sie anerkennen bei Anderen nichts Indifferentes und verwerten in ihrem „Beziehungswahn" die kleinsten Anzeichen, die ihnen diese Anderen, Fremden geben. Der Sinn ihres Beziehungswahnes ist nämlich, daß sie von allen Fremden etwas wie Liebe erwarten; diese Anderen zeigen ihnen aber nichts dergleichen, sie lachen vor sich hin, fuchteln mit ihren Stöcken oder spucken sogar auf den Boden, wenn sie vorbeigehen, und das tut man wirklich nicht, wenn man an der Person, die in der Nähe ist, irgend ein freundliches Interesse nimmt. Man tut es nur dann, wenn einem diese Person ganz gleichgültig ist, wenn man sie als Luft behandeln kann, und der Paranoiker hat bei der Grundverwandtschaft der Begriffe „fremd" und „feindlich" nicht so unrecht, wenn er solche Indifferenz im Verhältnis zu seiner Liebesforderung als Feindseligkeit empfindet.

Es ahnt uns nun, daß wir das Verhalten des eifersüchtigen wie des verfolgten Paranoikers sehr ungenügend beschreiben, wenn wir sagen, sie projizieren nach außen auf Andere hin, was sie im eigenen Inneren nicht wahrnehmen wollen.

Gewiß tun sie das, aber sie projizieren sozusagen nicht ins Blaue hinaus, nicht dorthin, wo sich nichts Ähnliches findet, sondern sie lassen sich von ihrer Kenntnis des Unbewußten leiten und verschieben auf das Unbewußte der Anderen die Aufmerksamkeit, die sie dem eigenen Unbewußten entziehen. Unser Eifersüchtiger erkennt die Untreue seiner Frau an Stelle seiner eigenen; indem er die seiner Frau sich in riesiger Vergrößerung bewußt macht, gelingt es ihm, die eigene unbewußt zu erhalten. Wenn wir sein Beispiel für maßgebend erachten, dürfen wir schließen, daß auch die Feindseligkeit, die der Verfolgte bei Anderen findet, der Wiederschein der eigenen feindseligen Gefühle gegen diese Anderen ist. Da wir wissen, daß beim Paranoiker gerade die geliebteste Person des gleichen Geschlechts zum Verfolger wird, entsteht die Frage, **[253]** woher diese Affektumkehrung rührt, und die naheliegende Antwort wäre, daß die stets vorhandene Gefühlsambivalenz die Grundlage für den Haß abgibt und die Nichterfüllung der Liebesansprüche ihn verstärkt. So leistet die Gefühlsambivalenz dem Verfolgten denselben Dienst zur Abwehr der Homosexualität, wie unserem Patienten die Eifersucht.

Die Träume meines Eifersüchtigen bereiteten mir eine große Überraschung. Sie zeigten sich zwar nicht gleichzeitig mit dem Ausbruch des Anfalls, aber doch noch unter der Herrschaft des Wahns, waren vollkommen wahnfrei und ließen die zugrunde liegenden homosexuellen Regungen in nicht stärkerer Verkleidung als sonst gewöhnlich erkennen. Bei meiner geringen Erfahrung über die Träume von Paranoikern lag es mir damals nahe, allgemein anzunehmen, die Paranoia dringe nicht in den Traum.

Der Zustand der Homosexualität war bei diesem Patienten leicht zu überblicken. Er hatte keine Freundschaft und keine sozialen Interessen gebildet, man mußte den Eindruck bekommen, als ob erst der Wahn die weitere Entwicklung seiner Beziehungen zum Manne übernommen hätte, wie um ein Stück des Versäumten nachzuholen. Die geringe Bedeutung des Vaters in seiner Familie und ein beschämendes homosexuelles Trauma in frühen Knabenjahren hatten zusammengewirkt, um seine Homosexualität in die Verdrängung zu treiben und ihr den Weg zur Sublimierung zu verlegen. Seine ganze Jugendzeit war von einer starken Mutterbindung beherrscht. Unter vielen Söhnen war er der erklärte Liebling der Mutter und entwickelte auf sie bezüglich eine starke Eifersucht von normalem Typus. Als er später eine Ehewahl traf, wesentlich unter der Herrschaft des Motivs, die Mutter reich zu machen, äußerte sich sein Bedürfnis nach einer virginalen Mutter in zwanghaften Zweifeln an der Virginität seiner Braut. Die ersten Jahre seiner Ehe waren von Eifersucht frei. Er wurde dann seiner Frau untreu und ging ein langdauerndes Verhältnis mit einer anderen ein. Erst als er diese Liebesbeziehung, durch einen bestimmten Verdacht geschreckt, aufgegeben hatte, brach bei ihm eine Eifersucht vom zweiten, vom Projektionstypus, los, mit welcher er die Vorwürfe wegen seiner Untreue beschwichtigen konnte. Sie komplizierte sich bald durch das Hinzutreten der homosexuellen Regungen, deren Objekt der Schwiegervater war, zur vollen Eifersuchtsparanoia.

Mein zweiter Fall wäre wahrscheinlich ohne Analyse nicht als Paranoia persecutoria klassifiziert worden, aber ich mußte den jungen Mann als einen Kandidaten für diesen Krankheitsausgang **[254]** auffassen. Es bestand bei ihm eine Ambivalenz im Verhältnis zum Vater von ganz außerordentlicher Spannweite. Er war einerseits der ausgesprochenste Rebell, der sich manifest in allen Stücken von den Wünschen und Idealen des Vaters weg entwickelt hatte, andererseits in tieferer Schicht noch immer der unterwürfigste Sohn, der nach dem Tode des Vaters sich in zärtlichem Schuldbewußtsein den Genuß des Weibes versagte. Seine realen Beziehungen zu Männern standen offenbar unter dem Zeichen des Mißtrauens; mit seinem starken Intellekte wußte er diese Einstellung zu rationalisieren und verstand es so einzurichten, daß er von Bekannten und Freunden betrogen und ausgebeutet wurde. Was ich Neues an ihm lernte, war, daß klassische Verfolgungsgedanken vorhanden sein können, ohne Glauben und Anwert zu finden. Sie blitzten während seiner Analyse gelegentlich auf, aber er legte ihnen keine Bedeutung bei und bespöttelte sie regelmäßig. Dies mag in vielen Fällen von Paranoia ähnlich vorkommen, und wenn eine solche Erkrankung losbricht, halten wir vielleicht die geäußerten Wahnideen für Neuproduktionen, während sie längst bestanden haben mögen.

Es scheint mir eine wichtige Einsicht, daß ein qualitatives Moment, das Vorhandensein gewisser neurotischer Bildungen, praktisch weniger bedeutet als das quantitative Moment, welchen Grad von Aufmerksamkeit, richtiger, welches Maß von Besetzung diese Gebilde an sich ziehen können. Die Erörterung unseres ersten Falles, der Eifersuchtsparanoia, hatte uns zur gleichen Wertschätzung des quantitativen Moments aufgefordert, indem sie uns zeigte, daß dort die Abnormität wesentlich in der Überbesetzung der Deutungen des fremden Unbewußten bestand. Aus der Analyse der Hysterie kennen wir längst eine analoge Tatsache. Die pathogenen Phantasien, Abkömmlinge verdrängter Triebregungen, werden lange Zeit neben dem normalen Seelenleben geduldet und wirken nicht eher pathogen, als bis sie aus einem Umschwung der Libidoökonomie eine Überbesetzung erhalten; erst dann bricht der Konflikt los, der zur Symptombildung führt. Wir werden so im Fortschritt unserer Erkenntnis immer mehr dazu gedrängt, den ö k o - n o m i s c h e n Gesichtspunkt in den Vordergrund zu rücken. Ich möchte auch die Frage aufwerfen, ob das hier betonte quantitative Moment nicht hinreicht, um die Phänomene zu decken, für die B l e u l e r und andere neuerdings den Begriff der „Schaltung" einführen wollen. Man müßte nur annehmen, daß eine Widerstandssteigerung in einer Richtung des psychischen Ablaufs eine Überbesetzung eines anderen Weges und damit die Einschaltung desselben in den Ablauf zur Folge hat.

[255] Ein lehrreicher Gegensatz zeigte sich bei meinen zwei Fällen von Paranoia im Verhalten der Träume. Während im ersten Fall die Träume, wie erwähnt, wahnfrei waren, produzierte der andere Patient in großer Zahl Verfolgungsträume, die man als Vorläufer oder Ersatzbildungen für die Wahnideen gleichen Inhalts ansehen kann. Das Verfolgende, dem er sich nur mit großer Angst entziehen konnte, war in der Regel ein starker Stier oder ein anderes Symbol der Männlichkeit, das er manchmal noch im Traum selbst als Vatervertretung erkannte. Einmal berichtete er einen sehr charakteristischen paranoischen Übertragungstraum. Er sah, daß ich mich in seiner Gegenwart rasierte, und merkte am Geruche, daß ich dabei dieselbe Seife wie sein Vater gebrauchte. Das tat ich, um ihn zur Vaterübertragung auf meine Person zu nötigen. In der Wahl der geträumten Situation erwies sich unverkennbar die Geringschätzung des Patienten für seine paranoischen Phantasien und sein Unglaube gegen sie, denn der tägliche Augenschein konnte ihn belehren, daß ich überhaupt nicht in die Lage komme, mich einer Rasierseife zu bedienen und also in diesem Punkte der Vaterübertragung keinen Anhalt biete.

Der Vergleich der Träume bei unseren beiden Patienten belehrt uns aber, daß unsere Fragestellung, ob die Paranoia (oder eine andere Psychoneurose) auch in den Traum dringen könne, nur auf einer unrichtigen Auffassung des Traumes beruht. Der Traum unterscheidet sich vom Wachdenken darin, daß er Inhalte (aus dem Bereich des Verdrängten) aufnehmen kann, die im Wachdenken nicht vorkommen dürfen. Davon abgesehen ist er nur eine F o r m d e s D e n k e n s, eine Umformung des vorbewußten Denkstoffes durch die Traumarbeit und ihre Bedingungen. Auf das Verdrängte ist unsere Terminologie der Neurosen nicht anwendbar, es kann weder hysterisch, noch zwangsneurotisch, noch paranoisch genannt werden. Dagegen kann der andere Anteil des Stoffes, welcher der Traumbildung unterliegt, die vorbewuß-ten Gedanken, normal sein oder den Charakter irgend einer Neurose an sich tragen. Die vorbewußten Gedanken mögen Ergebnisse all jener pathogenen Prozesse sein, in denen wir das Wesen einer Neurose erkennen. Es ist nicht einzusehen, warum nicht jede solche krankhafte Idee die Umformung in einen Traum erfahren sollte. Ein Traum kann also ohne weiteres einer hysterischen Phantasie, einer Zwangsvorstellung, einer Wahnidee entsprechen, d. h. bei seiner Deutung eine solche ergeben. In unserer Beobachtung an zwei Paranoikern finden wir, daß der Traum des einen normal ist, während sich der Mann im Anfall befindet, und daß der des anderen [256] einen paranoischen Inhalt hat, während der Mann noch über seine Wahnideen spottet. Der Traum hat also in beiden Fällen aufgenommen, was im Wachleben derzeit zurückgedrängt war. Aber auch das braucht nicht die Regel zu sein.

C) H o m o s e x u a l i t ä t. Die Anerkennung des organischen Faktors der Homosexualität überhebt uns nicht der Verpflichtung, die psychischen Vorgänge bei ihrer Entstehung zu studieren. Der typische, bereits bei einer Unzahl von Fällen festgestellte Vorgang besteht darin, daß der bis dahin intensiv an die Mutter fixierte junge Mann einige Jahre nach abgelaufener Pubertät eine Wendung vornimmt, sich selbst mit der Mutter identifiziert und nach Liebesobjekten ausschaut, in denen er sich selbst wiederfinden kann, die er dann lieben möchte, wie die Mutter ihn geliebt hat. Als Merkzeichen dieses Prozesses stellt sich gewöhnlich für viele Jahre die Liebesbedingung her, daß die männlichen Objekte das Alter haben müssen, in dem bei ihm die Umwandlung erfolgt ist. Wir haben verschiedene Faktoren kennen gelernt, die wahrscheinlich in wechselnder Stärke zu diesem Ergebnis beitragen. Zunächst die Mutterfixierung, die den Übergang zu einem anderen Weibobjekt erschwert. Die Identifizierung mit der Mutter ist ein Ausgang dieser Objektbindung und ermöglicht es gleichzeitig, diesem ersten Objekt in gewissem Sinne treu zu bleiben. Sodann die Neigung zur narzißtischen Objektwahl, die im allgemeinen näher liegt und leichter auszuführen ist, als die Wendung zum anderen Geschlecht. Hinter diesem Moment verbirgt sich ein anderes von ganz besonderer Stärke oder es fällt vielleicht mit ihm zusammen: die Hochschätzung des männlichen Organs und die Unfähigkeit, auf dessen Vorhandensein beim Liebesobjekt zu verzichten. Die Geringschätzung des Weibes, die Abneigung gegen dasselbe, ja der Abscheu vor ihm, leiten sich in der Regel von der früh gemachten Entdeckung ab, daß das Weib keinen Penis besitzt. Später haben wir noch als mächtiges Motiv für die homosexuelle Objektwahl die Rücksicht auf den Vater oder die Angst vor ihm kennen gelernt, da der Verzicht auf das Weib die Bedeutung hat, daß man der Konkurrenz mit ihm (oder allen männlichen Personen, die für ihn eintreten) ausweicht. Die beiden letzten Motive, das Festhalten an der Penisbedingung sowie das Ausweichen, können dem Kastrationskomplex zugezählt werden. Mutterbindung – Narzißmus – Kastrationsangst, diese übrigens in keiner Weise spezifischen Momente hatten wir bisher in der psychischen Ätiologie der Homosexualität aufgefunden, und zu ihnen gesellten sich noch der Einfluß der Verführung, welche eine frühzeitige Fixierung der [257] Libido verschuldet, sowie der des organischen Faktors, der die passive Rolle im Liebesleben begünstigt.

Wir haben aber niemals geglaubt, daß diese Analyse der Entstehung der Homosexualität vollständig ist. Ich kann heute auf einen neuen Mechanismus hinweisen, der zur homosexuellen Objektwahl führt, wenngleich ich nicht angeben kann, wie groß seine Rolle bei der Gestaltung der extremen, der manifesten und ausschließlichen Homosexualität anzuschlagen ist. Die Beobachtung machte mich auf mehrere Fälle aufmerksam, bei denen in früher Kindheit besonders starke eifersüchtige Regungen aus dem Mutterkomplex gegen Rivalen, meist ältere Brüder, aufgetreten waren. Diese Eifersucht führte zu intensiv feindseligen und aggressiven Einstellungen gegen die Geschwister, die sich bis zum Todeswunsch steigern konnten, aber der Entwicklung nicht standhielten. Unter den Einflüssen der Erziehung, gewiß auch infolge der anhaltenden Ohnmacht dieser Regungen, kam es zur Verdrängung derselben und zu einer Gefühlsumwandlung, so daß die früheren Rivalen nun die ersten homosexuellen Liebesobjekte wurden. Ein solcher Ausgang der Mutterbindung zeigt mehrfache interessante Beziehungen zu anderen uns bekannten Prozessen. Er ist zunächst das volle Gegenstück zur Entwicklung der Paranoia persecutoria, bei welcher die zuerst geliebten Personen zu den gehaßten Verfolgern werden, während hier die gehaßten Rivalen sich in Liebesobjekte umwandeln. Er stellt sich ferner als eine Übertreibung des Vorgangs dar, welcher nach meiner Anschauung zur individuellen Genese der sozialen Triebe führt[3]. Hier wie dort sind zunächst eifersüchtige und

---

[3] Siehe Massenpsychologie und Ich-Analyse, 1921.

feindselige Regungen vorhanden, die es nicht zur Befriedigung bringen können, und die zärtlichen wie die sozialen Identifizierungsgefühle entstehen als
Reaktionsbildungen gegen die verdrängten Aggressionsimpulse.

Dieser neue Mechanismus der homosexuellen Objektwahl, die Entstehung aus überwundener Rivalität und verdrängter Aggressionsneigung,
mengt sich in manchen Fällen den uns bekannten typischen Bedingungen
bei. Man erfährt nicht selten aus der Lebensgeschichte Homosexueller, daß
ihre Wendung eintrat, nachdem die Mutter einen anderen Knaben gelobt und
als Vorbild angepriesen hatte. Dadurch wurde die Tendenz zur narzißtischen
Objektwahl gereizt, und nach einer kurzen Phase scharfer Eifersucht war der
Rivale zum Liebesobjekt geworden. Sonst aber sondert sich der neue Mechanismus dadurch ab, daß bei ihm die **[258]** Umwandlung in viel früheren
Jahren vor sich geht und die Mutteridentifizierung in den Hintergrund tritt.
Auch führte er in den von mir beobachteten Fällen nur zu homosexuellen
Einstellungen, welche die Heterosexualität nicht ausschlossen und keinen
horror feminae mit sich brachten.

Es ist bekannt, daß eine ziemliche Anzahl homosexueller Personen sich
durch besondere Entwicklung der sozialen Triebregungen und durch Hingabe an gemeinnützige Interessen auszeichnet. Man wäre versucht, dafür die
theoretische Erklärung zu geben, daß ein Mann, der in anderen Männern
mögliche Liebesobjekte sieht, sich gegen die Gemeinschaft der Männer anders benehmen muß, als ein anderer, der genötigt ist, im Mann zunächst den
Rivalen beim Weibe zu erblicken. Dem steht nur die Erwägung entgegen, daß
es auch bei homosexueller Liebe Eifersucht und Rivalität gibt, und daß die
Gemeinschaft der Männer auch diese möglichen Rivalen umschließt. Aber
auch, wenn man von dieser spekulativen Begründung absieht, kann die Tatsache für den Zusammenhang von Homosexualität und sozialem Empfinden
nicht gleichgültig sein, daß die homosexuelle Objektwahl nicht selten aus
frühzeitiger Überwindung der Rivalität mit dem Manne hervorgeht.

In der psychoanalytischen Betrachtung sind wir gewöhnt die sozialen Ge-
fühle als Sublimierungen homosexueller Objekteinstellungen aufzufassen.
Bei den sozial gesinnten Homosexuellen wäre die Ablösung der sozialen
Gefühle von der Objektwahl nicht voll geglückt.

1922-03
Nachschrift zur Analyse des kleinen Hans

Erstveröffentlichung:
Internationale Zeitschrift für ärztliche Psychoanalyse, 8. Jg. (1922), H. 3,
S. 321.

1909 hatte Freud die Krankengeschichte Herbert Grafs unter dem Pseu-
donym „kleiner Hans" veröffentlicht (SFG 11, 1909-02). Der inzwischen
19-jährige junge Mann hatte Freud im April 1922 besucht. Seine Eindrücke
von diesem Besuch und das weitere Ergehen Herbert Grafs schildert Freud
in seiner „Nachschrift".

Klinische Beiträge.

Nachschrift zur Analyse des kleinen Hans.

Von Sigm. Freud.

Vor einigen Monaten — im Frühjahr des Jahres 1922 — stellte sich
mir ein junger Mann vor und erklärte, er sei der „kleine Hans", über dessen
kindliche Neurose ich im Jahre 1909 berichtet hatte[1]. Ich war sehr froh, ihn
wiederzusehen, denn er war mir etwa zwei Jahre nach Abschluß seiner Analyse
aus den Augen geraten und ich hatte seit länger als einem Jahrzehnt nichts
von seinen Schicksalen erfahren. Die Veröffentlichung dieser ersten Analyse
an einem Kinde hatte viel Aufsehen und noch mehr Entrüstung hervorgerufen
und dem armen Jungen war großes Unheil prophezeit worden, weil er in so
zartem Alter „entharmlost" und zum Opfer einer Psychoanalyse gemacht
worden war.

Nachschrift zur Analyse des kleinen Hans.

Von Sigm. Freud.

Vor einigen Monaten – im Frühjahr des Jahres 1922 – stellte sich mir ein junger Mann vor und erklärte, er sei der „kleine Hans", über dessen kindliche Neurose ich im Jahre 1909 berichtet hatte[1]. Ich war sehr froh, ihn wiederzusehen, denn er war mir etwa zwei Jahre nach Abschluß seiner Analyse aus den Augen geraten und ich hatte seit länger als einem Jahrzehnt nichts von seinen Schicksalen erfahren. Die Veröffentlichung dieser ersten Analyse an einem Kinde hatte viel Aufsehen und noch mehr Entrüstung hervorgerufen und dem armen Jungen war großes Unheil prophezeit worden, weil er in so zartem Alter „entharmlost" und zum Opfer einer Psychoanalyse gemacht worden war.

Nichts von all diesen Befürchtungen ist aber eingetroffen. Der kleine Hans war jetzt ein stattlicher Jüngling von 19 Jahren. Er behauptete, sich durchaus wohl zu befinden und an keinerlei Beschwerden oder Hemmungen zu leiden. Er war nicht nur ohne Schädigung durch die Pubertät gegangen, sondern hatte auch eine der schwersten Belastungsproben für sein Gefühlsleben gut bestanden. Seine Eltern hatten sich voneinander geschieden und jeder Teil eine neue Ehe geschlossen. Er lebe infolgedessen allein, stehe aber mit beiden Eltern gut und bedaure nur, daß er durch die Auflösung der Familie von seiner lieben jüngeren Schwester getrennt worden sei.

Eine Mitteilung des kleinen Hans war mir besonders merkwürdig. Ich getraue mich auch nicht, eine Erklärung für sie zu geben. Als er seine Kran-

---

[1] Analyse der Phobie eines 5-jährigen Knaben. Jahrbuch der Psychoanalyse, Bd. I, 1909.

kengeschichte las, erzählte er, sei ihm alles fremd vorgekommen, er erkannte sich nicht, konnte sich an nichts erinnern, und nur als er auf die Reise nach Gmunden stieß, dämmerte ihm etwas wie ein Schimmer von Erinnerung auf, das könne er selbst gewesen sein. Die Analyse halte also die Begebenheit nicht vor der Amnesie bewahrt, sondern war selbst der Amnesie verfallen. Ähnlich ergeht es dem mit der Psychoanalyse Vertrauten manchmal im Schlafe. Er wird durch einen Traum geweckt, beschließt ihn ohne Aufschub zu analysieren, schläft, mit dem Ergebnis seiner Bemühung zufrieden, wieder ein und am nächsten Morgen sind Traum und Analyse vergessen.

1922-04
Preisausschreibung

Erstveröffentlichung:
Internationale Zeitschrift für ärztliche Psychoanalyse, 8. Jg. (1922), H. 4, S. 527.

Der 1919 zum ersten Mal verliehene Preis[1] für die beste Arbeit zur ärztlichen Psychoanalyse sollte dieses Mal – so hatte es Freud auf dem VII. Internationalen Psychoanalytischen Kongress in Berlin am 26. September 1921 mitgeteilt – der besten Arbeit über ein von ihm gestelltes Thema zuerkannt

---

Preisausschreibung.

Auf dem VII. Internationalen Psychoanalytischen Kongreß zu Berlin wurde von dem Unterzeichneten das Thema: **Verhältnis der analytischen Technik zur analytischen Theorie** als Preisaufgabe hingestellt.

Es soll untersucht werden, inwiefern die Technik die Theorie beeinflußt hat und inwieweit die beiden einander gegenwärtig fördern oder behindern.

Arbeiten, welche dieses Thema behandeln, mögen bis zum 1. Mai 1923 an die Adresse des Unterzeichneten geschickt werden. Sie sollen gut lesbar getypt und mit einer Aufschrift oder Motto versehen sein, während ein begleitendes Kuvert den Namen des Autors enthält. Die Sprache der Abfassung sei Deutsch oder Englisch.

In der Beurteilung der eingesandten Arbeiten werden Dr. K. Abraham und Dr. M. Eitingon den Unterzeichneten unterstützen.

Der Preis beträgt 20.000 Mark vom Wert der Kongreßzeit.

Wien, IX., Berggasse 19.   Freud.

---

[1] SFG 16, 1919-03.

werden. Es solle nämlich „untersucht werden, inwiefern die Technik die Theorie beeinflußt hat, inwieweit die beiden einander heute fördern oder behindern."[2]

Das Preisgeld wurde wegen der Inflation auf 20.000 Mark erhöht, aber war nur noch ca. 5$ wert.

---

[2] *Internationale Zeitschrift für ärztliche Psychoanalyse*, 8. Jg. H. 5, S. 503.

Preisausschreibung.

Auf dem VII. Internationalen Psychoanalytischen Kongreß zu Berlin wurde von dem Unterzeichneten das Thema: V e r h ä l t n i s d e r a n a l y - t i s c h e n T e c h n i k z u r a n a l y t i s c h e n T h e o r i e als Preisaufgabe hingestellt.

Es soll untersucht werden, inwiefern die Technik die Theorie beeinflußt hat und inwieweit die beiden einander gegenwärtig fördern oder behindern.

Arbeiten, welche dieses Thema behandeln, mögen bis zum 1. M a i 1923 an die Adresse des Unterzeichneten geschickt werden. Sie sollen gut lesbar getypt und mit einer Aufschrift oder Motto versehen sein, während ein begleitendes Kuvert den Namen des Autors enthält. Die Sprache der Abfassung sei Deutsch oder Englisch.

In der Beurteilung der eingesandten Arbeiten werden Dr. K. Abraham und Dr. M. Eitingon den Unterzeichneten unterstützen.

Der Preis beträgt 20.000 Mark vom Wert der Kongreßzeit.

Wien, IX., Berggasse 19.
Freud.

1922-05
Préface zu Saussure:
La méthode psychanalytique

Erstveröffentlichung:
Saussure, Raymond de (1922): *La méthode psychanalytique* (S. I-II). Lausanne/Genf: Librairie Payot.

Raymond de Saussure (1894–1971) war ein Schweizer Psychiater und Psychoanalytiker. Sein Vater war Ferdinand de Saussure (1857–1913), der Begründer der strukturalen Linguistik (Roudinesco & Plon, 2004, S. 980f.).

Freud lernte er auf dem Kongress in Den Haag im September 1920 kennen, und wenige Wochen später begann er eine etwa sechs Monate während Analyse bei Freud. Anschließend widmete er sich seiner Dissertation, die er 1922 an der Universität Genf verteidigte. Sie erschien als Buch unter dem Titel *La méthode psychanalytique* und Freud schrieb ein Vorwort dazu.

Abb. 2: Raymond de Saussure (ca. 1930)

Préface

C'est avec un grand plaisir que je puis déclarer au public que le présent travail du Dr de Saussure est une oeuvre de valeur et de mérite. Cet ouvrage est fait pour donner aux lecteurs français une idée juste de ce qu'est la psychanalyse et de ce qu'elle contient.

Le Dr de Saussure n'a pas seulement consciencieusement étudié mes oeuvres, mais encore il a fait le sacrifice de venir chez moi, pour se soumettre à une analyse, durant plusieurs mois. Cela lui a permis de se faire une opinion personnelle sur la plupart des questions encore flottantes de la psychanalyse. Grâce à cela, il a également pu éviter les multiples erreurs et les nombreux à-peu-près que l'on est habitué à trouver dans les exposés français et allemands de la psychanalyse. Il n'a pas omis non plus de contredire certaines affirmations fausses ou négligentes que divers auteurs répètent de l'un à l'autre, ainsi, par exemple, que tous les rêves auraient une signification sexuelle, ou que la seule force vive de notre psychisme serait, selon moi, la libido sexuelle.

Etant donné que le Dr de Saussure dit dans sa préface que j'ai corrigé son travail, je dois ajouter une restriction; c'est que mon influence ne s'est fait sentir que par quelques rectifications ou quelques remarques, mais qu'en aucune manière je n'ai cherché à modifier le point de vue de l'auteur.

Dans la première partie théorique de cet ouvrage, j'aurais [II] exposé certains sujets un peu différemment de lui, notamment ce difficile chapitre sur l'inconscient et le préconscient. Et avant tout, j'aurais donné un développement plus important au complexe d'Oedipe.

Le beau rêve que le Dr Odier a mis à la disposition de l'auteur peut aussi donner aux laïques une idée de la richesse des associations et du rapport qu'il y a entre le contenu manifeste de l'image onirique et les idées latentes sous-jacentes. Il démontre bien la signification que peut avoir l'analyse d'un tel rêve pour le traitement du malade.

Enfin, les remarques que l'auteur fait sur la technique de la psychanalyse sont excellentes. Elles sont exactes et, malgré leur concision, elles ne laissent de côté rien d'essentiel. Elles sont un témoignage éclatant de la compréhension très fine dont a fait preuve l'auteur. Le lecteur ne devra cependant pas se représenter que la seule connaissance de ces règles de technique serait suffisante pour entreprendre une analyse.

Aujourd'hui, la psychanalyse commence à éveiller dans une plus large mesure l'intérêt des professionnels et des laïques de France, mais elle ne trouvera certainement pas, dans ces milieux, moins de résistance qu'elle n'en a rencontré jusqu'ici dans d'autres pays.

Puisse le livre du Dr de Saussure apporter une importante contribution à l'éclaircissement des discussions précitées.

Freud.
Vienne, février 1922.

1922-06
Etwas vom Unbewußten

Erstveröffentlichung:
Internationale Zeitschrift für ärztliche Psychoanalyse, 8. Jg. (1922), H. 5,
S. 486.

Vom 25. bis 27. September 1922 fand in Berlin der VII. Internationale
Psychoanalytische Kongress statt. Tagungsort war das 1908–1910 durch
den jüdischen Brüderverein errichtete Vereinshaus in der Kurfürstenstraße
115/116[1].

Abb. 3:
*Das Brüdervereinshaus
in der Kurfürstenstraße*

---

[1] Während des Zweiten Weltkriegs befand sich in diesem Gebäude das von Adolf
Eichmann geleitete „Judenreferat" IV B 4. Es war eine Gestapo-Abteilung des Reichssi-
cherheitshauptamts und zuständig für die Vertreibung und Umsiedlung der Juden – die
sogenannte „Endlösung". Das Gebäude wurde 1961 abgerissen.

Am Vormittag des 26. September hielt Freud seinen Vortrag zum Thema „Etwas zum Unbewußten". Darin kündigte er das Erscheinen seines Buches *Das Ich und das Es* an.[2]

---

[2] 1922-06 in diesem Band.

Prof. Dr. S. F r e u d, Wien:
Etwas vom Unbewußten.

Der Vortragende wiederholt die bekannte Entwicklungsgeschichte des Begriffes „Unbewußt" in der Psychoanalyse. Unbewußt ist zunächst ein bloß deskriptiver Terminus, der dann das zeitweilig Latente einschließt. Die dynamische Auffassung des Verdrängungsvorganges nötigt aber dazu, dem Unbewußten einen systematischen Sinn zu geben, so daß das Unbewußte dem Verdrängten gleichzustellen ist. Das Latente, nur zeitweise Unbewußte erhält den Namen Vorbewußtes und rückt systematisch in die Nähe des Bewußten. Die zweifache Bedeutung des Namens „Unbewußt" hat gewisse nicht bedeutsame und schwer zu vermeidende Nachteile mit sich gebracht. Es zeigt sich aber, daß es nicht durchführbar ist, das Verdrängte mit dem Unbewußten, das Ich mit dem Vorbewußten und Bewußten zusammenfallen zu lassen. Der Vortragende erörtert die beiden Tatsachen, welche beweisen, daß es auch im Ich ein Unbewußtes gibt, das sich dynamisch wie das verdrängte Unbewußte benimmt, nämlich den vom Ich ausgehenden Widerstand in der Analyse und das unbewußte Schuldgefühl. Er teilt mit, daß er in einer demnächst erscheinenden Arbeit „D a s   I c h   u n d   d a s   E s" den Versuch unternommen hat, den Einfluß zu würdigen, den diese neuen Einsichten auf die Auffassung des Unbewußten haben müssen.

1922-07
An die Künstler
und Intellektuellen Oesterreichs

Erstveröffentlichung:
Neue Freie Presse, 3. Februar 1922, S. 5.

Im August 1921 hatte sich die „Künstlerhilfe für die Hungernden in Rußland" konstituiert. Zum geschäftsführenden Ausschuss gehörten George
Grosz, Wieland Herzfelde, Käthe Kollwitz und Arthur Holitscher. Sekretär
war Erwin Piscator. Zum Komitee der „Künstlerhilfe" gehörten u. a. Sigmund
Freud, Hermann Bahr, Ernst Hegenbarth, Felix Salten, Arthur Schnitzler, Julius Tandler und Anton Wildgans. Die Gesellschaft der Freude wurde durch
Fridtjof Nansen geleitet.

Geld wurde durch unterschiedlichste Aktivitäten gesammelt: Es wurden Verkaufsausstellungen von Bildern, Plastiken, Autogrammen veranstaltet, Theaterkarten wurden über das Komitee der Künstlerhilfe verkauft. Karl Kraus hielt z. B. mehrere Vorlesungen im Festsaal des Niederösterreichischen Gewerbevereins, deren voller Ertrag der „Österreichischen Künstlerhilfe für die Hungernden in Rußland" zugutekam.

Am 3. Februar 1922 veröffentlichte die *Neue Freie Presse* den Aufruf, in dem es nach einer erschütternden Beschreibung der Situation heißt: „Russland, das uns Dostojewski und Tolstoi, Gogol und Tschechow gab, die Dichter des Mitleids und der Güte, erwartet von Europa einen kleinen Beweis jener Menschenliebe, die seine Großen predigen."

An die Künstler
und Intellektuellen Oesterreichs

Immer entsetzlicher lauten die Nachrichten aus den Hungergebieten Rußlands. Dreißig Millionen Menschen sind, laut den erschütternden Berichten Nansens, dem Hungertode preisgegeben. Hunger, Kälte, Seuchen wüten unter den Opfern der europäischen Katastrophe. Die Leichen bleiben auf den Friedhöfen unbestattet, so viele sind ihrer. Frauen und Kinder vor allem brechen auf den Straßen tot zusammen, vor Erschöpfung und Krankheit.

Rußland, das uns Dostojewski und Tolstoi, Gogol und Tschechow gab, die Dichter des Mitleides und der Güte, erwartet von Europa einen kleinen Beweis jener Menschenliebe, wie seine Großen predigen:

Nur Brot!

Die Arbeiter haben sich schon zu mächtigen Organisationen vereint, um den Hungernden zu helfen. Aber der Ruf ergeht an alle, die guten Willens sind!

Auch an die Künstler! Wer hat größere Verpflichtungen gegen die notleidende Menschheit als der Künstler, dessen immanente Mission es ist, das Leid der Menschheit am schmerzlichsten zu empfinden und zugleich seine Gaben allen mitzuteilen.

Wie in den anderen Hauptstädten Europas, in Paris, London, Berlin, hat sich auch in W i e n ein K o m i t e e „K ü n s t l e r h i l f e“ f ü r d i e H u n g e r n d e n i n R u ß l a n d gebildet. Es fordert alle geistigen Arbeiter, Künstler und Gelehrten Oesterreichs auf, den Hungernden in Rußland mit Wort und Werk zu helfen.

Stiftet für die vom Komitee geplante Verkaufsausstellung Bilder, Handzeichnungen, Graphik, Plastiken, kunstgewerbliche Arbeiten, Bücher mit Autogrammen der Verfasser, handschriftliche Manuskripte. Stiftet Tantiemen von Aufführungen eurer Bühnen- und Opernwerke. Jeder, der aufgefordert wird, wirke mit bei Veranstaltungen in Theatern, Konzerten, Vorlesungen, deren Erträgnis den Hungernden in Rußland (durch Fritjoff Nansen und die Gesellschaft der Freunde) zugeführt werden soll.

Wir erwarten, daß sich alle Künstler an dem Werk zur Rettung der russischen Menschheit, jeder in seinem Gebiet, mit seinen Fähigkeiten und allen Kräften beteiligen werden.

Das Komitee „Künstlerhilfe" für die Hungernden in Rußland.

Dem Komitee gehören unter anderen an: Bürgermeister R e u m a n n, Hermann B a h r, Leonhard F r a n k, Professor F r e u d, Vorstand der Delegation der bildenden Künstler Wiens, Ernst H e g e n b a r t h, Hofrat L e i s c h i n g, Alexander M o i s s i, Ida R o l a n d, Felix S a l t e n, Arthur Schnitzler, Professor T a n d l e r, Direktor W i l d g a n s, Eugenie S c h w a r z w a l d.

Spenden und Anfragen: Hofburg, Michaelertor, Feststiege, Telephon 6226. Sprechstunde von 3–5 Uhr.

1922-08
Antwort auf eine Europa-Umfrage der Zeitschrift *Túz*: Was wird aus Europa?

Erstveröffentlichung:
Túz, 22. Oktober 1922, S. 3, Sp. 1.[1]

Túz (Feuer) war eine literarisch-wissenschaftliche Wochenzeitung für Ungarn im Ausland, die von 1912 bis 1923 erschien – zuerst in Bratislava, dann in Wien.

Sie hatte sich mit folgenden Fragen an europäische Intellektuelle gewandt, darunter neben Freud auch Max Brod, Theodore Dreiser, John Galsworthy, Hermann Hesse, Martin Andersen Nexø, Bertrand Russell und Upton Sinclair:

„1. Glauben Sie an den weiteren Bestand und an eine hoffnungverheißende Entwicklung der gegenwärtigen europäischen Kultur?

2. Falls Sie diese Frage verneinen: Wie stellen Sie sich den aus dem Chaos hinausführenden Zukunftsweg der Menschheit vor?

3. Worin erblicken Sie die Aufgabe der führenden Geister in dieser geschichtlichen Krisis?"

---

[1] Ich danke Ferenc Erös † für die Überlassung eines Scans des Artikels.

Igen tisztelt Szerkesztöseg![1]

Köszönöm megisztisztelö felszólitásukat. Sajnos, sorsdöntö kérdéseik egyikére sem tudok választ. A jövöre vonatkozó várakozásaim hangulatommal ingadoznak. Egy mások számára érdekes itélethez hiányzik minden anyagom. Magam is örülnék, ha valaki felvilágositana e problémákrö!

Kiváló tisztelettel[2]
FREUD (Wien)

[Mehrere europäische Tageszeitungen veröffentlichen eine deutsche Fassung der Umfrage und Freuds Antwort, darunter die Abendausgabe der *Frankfurter Zeitung* vom 2. November 1922 auf Seite 1 und das *Luxemburger Wort für Wahrheit und Recht* vom 8. November 1922 auf Seite 2]:

Leider weiß ich auf keine Ihrer Schicksalsfragen Antwort zu geben. Meine Zukunftserwartungen schwanken mit meiner Stimmung. Zu einem für andere interessanten Urteil fehlt mir alles Material. Ich wäre selbst sehr froh, wenn mich jemand über diese Probleme belehren würde.

---

[1] Übersetzung: Geehrter Herausgeber!
[2] Übersetzung: Hochachtungsvoll

1922-09
Freud, Sigmund
[autobiografischer Artikel]

Erstveröffentlichung:
Who's who, 1922. An annual biographical dictionary with which is incorporated men and women of the time. London: A. & C. Black Ltd.

Am 29. Dezember 1921 schrieb Freuds Neffe Sam als P. S. in einem Brief an seinen Onkel: „Hearty congratulations on your appearance in ,Who's Who'."[1]

Der Eintrag erschien in der Ausgabe von 1922. Sie enthält einen Fehler: Für die *Vorlesungen zur Einführung in die Psychoanalyse* wird als Erscheinungsjahr 1911 angegeben. Ein scheinbar zweiter Fehler findet sich im Titel der *Massenpsychologie*, dort heißt es anstatt „Ich-Analyse" „Analyse

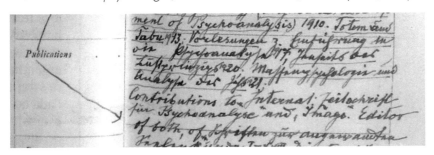

Abb. 4: Auszug aus dem von Freud beantworteten Fragebogen des Who's Who

---

[1] Vgl. The Family Letters of Sigmund Freud and the Freuds of Manchester 1911–1938, ed. Tom Roberts [undatiertes Manuskript].

des Ichs". Aber Freud hatte den vom *Who's Who* versendeten Fragebogen[2] ausgefüllt, als er das Buch noch *Massenpsychologie und Analyse des Ich* nennen wollte, d. h. vor August 1920.

---

2 Bortoloti, 2013, S. 82f.

[Freud, Sigmund]

FREUD, Sigmund, M. D., LL.D.; Professor of Neurology, Vienna University, since 1902; psycho-analyst; *b.* Freiberg, Moravia, 6 May 1856; *m.* 1886; three *s.* three *d. Educ.:* Vienna; Salpetrière, Paris. M.D. 1881; Privatdozent, 1885; Prof. extraord., 1902; LL.D. (hon.) Clark University, Worcester, Mass., 1909; Title Prof. ord. 1920. *Publications:* Z. Auffassung der Aphasien, 1891; Kinderlähmungen, 1891–93–97; Studien über Hysterie (mit J. Breuer), 1895; Traumdeutung, 1900; Psychopathologie des Alltagslebens, 1901; Über den Traum, 1901; Witz und seine Beziehung z. Unbewussten, 1905; 3 Abhandlungen z. Sexualtheorie, 1905; Wahn und die Träume, in Jensen's Gradiva, 1907; Kindheitserinnerung des Leonardo da Vinci, 1910; Sammlung kleiner Schriften z. Neurosenlehre, erste bis vierte Folge, 1907–18; Über Psychoanalyse (Origin and Development of Psycho-Analysis), 1910; Vorlesungen z. Einführung in die Psychoanalyse, 1911; Totem und Tabu, 1913; Jenseits des Lustprinzips, 1920; Massenpsychologie und Analyse des Ichs, 1921; contributions to Internat. Zeitschrift für Psychoanalyse, and Imago; Editor of both, of Schriften zur angewandten Seelenkunde I.-XVIII.; Director of the International Journal of Psycho-Analysis, etc.; most of the publications are translated into English and other languages. *Address:* Berggasse 19, Vienna IX.

1922-10
Freud, Sigmund
[autobiografischer Artikel]

Erstveröffentlichung:

Degener, Hermann A. L., *Wer ist's? Biographien von rund 20.000 lebenden Zeitgenossen.* Leipzig: H. A. Ludwig Degener. VIII. Ausgabe 1912, S. 424–425.

Seit dem Erscheinen der VII. Auflage von *Wer ist's?* (SFG 14, 1914-09) waren acht Jahre vergangen und Freud ergänzte seinen Eintrag um die Angaben zu neueren Auflagen seiner Bücher.

FREUD, Sigmund, Dr., Arzt, Tit. e. ö. Prof. d. Neuropathol., Univ. Wien. — * 6. V 1856 Freiberg, in Mähr. — V: Jacob Freud Kfm.; M: Amalia geb. Nathanson. — Gymn. u. Univ. Wien. — Verh: 86 m. M. Bernays. — K: 6. — Nach Promot. Demonstr. a. physiol. Inst., dann Sekdararst im allg. Krankenh., habil. f. Nerv.-Krankh. 85, Schül. v. Charcot, Paris 85—86, Prof. 02, o. Prof. 19; E.-Dr. (L.L.D.) Clark. Univ. 09. — W: Fachwiss. Schrft. i. Journ. s. 77, Üb. Aphasie 91, üb. Kinderlähmgn. 91, 93, 97, Stud. üb. Hysterie (m. Breuer) 3. A. 16. Traumdeutg. 5. A. 16; Psychopathol. d. Alltagsleb., 7. A. 20; D. Witz u. seine Beziehg. z. Unbewußten 2. A. 12; 3 Abhdlgn. z. Sexualtheorie 4. A. 20; Sammlg. kl. Schr. zur Neurosenlehre 2. A. 11; Zweite Folge 2. A. 12, 3. Folge 13; 4. Folge 18; Wahn u. Träume in Jensens Gradiva 2. A. 12; Kindheitserinng. d. Leonardo da Vinci 2. A. 19; Totem u. Tabu 13; 5 Vorlesgn. üb. Psycho-Analyse 5. A. 20; Vorlesgn. z. Einfhrg. i. d. Psycho-Anal. 2. A. 18; Hrsgb. Jahrb. f. psychoanalyt. u. psychopath. Forschgn., Internat. Zeitschr. für Psychoanal., Imago, Schriften zur angew. Seelenkde.; Public. daselbst. — Wien IX, Berggasse 19.

[Freud, Sigmund]

[424] FREUD, Sigmund, Dr., Arzt, Tit. a. o. Prof. d. Neuropathol., Univ. Wien. – * 6. V. 1856 Freiberg, in Mähr. – V: Jacob Freud Kfm.; M: Amalia geb. Nathanson. – Gymn. u. Univ. Wien. – Verh: 86 m. M. Bernays. – K: 6. – Nach Promot. Demonstr. a. physiol. Inst., dann Sekdararzt im allg. Krankenh., habil. f. Nerv.-Krankh. 85, Schül. v. Charcot, Paris 85–86, Prof. 02; o. Prof. 19; E.-.Dr. (L. L. D.) Clark. Univ. 09. – W: Fachwiss. Schrft. i. Journ. s. 77, Üb. Aphasie 91, üb. Kinderlähmgn. 91, 93, 97, Stud. üb. Hysterie (m. Breuer) 3. A. 16. Traumdeutg. 5. A. 16; Psychopathol. d. Alltagsleb., 7. A. 20; D. Witz u. seine Beziehg. z. Unbewußten 2. A. 12; 3 Abhdlgn. z. Sexualtheorie 4. A. 20; Sammlg. kl. Schr. zur Neurosenlehre 2. A. 11; Zweite Folge 2. A. 12, 3. Folge 13; 4. Folge 18; Wahn u. Träume in Jensens Gradiva 2. A. 12; Kindheitserinng. d. Leonardo da Vinci 2. A. 19; Totem u. Tabu 13; 5 Vorlesgn. üb. Psycho-Analyse 5. A. 20; Vorlesgn. z. Einfhrg. i. d. Psycho-Anal. 2. A. 18; Hrsgb. Jahrb. f. psychoanalyt. u. psychopath. Forschgn., Internat. Zeitschr. für Psychoanal., Imago, Schriften zur angew. Seelenkde.; Public. daselbst. – Wien IX, Berggasse 19.

1922-11
Studien über Hysterie
[4. Auflage]

Erstveröffentlichung:

Breuer, Josef & Freud, Sigmund (1922): *Studien über Hysterie*. Vierte, unveränderte Auflage. Leipzig/Wien: Franz Deuticke.

Den digitalen Text der vierten Auflage findet der Leser unter[1]:
www.psychosozial-verlag.de/download/Hysterie-Auflage4.pdf.

Sechs Jahre nach der dritten (SFG 14, 1916-06) erschien die vierte, unveränderte Auflage. Lediglich der Druck wurde anstatt von Rudolf Rohrer in Brünn von der Buchdruckerei der Münzschen Verlags- und Universitäts-Buchhandlung in Wien vorgenommen.

---

[1] Eine Korrigenda zu allen bisher erschienenen Bänden finden Sie unter:
www.psychosozial-verlag.de/download/Korrigenda.pdf.

1922-12
Die Traumdeutung
[7. Auflage]

Erstveröffentlichung:
Freud, Sigmund (1922): *Die Traumdeutung*. Siebente Auflage. Mit Beiträgen von Dr. Otto Rank. Leipzig/Wien: Franz Deuticke.

Den digitalen Text der siebenten Auflage findet der Leser unter[1]:
www.psychosozial-verlag.de/download/Traumdeutung-Auflage7.pdf.

Nur ein Jahr nach der sechsten (SFG 17, 1921-05) erschien die siebte Auflage. Es war ein reiner Nachdruck, und im Gegensatz zu allen vorherigen Auflagen hatte Freud ihr auch kein neues Vorwort hinzugefügt.

---

[1] Eine Korrigenda zu allen bisher erschienenen Bänden finden Sie unter:
www.psychosozial-verlag.de/download/Korrigenda.pdf.

1922-13
Zur Psychopathologie des Alltagslebens
[8. Auflage]

Erstveröffentlichung:

Freud, Sigmund (1922): *Zur Psychopathologie des Alltagslebens (Über Vergessen, Versprechen, Vergreifen, Aberglaube und Irrtum)*. Achte Auflage. Leipzig/Wien/Zürich: Internationaler Psychoanalytischer Verlag.

Den digitalen Text der achten Auflage findet der Leser unter[1]:
www.psychosozial-verlag.de/download/Alltagsleben-Auflage8.pdf.

Es handelt sich um einen unveränderten Nachdruck der siebten Auflage (SFG 16, 1920-07), ohne dass das auf dem Titel vermerkt ist.

---

[1] Eine Korrigenda zu allen bisher erschienenen Bänden finden Sie unter:
www.psychosozial-verlag.de/download/Korrigenda.pdf.

1922-14
Drei Abhandlungen zur Sexualtheorie
[5. Auflage]

Erstveröffentlichung:
Freud, Sigmund (1922): *Drei Abhandlungen zur Sexualtheorie*. Fünfte, unveränderte Auflage. Leipzig/Wien: Franz Deuticke.

Den digitalen Text der fünften Auflage findet der Leser unter[1]:
www.psychosozial-verlag.de/download/DreiAbhandlungen-Auflage5.pdf.

Die fünfte Auflage ist ein unveränderter Nachdruck der vierten Auflage von 1920 (SFG 16, 1920-08).

---

[1] Eine Korrigenda zu allen bisher erschienenen Bänden finden Sie unter:
www.psychosozial-verlag.de/download/Korrigenda.pdf.

1922-15
Meine Ansichten
über die Rolle der Sexualität
in der Ätiologie der Neurosen
[3. Auflage]

Erstveröffentlichung:
Löwenfeld, Leopold (Hrsg.) (1922): *Sexualleben und Nervenleiden*. Die *nervösen Störungen sexuellen Ursprungs* (S. 180–185). 6. Auflage. München/Wiesbaden: Verlag von J. F. Bergmann.

Den digitalen Text der dritten Auflage findet der Leser unter[1]:
www.psychosozial-verlag.de/download/MeineAnsichten-Auflage3.pdf.

Im Vergleich zur zweiten Auflage (SFG 14, 1914-11) ist lediglich die Paginierung leicht geändert und die Orthografie angepasst. Außerdem hat Freud am Ende folgenden Satz hinzugefügt: „Bis auf die Bemerkung, daß in obiger Darstellung eine Würdigung der Momente vermißt wird, welche die Sexualverdrängung hervorrufen, habe ich nichts abzuändern oder anzufügen gefunden.
F r e u d 1922."

---

[1] Eine Korrigenda zu allen bisher erschienenen Bänden finden Sie unter:
www.psychosozial-verlag.de/download/Korrigenda.pdf.

1922-16
Über Psychoanalyse
[6. Auflage]

Erstveröffentlichung:
Freud, Sigmund (1922): *Über Psychoanalyse. Fünf Vorlesungen, gehalten zur zwanzigjährigen Gründungsfeier der Clark University in Worcester Mass. September 1919.* Sechste, unveränderte Auflage. Leipzig/Wien: Franz Deuticke.

Den digitalen Text der sechsten Auflage findet der Leser unter[1]:
www.psychosozial-verlag.de/download/Psychoanalyse-Auflage6.pdf.

Wie alle vorhergehenden Auflagen ist auch diese ein unveränderter Nachdruck der ersten Auflage von 1910 (SFG 12, 1910-01).

---

[1] Eine Korrigenda zu allen bisher erschienenen Bänden finden Sie unter: www.psychosozial-verlag.de/download/Korrigenda.pdf.

1922-17
Vorlesungen zur Einführung
in die Psychoanalyse
[4. Auflage]

Erstveröffentlichung:
Freud Sigmund (1922): *Vorlesungen zur Einführung in die Psychoanalyse.*
Drei Teile: Fehlleistungen, Traum, Allgemeine Neurosenlehre. Vierte, durchgesehene Auflage. Leipzig/Wien/Zürich: Internationaler Psychoanalytischer Verlag.

Den digitalen Text der vierten Auflage findet der Leser unter[1]:
www.psychosozial-verlag.de/download/Vorlesungen-Auflage4.pdf.

Die vierte, durchgesehene Auflage unterscheidet sich im Umfang nicht von
der dritten (SFG 16, 1920-11). Sie ist aber um ein neues Druckfehlerver-
zeichnis mit 16 Korrekturen erweitert worden.

---

[1] Eine Korrigenda zu allen bisher erschienenen Bänden finden Sie unter:
www.psychosozial-verlag.de/download/Korrigenda.pdf.

1922-18
Totem und Tabu
[3. Auflage]

Erstveröffentlichung:
Freud, Sigmund (1922): *Totem und Tabu. Einige Übereinstimmungen im Seelenleben der Wilden und der Neurotiker*. Dritte, unveränderte Auflage. Leipzig/Wien/Zürich: Internationaler Psychoanalytischer Verlag.

Den digitalen Text der dritten Auflage findet der Leser unter[1]: www.psychosozial-verlag.de/download/Totem-Auflage3.pdf.

Es handelt sich um einen unveränderten Nachdruck der zweiten Auflage (SFG 16, 1920-10).

---

[1] Eine Korrigenda zu allen bisher erschienenen Bänden finden Sie unter: www.psychosozial-verlag.de/download/Korrigenda.pdf.

1923-01
Libidotheorie

Erstveröffentlichung:
Marcuse, Max (Hrsg.) (1923): *Handwörterbuch der Sexualwissenschaft*
(S. 296–298). Bonn: Marcus & Webers Verlag.

Max Marcuse (1877–1963) war ein deutscher Sexualwissenschaftler.
Freud hatte mit ihm seit spätestens 1908 Kontakt (vgl. Einleitungstext zu
SFG 11, 1908-03). Im Sommer 1922 verfasste Freud zwei Beiträge für
dessen *Handwörterbuch der Sexualwissenschaft* (Jones, 1960–1962,
Bd. 3, S. 306).

Marcuse hielt für das von ihm herausgegebene Handwörterbuch „die
Gewährleistung des N i v e a u s " als
seine „vornehmste Pflicht. […] Um dieses
zu schaffen […,] bedurfte es besonderer
Grundsätze bei der Gewinnung der Mitarbeiter. Sie erfolgte sowohl nach der wissenschaftlichen L e i s t u n g wie nach der
wissenschaftlichen P e r s ö n l i c h k e i t.
Die Art der Auswahl bewirkte, daß hier
ein starker Wille nach Ausdruck e i g e -
n e r Anschauungen und Erkenntnisse le-
bendig ist und vielen Beiträgen nach Inhalt
und Form eine b e s o n d e r e Prägung
gibt" (Vorwort, S. IV).

[Libidotheorie]

Libidotheorie. L i b i d o ist ein Terminus aus der Trieblehre, zur Bezeichnung des dynamischen Ausdrucks der Sexualität schon von A. Moll in diesem Sinne gebraucht (Untersuchungen über die Libido sexualis 1898), von Freud in die P s y c h o a n a l y s e (s. d.) eingeführt. Im folgenden soll nur dargestellt werden, welche Entwicklungen, die noch nicht abgeschlossen sind, die Trieblehre in der Psychoanalyse erfahren hat.

G e g e n s a t z   v o n   S e x u a l t r i e b e n   u n d   I c h t r i e - b e n. Die Psychoanalyse, die bald erkannte, daß sie alles seelische Geschehen über dem Kräftespiel der elementaren Triebe aufbauen müsse, sah sich in der übelsten Lage, da es in der Psychologie eine Trieblehre nicht gab und ihr niemand sagen konnte, was ein Trieb eigentlich ist. Es herrschte vollste Willkür, jeder Psychologe pflegte solche und soviele Triebe anzunehmen, als ihm beliebte. Das erste Erscheinungsgebiet, welches die Psychoanalyse studierte, waren die sog. Übertragungsneurosen (Hysterie und Zwangsneurose): Die Symptome derselben entstanden dadurch, daß sexuelle Triebregungen von der Persönlichkeit (dem Ich) abgewiesen (verdrängt) worden waren und sich auf Umwegen durch das Unbewußte einen Ausdruck verschafft hatten. Somit konnte man zurechtkommen, wenn man den Sexualtrieben Ichtriebe (S e l b s t e r h a l t u n g s t r i e b e) entgegenstellte, und befand sich dann in Übereinstimmung mit der populär gewordenen Aussage des Dichters, der das Weltgetriebe „durch Hunger und durch Liebe" erhalten werden läßt. Die Libido war in gleichem Sinne die Kraftäußerung der Liebe wie der Hunger des Selbsterhaltungstriebes. Die Natur der Ichtriebe blieb dabei zunächst unbestimmt und der Analyse unzugänglich wie alle anderen Charaktere des

Ichs. Ob und welche qualitativen Unterschiede zwischen beiden Triebarten anzunehmen sind, war nicht anzugeben.

D i e   U r l i b i d o. Diese Dunkelheit versuchte C. G. Jung auf spekulativem Wege zu überwinden, indem er nur eine einzige Urlibido annahm, die sexualisiert und desexualisiert werden konnte, und also im Wesen mit der seelischen Energie überhaupt zusammenfiel. Diese Neuerung war methodisch anfechtbar, sie stiftete viel Verwirrung, setzte den Terminus Libido zu einem **[297]** überflüssigen Synonym herab und mußte in der Praxis doch immer zwischen sexueller und asexueller Libido unterscheiden. Der Unterschied zwischen den Sexualtrieben und den Trieben mit anderen Zielen war eben auf dem Wege einer neuen Definition nicht aufzuheben.

D i e   S u b l i m i e r u n g. Das bedächtige Studium der allein analytisch zugänglichen Sexualstrebungen hatte unterdes bemerkenswerte Einzeleinsichten ergeben. Was man den Sexualtrieb nannte, war hoch zusammengesetzt und konnte wieder in seine Partialtriebe zerfallen. Jeder Partialtrieb war unabänderlich charakterisiert durch seine Q u e l l e, nämlich die Körperregion oder Zone, aus welcher er seine Erregung bezog. Außerdem war an ihm ein O b j e k t und ein Z i e l zu unterscheiden. Das Ziel war immer die Befriedigungsabfuhr, es konnte aber eine Wandlung von der Aktivität zur Passivität erfahren. Das Objekt hing dem Trieb minder fest an, als man zunächst gemeint hatte, es wurde leicht gegen ein anderes eingetauscht, auch konnte der Trieb, der ein äußeres Objekt gehabt hatte, gegen die eigene Person gewendet werden. Die einzelnen Triebe konnten unabhängig voneinander bleiben oder – in noch unvorstellbarer Weise – sich kombinieren, zur gemeinsamen Arbeit verschmelzen. Sie konnten auch füreinander eintreten, einander ihre Libidobesetzung übertragen, so daß die Befriedigung des einen an Stelle der Befriedigung der anderen trat. Am bedeutsamsten erschien das Triebschicksal der S u b l i m i e r u n g, bei dem Objekt und Ziel gewechselt werden, so daß der ursprünglich sexuelle Trieb nun in einer nicht mehr sexuellen, sozial oder ethisch hoher gewerteten Leistung Befriedigung findet. Alles dies sind Züge. welche sich noch zu keinem Gesamtbild zusammensetzen.

D e r   N a r z i ß m u s. Ein entscheidender Fortschritt erfolgte, als man sich an die Analyse der Dementia praecox und anderer psychotischer Affektionen heranwagte und somit das Ich selbst zu studieren begann, das man bisher nur als verdrängende und widerstehende Instanz gekannt hatte. Man erkannte als den pathogenen Vorgang bei der Demenz, daß die Libido von den Objekten abgezogen und ins Ich eingeführt wird, während die lärmenden Krankheitserscheinungen von dem vergeblichen Bestreben der Libido herrühren, den Rückweg zu den Objekten zu finden. Es war also möglich, daß sich Objektlibido in Ichbesetzung umwandelte, und umgekehrt. Weitere Erwägungen zeigten, daß dieser Vorgang im größten Ausmaß anzunehmen sei, daß das Ich vielmehr als ein großes Libidoreservoir angesehen werden mußte, aus dem die Libido auf die Objekte entsandt wird, und das immer bereit sei, die von den Objekten rückströmende Libido aufzunehmen. Die Selbsterhaltungstriebe waren also auch libidinöser Natur, es waren Sexualtriebe, die anstatt der äußeren Objekte das eigene Ich zum Objekt genommen hatten. Man kannte aus der klinischen Erfahrung Personen, die sich in auffälliger Weise so benahmen, als waren sie in sich selbst verliebt, und hatte diese Perversion N a r z i ß m u s genannt. Nun hieß man die Libido der Selbsterhaltungstriebe n a r z i ß t i s c h e L i b i d o und anerkannte ein hohes Maß von solcher Selbstliebe als den primären und normalen Zustand. Die frühere Formel für die Übertragungsneurosen bedurfte jetzt zwar nicht einer Korrektur, aber doch einer Modifikation; anstatt von einem Konflikt zwischen Sexualtrieben und Ichtrieben sprach man besser vom Konflikt zwischen Objektlibido und Ichlibido, oder, da die Natur der Triebe dieselbe war, zwischen den Objektbesetzungen und dem Ich.

S c h e i n b a r e A n n ä h e r u n g a n d i e J u n g s c h e A u f f a s s u n g. Auf solche Art gewann es den Anschein, als ob auch die langsame psychoanalytische Forschung der Jungschen Spekulation von der Urlibido nachgekommen wäre, besonders da mit der Umwandlung der Objektlibido in Narzißmus eine gewisse Desexualisierung, ein Aufgeben der speziellen Sexualziele, unvermeidlich verbunden ist. Indes drängt sich die Erwägung auf, daß, wenn die Selbsterhaltungstriebe des Ichs als libidinös anerkannt sind, damit noch nicht bewiesen ist, daß im Ich keine anderen Triebe wirken.

D e r H e r d e n t r i e b. Von vielen Seiten wird behauptet, daß es einen besonderen angeborenen und nicht weiter auflösbaren „Herdentrieb" gibt, der das soziale Verhalten der Menschen bestimmt, die Einzelnen zur Vereinigung in größeren Gemeinschaften drängt. Die Psychoanalyse muß

197

dieser Aufstellung widersprechen. Wenn der soziale Trieb auch angeboren sein mag, so ist er doch ohne Schwierigkeit auf ursprünglich libidinöse Objektbesetzungen zurückzuführen und entwickelt sich beim kindlichen Individuum als Reaktionsbildung auf feindselige Rivalitätseinstellungen. Er beruht auf einer besonderen Art von Identifizierung mit dem Anderen.

Z i e l g e h e m m t e   S e x u a l s t r e b u n g e n. Die sozialen Triebe gehören zu einer Klasse von Triebregungen, die man noch nicht sublimierte zu nennen braucht, wenngleich sie diesen nahe stehen. Sie haben ihre direkt sexuellen Ziele nicht aufgegeben, werden aber von der Erreichung derselben durch innere Widerstände abgehalten, begnügen sich mit gewissen Annäherungen an die Befriedigung und stellen gerade darum besonders feste und dauerhafte Bindungen unter den Menschen her. Von dieser Art sind insbesondere die ursprünglich vollsexuellen Zärtlichkeitsbeziehungen zwischen Eltern und Kindern, die Gefühle der Freundschaft und die aus sexueller Zuneigung hervorgegangenen Gefühlsbindungen in der Ehe.

A n e r k e n n u n g   z w e i e r   T r i e b a r t e n   i m   S e e - l e n l e b e n. Während die psychoanalytische Arbeit sonst bestrebt ist, ihre Lehren möglichst unabhängig von denen anderer Wissenschaften zu entwickeln, sieht sie sich doch genötigt, für die Trieblehre Anlehnung bei der Biologie zu suchen. Auf Grund weitläufiger Erwägungen über die Vorgänge, die das Leben ausmachen und die zum Tode führen, wird es wahrscheinlich, daß man zwei Triebarten anzuerkennen hat, entsprechend den entgegengesetzten Prozessen vom Aufbau und Abbau im Organismus. Die einen Triebe, die im Grunde geräuschlos arbeiten, verfolgten das Ziel, das lebende Wesen zum Tode zu führen, verdienten darum den Namen der „T o d e s t r i e b e" und würden, durch das Zusammenwirken der vielen zelligen Elementarorganismen nach außen gewendet, als D e s t r u k t i o n s- oder A g g r e s s i - o n s tendenzen zum Vorschein kommen. Die anderen wären die uns analytisch besser bekannten libidinösen Sexual- oder Lebenstriebe, am besten als E r o s zusammengefaßt, deren Absicht es wäre, aus der lebenden Substanz immer größere Einheiten zu gestalten, somit die Fortdauer des Lebens zu erhalten und es zu höheren Entwicklungen zu führen. In den Lebewesen waren die erotischen und die Todestriebe regelmäßige Vermischungen, Legierungen, eingegangen, es wären aber auch Entmischungen derselben möglich; das Leben bestünde in den Äußerungen des Konflikts oder der Interferenz

beider Triebarten und brächte dem Individuum den Sieg der Destruktionstriebe durch den Tod, aber auch den Sieg des Eros durch die Fortpflanzung.

[298] D i e   N a t u r   d e r   T r i e b e. Auf dem Boden dieser Auffassung läßt sich für die Triebe die Charakteristik geben, sie seien der lebenden Substanz innewohnende Tendenzen zur Wiederherstellung eines früheren Zustandes, also historisch bedingt, konservativer Natur, und gleichsam
der Ausdruck einer Trägheit oder Elastizität des Organischen. Beide Triebarten, der Eros wie der Todestrieb, würden von der ersten Entstehung des
Lebens an wirken und gegeneinander arbeiten.

S. auch die Artikel: „Erotischer Trieb“; „Psychoanalyse“.

L i t e r a t u r s. ebenfalls dort und bei „Geschlechtstrieb“.

S. Freud.

1923-02
Psychoanalyse

Erstveröffentlichung:
Marcuse, Max (Hrsg.) (1923): *Handwörterbuch der Sexualwissenschaft* (S. 377–383). Bonn: Marcus & Webers Verlag.

Dieser Beitrag erschien ebenso wie der Artikel „Libidotheorie" (SFG 17, 1923-01) in Marcuses *Handwörterbuch*. Er wird eingeleitet durch eine Definition der Psychoanalyse.

Psychoanalyse ist der Name 1. eines Verfahrens zur Untersuchung seelischer Vorgänge, welche sonst kaum zugänglich sind; 2. einer Behandlungsmethode neurotischer Störungen, die sich auf diese Untersuchung gründet; 3. einer Reihe von psychologischen, auf solchem Wege gewonnenen Einsichten, die allmählich zu einer neuen wissenschaftlichen Disziplin zusammenwachsen.

[Psychoanalyse]

Psychoanalyse ist der Name 1. eines Verfahrens zur Untersuchung seelischer Vorgänge, welche sonst kaum zugänglich sind; 2. einer Behandlungsmethode neurotischer Störungen, die sich auf diese Untersuchung gründet; 3. einer Reihe von psychologischen, auf solchem Wege gewonnenen Einsichten, die allmählich zu einer neuen wissenschaftlichen Disziplin zusammenwachsen.

1. G e s c h i c h t e. Man versteht die Psychoanalyse immer noch am besten, wenn man ihre Entstehung und Entwicklung verfolgt. In den Jahren 1880 und 1881 beschäftigte sich Dr. Josef Breuer in Wien, bekannt als Internist und Experimentalphysiologe, mit der Behandlung eines während der Pflege ihres kranken Vaters an schwerer Hysterie erkrankten Mädchens, deren Zustandsbild aus motorischen Lähmungen, Hemmungen und Bewußtseinsstörungen zusammengesetzt war. Einem Wink der sehr intelligenten Patientin folgend, versetzte er sie in Hypnose und erreichte so, daß sie durch Mitteilung der sie beherrschenden Stimmungen und Gedanken jedesmal wieder in normale seelische Verfassung geriet. Durch konsequente Wiederholung desselben mühseligen Verfahrens gelang es ihm, sie von allen ihren Hemmungen und Lähmungen zu befreien, so daß er am Ende seiner Mühe durch einen großen therapeutischen Erfolg wie durch unerwartete Einsichten in das Wesen der rätselhaften Neurose belohnt fand. Doch hielt sich Breuer von der weiteren Verfolgung seines Fundes ferne und veröffentlichte nichts darüber etwa ein Jahrzehnt lang, bis es dem persönlichen Einfluß des Referenten (Freud, der 1886 aus der Schule Charcots nach Wien zurückgekehrt war) gelang, ihn zur Wiederaufnahme des Gegenstandes und zur gemeinsamen Arbeit an demselben zu bewegen. Die beiden, Breuer und Freud, ver-

öffentlichten dann 1893 eine vorläufige Mitteilung „Über den psychischen Mechanismus hysterischer Phänomene" und 1895 ein Buch „Studien über Hysterie" (1922 in vierter Auflage abgedruckt), in dem sie ihr Heilverfahren als das „k a t h a r t i s c h e" bezeichneten.

D i e   K a t h a r s i s. Aus den Untersuchungen, die den Studien von Breuer und Freud zugrunde lagen, ergaben sich vor allem zwei Resultate, die auch durch die spätere Erfahrung nicht erschüttert wurden, erstens: daß die hysterischen Symptome Sinn und Bedeutung haben, indem sie Ersatz sind für normale seelische Akte; und zweitens: daß die Aufdeckung dieses unbekannten Sinnes mit der Aufhebung der Symptome zusammenfällt, daß also hiebei wissenschaftliche Forschung und therapeutische Bemühung sich decken. Die Beobachtungen waren an einer Reihe von Kranken gemacht, die so behandelt wurden wie Breuers erste Patientin, also in tiefe Hypnose versetzt, und die Erfolge schienen glänzend, bis sich später deren schwache Seite herausstellte. Die theoretischen Vorstellungen, welche Breuer und Freud sich damals machten, waren von Charcots Lehren über die traumatische Hysterie beeinflußt und konnten sich an die Ermittlungen seines Schülers P. Janet anlehnen, die zwar früher veröffentlicht worden waren als die „Studien", aber doch zeitlich hinter Breuers erstem Fall zurückstanden. Von allem Anfang an war in ihnen das a f f e k t i v e Moment in den Vordergrund gerückt; die hysterischen Symptome sollten dadurch entstehen, daß ein mit starkem Affekt beladener seelischer Vorgang irgendwie verhindert wurde, sich auf dem normalen bis zum Bewußtsein und zur Motilität führenden Wege abzugleichen (A b r e a g i e r e n), worauf dann der gewissermaßen „e i n - g e k l e m m t e" Affekt auf falsche Wege geriet und einen Abfluß in die Körperinnervation fand (K o n v e r s i o n). Die Gelegenheiten, bei denen solche pathogene Vorstellungen entstanden, wurden von Breuer und Freud als „p s y c h i s c h e   T r a u m e n" bezeichnet, und da sie oftmals längst vergangenen Zeiten angehörten, konnten die Autoren sagen, die Hysterischen leiden großenteils an (unerledigten) Reminiszenzen.

Die „K a t h a r s i s" erfolgte dann unter der Behandlung durch Eröffnung des Weges zum Bewußtsein und normale Entladung des Affekts. Die Annahme u n b e w u ß t e r seelischer Vorgänge war, wie man sieht, ein unerläßliches Stück dieser Theorie. Auch Janet hatte mit unbewußten Akten im Seelenleben gearbeitet, aber wie er in späteren Polemiken gegen die

Psychoanalyse betonte, war dies für ihn nur ein Hilfsausdruck, „une façon de parler", mit dem er keine neue Einsicht andeuten wollte.

In einem theoretischen Abschnitt der Studien teilte Breuer einige spekulative Gedanken über die Erregungsvorgänge im Seelischen mit, welche richtungsgebend für die Zukunft geblieben sind und noch heute nicht ihre volle Würdigung gefunden haben. Damit hatten seine Beiträge zu diesem Wissensgebiet ein Ende, er zog sich bald nachher von der gemeinsamen Arbeit zurück.

D e r   Ü b e r g a n g   z u r   P s y c h o a n a l y s e. Schon in den „Studien" hatten sich Gegensätze in den **[378]** Auffassungen der beiden Autoren angezeigt. Breuer nahm an, daß die pathogenen Vorstellungen darum traumatische Wirkung äußern, weil sie in „h y p n o i d e n   Z u - s t ä n d e n" entstanden sind, in denen die seelische Leistung besonderen Einschränkungen unterliegt. Referent lehnte diese Erklärung ab und glaubte zu erkennen, daß eine Vorstellung dann pathogen wird, wenn ihr Inhalt den herrschenden Tendenzen des Seelenlebens widerstrebt, so daß sie die „A b - w e h r" des Individuums hervorruft (Janet hatte den Hysterischen eine konstitutionelle Unfähigkeit zum Zusammenhalten ihrer psychischen Inhalte zugeschrieben; an dieser Stelle schieden sich die Wege Breuers und Freuds von seinem). Auch die beiden Neuerungen, mit denen Referent bald darauf den Boden der Katharsis verließ, hatten bereits in den „Studien" Erwähnung gefunden. Sie wurden nun nach Breuers Rücktritt der Ausgang weiterer Entwicklungen.

V e r z i c h t   a u f   d i e   H y p n o s e. Die eine dieser Neuerungen fußte auf einer praktischen Erfahrung und führte zu einer Änderung der Technik, die andere bestand in einem Fortschritt in der klinischen Erkenntnis der Neurose. Es zeigte sich bald, daß die therapeutischen Hoffnungen, die man auf die kathartische Behandlung in der Hypnose gesetzt hatte, in gewissem Sinne unerfüllt blieben. Das Verschwinden der Symptome ging zwar der Katharsis parallel, aber der Gesamterfolg zeigte sich doch durchaus abhängig von der Beziehung des Patienten zum Arzt, benahm sich also wie ein Erfolg der „Suggestion", und wenn diese Beziehung zerstört wurde, traten alle Symptome wieder auf, als ob sie niemals eine Lösung gefunden hätten. Dazu kam noch, daß die geringe Anzahl der Personen, welche sich in tiefe Hypnose versetzen ließen, eine ärztlich sehr bedeutsame Einschränkung in der Anwendung des kathartischen Verfahrens mit sich brachte. Aus diesen Gründen entschloß sich Referent, die Hypnose aufzugeben. Gleichzeitig aber entnahm er seinen Eindrücken von der Hypnose die Mittel, sie zu ersetzen. D i e   f r e i e   A s s o z i a t i o n. Der hypnotische Zustand hatte beim Patienten eine solche Erweiterung der Assoziationsfähigkeit zur Folge gehabt, daß er sofort den für sein bewußtes Nachdenken unzugänglichen Weg vom Symptom zu den mit ihm verknüpften Gedanken und Erinnerungen zu finden wußte. Der Wegfall der Hypnose schien eine hilflose Situation zu schaffen, aber Referent erinnerte sich an Bernheims Nachweis, daß das im Somnambulismus Erlebte nur scheinbar vergessen war und jederzeit durch die dringende Versicherung des Arztes, daß man es wisse, der Erinnerung zugeführt werden konnte. Er versuchte es also, auch seine nicht hypnotisierten Patienten zur Mitteilung von Assoziationen zu drängen, um durch solches Material den Weg zum Vergessenen oder Abgewehrten zu finden. Später merkte er, daß es eines solchen Drängens nicht bedürfe, daß beim Patienten fast immer reichliche Einfälle auftauchten, diese aber durch bestimmte Einwendungen, die er sich selbst machte, von der Mitteilung, ja vom Bewußtsein selbst, abgehalten wurden. In der derzeit noch unbewiesenen, später durch reichhaltige Erfahrung bestätigten Erwartung, daß alles, was dem Patienten zu einem gewissen Ausgangspunkt einfiele, auch in innerem Zusammenhang mit diesem stehen müsse, ergab sich daraus die Technik, den Patienten zum Verzicht auf alle seine kritischen Einstellungen zu erziehen und das dann zutage geförderte Material von Einfällen zur Aufdeckung der gesuchten Zusammenhänge zu verwerten. Ein starkes Zutrauen zur Strenge der Determinierung im Seelischen war sicherlich an der Wendung zu dieser Technik, welche die Hypnose ersetzen sollte, beteiligt.

D i e   t e c h n i s c h e   G r u n d r e g e l. Dies Verfahren der „freien Assoziation" ist seither in der psychoanalytischen Arbeit festgehalten worden. Man leitet die Behandlung ein, indem man den Patienten auffordert, sich in die Lage eines aufmerksamen und leidenschaftslosen Selbstbeobachters zu versetzen, immer nur die Oberfläche seines Bewußtseins abzulesen und einerseits sich die vollste Aufrichtigkeit zur Pflicht zu machen, anderseits keinen Einfall von der Mitteilung auszuschließen, auch wenn man 1. ihn allzu unangenehm empfinden sollte, oder wenn man 2. urteilen müßte, er sei unsinnig, 3. allzu unwichtig, 4. er gehöre nicht zu dem, was

man suche. Es zeigt sich regelmäßig, daß gerade Einfälle, welche die letzt-
erwähnten Ausstellungen hervorrufen, für die Auffindung des Vergessenen
von besonderem Wert sind.

II. D i e   P s y c h o a n a l y s e   a l s   D e u t u n g s k u n s t.
Die neue Technik änderte den Eindruck der Behandlung so sehr ab, brachte
den Arzt in so neue Beziehungen zum Kranken und lieferte so viel überraschende Ergebnisse, daß es berechtigt schien, das Verfahren durch einen
Namen von der kathartischen Methode zu scheiden. Referent wählte für die
Behandlungsweise, die nun auf viele andere Formen neurotischer Störung
ausgedehnt werden konnte, den Namen P s y c h o a n a l y s e. Diese Psychoanalyse war nun in erster Linie eine Kunst der Deutung und stellte sich
die Aufgabe, die erste der großen Entdeckungen Breuers, daß die neurotischen Symptome ein sinnvoller Ersatz für andere unterbliebene seelische
Akte seien, zu vertiefen. Es kam jetzt darauf an, das Material, welches die
Einfälle der Patienten lieferten, so aufzufassen, als ob es auf einen verborge-
nen Sinn hindeutete, diesen Sinn aus ihm zu erraten. Die Erfahrung zeigte
bald, daß der analysierende Arzt sich dabei am zweckmäßigsten verhalte,
wenn er sich selbst bei g l e i c h s c h w e b e n d e r   A u f m e r k -
s a m k e i t seiner eigenen unbewußten Geistestätigkeit überlasse, Nachdenken und Bildung bewußter Erwartungen möglichst vermeide, nichts von
dem Gehörten sich besonders im Gedächtnis fixieren wolle, und solcher Art
das Unbewußte des Patienten mit seinem eigenen Unbewußten auffange.
Dann merkte man, wenn die Verhältnisse nicht allzu ungünstig waren, daß
die Einfälle des Patienten sich gewissermaßen wie Anspielungen an ein bestimmtes Thema herantasteten, und brauchte selbst nur einen Schritt weiter
zu wagen, um das ihm selbst Verborgene zu erraten und ihm mitteilen zu
können. Gewiß war diese Deutungsarbeit nicht streng in Regeln zu fassen
und ließ dem Takt und der Unparteilichkeit des Arztes einen großen Spielraum, allein, wenn man Unparteilichkeit mit Übung verband, gelangte man
in der Regel zu verläßlichen Resultaten, d. h. zu solchen, die sich durch Wiederholung in ähnlichen Fällen bestätigten. Zur Zeit, da über das Unbewußte,
die Struktur der Neurosen und die pathologischen Vorgänge hinter denselben
noch so wenig bekannt war, mußte man zufrieden sein, sich einer solchen
Technik bedienen zu können, auch wenn sie theoretisch nicht besser fundiert
war. Man übt sie übrigens auch in der heutigen Analyse in gleicher Weise,

nur mit dem Gefühl größerer Sicherheit und besserem Verständnis für ihre
Schranken.

Die Deutung der Fehlleistungen und Zufallshandlungen. Es war ein Triumph für die Deutungskunst der
Psychoanalyse, als ihr der Nachweis gelang, daß gewisse häufige seelische
Akte des normalen Menschen, für die man bisher eine psy- **[379]** cholo-
gische Erklärung überhaupt nicht in Anspruch genommen hatte, so zu verstehen seien wie die Symptome der Neurotiker, d. h. daß sie einen Sinn haben, welcher der Person nicht bekannt ist und durch analytische Bemühung
leicht gefunden werden kann. Die betreffenden Phänomene, das zeitweilige
Vergessen von sonst wohlbekannten Worten und Namen, das Vergessen von
Vorsätzen, das so häufige Versprechen, Verlesen, Verschreiben, Verlieren,
Verlegen von Gegenständen, manche Irrtümer, Akte von anscheinend zufäl-
liger Selbstbeschädigung, endlich Bewegungen, die man gewohnheitsmäßig,
wie unabsichtlich und spielend ausführt, Melodien, die man „gedankenlos"
summt u. dgl. m. – all dies wurde der physiologischen Erklärung, wo eine
solche überhaupt versucht worden war, entzogen, als streng determiniert aufgezeigt und als Äußerung von unterdrückten Absichten der Person oder als
Folge von Interferenz zweier Absichten, von denen die eine dauernd oder
derzeit unbewußt war, erkannt. Der Wert dieses Beitrages zur Psychologie war
ein mehrfacher. Der Umfang der seelischen Determinierung wurde dadurch
in ungeahnter Weise erweitert; die angenommene Kluft zwischen normalem
und krankhaftem seelischen Geschehen verringert; in vielen Fällen ergab
sich ein bequemer Einblick in das Spiel der seelischen Kräfte, das man hinter
den Phänomenen vermuten mußte. Endlich gewann man so ein Material,
welches wie kein anderes geeignet ist, den Glauben an die Existenz unbewußter seelischer Akte auch bei solchen zu erwecken, denen die Annahme eines
unbewußten Psychischen fremdartig, ja sogar absurd erscheint. Das Studium
der eigenen Fehlleistungen und Zufallshandlungen, wozu sich den meisten
reichlich Gelegenheit bietet, ist noch heute die beste Vorbereitung für ein
Eindringen in die Psychoanalyse. In der analytischen Behandlung behauptet
die Deutung der Fehlleistung einen Platz als Mittel zur Aufdeckung des Unbewußten neben der ungleich wichtigeren Deutung der Einfälle.

Die Deutung der Träume. Ein neuer Zugang zu den
Tiefen des Seelenlebens eröffnete sich, als man die Technik der freien As-

soziation auf die Träume, eigene oder die analytischer Patienten, anwendete. In der Tat rührt das Meiste und Beste, was wir von den Vorgängen in den unbewußten Seelenschichten wissen, aus der Deutung der Träume her. Die Psychoanalyse hat dem Traum die Bedeutung wiedergegeben, die ihm in alten Zeiten einst allgemein zuerkannt war, aber sie verfährt anders mit ihm. Sie verläßt sich nicht auf den Witz des Traumdeuters, sondern überträgt die Aufgabe zum größten Teil dem Träumer selbst, indem sie ihn nach seinen Assoziationen zu den einzelnen Elementen des Traumes befragt. Durch die weitere Verfolgung dieser Assoziationen kommt man zur Kenntnis von Gedanken, welche den Traum vollkommen decken, sich aber – bis auf einen Punkt – als vollwertige, durchaus verständliche Stücke der wachen Seelentätigkeit erkennen lassen. Es stellt sich so der erinnerte Traum als m a n i f e s t e r T r a u m i n h a l t den durch Deutung gefundenen l a t e n t e n T r a u m g e d a n k e n gegenüber. Der Vorgang, welcher die letzteren in den ersteren, eben den „Traum“, umgesetzt hat und der durch die Deutungsarbeit rückgängig gemacht wird, darf T r a u m a r b e i t genannt werden.

Die latenten Traumgedanken heißen wir wegen ihrer Beziehung zum Wachleben auch T a g e s r e s t e. Sie werden durch die Traumarbeit, der man durchaus mit Unrecht „schöpferischen“ Charakter zuschreiben würde, in merkwürdiger Weise v e r d i c h t e t, durch die V e r s c h i e b u n g psychischer Intensitäten e n t s t e l l t, zur D a r s t e l l u n g i n v i s u e l l e n B i l d e r n hergerichtet, und unterliegen überdies, ehe es zur Gestaltung des manifesten Traumes kommt, einer s e k u n d ä r e n B e a r b e i t u n g, welche dem neuen Gebilde etwas wie Sinn und Zusammenhang geben möchte. Dieser letzte Vorgang gehört eigentlich nicht mehr der Traumarbeit an.

D y n a m i s c h e T h e o r i e d e r T r a u m b i l d u n g. Es hat nicht zuviel Schwierigkeiten gemacht, die Dynamik der Traumbildung zu durchschauen. Die Triebkraft zur Traumbildung wird nicht von den latenten Traumgedanken oder Tagesresten beigestellt, sondern von einer unbewußten, bei Tag verdrängten Strebung, mit der sich die Tagesreste in Verbindung setzen konnten, und die sich aus dem Material der latenten Gedanken eine W u n s c h e r f ü l l u n g zurechtmacht. Somit ist jeder Traum einerseits eine Wunscherfüllung des Unbewußten, anderseits, insofern es ihm gelingt, den Schlafzustand vor Störung zu bewahren, eine Erfüllung des normalen Schlafwunsches, der den Schlaf eingeleitet hat. Sieht man vom unbewußten Beitrag zur Traumbildung ab und reduziert den Traum auf seine latenten Gedanken, so kann er alles vertreten, was das Wachleben beschäftigt hat, eine Überlegung, Warnung, einen Vorsatz, eine Vorbereitung auf die nächste Zukunft oder ebenfalls die Befriedigung eines unerfüllten Wunsches. Die Unkenntlichkeit, Fremdartigkeit, Absurdität des manifesten Traumes ist zu einem Teil die Folge der Überführung der Traumgedanken in eine andere, als a r c h a i s c h zu bezeichnende Ausdrucksweise, zum anderen Teil aber die Wirkung einer einschränkenden, kritisch ablehnenden Instanz, welche auch während des Schlafes nicht ganz aufgehoben ist. Es liegt nahe, anzunehmen, daß die „T r a u m z e n s u r", welche wir in erster Linie für die Entstellung der Traumgedanken zum manifesten Traum verantwortlich machen, eine Äußerung derselben seelischen Kräfte ist, welche tagsüber die unbewußte Wunschregung hintangehalten, v e r d r ä n g t hatten.

Es verlohnte sich, auf die Aufklärung der Träume näher einzugehen, denn die analytische Arbeit hat gezeigt, daß die Dynamik der Traumbildung dieselbe ist wie die der Symptombildung. Hier wie dort erkennen wir einen Widerstreit zweier Tendenzen, einer unbewußten, sonst verdrängten, die nach Befriedigung – Wunscherfüllung – strebt, und einer wahrscheinlich dem bewußten Ich angehörenden, ablehnenden und verdrängenden, und als Ergebnis dieses Konflikts eine Kompromißbildung – den Traum, das Symptom –, in welcher beide Tendenzen einen unvollkommenen Ausdruck gefunden haben. Die theoretische Bedeutung dieser Übereinstimmung ist einleuchtend. Da der Traum kein pathologisches Phänomen ist, wird durch sie der Nachweis erbracht, daß die seelischen Mechanismen, welche die Krankheitssymptome erzeugen, auch schon im normalen Seelenleben vorhanden sind, daß die nämliche Gesetzmäßigkeit Normales und Abnormes umfaßt, und daß die Ergebnisse der Forschung an Neurotikern oder Geisteskranken nicht bedeutungslos für das Verständnis der gesunden Psyche sein können.

D i e   S y m b o l i k. Beim Studium der durch die Traumarbeit geschaffenen Ausdrucksweise stieß man auf die überraschende Tatsache, daß gewisse Gegenstände, Verrichtungen und Beziehungen im Traum gewissermaßen indirekt durch „Symbole" dargestellt werden, die der Träumer gebraucht, ohne ihre Bedeutung zu kennen, und zu denen auch gewöhnlich seine Assoziation nichts liefert. Ihre Übersetzung muß vom Analytiker gegeben werden, der sie selbst nur empi- **[380]** risch, durch versuchsweises Einsetzen in den Zusammenhang finden kann. Es ergab sich später, daß Sprachgebrauch, Mythologie und Folklore die reichlichsten Analogien zu den Traumsymbolen enthalten. Die Symbole, an welche sich die interessantesten, noch ungelösten Probleme knüpfen, scheinen ein Stück uralten seelischen Erbgutes zu sein. Die Symbolgemeinschaft reicht über die Sprachgemeinschaft hinaus.

III. D i e   ä t i o l o g i s c h e   B e d e u t u n g   d e s   S e x u a l -
l e b e n s. Die zweite Neuheit, welche sich ergab, nachdem man die hypnotische Technik durch die freie Assoziation ersetzt hatte, war klinischer Natur und wurde bei der fortgesetzten Suche nach den traumatischen Erlebnissen gefunden, von denen sich die hysterischen Symptome abzuleiten schienen. Je sorgfältiger man diese Verfolgung betrieb, desto reichhaltiger enthüllte sich die Verkettung solcher ätiologisch bedeutsamer Eindrücke, aber desto weiter griffen sie auch in die Pubertät oder Kindheit des Neurotikers zurück. Gleichzeitig nahmen sie einen einheitlichen Charakter an und endlich mußte man sich vor der Evidenz beugen und anerkennen, daß an der Wurzel aller Symptombildung traumatische Eindrücke aus dem Sexualleben der Frühzeit zu finden seien. Das sexuelle Trauma trat so an die Stelle des banalen Traumas und das letztere verdankte seine ätiologische Bedeutung der assoziativen oder symbolischen Beziehung zum ersteren, das vorangegangen war. Da die gleichzeitig vorgenommene Untersuchung von Fällen gemeiner, als N e u r a s t h e n i e und A n g s t n e u r o s e klassifizierter Nervosität den Aufschluß erbrachte, daß sich diese Störungen auf aktuelle Mißbräuche im Sexualleben zurückführen und durch Abstellung derselben beseitigen lassen, lag die Folgerung nahe, die Neurosen seien überhaupt der Ausdruck von Störungen im Sexualleben, die sog. A k t u a l neurosen der (chemisch vermittelte) Ausdruck von gegenwärtigen, die P s y c h o -
n e u r o s e n der (psychisch verarbeitete) Ausdruck von längstvergangenen Schädigungen dieser biologisch so wichtigen, von der Wissenschaft bislang arg vernachlässigten Funktion. Keine der Aufstellungen der Psychoanalyse hat so hartnäckigen Unglauben und so erbitterten Widerstand gefunden, wie diese von der überragenden ätiologischen Bedeutung des Sexuallebens für die Neurosen. Es sei aber ausdrücklich bemerkt, daß auch die Psychoanalyse in

ihrer Entwicklung bis auf den heutigen Tag keinen Anlaß gefunden hat, von dieser Behauptung zurückzutreten.

D i e   i n f a n t i l e   S e x u a l i t ä t. Durch ihre ätiologische Forschung geriet die Psychoanalyse in die Lage, sich mit einem Thema zu beschäftigen, dessen Existenz vor ihr kaum vermutet worden war. Man hatte sich in der Wissenschaft daran gewöhnt, das Sexualleben mit der Pubertät beginnen zu lassen, und Äußerungen kindlicher Sexualität als seltene Anzeichen von abnormer Frühreife und Degeneration beurteilt. Nun enthüllte die Psychoanalyse eine Fülle von ebenso merkwürdigen als regelmäßigen Phänomenen, durch die man gezwungen wurde, den Beginn der Sexualfunktion beim Kinde fast mit dem Anfang des extrauterinen Lebens zusammenfallen zu lassen, und man fragte sich erstaunt, wie es möglich gewesen sei, dies alles zu übersehen. Die ersten Einsichten in die kindliche Sexualität waren zwar durch analytische Erforschung Erwachsener gewonnen und demnach mit all den Zweifeln und Fehlerquellen behaftet, die man einer so späten Rückschau zutrauen konnte, aber als man später (von 1908 an) begann, Kinder selbst zu analysieren und unbefangen zu beobachten, gewann man für allen tatsächlichen Inhalt der neuen Auffassung die direkte Bestätigung.

Die kindliche Sexualität zeigte in manchen Stücken ein anderes Bild als die der Erwachsenen und überraschte durch zahlreiche Züge von dem, was bei Erwachsenen als „P e r v e r s i o n" verurteilt wurde. Man mußte den Begriff des Sexuellen erweitern, bis er mehr umfaßte als das Streben nach der Vereinigung der beiden Geschlechter im Sexualakt oder nach der Hervorrufung bestimmter Lustempfindungen an den Genitalien. Aber diese Erweiterung belohnte sich dadurch, daß es möglich wurde, kindliches, normales und perverses Sexualleben aus einem Zusammenhange zu begreifen.

Die analytische Forschung des Ref. verfiel zunächst in den Irrtum, die V e r f ü h r u n g als Quelle der kindlichen Sexualäußerungen und Keim der neurotischen Symptombildung weit zu überschätzen. Die Überwindung dieser Täuschung gelang, als sich die außerordentlich große Rolle der P h a n t a s i e t ä t i g k e i t im Seelenleben der Neurotiker erkennen ließ, die für die Neurose offenbar maßgebender war als die äußere Realität. Hinter diesen Phantasien kam dann das Material zum Vorschein, welches folgende Schilderung von der Entwicklung der Sexualfunktion zu geben gestattet.

D i e   E n t w i c k l u n g   d e r   L i b i d o. Der Sexualtrieb, dessen dynamische Äußerung im Seelenleben „L i b i d o" genannt sei, ist aus Partialtrieben zusammengesetzt, in die er auch wieder zerfallen kann, und die sich erst allmählich zu bestimmten Organisationen vereinigen. Quelle dieser Partialtriebe sind die Körperorgane, besonders gewisse ausgezeichnete e r o - g e n e   Z o n e n, aber Beiträge zur Libido werden auch von allen wichtigen funktionellen Vorgängen im Körper geliefert. Die einzelnen Partialtriebe streben zunächst unabhängig voneinander nach Befriedigung, werden aber im Lauf der Entwicklung immer mehr zusammengefaßt, zentriert. Als erste (prägenitale) Organisationsstufe läßt sich die o r a l e erkennen, in welcher entsprechend dem Hauptinteresse des Säuglings die M u n d z o n e die Hauptrolle spielt. Ihr folgt die s a d i s t i s c h-a n a l e Organisation, in welcher der Partialtrieb des S a d i s m u s und die A f t e r z o n e sich besonders hervortun; der Geschlechtsunterschied wird hier durch den Gegensatz von aktiv und passiv vertreten. Die dritte und endgültige Organisationsstufe ist die Zusammenfassung der meisten Partialtriebe unter dem P r i m a t   d e r   G e n i t a l z o n e n. Diese Entwicklung wird in der Regel rasch und unauffällig durchlaufen, doch bleiben einzelne Anteile der Triebe auf den Vorstufen des Endausganges stehen und ergeben so die F i x i e r u n g e n der Libido, welche als Dispositionen für spätere Durchbrüche verdrängter Strebungen wichtig sind und zur Entwicklung von späteren Neurosen und Perversionen in bestimmter Beziehung stehen. (S. Libidotheorie.)

D i e   O b j e k t f i n d u n g   u n d   d e r   Ö d i p u s k o m - p l e x. Der orale Partialtrieb findet zuerst seine Befriedigung in A n l e h - n u n g an die Sättigung des Nahrungsbedürfnisses und sein Objekt in der Mutterbrust. Er löst sich dann ab, wird selbständig und gleichzeitig a u t o - e r o t i s c h, d. h. er findet sein Objekt am eigenen Körper. Auch andere Partialtriebe benehmen sich zuerst autoerotisch und werden erst später auf ein fremdes Objekt gelenkt. Von besonderer Bedeutung ist es, daß die Partialtriebe der Genitalzone regelmäßig eine Periode intensiver autoerotischer Befriedigung durchmachen. Für die endgültige Genital-**[381]** organisation der Libido sind nicht alle Partialtriebe gleich verwendbar, einige von ihnen (z. B. die analen) werden darum beiseite gelassen, unterdrückt oder unterliegen komplizierten Umwandlungen.

Schon in den ersten Kinderjahren (etwa von 2 bis 5 Jahren) stellt sich eine

Zusammenfassung der Sexualstrebungen her, deren Objekt beim Knaben die Mutter ist. Diese Objektwahl nebst der dazugehörigen Einstellung von Rivalität und Feindseligkeit gegen den Vater ist der Inhalt des sog. Ö d i p u s - k o m p l e x e s, dem bei allen Menschen die größte Bedeutung für die Endgestaltung des Liebeslebens zukommt. Man hat es als charakteristisch für den Normalen hingestellt, daß er den Ödipuskomplex bewältigen lernt, während der Neurotiker an ihm haften bleibt.

D e r z w e i z e i t i g e A n s a t z d e r S e x u a l e n t - w i c k l u n g. Diese Frühperiode des Sexuallebens findet gegen das fünfte Jahr hin normalerweise ein Ende und wird von einer Zeit mehr oder minder vollkommener L a t e n z abgelöst, während welcher die ethischen Einschränkungen als Schutzbildungen gegen die Wunschregungen des Ödipuskomplexes aufgebaut werden. In der darauffolgenden Zeit der P u b e r t ä t erfährt der Ödipuskomplex eine Neubelebung im Unbewußten und geht seinen weiteren Umbildungen entgegen. Erst die Pubertätszeit entwickelt die Sexualtriebe zu ihrer vollen Intensität; die Richtung dieser Entwicklung und alle daran haftenden Dispositionen sind aber bereits durch die vorher abgelaufene infantile Frühblüte der Sexualität bestimmt. Diese zweizeitige, durch die Latenzzeit unterbrochene Entwicklung der Sexualfunktion scheint eine biologische Besonderheit der menschlichen Art zu sein und die Bedingung für die Entstehung der Neurosen zu enthalten.

IV. D i e V e r d r ä n g u n g s l e h r e. Der Zusammenhalt dieser theoretischen Erkenntnisse mit den unmittelbaren Eindrücken der analytischen Arbeit führt zu einer Auffassung der Neurosen, die in ihren rohesten Umrissen etwa so lautet: Die Neurosen sind der Ausdruck von Konflikten zwischen dem Ich und solchen Sexualstrebungen, die dem Ich als unverträglich mit seiner Integrität oder seinen ethischen Ansprüchen erscheinen. Das Ich hat diese nicht i c h g e r e c h t e n Strebungen v e r d r ä n g t, d. h. ihnen sein Interesse entzogen und sie vom Bewußtwerden wie von der motorischen Abfuhr zur Befriedigung abgesperrt. Wenn man in der analytischen Arbeit versucht, diese verdrängten Regungen bewußt zu machen, bekommt man die verdrängenden Kräfte als W i d e r s t a n d zu spüren. Aber die Leistung der Verdrängung versagt an den Sexualtrieben besonders leicht. Deren aufgestaute Libido schafft sich vom Unbewußten her andere Auswege, indem sie auf frühere Entwicklungsphasen und Objekteinstellungen r e g r e d i e r t und dort, wo sich infantile Fixierungen vorfinden, an den schwachen Stellen der Libidoentwicklung zum Bewußtsein und zur Abfuhr durchbricht. Was so entsteht, ist ein S y m p t o m und demnach im Grunde eine sexuelle Ersatz-befriedigung, aber auch das Symptom kann sich dem Einfluß der verdrängen-den Kräfte des Ichs noch nicht ganz entziehen, so daß es sich Abänderungen und Verschiebungen gefallen lassen muß, – ganz ähnlich wie der Traum – durch welche sein Charakter als Sexualbefriedigung unkenntlich wird. Das Symptom erhält so den Charakter einer K o m p r o m i ß b i l d u n g zwischen den verdrängten Sexualtrieben und den verdrängenden Ichtrieben, einer gleichzeitigen aber beiderseits unvollkommenen Wunscherfüllung für beide Partner des Konflikts. Dies gilt in voller Strenge für die Symptome der Hysterie, während an den Symptomen der Zwangsneurose häufig der An-teil der verdrängenden Instanz durch Herstellung von Reaktionsbildungen (Sicherungen gegen die Sexualbefriedigung) zu stärkerem Ausdruck kommt.

D i e Ü b e r t r a g u n g. Wenn es noch eines weiteren Beweises für den Satz bedürfte, daß die Triebkräfte der neurotischen Symptombildung sexueller Natur sind, so würde er in der Tatsache gefunden werden, daß sich regelmäßig während der analytischen Behandlung eine besondere Gefühls-beziehung des Patienten zum Arzt herstellt, welche weit über das rationelle Maß hinausgeht, von der zärtlichsten Hingebung bis zur hartnäckigsten Feindseligkeit variiert, und alle ihre Eigentümlichkeiten früheren, unbewußt gewordenen Liebeseinstellungen des Patienten entlehnt. Diese Ü b e r -t r a g u n g, welche sowohl in ihrer positiven wie in ihrer negativen Form in den Dienst des W i d e r s t a n d e s tritt, wird in den Händen des Arztes zum mächtigsten Hilfsmittel der Behandlung und spielt in der Dynamik des Heilungsvorganges eine kaum zu überschätzende Rolle.

D i e G r u n d p f e i l e r d e r p s y c h o a n a l y t i s c h e n T h e o r i e. Die Annahme unbewußter seelischer Vorgänge, die Anerken-nung der Lehre vom Widerstand und der Verdrängung, die Einschätzung der Sexualität und des Ödipuskomplexes sind die Hauptinhalte der Psychoana-lyse und die Grundlagen ihrer Theorie, und wer sie nicht alle gutzuheißen vermag, sollte sich nicht zu den Psychoanalytikern zählen.

V. W e i t e r e S c h i c k s a l e d e r P s y c h o a n a l y s e. Etwa so weit, als im Vorstehenden angedeutet, war die Psychoanalyse durch die Arbeit des Referenten vorgeschritten, der sie durch länger als ein Jahrzehnt allein vertrat. Im Jahre 1906 begannen die Schweizer Psychiater E. Bleuler und C. G. Jung lebhaften Anteil an der Analyse zu nehmen, 1907 fand in Salzburg eine erste Zusammenkunft ihrer Anhänger statt, und bald sah sich die junge Wissenschaft im Mittelpunkt des Interesses der Psychiater wie der Laien. Die Art der Aufnahme in dem autoritätssüchtigen Deutschland war gerade nicht rühmlich für die deutsche Wissenschaft und forderte selbst einen so kühlen Parteigänger wie E. Bleuler zu einer energischen Abwehr heraus. Doch vermochten alle offiziellen Verurteilungen und Erledigungen auf Kongressen das innere Wachstum und die äußere Ausbreitung der Psychoanalyse nicht aufzuhalten, welche nun im Laufe der nächsten zehn Jahre weit über die Grenzen Europas vordrang und besonders in den Vereinigten Staaten Amerikas populär wurde, nicht zum mindesten dank der Förderung oder Mitarbeitschaft von J. Putnam (Boston), Ernest Jones (Toronto, später London), Flournoy (Genf), Ferenczi (Budapest), Abraham (Berlin) und vieler anderer. Das über die Psychoanalyse verhängte Anathem veranlaßte ihre Anhänger, sich zu einer internationalen Organisation zusammenzuschließen, welche im Jahre 1922 ihren achten Privatkongreß in Berlin abhielt und gegenwärtig die Ortsgruppen: Wien, Budapest, Berlin, Holland, Zürich, London, New York, Kalkutta und Moskau umfaßt. Auch der Weltkrieg unterbrach diese Entwicklung nicht. 1918/19 wurde von Dr. Anton v. Freund (Budapest) der I n t e r n a t i o n a l e   P s y - c h o a n a l y t i s c h e   V e r l a g gegründet, der die der Psychoanalyse dienenden Zeitschriften und Bücher publiziert, 1920 wurde von Dr. M. Eitingon die erste „Psychoanalytische Poliklinik" zur Behandlung mittelloser Nervöser in Berlin eröffnet. Übersetzungen der Hauptwerke des Referenten ins französische, italienische **[382]** und spanische, die eben jetzt vorbereitet werden, bezeugen das Erwachen des Interesses für die Psychoanalyse auch in der romanischen Welt. In den Jahren 1911–1913 zweigten von der Psychoanalyse zwei Richtungen ab, welche offenbar bestrebt waren, die Anstößigkeiten derselben zu mildern. Die eine, von C. G. Jung eingeschlagene, suchte ethischen Ansprüchen gerecht zu werden, entkleidete den Ödipuskomplex seiner realen Bedeutung durch symbolisierende Umwertung und vernachlässigte in der Praxis die Aufdeckung der vergessenen, „prähistorisch" zu nennenden Kindheitsperiode. Die andere, die Alf. Adler in Wien zum Urheber hat, brachte manche Momente der Psychoanalyse unter anderem Namen wieder, z. B. die Verdrängung in sexualisierter Auffassung als „männlichen Protest", sah aber sonst vom Unbewußten und von den Sexualtrieben ab und versuchte Charakter- wie Neurosenentwicklung auf den Willen zur Macht zurückzuführen, der die aus Organminderwertigkeiten drohenden Gefahren durch Überkompensation hintanzuhalten strebt. Beide systemartig ausgebauten Richtungen haben die Entwicklung der Psychoanalyse nicht nachhaltig beeinflußt; von der Adlerschen ist bald klar geworden, daß sie mit der Psychoanalyse, die sie ersetzen wollte, zu wenig gemein hat.

N e u e r e F o r t s c h r i t t e d e r P s y c h o a n a l y s e. Seitdem die Psychoanalyse Arbeitsgebiet einer so großen Zahl von Beobachtern geworden ist, hat sie Bereicherungen und Vertiefungen gewonnen, denen in diesem Aufsatz leider nur die knappste Erwähnung zuteil werden kann.

D e r N a r z i ß m u s. Ihr wichtigster theoretischer Fortschritt war wohl die Anwendung der Libidolehre auf das verdrängende Ich. Man kam dazu, sich das Ich selbst als ein Reservoir von – „narzißtisch" genannter – Libido vorzustellen, aus welchen die Libidobesetzungen der Objekte erfließen und in welches diese wieder eingezogen werden können. Mit Hilfe dieser Vorstellung wurde es möglich, an die Analyse des Ichs heranzutreten und die klinische Scheidung der Psychoneurosen in Ü b e r t r a g u n g s n e u - r o s e n u n d n a r z i ß t i s c h e Affektionen vorzunehmen. Bei den ersteren (Hysterie und Zwangsneurose) ist ein nach Übertragung auf fremde Objekte strebendes Maß von Libido verfügbar, welches zur Durchführung der analytischen Behandlung in Anspruch genommen wird; die narzißtischen Störungen (Dementia praecox, Paranoia, Melancholie) sind im Gegenteil durch die Abziehung der Libido von den Objekten charakterisiert und darum der analytischen Therapie kaum zugänglich. Diese therapeutische Unzulänglichkeit hat aber die Analyse nicht behindert, die reichhaltigsten Ansätze zum tieferen Verständnis dieser den Psychosen zugerechneten Leiden zu machen.

W e n d u n g d e r T e c h n i k. Nachdem die Ausbildung der Deutungstechnik sozusagen die Wißbegierde des Analytikers befriedigt hatte, mußte sich das Interesse dem Problem zuwenden, auf welchen Wegen die zweckdienlichste Beeinflussung des Patienten zu erreichen sei. Es ergab sich bald als die nächste Aufgabe des Arztes, dem Patienten zur Kenntnis und später zur Überwindung der W i d e r s t ä n d e zu verhelfen, die während der Behandlung bei ihm auftreten und die ihm anfänglich selbst nicht bewußt sind. Auch erkannte man gleichzeitig, daß das wesentliche Stück der Heilungsarbeit in der Überwindung dieser Widerstände besteht, und daß ohne diese Leistung eine dauerhaft seelische Veränderung des Patienten nicht erzielt werden kann. Seitdem sich die Arbeit des Analytikers so auf den Widerstand des Kranken einstellt, hat die analytische Technik eine Bestimmtheit und Feinheit gewonnen, die mit der chirurgischen Technik wetteifert. Es ist also dringend davon abzuraten, daß man ohne strenge Schulung psychoanalytische Behandlung unternimmt, und der Arzt, der solches im Vertrauen auf sein staatlich anerkanntes Diplom wagt, ist um nichts besser als ein Laie.

VI. Die Psychoanalyse als therapeutische Methode. Die Psychoanalyse hat sich nie für eine Panacee ausgegeben oder beansprucht, Wunder zu tun. Auf einem der schwierigsten Gebiete ärztlicher Tätigkeit ist sie für einzelne Leiden die einzig mögliche, für andere die Methode, welche die besten oder dauerhaftesten Resultate liefert, niemals ohne entsprechenden Aufwand an Zeit und Arbeit. Dem Arzt, welcher nicht ganz in der Aufgabe der Hilfeleistung aufgeht, lohnt sie die Mühe reichlich durch ungeahnte Einsichten in die Verwicklungen des seelischen Lebens und die Zusammenhänge zwischen Seelischem und Leiblichem. Wo sie gegenwärtig nicht Abhilfe, sondern nur theoretisches Verständnis bieten kann, bahnt sie vielleicht den Weg für eine spätere direktere Beeinflussung der neurotischen Störungen. Ihr Arbeitsgebiet sind vor allem die beiden Übertragungsneurosen, Hysterie und Zwangsneurose, bei denen sie zur Aufdeckung der inneren Struktur und der wirksamen Mechanismen beigetragen hat, außerdem aber alle Arten von Phobien, Hemmungen, Charakterverbildungen, sexuelle Perversionen und Schwierigkeiten des Liebeslebens. Nach Angaben einiger Analytiker ist auch die analytische Behandlung grober Organerkrankungen nicht aussichtslos (Jelliffe, Groddeck), da nicht selten ein psychischer Faktor an der Entstehung und Erhaltung dieser Affektionen mitbeteiligt ist. Da die Psychoanalyse ein Maß von psychischer Plastizität bei ihren Patienten in Anspruch nimmt, muß sie sich bei deren Auswahl an gewisse Altersgrenzen halten, und da sie eine lange und intensive Beschäftigung mit dem einzelnen Kranken bedingt, wäre es unökonomisch, solchen Aufwand an völlig wertlose Individuen, die nebenbei auch neurotisch sind, zu vergeuden. Welche

Modifikationen erforderlich sind, um das psychoanalytische Heilverfahren breiteren Volksschichten zugänglich zu machen und schwächeren Intelligenzen anzupassen, muß erst die Erfahrung an poliklinischem Material lehren.

Ihr Vergleich mit hypnotischen und suggestiven Methoden. Das psychoanalytische Verfahren unterscheidet sich von allen suggestiven, persuasiven u. dgl. darin, daß es kein seelisches Phänomen beim Patienten durch Autorität unterdrücken will. Es sucht die Verursachung des Phänomens zu ergründen und es durch dauernde Veränderung seiner Entstehungsbedingungen aufzuheben. Den unvermeidlichen suggestiven Einfluß des Arztes lenkt man in der Psychoanalyse auf die dem Kranken zugeteilte Aufgabe, seine Widerstände zu überwinden, d. h. die Heilungsarbeit zu leisten. Gegen die Gefahr, die Erinnerungsangaben des Kranken suggestiv zu verfälschen, schützt man sich durch vorsichtige Handhabung der Technik. Im allgemeinen ist man aber gerade durch die Erweckung der Widerstände gegen irreführende Wirkungen des suggestiven Einflusses geschützt. Als das Ziel der Behandlung kann hingestellt werden, durch die Aufhebung der Widerstände und Nachprüfung der Verdrängungen des Kranken die weitgehendste Vereinheitlichung und Stärkung seines Ichs herbeizuführen, ihn den psychischen Aufwand für innere Konflikte zu ersparen, das beste aus ihm zu gestalten, was er nach **[383]** Anlagen und Fähigkeiten werden kann, und ihn so nach Möglichkeit leistungs- und genußfähig zu machen. Die Beseitigung der Leidenssymptome wird nicht als besonderes Ziel angestrebt, sondern ergibt sich bei regelrechter Ausführung der Analyse gleichsam als Nebengewinn. Der Analytiker respektiert die Eigenart des Patienten, sucht ihn nicht nach seinen – des Arztes – persönlichen Idealen umzumodeln und freut sich, wenn er sich Ratschläge ersparen und dafür die Initiative des Analysierten wecken kann.

Ihr Verhältnis zur Psychiatrie. Die Psychiatrie ist gegenwärtig eine wesentlich deskriptive und klassifizierende Wissenschaft, welche immer noch mehr somatisch als psychologisch orientiert ist, und der es an Erklärungsmöglichkeiten für die beobachteten Phänomene fehlt. Die Psychoanalyse steht aber nicht im Gegensatz zu ihr, wie man nach dem nahezu einmütigen Verhalten der Psychiater glauben sollte. Sie ist vielmehr als Tiefenpsychologie, Psychologie der dem Bewußtsein entzogenen Vorgänge im Seelenleben, dazu berufen, ihr den unerläßlichen Unterbau zu liefern und ihren heutigen Einschränkungen abzuhelfen. Die Zukunft wird voraussichtlich eine wissenschaftliche Psychiatrie erschaffen, welcher die Psychoanalyse als Einführung gedient hat.

VII. K r i t i k e n   u n d   M i ß v e r s t ä n d n i s s e   d e r P s y c h o a n a l y s e. Das meiste, was auch in wissenschaftlichen Werken gegen die Psychoanalyse vorgebracht wird, beruht auf ungenügender Information, die ihrerseits durch affektive Widerstände begründet scheint. So ist es irrig, der Psychoanalyse „P a n s e x u a l i s m u s" vorzuwerfen und ihr nachzusagen, daß sie alles seelische Geschehen von der Sexualität ableite und auf sie zurückführe. Die Psychoanalyse hat vielmehr von allem Anfang an die Sexualtriebe von anderen unterschieden, die sie vorläufig „Ichtriebe" genannt hat. Es ist ihr nie eingefallen, „Alles" erklären zu wollen, und selbst die Neurosen hat sie nicht aus der Sexualität allein, sondern aus dem Konflikt zwischen den sexuellen Strebungen und dem Ich abgeleitet. Der Name L i b i d o bedeutet in der Psychoanalyse (außer bei C. G. Jung) nicht psychische Energie schlechtweg, sondern die Triebkraft der Sexualtriebe. Gewisse Behauptungen, wie daß jeder Traum eine sexuelle Wunscherfüllung sei, sind überhaupt niemals aufgestellt worden. Der Vorwurf der Einseitigkeit ist gegen die Psychoanalyse, die als W i s s e n s c h a f t   v o m   s e e - l i s c h   U n b e w u ß t e n ihr bestimmtes und beschränktes Arbeitsgebiet hat, ebenso unangebracht, wie wenn man ihn gegen die Chemie erheben würde. Ein böses und nur durch Unkenntnis gerechtfertigtes Mißverständnis ist es, wenn man meint, die Psychoanalyse erwarte die Heilung neurotischer Beschwerden von „freien Ausleben" der Sexualität. Das Bewußtmachen der verdrängten Sexualgelüste in der Analyse ermöglicht vielmehr eine Beherrschung derselben, die durch die vorgängige Verdrängung nicht zu erreichen war. Man kann mit mehr Recht sagen, daß die Analyse den Neurotiker von den Fesseln seiner Sexualität befreit. Es ist ferner durchaus unwissenschaftlich, die Psychoanalyse danach zu beurteilen, ob sie geeignet ist, Religion, Autorität und Sittlichkeit zu untergraben, da sie wie alle Wissenschaft durchaus tendenzfrei ist und nur die eine Absicht kennt, ein Stück der Realität widerspruchsfrei zu erfassen. Endlich darf man es geradezu als einfältig bezeichnen, wenn man auf die Befürchtung stößt, die sogenannten höchsten Güter der Menschheit, Forschung, Kunst, Liebe, sittliches und soziales Empfinden, würden ihren Wert oder ihre Würde einbüßen, weil die Psychoanalyse in der Lage ist, deren Abkunft von elementaren, animalischen Triebregungen aufzuzeigen.

VIII. D i e   n i c h t   m e d i z i n i s c h e n   A n w e n d u n g e n
u n d   B e z i e h u n g e n   d e r   P s y c h o a n a l y s e. Die Würdigung der Psychoanalyse würde unvollständig sein, wenn man versäumte mitzuteilen, daß sie als die einzige unter den medizinischen Disziplinen die breitesten Beziehungen zu den Geisteswissenschaften hat und im Begriffe ist, für Religions- und Kulturgeschichte, Mythologie und Literaturwissenschaft eine ähnliche Bedeutung zu gewinnen wie für die Psychiatrie. Dies könnte Wunder nehmen, wenn man erwägt, daß sie ursprünglich kein anderes Ziel hatte als das Verständnis und die Beeinflussung neurotischer Symptome. Allein es ist leicht anzugeben, an welcher Stelle die Brücke zu den Geisteswissenschaften geschlagen ward. Als die Analyse der Träume Einsicht in die unbewußten seelischen Vorgänge gab und zeigte, daß die Mechanismen, welche die pathologischen Symptome schaffen, auch im normalen Seelenleben tätig sind, wurde die Psychoanalyse z u r   T i e f e n p s y c h o l o g i e und als solche der Anwendung auf die Geisteswissenschaften fähig, konnte eine gute Anzahl von Fragen lösen, vor denen die schulgemäße Bewußtseinspsychologie ratlos Halt machen mußte. Frühzeitig schon stellten sich die Beziehungen zur menschlichen P h y l o g e n e s e her. Man erkannte, wie häufig die pathologische Funktion nichts anderes ist als R e g r e s s i o n zu einer früheren Entwicklungsstufe der normalen. C. G. Jung wies zuerst nachdrücklich auf die überraschende Übereinstimmung zwischen den wüsten Phantasien der Dementia-praecox-Kranken mit den Mythenbildungen primitiver Völker hin; Referent machte aufmerksam, daß die beiden Wunschregungen, welche den Ödipuskomplex zusammensetzen, sich inhaltlich voll mit den beiden Hauptverboten des T o t e m i s m u s decken (den Totem nicht zu töten und kein Weib der eigenen Sippe zu ehelichen), und zog daraus weitgehende Schlüsse. Die Bedeutung des Ödipuskomplexes begann zu gigantischem Maß zu wachsen, man gewann die Ahnung, daß staatliche Ordnung, Sittlichkeit, Recht und Religion in der Urzeit der Menschheit miteinander als Reaktionsbildung auf den Ödipuskomplex entstanden seien. Otto Rank warf helle Lichter auf Mythologie und Literaturgeschichte durch Anwendung der psychoanalytischen Einsichten, ebenso Th. Reik auf die Geschichte der Sitten und Religionen, der Pfarrer O. Pfister (Zürich) weckte

das Interesse der Seelsorger und Lehrer und ließ den Wert psychoanalytischer Gesichtspunkte für die Pädagogik verstehen. Weitere Ausführungen über diese Anwendungen der Psychoanalyse sind hier nicht am Platze; möge die Bemerkung genügen, daß deren Ausdehnung noch nicht abzusehen ist.

C h a r a k t e r   d e r   P s y c h o a n a l y s e   a l s   e m p i r i - s c h e   W i s s e n s c h a f t. Die Psychoanalyse ist kein System wie die philosophischen, das von einigen scharf definierten Grundbegriffen ausgeht, mit diesen das Weltganze zu erfassen sucht, und dann, einmal fertig gemacht, keinen Raum mehr hat für neue Funde und bessere Einsichten. Sie haftet vielmehr an den Tatsachen ihres Arbeitsgebietes, sucht die nächsten Probleme der Beobachtung zu lösen, tastet sich an der Erfahrung weiter, ist immer unfertig, immer bereit, ihre Lehren zurechtzurücken oder abzuändern. Sie verträgt es so gut wie die Physik oder die Chemie, daß ihre obersten Begriffe unklar, ihre Voraussetzungen vorläufige sind, und erwartet eine schärfere Bestimmung derselben von zukünftiger Arbeit.

S. Freud

1923-03
Bemerkungen zur Theorie und Praxis der Traumdeutung

Erstveröffentlichung:
Internationale Zeitschrift für ärztliche Psychoanalyse, 9. Jg. (1923), H. 1, S. 1–11.

Freud hatte während einer Harzreise im September 1921 den Mitgliedern des sogenannten „Geheimen Komitees" den geplanten Inhalt dieses Textes mitgeteilt (Jones, 1960–1962, Bd. 2, S. 112). Er schrieb ihn im Sommer 1921 während eines Kuraufenthalts in Badgastein nieder (Freud, 1992g, Bd. III/1, S. 139). Die Bemerkungen erschienen Anfang 1923.

Bemerkungen zur Theorie und Praxis der Traumdeutung.

Von **Sigm. Freud.**

Der zufällige Umstand, daß die letzten Auflagen der „Traumdeutung" durch Plattendruck hergestellt wurden, veranlaßt mich, nachstehende Bemerkungen selbständig zu machen, die sonst als Abänderungen oder Einschaltungen im Text untergekommen wären.

1. Bei der Deutung eines Traumes in der Analyse hat man die Wahl zwischen verschiedenen technischen Verfahren.

Man kann *a)* chronologisch vorgehen und den Träumer seine Einfälle zu den Traumelementen in der Reihenfolge vorbringen lassen, welche diese Elemente in der Erzählung des Traumes einhalten. Dies ist das ursprüngliche, klassische Verfahren, welches ich noch immer für das beste halte, wenn man seine eigenen Träume analysiert.

Bemerkungen zur Theorie und Praxis der Traumdeutung.

Von Sigm. Freud.

Der zufällige Umstand, daß die letzten Auflagen der „Traumdeutung" durch Plattendruck hergestellt wurden, veranlaßt mich, nachstehende Bemerkungen selbständig zu machen, die sonst als Abänderungen oder Einschaltungen im Text untergekommen wären.

1. Bei der Deutung eines Traumes in der Analyse hat man die Wahl zwischen verschiedenen technischen Verfahren. Man kann *a)* chronologisch vorgehen und den Träumer seine Einfälle zu den Traumelementen in der Reihenfolge vorbringen lassen, welche diese Elemente in der Erzählung des Traumes einhalten. Dies ist das ursprüngliche, klassische Verfahren, welches ich noch immer für das beste halte, wenn man seine eigenen Träume analysiert.

Oder man kann *b)* die Deutungsarbeit an einem einzelnen ausgezeichneten Element des Traumes ansetzen lassen, das man mitten aus dem Traum herausgreift, z. B. an dem auffälligsten Stück desselben oder an dem, welches die größte Deutlichkeit oder sinnliche Intensität besitzt, oder etwa an eine im Traum enthaltene Rede anknüpfen, von der man erwartet, daß sie zur Erinnerung an eine Rede aus dem Wachleben führen wird.

Man kann *c)* überhaupt zunächst vom manifesten Inhalt absehen und dafür an den Träumer die Frage stellen, welche Ereignisse des letzten Tages sich in seiner Assoziation zum erzählten Traum gesellen.

Endlich kann man *d)*, wenn der Träumer bereits mit der Technik der Deutung vertraut ist, auf jede Vorschrift verzichten und es ihm anheimstellen, mit welchen Einfällen zum Traum er beginnen will. Ich kann nicht behaupten, daß die eine oder die **[2]** andere dieser Techniken die vorzüglichere ist und allgemein bessere Ergebnisse liefert.

2. Ungleich bedeutsamer ist der Umstand, ob die Deutungsarbeit unter h o h e m oder n i e d r i g e m W i d e r s t a n d s d r u c k vor sich geht, worüber der Analytiker ja niemals lange im Zweifel bleibt. Bei hohem Druck bringt man es vielleicht dazu, zu erfahren, von welchen Dingen der Traum handelt, aber man kann nicht erraten, was er über diese Dinge aussagt. Es ist, wie wenn man einem entfernten oder leise geführten Gespräch zuhören würde. Man sagt sich dann, daß von einem Zusammenarbeiten mit dem Träumer nicht gut die Rede sein kann, beschließt, sich nicht viel zu plagen und ihm nicht viel zu helfen, und begnügt sich damit, ihm einige Symbolübersetzungen, die man für wahrscheinlich hält, vorzuschlagen.

Die Mehrzahl der Träume in schwierigen Analysen ist von solcher Art, so daß man aus ihnen nicht viel über Natur und Mechanismus der Traumbildung lernen kann, am wenigsten aber Auskünfte zu der beliebten Frage erhalten wird, wo denn die Wunscherfüllung des Traumes steckt.

Bei ganz extrem hohem Widerstandsdruck ereignet sich das Phänomen, daß die Assoziation des Träumers in die Breite, anstatt in die Tiefe geht. An Stelle der gewünschten Assoziationen zu dem erzählten Traum kommen immer neue Traumstücke zum Vorschein, die selbst assoziationslos bleiben. Nur wenn sich der Widerstand in mäßigen Grenzen hält, kommt das bekannte Bild der Deutungsarbeit zustande, daß die Assoziationen des Träumers von den manifesten Elementen aus zunächst weit d i v e r g i e r e n, so daß eine große Anzahl von Themen und Vorstellungskreisen angerührt werden, bis dann eine zweite Reihe von Assoziationen von hier aus rasch zu den gesuchten Traumgedanken k o n v e r g i e r t.

Dann wird auch das Zusammenarbeiten des Analytikers mit dem Träumer möglich; bei hohem Widerstandsdruck wäre es nicht einmal zweckmäßig.

Eine Anzahl von Träumen, die während der Analysen vorfallen, sind unübersetzbar, wenngleich sie nicht gerade den Widerstand zur Schau tragen. Sie stellen freie Bearbeitungen der zugrunde liegenden latenten Traumgedanken vor und sind wohlgelungenen, künstlerisch überarbeiteten Dichtwerken vergleichbar, in denen man die Grundmotive zwar noch kenntlich, aber in beliebiger Durchrüttlung und Umwandlung verwendet findet. Solche Träume dienen in der Kur als Einleitung zu Gedanken [3] und Erinnerungen des Träumers, ohne daß ihr Inhalt selbst in Betracht käme.

3. Man kann Träume v o n   o b e n und Träume v o n   u n t e n unterscheiden, wenn man diesen Unterschied nicht zu scharf fassen will. Träume
von unten sind solche, die durch die Stärke eines unbewußten (verdrängten) Wunsches angeregt werden, der sich eine Vertretung in irgendwelchen
Tagesresten verschafft hat. Sie entsprechen Einbrüchen des Verdrängten in
das Wachleben. Träume von oben sind Tagesgedanken oder Tagesabsichten
gleichzustellen, denen es gelungen ist, sich nächtlicherweile eine Verstärkung aus dem vom Ich abgesprengten Verdrängten zu holen. Die Analyse
sieht dann in der Regel von diesem unbewußten Helfer ab und vollzieht die
Einreihung der latenten Traumgedanken in das Gefüge des Wachdenkens.
Eine Abänderung der Theorie des Traumes wird durch diese Unterscheidung
nicht erforderlich.

4. In manchen Analysen oder während gewisser Strecken einer Analyse
zeigt sich eine Sonderung des Traumlebens vom Wachleben, ähnlich wie die
Absonderung der Phantasietätigkeit, die eine continued story (einen Tagtraumroman) unterhält, vom Wachdenken. Es knüpft dann ein Traum an
den anderen an, nimmt ein Element zum Mittelpunkt, welches im vorhergehenden beiläufig gestreift wurde, u. dergl. Viel häufiger trifft aber der andere
Fall zu, daß die Träume nicht aneinanderhängen, sondern sich in aufeinan-
derfolgende Stücke des Wachdenkens einschalten.

5. Die Deutung eines Traumes zerfällt in zwei Phasen, die Übersetzung
und die Beurteilung oder Verwertung desselben. Während der ersten soll man
sich durch keinerlei Rücksicht auf die zweite beeinflussen lassen. Es ist, wie
wenn man ein Kapitel eines fremdsprachigen Autors vor sich hat, z. B. des
L i v i u s. Zuerst will man wissen, was L i v i u s in diesem Kapitel erzählt,
erst dann tritt die Diskussion ein, ob das Gelesene ein Geschichtsbericht ist
oder eine Sage oder eine Abschweifung des Autors.

Welche Schlüsse darf man aber aus einem richtig übersetzten Traum ziehen? Ich habe den Eindruck, daß die analytische Praxis hierin Irrtümer und
Überschätzungen nicht immer vermieden hat, und zwar zum Teil aus über-
großem Respekt vor dem „geheimnisvollen Unbewußten".

Man vergißt zu leicht daran, daß ein Traum zumeist nur ein Gedanke ist
wie ein anderer, ermöglicht durch den Nachlaß der Zensur und die unbewußte Verstärkung und entstellt durch die Einwirkung der Zensur und die
unbewußte Bearbeitung.

[4] Greifen wir das Beispiel der sogenannten Genesungsträume heraus. Wenn ein Patient einen solchen Traum gehabt hat, in dem er sich den Einschränkungen seiner Neurose zu entziehen scheint, z. B. eine Phobie überwindet oder eine Gefühlsbindung aufgibt, so sind wir geneigt zu glauben, er habe einen großen Fortschritt gemacht, sei bereit, sich in eine neue Lebenslage zu fügen, beginne mit seiner Gesundheit zu rechnen usw. Das mag oftmals richtig sein, aber ebenso oft haben solche Genesungsträume nur den Wert von Bequemlichkeitsträumen, sie bedeuten den Wunsch, endlich gesund zu sein, um sich ein weiteres Stück der analytischen Arbeit, das sie als bevorstehend fühlen, zu ersparen. In solchem Sinn ereignen sich Genesungsträume z. B. recht häufig, wenn der Patient in eine neue, ihm peinliche Phase der Übertragung eintreten soll. Er benimmt sich dann ganz ähnlich wie manche Neurotiker, die sich nach wenigen Stunden Analyse für geheilt erklären, weil sie allem Unangenehmen entgehen wollen, das in der Analyse noch zur Sprache kommen soll. Auch die Kriegsneurotiker, die auf ihre Symptome verzichteten, weil ihnen die Therapie der Militärärzte das Kranksein noch unbehaglicher zu machen verstand, als sie den Dienst an der Front gefunden hatten, sind denselben ökonomischen Bedingungen gefolgt, und die Heilungen haben sich in beiden Fällen nicht haltbar erwiesen.

6. Es ist gar nicht so leicht, allgemeine Entscheidungen über den Wert richtig übersetzter Träume zu fällen. Wenn beim Patienten ein Ambivalenzkonflikt besteht, so bedeutet ein feindseliger Gedanke, der in ihm auftaucht, gewiß nicht eine dauernde Überwindung der zärtlichen Regung, also eine Entscheidung des Konflikts, und ebensowenig hat ein Traum vom gleichen feindseligen Inhalt diese Bedeutung. Während eines solchen Ambivalenzkonflikts bringt oft jede Nacht zwei Träume, von denen jeder eine andere Stellung nimmt. Der Fortschritt besteht dann darin, daß eine gründliche Isolierung der beiden kontrastierenden Regungen gelungen ist und jede von ihnen mit Hilfe der unbewußten Verstärkungen bis zu ihrem Extrem verfolgt und eingesehen werden kann. Mitunter ist der eine der beiden ambivalenten Träume vergessen worden, man darf sich dann nicht täuschen lassen und annehmen, daß nun die Entscheidung zugunsten der einen Seite gefallen ist. Das Vergessen des einen Traumes zeigt allerdings, daß für den Augenblick die eine Richtung die Oberhand hat, aber das gilt nur für den einen Tag und kann sich ändern. Die nächste Nacht bringt vielleicht die entgegengesetzte

Äußerung in den Vordergrund. Wie der Konflikt wirklich steht, kann nur [5] durch die Berücksichtigung aller anderen Kundgebungen auch des Wachlebens erraten werden.

7. Mit der Frage nach der Wertung der Träume hängt die andere nach ihrer Beeinflußbarkeit durch ärztliche „Suggestion" innig zusammen. Der Analytiker wird vielleicht zuerst erschrecken, wenn er an diese Möglichkeit gemahnt wird; bei näherer Überlegung wird dieser Schreck gewiß der Einsicht weichen, die Beeinflussung der Träume des Patienten sei für den Analytiker nicht mehr Mißgeschick oder Schande als die Lenkung seiner bewußten Gedanken.

Daß der manifeste Inhalt der Träume durch die analytische Kur beeinflußt wird, braucht nicht erst bewiesen zu werden. Das folgt ja schon aus der Einsicht, daß der Traum ans Wachleben anknüpft und Anregungen desselben verarbeitet. Was in der analytischen Kur vorgeht, gehört natürlich auch zu den Eindrücken des Wachlebens und bald zu den stärksten desselben. Es ist also kein Wunder, daß der Patient von Dingen träumt, die der Arzt mit ihm besprochen und deren Erwartung er in ihm geweckt hat. Nicht mehr Wunder jedenfalls, als in der bekannten Tatsache der „experimentellen" Träume enthalten ist.

Das Interesse setzt sich nun dahin fort, ob auch die durch Deutung zu eruierenden latenten Traumgedanken vom Analytiker beeinflußt, suggeriert, werden können. Die Antwort darauf muß wiederum lauten: Selbstverständlich ja, denn ein Anteil dieser latenten Traumgedanken entspricht vorbewußten, durchaus bewußtseinsfähigen Gedankenbildungen, mit denen der Träumer eventuell auch im Wachen auf die Anregungen des Arztes hätte reagieren können, mögen die Erwiderungen des Analysierten nun diesen Anregungen gleichgerichtet sein oder ihnen widerstreben. Ersetzt man den Traum durch die in ihm enthaltenen Traumgedanken, so fällt eben die Frage, wieweit man Träume suggerieren kann, mit der allgemeineren, inwieweit der Patient in der Analyse der Suggestion zugänglich ist, zusammen.

Auf den Mechanismus der Traumbildung selbst, auf die eigentliche Traumarbeit gewinnt man nie Einfluß; daran darf man festhalten.

Außer dem besprochenen Anteil der vorbewußten Traumgedanken enthält jeder richtige Traum Hinweise auf die verdrängten Wunschregungen, denen er seine Bildungsmöglichkeit verdankt. Der Zweifler wird zu diesen sagen, sie erscheinen im Traume, weil der Träumer weiß, daß er sie bringen soll, daß sie vom Analytiker erwartet werden. Der Analytiker selbst wird mit gutem Recht anders denken.

[6] Wenn der Traum Situationen bringt, die auf Szenen aus der Vergangenheit des Träumers gedeutet werden können, scheint die Frage besonders bedeutsam, ob auch an diesen Trauminhalten der ärztliche Einfluß beteiligt sein kann. Am dringendsten wird diese Frage bei den sogenannten b e s t ä - t i g e n d e n, der Analyse nachhinkenden Träumen. Bei manchen Patienten bekommt man keine anderen. Sie reproduzieren die vergessenen Erlebnisse ihrer Kindheit erst, nachdem man dieselben aus Symptomen, Einfällen und Andeutungen konstruiert und ihnen dies mitgeteilt hat. Das gibt dann die bestätigenden Träume, gegen welche aber der Zweifel sagt, sie seien ganz ohne Beweiskraft, da sie auf die Anregung des Arztes hin phantasiert sein mögen, anstatt aus dem Unbewußten des Träumers ans Licht gefördert zu sein. Ausweichen kann man in der Analyse dieser mehrdeutigen Situation nicht, denn wenn man bei diesen Patienten nicht deutet, konstruiert und mitteilt, findet man nie den Zugang zu dem bei ihnen Verdrängten.

Die Sachlage gestaltet sich günstig, wenn sich an die Analyse eines solchen nachhinkenden bestätigenden Traumes unmittelbar Erinnerungsgefühle für das bisher Vergessene knüpfen.

Der Skeptiker hat dann den Ausweg zu sagen, es seien Erinnerungstäuschungen. Meist sind auch solche Erinnerungsgefühle nicht vorhanden. Das Verdrängte wird nur stückweise durchgelassen und jede Unvollständigkeit hemmt oder verzögert die Bildung einer Überzeugung. Auch kann es sich um die Reproduktion nicht einer wirklichen, vergessenen Begebenheit, sondern um die Förderung einer unbewußten Phantasie handeln, für welche ein Erinnerungsgefühl niemals zu erwarten ist, aber irgend einmal ein Gefühl subjektiver Überzeugung möglich bleibt.

Können also die Bestätigungsträume wirklich Erfolge der Suggestion, also Gefälligkeitsträume sein? Die Patienten; welche nur Bestätigungsträume bringen, sind dieselben, bei denen der Zweifel die Rolle des hauptsächlichen Widerstandes spielt. Man macht nicht den Versuch, diesen Zweifel durch Autorität zu überschreien oder ihn mit Argumenten zu erschlagen. Er muß bestehen bleiben, bis er im weiteren Fortgang der Analyse zur Erledigung kommt. Auch der Analytiker darf im einzelnen Falle einen solchen Zweifel festhalten. Was ihn endlich sicher macht, ist gerade die Komplikation der ihm gestellten Aufgabe, die der Lösung eines der „Puzzles" genannten Kinderspiele vergleichbar ist. Dort ist eine farbige Zeichnung, die auf ein Holzbrettchen geklebt ist und genau in einen Holzrahmen paßt, in viele Stücke zerschnitten worden, die von den unregelmäßigsten krummen Linien begrenzt [7] werden. Gelingt es, den unordentlichen Haufen von Holzplättchen, deren jedes ein unverständliches Stück Zeichnung trägt, so zu ordnen, daß die Zeichnung sinnvoll wird, daß nirgends eine Lücke zwischen den Fugen bleibt, und daß das Ganze den Rahmen ausfüllt, sind alle diese Bedingungen erfüllt, so weiß man, daß man die Lösung des Puzzle gefunden hat und daß es keine andere gibt.

Ein solcher Vergleich kann natürlich dem Analysierten während der unvollendeten analytischen Arbeit nichts bedeuten. Ich erinnere mich hier an eine Diskussion, die ich mit einem Patienten zu führen hatte, dessen außerordentliche Ambivalenzeinstellung sich im stärksten zwanghaften Zweifel äußerte. Er bestritt die Deutungen seiner Träume nicht und war von deren Übereinstimmung mit den von mir geäußerten Mutmaßungen sehr ergriffen. Aber er fragte, ob diese bestätigenden Träume nicht Ausdruck seiner Gefügigkeit gegen mich sein könnten. Als ich geltend machte, daß diese Träume auch eine Summe von Einzelheiten gebracht hätten, die ich nicht ahnen konnte, und daß sein sonstiges Benehmen in der Kur gerade nicht von Gefügigkeit zeugte, wandte er sich zu einer anderen Theorie und fragte, ob nicht sein narzißtischer Wunsch, gesund zu werden, ihn veranlaßt haben könne, solche Träume zu produzieren, da ich ihm doch die Genesung in Aussicht gestellt habe, wenn er meine Konstruktionen annehmen könne. Ich mußte antworten, mir sei von einem solchen Mechanismus der Traumbildung noch nichts bekannt worden, aber die Entscheidung kam auf anderem Wege. Er erinnerte sich an Träume, die er gehabt, ehe er in die Analyse eintrat, ja ehe er etwas von ihr erfahren hatte, und die Analyse dieser vom Suggestionsverdacht freien Träume ergab dieselben Deutungen wie der späteren. Sein Zwang zum Widerspruch fand zwar noch den Ausweg, die früheren Träume seien minder deutlich gewesen als die während der Kur vorgefallenen, aber mir genügte die Übereinstimmung. Ich meine, es ist überhaupt gut, gelegentlich daran zu denken, daß die Menschen auch schon zu träumen pflegten, ehe es eine Psychoanalyse gab.

8. Es könnte wohl sein, daß es den Träumen in einer Psychoanalyse in ausgiebigerem Maße gelingt, das Verdrängte zum Vorschein zu bringen, als den Träumen außerhalb dieser Situation. Aber es ist nicht zu erweisen, denn die beiden Situationen sind nicht vergleichbar; die Verwertung in der Analyse ist eine Absicht, die dem Traume ursprünglich ganz ferne liegt. Dagegen kann es nicht zweifelhaft sein, daß innerhalb einer Analyse weit mehr des Verdrängten im Anschluß an Träume zutage gefördert wird als **[8]** mit Hilfe der anderen Methoden; für solche Mehrleistung muß es einen Motor geben, eine unbewußte Macht, welche während des Schlafzustandes besser als sonst imstande ist, die Absichten der Analyse zu unterstützen. Nun kann man hiefür kaum einen anderen Faktor in Anspruch nehmen als die aus dem Elternkomplex stammende Gefügigkeit des Analysierten gegen den Analytiker, also den positiven Anteil der von uns so genannten Übertragung, und in der Tat läßt sich an vielen Träumen, die Vergessenes und Verdrängtes wiederbringen, kein anderer unbewußter Wunsch entdecken, dem man die Triebkraft für die Traumbildung zuschreiben könnte. Will also jemand behaupten, daß die meisten der in der Analyse verwertbaren Träume Gefälligkeitsträume sind und der Suggestion ihre Entstehung verdanken, so ist vom Standpunkt der analytischen Theorie nichts dagegen einzuwenden. Ich brauche dann nur noch auf die Erörterungen in meinen „Vorlesungen zur Einführung" zu verweisen, in denen das Verhältnis der Übertragung zur Suggestion behandelt und dargetan wird, wie wenig die Anerkennung der Suggestionswirkung in unserem Sinne die Zuverlässigkeit unserer Resultate schädigt.

Ich habe mich in der Schrift „Jenseits des Lustprinzips" mit dem ökonomischen Problem beschäftigt, wie es den in jeder Hinsicht peinlichen Erlebnissen der frühinfantilen Sexualperiode gelingen kann, sich zu irgend einer Art von Reproduktion durchzuringen. Ich mußte ihnen im „Wiederholungszwang" einen außerordentlich starken Auftrieb zugestehen, der die im Dienst des Lustprinzips auf ihnen lastende Verdrängung bewältigt, aber doch nicht eher, „als bis die entgegenkommende Arbeit der Kur die Verdrängung gelockert hat" (S. 17). Hier wäre einzuschalten, daß es die positive Übertragung ist, welche dem Wiederholungszwang diese Hilfe leistet. Es ist dabei zu einem Bündnis der Kur mit dem Wiederholungszwang gekommen, welches sich zunächst gegen das Lustprinzip richtet, aber in letzter Absicht die Herrschaft des Realitätsprinzips aufrichten will. Wie ich dort ausgeführt habe, ereignet es sich nur allzu häufig, daß sich der Wiederholungszwang von den Verpflichtungen dieses Bundes frei macht und sich nicht mit der Wiederkehr des Verdrängten in der Form von Traumbildern begnügt.

9. So weit ich bis jetzt sehe, ergeben die Träume bei traumatischer Neurose die einzige wirkliche, die Strafträume die einzige scheinbare Ausnahme von der wunscherfüllenden Tendenz des Traumes. Bei diesen letzteren stellt sich der merkwürdige Tatbestand her, daß eigentlich nichts von den latenten Traum- **[9]** gedanken in den manifesten Trauminhalt aufgenommen wird, sondern daß an deren Stelle etwas ganz anderes tritt, was als eine Reaktionsbildung gegen die Traumgedanken, als Ablehnung und voller Widerspruch gegen sie beschrieben werden muß. Ein solches Einschreiten gegen den Traum kann man nur der kritischen Ichinstanz zutrauen und muß daher annehmen, daß diese, durch die unbewußte Wunscherfüllung gereizt, sich zeitweilig auch während des Schlafzustandes wiederhergestellt hat. Sie hätte auf diesen unerwünschten Trauminhalt auch mit Erwachen reagieren können, fand aber in der Bildung des Straftraumes einen Weg, die Schlafstörung zu vermeiden.

So ist also z. B. für die bekannten Träume des Dichters Rosegger, die ich in der Traumdeutung (S. 321 der 7. Aufl.) erwähne, ein unterdrückter Text von hochmütigem, prahlerischem Inhalt zu vermuten, der wirkliche Traum aber hielt ihm vor: „Du bist ein unfähiger Schneidergeselle". Es wäre natürlich unsinnig, nach einer verdrängten Wunschregung als Triebkraft dieses manifesten Traumes zu suchen; man muß sich mit der Wunscherfüllung der Selbstkritik begnügen.

Das Befremden über einen derartigen Aufbau des Traumes ermäßigt sich, wenn man bedenkt, wie geläufig es der Traumentstellung im Dienste der Zensur ist, für ein einzelnes Element etwas einzusetzen, was in irgend einem Sinne sein Gegenteil oder Gegensatz ist. Von da ab ist es nur ein kurzer Weg bis zur Ersetzung eines charakteristischen Stückes Trauminhalt durch einen abwehrenden Widerspruch, und ein Schritt weiter führt zur Ersetzung des ganzen anstößigen Trauminhalts durch den Straftraum. Von dieser mittleren Phase der Verfälschung des manifesten Inhalts möchte ich ein oder zwei charakteristische Beispiele mitteilen.

Aus dem Traum eines Mädchens mit starker Vaterfixierung, welches sich in der Analyse schwer ausspricht: Sie sitzt im Zimmer mit einer Freundin, nur mit einem Kimono bekleidet. Ein Herr kommt herein, vor dem sie sich geniert. Der Herr sagt aber: „Das ist ja das Mädchen, das wir schon einmal so schön bekleidet gesehen haben." – Der Herr bin ich, in weiterer Zurückführung der Vater. Mit dem Traum ist aber nichts zu machen, so lange wir uns nicht entschließen, in der Rede des Herrn das wichtigste Element durch seinen Gegensatz zu ersetzen: „Das ist das Mädchen, das ich schon einmal u n b e k l e i d e t und dann so schön gesehen habe." Sie hat als Kind von drei bis vier Jahren eine Zeitlang im selben Zimmer mit dem Vater geschlafen und [10] alle Anzeichen deuten darauf hin, daß sie sich damals im Schlaf aufzudecken pflegte, um dem Vater zu gefallen. Die seitherige Verdrängung ihrer Exhibitionslust motiviert heute ihre Verschlossenheit in der Kur, ihre Unlust, sich unverhüllt zu zeigen.

Aus einer anderen Szene desselben Traumes: Sie liest ihre eigene, im Druck vorliegende Krankengeschichte. Darin steht, daß ein junger Mann seine Geliebte ermordet – Kakao – das gehört zur Analerotik. Das letztere ist ein Gedanke, den sie im Traum bei der Erwähnung des Kakao hat. – Die Deutung dieses Traumstückes ist noch schwieriger als die des vorigen. Man erfährt endlich, daß sie vor dem Einschlafen die „Geschichte einer infantilen Neurose" (fünfte Folge der Sammlung kleiner Schriften) gelesen hat, in welcher eine reale oder phantasierte Koitusbeobachtung der Eltern den Mittelpunkt bildet. Diese Krankengeschichte hat sie schon früher einmal auf die eigene Person bezogen, nicht das einzige Anzeichen, daß auch bei ihr eine solche Beobachtung in Betracht kommt. Der junge Mann, der seine Geliebte ermordet, ist nun eine deutliche Anspielung auf die sadistische Auffassung der Koitusszene, aber das nächste Element, der Kakao, geht weit davon ab. Zum Kakao weiß sie nur zu assoziieren, daß ihre Mutter zu sagen pflegt, vom Kakao bekomme man Kopfweh, auch von anderen Frauen will sie das gleiche gehört haben. Übrigens hat sie sich eine Zeitlang durch ebensolche Kopfschmerzen mit der Mutter identifiziert. Ich kann nun keine andere Verknüpfung der beiden Traumelemente finden als durch die Annahme, daß sie von den Folgerungen aus der Koitusbeobachtung ablenken will. Nein, das hat nichts mit der Kinderzeugung zu tun. Die Kinder kommen von etwas, das man ißt (wie im Märchen), und die Erwähnung der Analerotik, die wie ein Deutungsversuch im Traum aussieht, vervollständigt die zu Hilfe gerufene infantile Theorie durch die Hinzufügung der analen Geburt.

10. Man hört gelegentlich Verwunderung darüber äußern, daß das Ich des Träumers zwei- oder mehrmals im manifesten Traum erscheint, einmal in eigener Person und die anderen Male hinter anderen Personen versteckt. Die sekundäre Bearbeitung hat während der Traumbildung offenbar das Bestreben gehabt, diese Vielheit des Ichs, welche in keine szenische Situation paßt, auszumerzen, durch die Deutungsarbeit wird sie aber wieder hergestellt. Sie ist an sich nicht merkwürdiger als das mehrfache Vorkommen des Ichs in einem wachen Gedanken, zumal wenn sich dabei das Ich in Subjekt und Objekt zerlegt, sich als beobachtende und kritische Instanz dem anderen Anteil gegenüber- [11] stellt oder sein gegenwärtiges Wesen mit einem erinnerten, vergangenen, das auch einmal Ich war, vergleicht. So z. B. in den Sätzen: „Wenn i c h daran denke, was i c h diesem Menschen getan habe" und „Wenn i c h daran denke, daß i c h auch einmal ein Kind war." Daß aber alle Personen, die im Traume vorkommen, als Abspaltungen und Vertretungen des eigenen Ichs zu gelten haben, möchte ich als eine inhaltslose und unberechtigte Spekulation zurückweisen. Es genügt uns daran festzuhalten, daß die Sonderung des Ichs von einer beobachtenden, kritisierenden, strafenden Instanz (Ichideal) auch für die Traumdeutung in Betracht kommt.

1923-04
Eine Teufelsneurose
im siebzehnten Jahrhundert

Erstveröffentlichung:
Imago, 9. Jg. (1923), H. 1, S. 1–34.

Mitte November 1922 erhielt Freud von Hofrat Rudolf Payer von Thurn, dem Direktor der ehemaligen Kaiserlichen Fideikommißbibliothek[1], „das Manuskript einer Teufelsverschreibung aus dem Ende des 17. Jahrhunderts [...], das mich doch zu einer kleinen Arbeit bewegen wird. Eine merkwürdige psychologische Wahrheit wird darin in ergreifender Naivität verraten" (Freud, 2004h, S. 305).

Der Protagonist von Freuds Schrift ist der Maler Johann Christoph Haitzmann (1651/52–1700), der sich wegen eines eingegangenen Teufelspakts mehrfach Teufelsaustreibungen im österreichischen Wallfahrtsort Mariazell unterziehen musste.

Abb. 5: Abschrift des Teufelspakts

---

[1] Die Fideikommißbibliothek war die private Hausbibliothek der Habsburger. Am 18. Juni 1920 wurde sie durch Regierungsbeschluss Teil der Österreichischen Nationalbibliothek (Czeike, 1993, S. 298).

Eine Teufelsneurose
im siebzehnten Jahrhundert

von SIGM. FREUD

An den Neurosen der Kinderzeit haben wir gelernt, daß manches hier mühelos mit freiem Auge zu sehen ist, was sich späterhin nur gründlicher Forschung zu erkennen gibt. Eine ähnliche Erwartung wird sich für die neurotischen Erkrankungen früherer Jahrhunderte ergeben, wenn wir nur darauf gefaßt sind, dieselben unter anderen Überschriften als unsere heutigen Neurosen zu finden. Wir dürfen nicht erstaunt sein, wenn die Neurosen dieser frühen Zeiten im dämonologischen Gewande auftreten, während die der psychologischen Jetztzeit im hypochondrischen, als organische Krankheiten verkleidet, erscheinen. Mehrere Autoren, voran C h a r c o t, haben bekanntlich in den Darstellungen der Besessenheit und Verzückung, wie sie uns die Kunst hinterlassen hat, die Äußerungsformen der Hysterie agnosziert; es wäre nicht schwer gewesen, in den Geschichten dieser Kranken die Inhalte der Neurose wiederzufinden, wenn man ihnen damals mehr Aufmerksamkeit geschenkt hätte.

Die dämonologische Theorie jener dunkeln Zeiten hat gegen alle somatischen Auffassungen der „exakten" Wissenschaftsperiode recht behalten. Die Besessenheiten entsprechen unseren Neurosen, zu deren Erklärung wir wieder psychische Mächte heranziehen. Die Dämonen [2] sind uns böse, verworfene Wünsche, Abkömmlinge abgewiesener, verdrängter Triebregungen. Wir lehnen bloß die Projektion in die äußere Welt ab, welche das Mittelalter mit diesen seelischen Wesen vornahm; wir lassen sie im Innenleben der Kranken, wo sie hausen, entstanden sein.

I. Die Geschichte des Malers Christoph Haitzmann

Einen Einblick in eine solche dämonologische Neurose des siebzehnten Jahrhunderts verdanke ich dem freundlichen Interesse des Herrn Hofrats Dr. R. P a y e r-T h u r n, Direktor der ehemals k. k. Fideikommißbibliothek in Wien. P a y e r-T h u r n hatte in der Bibliothek ein aus dem Gnadenort M a r i a z e l l stammendes Manuskript aufgefunden, in dem über eine wunderbare Erlösung von einem Teufelspakt durch die Gnade der heiligen Maria ausführlich berichtet wird. Sein Interesse wurde durch die Beziehung dieses Inhalts zur Faustsage geweckt und wird ihn zu einer eingehenden Darstellung und Bearbeitung des Stoffes veranlassen. Da er aber fand, daß die Person, deren Erlösung beschrieben wird, an Krampfanfällen und Visionen litt, wandte er sich an mich um eine ärztliche Begutachtung des Falles. Wir sind übereingekommen, unsere Arbeiten unabhängig voneinander und gesondert zu veröffentlichen. Ich statte ihm für seine Anregung, wie für mancherlei Hilfeleistung beim Studium des Manuskripts meinen Dank ab. Diese dämonologische Krankengeschichte bringt wirklich einen wertvollen Fund, der ohne viel Deutung klar zutage liegt, wie manche Fundstelle als gediegenes Metall liefert, was anderwärts mühsam aus dem Erz geschmolzen werden muß.

Das Manuskript, von dem mir eine genaue Abschrift vorliegt, zerlegt sich uns in zwei Stücke von ganz verschiedener Natur: in den lateinisch abgefaßten Bericht des mönchischen Schreibers oder Kompilators und in ein deutsch geschriebenes Tagebuchbruchstück des Patienten. Der erste Teil enthält den Vorbericht und die eigentliche Wunderheilung; der zweite Teil kann für die geistlichen Herren nicht von Bedeutung gewesen sein; umso wertvoller ist er für uns. Er trägt [3] viel dazu bei, unser sonst schwankendes Urteil über den Krankheitsfall zu festigen, und wir haben guten Grund, den Geistlichen zu danken, daß sie dies Dokument erhalten haben, obgleich es ihrer Tendenz nichts mehr leistet, ja diese eher gestört haben mag.

Ehe ich aber in die Zusammensetzung der kleinen handschriftlichen Broschüre, die den Titel führt:

Trophaeum Mariano-Cellense,

weiter eingehe, muß ich ein Stück ihres Inhalts erzählen, das ich dem Vorbericht entnehme.

Am 5. September 1677 wurde der Maler Christoph Haitzmann, ein Bayer, mit einem Geleitbrief des Pfarrers von Pottenbrunn (in Niederösterreich) nach dem nahen Mariazell gebracht[1]. Er habe sich in Ausübung seiner Kunst mehrere Monate in Pottenbrunn aufgehalten, sei dort am 29. August in der Kirche von schrecklichen Krämpfen befallen worden, und als sich diese in den nächsten Tagen wiederholten, habe ihn der Praefectus Dominii Pottenbrunnensis examiniert, was ihn wohl bedrücke, ob er sich wohl in unerlaubten Verkehr mit dem bösen Geist eingelassen habe[2]. Worauf er gestanden, daß er wirklich vor neun Jahren zu einer Zeit der Verzagtheit an seiner Kunst und des Zweifels an seiner Selbsterhaltung dem Teufel, der ihn neunmal versucht, nachgegeben und sich schriftlich verpflichtet, ihm nach Ablauf dieser Zeit mit Leib und Seele anzugehören. Das Ende des Termins nahe mit dem 24. des laufenden Monats[3]. Der Unglückliche bereue und sei überzeugt, daß nur die Gnade der Mutter Gottes von Mariazell ihn retten könne, indem sie den Bösen zwinge, ihm die mit Blut geschriebene Verschreibung herauszugeben. Aus diesem Grund erlaube man sich *miserum hunc hominem omni auxilio destitutum* dem Wohlwollen der Herren von Mariazell zu empfehlen.

[4] Soweit der Pfarrer von Pottenbrunn, Leopoldus Braun, am 1. September 1677.

Ich kann nun in der Analyse des Manuskripts fortfahren. Es besteht also aus drei Teilen:

1. einem farbigen Titelblatt, welches die Szene der Verschreibung und die der Erlösung in der Kapelle von Mariazell darstellt; auf dem nächsten Blatt sind acht ebenfalls farbige Zeichnungen der späteren Erscheinungen des Teufels mit kurzen Beischriften in deutscher Sprache. Diese Bilder sind nicht Originale, sondern Kopien – wie uns feierlich versichert wird: getreue Kopien – nach den ursprünglichen Malereien des Chr. Haitzmann;

2. aus dem eigentlichen Trophaeum Mariano-Cellense (lateinisch), dem Werk eines geistlichen Kompilators, der sich am Ende P. A. E. unterzeichnet

---

[1] Das Alter des Malers ist nirgends angegeben. Der Zusammenhang läßt einen Mann zwischen 30 und 40, wahrscheinlich der unteren Grenze näher, erraten. Er verstarb, wie wir hören werden, im Jahre 1700.

[2] Die Möglichkeit, daß diese Fragestellung dem Leidenden die Phantasie seines Teufelspaktes eingegeben, „suggeriert" hat, sei hier nur gestreift.

[3] quorum et finis 24 mensis hujus futurus appropinquat.

und diesen Buchstaben vier Verszeilen, welche seine Biographie enthalten, beifügt. Den Abschluß bildet ein Zeugnis des Abtes Kilian von St. Lambert vom 12. September 1729, welches in anderer Schrift als der des Kompilators die genaue Übereinstimmung des Manuskripts und der Bilder mit den im Archiv aufbewahrten Originalen bestätigt. Es ist nicht angegeben, in welchem Jahr das Trophaeum angefertigt wurde. Es steht uns frei, anzunehmen, daß es im gleichen Jahr geschah, in dem der Abt Kilian das Zeugnis ausstellte, also 1729 oder, da 1714 die letzte im Text genannte Jahreszahl ist, das Werk des Kompilators in irgend eine Zeit zwischen 1714 und 1729 zu verlegen. Das Wunder, welches durch diese Schrift vor Vergessenheit bewahrt werden sollte, hat sich im Jahr 1677 zugetragen, also 37 bis 52 Jahre vorher;

3. aus dem deutsch abgefaßten Tagebuch des Malers, welches von der Zeit seiner Erlösung in der Kapelle bis zum 13. Januar des nächsten Jahres 1678 reicht. Es ist in den Text des Trophaeum kurz vor dessen Ende eingeschaltet.

Den Kern des eigentlichen Trophaeum bilden zwei Schriftstücke, der bereits erwähnte Geleitbrief des Pfarrers Leopold Braun von Pottenbrunn vom 1. September 1677, und der Bericht des Abtes Fran- [5] ciscus von Mariazell und St. Lambert, der die Wunderheilung schildert, vom 12. September 1677, also nur wenige Tage später datiert. Die Tätigkeit des Redakteurs oder Kompilators P. A. E. hat eine Einleitung geliefert, welche die beiden Aktenstücke gleichsam verschmilzt, ferner einige wenig bedeutsame Verbindungsstücke und am Schluß einen Bericht über die weiteren Schicksale des Malers nach einer im Jahre 1714 eingeholten Erkundigung beigefügt[4].

Die Vorgeschichte des Malers wird also im Trophaeum dreimal erzählt, 1. im Geleitbrief des Pfarrers von Pottenbrunn, 2. im feierlichen Bericht des Abtes Franciscus und 3. in der Einleitung des Redakteurs. Beim Vergleich dieser drei Quellen stellen sich gewisse Unstimmigkeiten heraus, die zu verfolgen nicht unwichtig sein wird.

Ich kann jetzt die Geschichte des Malers fortsetzen. Nachdem er in Mariazell lange gebüßt und gebetet, erhält er am 8. September, dem Tag Mariä Geburt, um die zwölfte Nachtstunde vom Teufel, der in der heiligen Kapelle als geflügelter Drache erscheint, den mit Blut geschriebenen Pakt zurück.

---

[4] Dies würde dafür sprechen, daß 1714 auch das Datum der Abfassung des Trophaeum ist.

Wir werden später zu unserem Befremden erfahren, daß in der Geschichte des Malers Chr. Haitzmann zwei Verschreibungen an den Teufel vorkommen, eine frühere, mit schwarzer Tinte und eine spätere, mit Blut geschriebene. In der mitgeteilten Beschwörungsszene handelt es sich, wie auch noch das Bild auf dem Titelblatt erkennen läßt, um die blutige, also um die spätere.

An dieser Stelle könnte sich bei uns ein Bedenken gegen die Glaubwürdigkeit der geistlichen Berichterstatter erheben, das uns mahnen würde, doch nicht unsere Arbeit an ein Produkt mönchischen Aberglaubens zu verschwenden. Es wird erzählt, daß mehrere, mit Namen benannte Geistliche dem Exorzierten während der ganzen Zeit Beistand leisteten und auch während der Teufelserscheinung in der Kapelle anwesend waren. Wenn behauptet würde, daß auch sie den teuflischen Drachen gesehen haben, wie er dem Maler den rot beschriebenen Zettel hinhält *(Schedam sibi porrigentem conspexisset)*, so stün- **[6]** den wir vor mehreren unangenehmen Möglichkeiten, unter denen die einer kollektiven Halluzination noch die mildeste wäre. Allein der Wortlaut des vom Abt Franciscus ausgestellten Zeugnisses schlägt dieses Bedenken nieder. Es wird darin keineswegs behauptet, daß auch die geistlichen Beistände den Teufel erschaut haben, sondern es heißt ehrlich und nüchtern, daß der Maler sich plötzlich von den Geistlichen, die ihn hielten, losgerissen, in die Ecke der Kapelle, wo er die Erscheinung sah, gestürmt und dann mit dem Zettel in der Hand zurückgekommen sei[5].

Das Wunder war groß, der Sieg der heiligen Mutter über Satan unzweifelhaft, die Heilung aber leider nicht beständig. Es sei nochmals zur Ehre der geistlichen Herren hervorgehoben, daß sie diese Tatsache nicht verschweigen. Der Maler verließ Mariazell nach kurzer Zeit im besten Wohlbefinden und begab sich dann nach Wien, wo er bei einer verheirateten Schwester wohnte. Dort fingen am 11. Oktober neuerliche, zum Teil sehr schwere Anfälle an, über die das Tagebuch bis zum 13. Januar berichtet. Es waren Visionen, Abwesenheiten, in denen er die mannigfaltigsten Dinge sah und erlebte, Krampfzustände, begleitet von den schmerzhaftesten Sensationen, einmal ein Zustand von Lähmung der Beine und dgl. Diesmal plagte ihn aber nicht der Teufel, sondern es waren heilige Gestalten, die ihn heimsuchten, Chris-

---

[5] ... ipsumque Daemonem ad Aram Sac. Cellae per fenestrellam in cornu Epistoloe Schedam sibi porrigentem conspexisset eo advolans e Religiosorum manibus, qui eum tenebant, ipsam Schedam ad manum obtinuit, ...

tus, die heilige Jungfrau selbst. Merkwürdig, daß er unter diesen himmlischen Erscheinungen und den Strafen, die sie über ihn verhängten, nicht minder litt, als früher unter dem Verkehr mit dem Teufel. Er faßte auch diese neuen Erlebnisse im Tagebuch als Erscheinungen des Teufels zusammen und beklagte sich über *maligni Spiritus manifestationes,* als er im Mai 1678 nach Mariazell zurückkehrte.

Den geistlichen Herren gab er als Motiv seiner Rückkehr an, daß er auch eine andere, frühere, mit Tinte geschriebene Verschreibung **[7]** vom Teufel zu fordern habe[6]. Auch diesmal verhalfen ihm die heilige Maria und die frommen Patres zur Erfüllung seiner Bitte. Aber der Bericht, wie das geschah, ist schweigsam. Es heißt nur mit kurzen Worten: *qua iuxta votum reddita.* Er betete wieder und er erhielt den Vertrag zurück. Dann fühlte er sich ganz frei und trat in den Orden der Barmherzigen Brüder ein.

Man hat wiederum Anlaß anzuerkennen, daß die offenkundige Tendenz seiner Bemühung den Kompilator nicht dazu verführt hat, die von einer Krankengeschichte zu fordernde Wahrhaftigkeit zu verleugnen. Denn er verschweigt nicht, was die Erkundigung nach dem Ausgang des Malers beim Vorstand des Klosters der Barmherzigen Brüder im Jahre 1714 ergeben. Der R. Pr. Provincialis berichtet, daß Bruder Chrysostomus noch wiederholt Anfechtungen des bösen Geistes erfahren hat, der ihn zu einem neuen Pakt verleiten wollte, und zwar nur dann, *„wenn er etwas mehrers von Wein getrunken",* durch die Gnade Gottes sei es aber immer möglich gewesen ihn abzuweisen. Bruder Chrysostomus sei dann im Kloster des Ordens Neustatt an der Moldau im Jahre 1700 *„sanft und trostreich"* an der Hektica verstorben.

II. Das Motiv des Teufelspakts

Wenn wir diese Teufelsverschreibung wie eine neurotische Krankengeschichte betrachten, wendet sich unser Interesse zunächst der Frage nach ihrer Motivierung zu, die ja mit der Veranlassung innig zusammenhängt. Warum verschreibt man sich dem Teufel? Dr. Faust fragt zwar verächtlich:

---

[6] Diese wäre, im September 1668 ausgestellt, 9½ Jahre später, im Mai 1678 längst verfallen gewesen.

Was willst du armer Teufel geben? Aber er hat nicht recht, der Teufel hat als Entgelt für die unsterbliche Seele allerlei zu bieten, was die Menschen hoch einschätzen: Reichtum, Sicherheit vor Gefahren, Macht über die Menschen und über die Kräfte der Natur, selbst Zauberkünste und vor allem anderen: Genuß, Genuß bei schönen Frauen. Diese Leistungen oder Verpflichtungen des Teufels [8] pflegen auch im Vertrag mit ihm ausdrücklich erwähnt zu werden[7]. Was ist nun für Christoph Haitzmann das Motiv seines Pakts gewesen?

Merkwürdigerweise keiner von all diesen so natürlichen Wünschen. Um jeden Zweifel daran zu bannen, braucht man nur die kurzen Bemerkungen einzusehen, die der Maler zu den von ihm abgebildeten Teufelserscheinungen hinzusetzt. Z. B. lautet die Note zur dritten Vision:

„Zum driten ist er mir in anderthalb Jahren in dißer abscheühlichen Gestalt erschinen, mit einen Buuch in der Handt, darin lauter Zauberey und schwarze Kunst war begrüffen …"

Aber aus der Beischrift zu einer späteren Erscheinung erfahren wir, daß der Teufel ihm heftige Vorwürfe macht, warum er *„sein vorgemeldtes Buuch verbrennt"*, und ihn zu zerreißen droht, wenn er es ihm nicht wieder beschafft.

Bei der vierten Erscheinung zeigt er ihm einen großen gelben Beutel und einen großen Dukaten und verspricht ihm jederzeit soviel davon, als er nur haben will, *„aber ich solliches gar nicht angenomben,"* kann sich der Maler rühmen.

Ein anderes Mal verlangt er von ihm, er solle sich amüsieren, unterhalten lassen. Wozu der Maler bemerkt, *„welliches zwar auch auf sein begehren geschehen aber ich yber drey Tag nit continuirt, vnd gleich widerumb außgelöst worden".*

Da er nun Zauberkünste, Geld und Genuß zurückweist, wenn der Teufel sie ihm bietet, geschweige denn, daß er sie zu Bedingungen des Pakts gemacht hätte, wird es wirklich dringlich zu wissen, was dieser Maler eigentlich vom Teufel wollte, als er sich ihm verschrieb. Irgendein Motiv sich mit dem Teufel einzulassen, muß er doch gehabt haben.

---

[7] Siehe in Faust I, Studierzimmer.
Ich will mich h i e r zu deinem Dienst verbinden,
Auf deinen Wink nicht rasten und nicht ruhn;
Wenn wir uns d r ü b e n wieder finden,
So sollst du mir das Gleiche thun.

[9] Das Trophaeum gibt auch sichere Auskunft über diesen Punkt. Er war schwermütig geworden, konnte nicht, oder nicht recht arbeiten und hatte Sorge um die Erhaltung seiner Existenz, also melancholische Depression mit Arbeitshemmung und (berechtigter) Lebenssorge. Wir sehen, daß wir es wirklich mit einer Krankengeschichte zu tun haben, erfahren auch, welches die Veranlassung dieser Erkrankung war, die der Maler selbst in den Bemerkungen zu den Teufelsbildern geradezu eine Melancholie nennt (*„solte mich darmit belustigen und melancoley vertreiben"*). Von unseren drei Quellen erwähnt zwar die erste, der Geleitbrief des Pfarrers, nur den Depressionszustand (*„dum artis suae progressum emolumentumque secuturum pusillanimis perpenderet"*), aber die zweite, der Bericht des Abtes Franciscus, weiß auch die Quelle dieser Verzagtheit oder Verstimmung zu nennen, denn hier heißt es *„accepta aliquâ pusillanimitate ex morte parentis"* und dementsprechend auch in der Einleitung des Kompilators mit den nämlichen, nur umgestellten Worten: *ex morte parentis accepta aliquâ pusillanimitate.* Es war also sein Vater gestorben, er darüber in eine Melancholie verfallen, da näherte sich ihm der Teufel, fragte ihn, warum er so bestürzt und traurig sei, und versprach ihm *„auf alle Weiß zu helfen und an die Handt zu gehen"*[8].

Da verschreibt sich also einer dem Teufel, um von einer Gemütsdepression befreit zu werden. Gewiß ein ausgezeichnetes Motiv nach dem Urteil eines jeden, der sich in die Qualen eines solchen Zustandes einfühlen kann und der überdies weiß, wie wenig ärztliche Kunst von diesem Leiden zu lindern versteht. Doch würde keiner, der dieser Erzählung soweit gefolgt ist, erraten können, wie der Wortlaut der Verschreibung an den Teufel (oder vielmehr der beiden Verschreibungen, einer ersten, mit Tinte und einer zweiten, etwa ein Jahr später, mit Blut geschriebenen, beide angeblich noch in der Schatzkammer von Mariazell vorhanden und im Trophaeum mitgeteilt), wie also der Wortlaut dieser Verschreibungen gelautet hat.

[10] Diese Verschreibungen bringen uns zwei starke Überraschungen. Erstens nennen sie nicht eine Verpflichtung des Teufels, für deren Einhaltung die ewige Seligkeit verpfändet wird, sondern nur eine Forderung des Teufels, die der Maler einhalten soll. Es berührt uns als ganz unlogisch, ab-

---

[8] Bild 1 und Legende dazu auf dem Titelblatt, der Teufel in Gestalt eines *„Ersamen Bürgers"*.

surd, daß dieser Mensch seine Seele einsetzt nicht für etwas, was er vom Teufel bekommen, sondern was er dem Teufel leisten soll. Noch sonderbarer klingt die Verpflichtung des Malers.

Erste, mit schwarzer Tinte geschriebene „Syngrapha":

Ich Christoph Haizmann vndterschreibe mich diesen
Herrn sein leibeigener Sohn auff 9Jahr. 1669 Jahr.

Zweite, mit Blut geschrieben:

Anno 1669
Christoph Haizmann. Ich verschreibe mich dißen
Satan, ich sein leibeigner Sohn zu sein, vnd in
9 Jahr ihm mein Leib und Seel zuzugeheren.

Alles Befremden entfällt aber, wenn wir den Text der Verschreibungen so zurechtrücken, daß in ihr als Forderung des Teufels dargestellt wird, was vielmehr seine Leistung, also Forderung des Malers ist. Dann bekäme der unverständliche Pakt einen geraden Sinn und könnte solcher Art ausgelegt werden: Der Teufel verpflichtet sich, dem Maler durch neun Jahre den verlorenen Vater zu ersetzen. Nach Ablauf dieser Zeit verfällt der Maler mit Leib und Seele dem Teufel, wie es bei diesen Händeln allgemein üblich war. Der Gedankengang des Malers, der seinen Pakt motiviert, scheint ja der folgende zu sein: Durch den Tod des Vaters hat er Stimmung und Arbeitsfähigkeit eingebüßt; wenn er nun einen Vaterersatz bekommt, hofft er das Verlorene wieder zu gewinnen.

Jemand, der durch den Tod seines Vaters melancholisch geworden ist, muß doch diesen Vater sehr lieb gehabt haben. Dann ist es aber sehr sonderbar, daß ein solcher Mensch auf die Idee kommen kann, den Teufel zum Ersatz für den geliebten Vater zu nehmen.

[11] III. Der Teufel als Vaterersatz

Ich besorge, eine nüchterne Kritik wird uns nicht zugeben, daß wir mit jener Umdeutung den Sinn des Teufelspakts bloßgelegt haben. Sie wird zweierlei

Einwendungen dagegen erheben. Erstens: es sei nicht notwendig, die Verschreibung als einen Vertrag anzusehen, in dem die Verpflichtungen beider Teile Platz gefunden haben. Sie enthalte vielmehr nur die Verpflichtung des Malers, die des Teufels sei außerhalb ihres Textes geblieben, gleichsam „sousentendue". Der Maler verpflichtet sich aber zu zweierlei, erstens zur Teufelssohnschaft durch neun Jahre und zweitens dazu, ihm nach dem Tode ganz anheimzufallen. Damit ist eine der Begründungen unseres Schlußes weggeräumt.

Die zweite Einwendung wird sagen, es sei nicht berechtigt auf den Ausdruck, des Teufels leibeigener Sohn zu sein, besonderes Gewicht zu legen. Das sei eine geläufige Redensart, die jeder so auffassen könne, wie die geistlichen Herren sie verstanden haben mögen. Diese übersetzen die in den Verschreibungen versprochene Sohnschaft nicht in ihr Latein, sondern sagen nur, daß der Maler sich dem Bösen „mancipavit", zu eigen gegeben, es auf sich genommen habe, ein sündhaftes Leben zu führen und Gott und die heilige Dreieinigkeit zu verleugnen. Warum sollten wir uns von dieser naheliegenden und ungezwungenen Auffassung entfernen?[9] Der Sachverhalt wäre dann einfach der, daß sich jemand in der Qual und Ratlosigkeit einer melancholischen Depression dem Teufel verschreibt, dem er auch das stärkste therapeutische Können zutraut. Daß diese Verstimmung aus dem Tod des Vaters hervorging, komme nicht weiter in Betracht, es hätte auch ein anderer Anlaß sein können. Das klingt stark und vernünftig. Gegen die Psychoanalyse erhebt sich wieder der Vorwurf, daß sie einfache Verhältnisse in spitzfindiger Weise kompliziert, Geheimnisse und Probleme dort sieht, wo sie nicht existieren, und daß **[12]** sie dies bewerkstelligt, indem sie kleine und nebensächliche Züge, wie man sie überall finden kann, übermäßig betont und zu Trägern der weitgehendsten und fremdartigsten Schlüsse erhebt. Vergeblich würden wir dagegen geltend machen, daß durch diese Abweisung so viele schlagende Analogien aufgehoben und feine Zusammenhänge zerrissen werden, die wir in diesem Falle aufzeigen können. Die Gegner werden sagen, diese Analogien und Zusammenhänge bestehen

---

[9] In der Tat werden wir später, wenn wir erwägen, wann und für wen diese Verschreibungen abgefaßt wurden, selbst einsehen, daß ihr Text unauffällig und allgemein verständlich lauten mußte. Es reicht uns aber hin, wenn er eine Zweideutigkeit bewahrt, an welche auch unsere Auslegung anknüpfen kann.

eben nicht, sondern werden von uns mit überflüssigem Scharfsinn in den Fall hineingetragen.

Nun, ich werde meine Entgegnung nicht mit den Worten einleiten: seien wir ehrlich oder seien wir aufrichtig, denn das muß man immer sein können, ohne einen besonderen Anlauf dazu zu nehmen, sondern ich werde mit schlichten Worten versichern, daß ich wohl weiß, wenn jemand nicht bereits an die Berechtigung der psychoanalytischen Denkweise glaubt, werde er diese Überzeugung auch nicht aus dem Fall des Malers Chr. Haitzmann im siebzehnten Jahrhundert gewinnen. Es ist auch gar nicht meine Absicht, diesen Fall als Beweismittel für die Gültigkeit der Psychoanalyse zu verwerten; ich setze vielmehr die Psychoanalyse als gültig voraus und verwende sie dazu, um die dämonologische Erkrankung des Malers aufzuklären. Die Berechtigung hierzu nehme ich aus dem Erfolg unserer Forschungen über das Wesen der Neurosen überhaupt. In aller Bescheidenheit darf man es aussprechen, daß heute selbst die Stumpferen unter unseren Zeit- und Fachgenossen einzusehen beginnen, daß ein Verständnis der neurotischen Zustände ohne Hilfe der Psychoanalyse nicht zu erreichen ist.

„Die Pfeile nur erobern Troja, sie allein"

bekennt der Odysseus in Sophokles' Philoktet.

Wenn es richtig ist, die Teufelsverschreibung unseres Malers als neurotische Phantasie anzusehen, so bedarf eine psychoanalytische Würdigung derselben keiner weiteren Entschuldigung. Auch kleine Anzeichen haben ihren Sinn und Wert, ganz besonders unter den Entstehungsbedingungen der Neurose. Man kann sie freilich ebensowohl überschätzen wie unterschätzen, und es bleibt eine Sache des Takts, [13] wie weit man in ihrer Verwertung gehen will. Wenn aber jemand nicht an die Psychoanalyse und nicht einmal an den Teufel glaubt, muß es ihm überlassen bleiben, was er mit dem Fall des Malers anfangen will, sei es, daß er dessen Erklärung aus eigenen Mitteln bestreiten kann, sei es, daß er nichts der Erklärung Bedürftiges an ihm findet.

Wir kehren also zu unserer Annahme zurück, daß der Teufel, dem unser Maler sich verschreibt, ihm ein direkter Vaterersatz ist. Dazu stimmt auch die Gestalt, in der er ihm zuerst erscheint, als ehrsamer älterer Bürgersmann mit braunem Vollbart, in rotem Mantel, schwarzem Hut, die Rechte auf den Stock gestützt, einen schwarzen Hund neben sich (Bild 1)[10]. Später wird seine Erscheinung immer schreckhafter, man möchte sagen mythologischer: Hörner, Adlerklauen, Fledermausflügel werden zu ihrer Ausstattung verwendet. Zum Schluß erscheint er in der Kapelle als fliegender Drache. Auf ein bestimmtes Detail seiner körperlichen Gestaltung werden wir später zurückkommen müssen.

Daß der Teufel zum Ersatz eines geliebten Vaters gewählt wird, klingt wirklich befremdend, aber doch nur, wenn wir zum erstenmal davon hören, denn wir wissen mancherlei, was die Überraschung mindern kann. Zunächst, daß Gott ein Vaterersatz ist oder richtiger: ein erhöhter Vater oder noch anders: ein Nachbild des Vaters, wie man ihn in der Kindheit sah und erlebte, der Einzelne in seiner eigenen Kindheit und das Menschengeschlecht in seiner Vorzeit als Vater der primitiven Urhorde. Später sah der Einzelne seinen Vater anders und geringer, aber das kindliche Vorstellungsbild blieb erhalten und verschmolz mit der überlieferten Erinnerungsspur des Urvaters zur Gottesvorstellung des Einzelnen. Wir wissen auch aus der Geheimgeschichte des Individuums, welche die Analyse aufdeckt, daß das Verhältnis zu diesem Vater vielleicht vom Anfang an ein ambivalentes war, jedenfalls bald so wurde, d. h. es umfaßte zwei einander entgegengesetzte Gefühls- **[14]** regungen, nicht nur eine zärtlich unterwürfige, sondern auch eine feindselig trotzige. Dieselbe Ambivalenz beherrscht nach unserer Auffassung das Verhältnis der Menschenart zu ihrer Gottheit. Aus dem nicht zu Ende gekommenen Widerstreit von Vatersehnsucht einerseits, Angst und Sohnestrotz anderseits haben wir uns wichtige Charaktere und entscheidende Schicksale der Religionen erklärt.[11]

Vom bösen Dämon wissen wir, daß er als Widerpart Gottes gedacht ist und doch seiner Natur sehr nahe steht. Seine Geschichte ist allerdings nicht so gut erforscht wie die Gottes, nicht alle Religionen haben den bösen Geist, den Gegner Gottes, aufgenommen, sein Vorbild im individuellen Leben bleibt zunächst im Dunkeln. Aber eines steht fest, Götter können zu bösen Dämonen werden, wenn neue Götter sie verdrängen. Wenn ein Volk von

---

[10] Aus einem solchen schwarzen Hund entwickelt sich bei G o e t h e der Teufel selbst.

[11] S. T o t e m   u n d   T a b u und im einzelnen Th. R e i k, Probleme der Religionspsychologie I, 1919.

einem anderen besiegt wird, so wandeln sich die gestürzten Götter der Besiegten nicht selten für das Siegervolk in Dämonen um. Der böse Dämon des christlichen Glaubens, der Teufel des Mittelalters, war nach der christlichen Mythologie selbst ein gefallener Engel und gottgleicher Natur. Es braucht nicht viel analytischen Scharfsinns, um zu erraten, daß Gott und Teufel ursprünglich identisch waren, eine einzige Gestalt, die später in zwei mit entgegengesetzten Eigenschaften zerlegt wurde[12]. In den Urzeiten der Religionen trug Gott selbst noch alle die schreckenden Züge, die in der Folge zu einem Gegenstück von ihm vereinigt wurden.

Es ist der uns wohlbekannte Vorgang der Zerlegung einer Vorstellung mit gegensinnigem – ambivalentem – Inhalt in zwei scharf kontrastierende Gegensätze. Die Widersprüche in der ursprünglichen Natur Gottes sind aber eine Spiegelung der Ambivalenz, welche das Verhältnis des Einzelnen zu seinem persönlichen Vater beherrscht. Wenn der gütige und gerechte Gott ein Vaterersatz ist, so darf man sich nicht darüber wundern, daß auch die feindliche Einstellung, die ihn haßt und fürch- [15] tet und sich über ihn beklagt, in der Schöpfung des Satans zum Ausdruck gekommen ist. Der Vater wäre also das individuelle Urbild sowohl Gottes wie des Teufels. Die Religionen würden aber unter der untilgbaren Nachwirkung der Tatsache stehen, daß der primitive Urvater ein uneingeschränkt böses Wesen war, Gott weniger ähnlich als dem Teufel.

Freilich, so leicht ist es nicht, die Spur der satanischen Auffassung des Vaters im Seelenleben des Einzelnen aufzuzeigen. Wenn der Knabe Fratzen und Karikaturen zeichnet, so gelingt es etwa nachzuweisen, daß er in ihnen den Vater verhöhnt, und wenn beide Geschlechter sich nächtlicherweise vor Räubern und Einbrechern schrecken, so hat die Erkennung derselben als Abspaltungen des Vaters keine Schwierigkeit[13]. Auch die in den Tierphobien der Kinder auftretenden Tiere sind am häufigsten Vaterersatz wie in der Urzeit das Totemtier. So deutlich aber wie bei unserem neurotischen Maler des siebzehnten Jahrhunderts hört man sonst nicht, daß der Teufel ein Nachbild des Vaters ist und als Ersatz für ihn eintreten kann. Darum sprach

---

[12] Siehe Th. R e i k, Der eigene und der fremde Gott (Imago-Bücher III. 1923) im Kapitel: Gott und Teufel.

[13] Als Einbrecher erscheint der Vater Wolf auch in dem bekannten Märchen von den sieben Geißlein.

ich eingangs dieser Arbeit die Erwartung aus, eine solche dämonologische Krankengeschichte werde uns als gediegenes Metall zeigen, was in den Neurosen einer späteren, nicht mehr abergläubischen aber dafür hypochondrischen Zeit mühselig durch analytische Arbeit aus dem Erz der Einfälle und Symptome dargestellt werden muß[14].

Stärkere Überzeugung werden wir wahrscheinlich gewinnen, wenn wir tiefer in die Analyse der Erkrankung bei unserem Maler ein- [16] dringen. Daß ein Mann durch den Tod seines Vaters eine melancholische Depression und Arbeitshemmung erwirbt, ist nichts Ungewöhnliches. Wir schließen daraus, daß er an diesem Vater mit besonders starker Liebe gehangen hat, und erinnern uns daran, wie oft auch die schwere Melancholie als neurotische Form der Trauer auftritt.

Darin haben wir gewiß recht, nicht aber, wenn wir weiter schließen, daß dies Verhältnis eitel Liebe gewesen sei. Im Gegenteil, eine Trauer nach dem Verlust des Vaters wird sich umso eher in Melancholie umwandeln, je mehr das Verhältnis zu ihm im Zeichen der Ambivalenz stand. Die Hervorhebung dieser Ambivalenz bereitet uns aber auf die Möglichkeit der Erniedrigung des Vaters vor, wie sie in der Teufelsneurose des Malers zum Ausdruck kommt. Könnten wir nun von Chr. Haitzmann soviel erfahren wie von einem Patienten, der sich unserer Analyse unterzieht, so wäre es ein leichtes diese Ambivalenz zu entwickeln, ihm zur Erinnerung zu bringen, wann und bei welchen Anlässen er Grund bekam, seinen Vater zu fürchten und zu hassen, vor allem aber die akzidentellen Momente aufzudecken, die zu den typischen Motiven des Vaterhasses hinzugekommen sind, welche in der natürlichen Sohn-Vaterbeziehung unvermeidlich wurzeln. Vielleicht fände dann die Arbeitshemmung eine spezielle Aufklärung. Es ist möglich, daß der Vater sich

---

[14] Wenn es uns so selten gelingt, in unseren Analysen den Teufel als Vaterersatz aufzufinden, so mag dies darauf hinweisen, daß diese Figur der mittelalterlichen Mythologie bei den Personen, die sich unserer Analyse unterziehen, ihre Rolle längst ausgespielt hat. Dem frommen Christen früherer Jahrhunderte war der Glaube an den Teufel nicht weniger Pflicht als der Glaube an Gott. In der Tat brauchte er den Teufel, um an Gott festhalten zu können. Der Rückgang der Gläubigkeit hat dann aus verschiedenen Gründen zuerst und zunächst die Person des Teufels betroffen.

Wenn man sich getraut, die Idee des Teufels als Vaterersatz kulturgeschichtlich zu verwerten, so kann man auch die Hexenprozesse des Mittelalters in einem neuen Lichte sehen.

dem Wunsch des Sohnes Maler zu werden, widersetzt hatte; dessen Unfähigkeit, nach dem Tode des Vaters seine Kunst auszuüben, wäre dann einerseits ein Ausdruck des bekannten „nachträglichen Gehorsams", anderseits würde sie, die den Sohn zur Selbsterhaltung unfähig macht, die Sehnsucht nach dem Vater als Beschützer vor der Lebenssorge steigern müssen. Als nachträglicher Gehorsam wäre sie auch eine Äußerung der Reue und eine erfolgreiche Selbstbestrafung.

Da wir eine solche Analyse mit Chr. Haitzmann, † 1700, nicht anstellen können, müssen wir uns darauf beschränken, diejenigen Züge seiner Krankengeschichte hervorzuheben, welche auf die typischen Anlässe zu einer negativen Vatereinstellung hinweisen können. Es sind nur wenige, nicht sehr auffällig, aber recht interessant.

[17] Vorerst die Rolle der Zahl Neun. Der Pakt mit dem Bösen wird auf neun Jahre geschlossen. Der gewiß unverdächtige Bericht des Pfarrers von Pottenbrunn äußert sich klar darüber: *pro novem annis Syngraphen scriptam tradidit*. Dieser vom 1. September 1677 datierte Geleitbrief weiß auch anzugeben, daß die Frist in wenigen Tagen abgelaufen wäre: *quorum et finis 24 mensis hujus futurus appropinquat*. Die Verschreibung wäre also am 24. September 1668 erfolgt[15]. Ja in diesem Bericht hat die Zahl Neun noch eine andere Verwendung. *Nonies* – neunmal – will der Maler den Versuchungen des Bösen widerstanden haben, ehe er sich ihm ergab. Dies Detail wird in den späteren Berichten nicht mehr erwähnt, „*Post annos novem*" heißt es dann auch im Attest des Abtes und „*ad novem annos*", wiederholt der Kompilator in seinem Auszug, ein Beweis, daß diese Zahl nicht als gleichgültig angesehen wurde.

Die Neunzahl ist uns aus neurotischen Phantasien wohl bekannt. Sie ist die Zahl der Schwangerschaftsmonate und lenkt, wo immer sie vorkommt, unsere Aufmerksamkeit auf eine Schwangerschaftsphantasie hin. Bei unserem Maler handelt es sich freilich um neun Jahre, nicht um neun Monate, und die Neun, wird man sagen, ist auch sonst eine bedeutungsvolle Zahl. Aber wer weiß, ob die Neun nicht überhaupt ein gutes Teil ihrer Heiligkeit ihrer Rolle in der Schwangerschaft verdankt; und die Wandlung von

---

15 Der Widerspruch, daß die wiedergegebenen Verschreibungen beide die Jahreszahl 1669 zeigen, wird uns später beschäftigen.

neun Monaten zu neun Jahren braucht uns nicht zu beirren. Wir wissen vom Traum her, wie die „unbewußte Geistestätigkeit" mit den Zahlen umspringt. Treffen wir z. B. im Traum auf eine Fünf, so ist diese jedesmal auf eine bedeutsame Fünf des Wachlebens zurückzuführen, aber in der Realität waren es fünf Jahre Altersunterschied oder eine Gesellschaft von fünf Personen, im Traum erscheinen sie als fünf Geldscheine oder fünf Stücke Obst. D. h. die Zahl wird beibehalten, aber im Nenner beliebig, je nach den Anforderungen der Verdichtung und Verschiebung vertauscht. Neun Jahre im Traum können also ganz leicht neun Monaten der Wirk- [18] lichkeit entsprechen. Auch spielt die Traumarbeit noch in anderer Weise mit den Zahlen des Wachlebens, indem sie mit souveräner Gleichgültigkeit sich um die Nullen nicht bekümmert, sie gar nicht wie Zahlen behandelt. Fünf Dollars im Traum können fünfzig, fünfhundert, fünftausend Dollars der Realität vertreten.

Ein anderes Detail in den Beziehungen des Malers zum Teufel weist uns gleichfalls auf die Sexualität hin. Das erste Mal sieht er, wie schon erwähnt, den Bösen in der Erscheinung eines ehrsamen Bürgers. Aber schon das nächste Mal ist er nackt, mißgestaltet und hat zwei Paar weiblicher Brüste. Die Brüste, bald einfach, bald mehrfach vorhanden, fehlen nun in keiner der folgenden Erscheinungen. Nur in einer derselben zeigt der Teufel außer den Brüsten einen großen, in eine Schlange auslaufenden Penis. Diese Betonung des weiblichen Geschlechtscharakters durch große, hängende Brüste (nie findet sich eine Andeutung des weiblichen Genitales) muß uns als auffälliger Widerspruch gegen unsere Annahme erscheinen, der Teufel bedeute unserem Maler einen Vaterersatz. Eine solche Darstellung des Teufels ist auch an und für sich ungewöhnlich. Wo Teufel ein Gattungsbegriff ist, also Teufel in der Mehrzahl auftreten, hat auch die Darstellung von weiblichen Teufeln nichts Befremdendes, aber daß der eine Teufel, der eine große Individualität ist, der Herr der Hölle und Widersacher Gottes, anders als männlich, ja übermännlich mit Hörnern, Schweif und großer Penisschlange gebildet werde, scheint mir nicht vorzukommen.

Aus diesen beiden kleinen Anzeichen läßt sich doch erraten, welches typische Moment den negativen Anteil seines Vaterverhältnisses bedingt. Das, wogegen er sich sträubt, ist die feminine Einstellung zum Vater, die in der Phantasie, ihm ein Kind zu gebären (neun Jahre) gipfelt. Wir kennen diesen Widerstand genau aus unseren Analysen, wo er in der Übertragung sehr merkwürdige Formen annimmt und uns viel zu schaffen macht. Mit der Trauer um den verlorenen Vater, mit der Steigerung der Sehnsucht nach ihm, wird bei unserem Maler auch die längst verdrängte Schwangerschaftsphantasie reaktiviert, gegen die er sich durch Neurose und Vatererniedrigung wehren muß.

[19] Warum trägt aber der zum Teufel herabgesetzte Vater das körperliche Merkmal des Weibes an sich? Dieser Zug erscheint anfangs schwer deutbar, bald aber ergeben sich zwei Erklärungen für ihn, die miteinander konkurrieren ohne einander auszuschließen. Die feminine Einstellung zum Vater unterlag der Verdrängung, sobald der Knabe verstand, daß der Wettbewerb mit dem Weib um die Liebe des Vaters das Aufgeben des eigenen männlichen Genitales, also die Kastration, zur Bedingung hat. Die Ablehnung der femininen Einstellung ist also die Folge des Sträubens gegen die Kastration, sie findet regelmäßig ihren stärksten Ausdruck in der gegensätzlichen Phantasie, den Vater selbst zu kastrieren, ihn zum Weib zu machen. Die Brüste des Teufels entsprächen also einer Projektion der eigenen Weiblichkeit auf den Vaterersatz. Die andere Erklärung dieser Ausstattung des Teufelskörpers hat nicht mehr feindseligen, sondern zärtlichen Sinn; sie erblickt in dieser Gestaltung ein Anzeichen dafür, daß die infantile Zärtlichkeit von der Mutter her auf den Vater verschoben worden ist, und deutet so eine starke, vorgängige Mutterfixierung an, die ihrerseits wieder für ein Stück der Feindseligkeit gegen den Vater verantwortlich ist. Die großen Brüste sind das positive Geschlechtskennzeichen der Mutter, auch zu einer Zeit, wo der negative Charakter des Weibes, der Penismangel, dem Kinde noch nicht bekannt ist[16].

Wenn das Widerstreben gegen die Annahme der Kastration unserem Maler die Erledigung seiner Vatersehnsucht unmöglich macht, so ist es überaus verständlich, daß er sich um Hilfe und Rettung an das Bild der Mutter wendet. Darum erklärt er, daß nur die heilige Mutter Gottes von Mariazell ihn vom Pakt mit dem Teufel lösen kann, und erhält am Geburtstag der Mutter (8. September) seine Freiheit wieder. Ob der Tag, an dem der Pakt geschlossen wurde, der 24. September, nicht auch ein in ähnlicher Weise ausgezeichneter Tag war, werden wir natürlich nie erfahren.

Kaum ein anderes Stück der psychoanalytischen Ermittlungen aus dem

---

[16] Vgl. Eine Kindheitserinnerung des Leonardo da Vinci, 2. Auflage 1919.

Seelenleben des Kindes klingt dem normalen Erwachsenen so [20] absto-
ßend und unglaubwürdig wie die feminine Einstellung zum Vater und die aus
ihr folgende Schwangerschaftsphantasie des Knaben. Wir können erst ohne
Besorgnis und ohne Bedürfnis nach Entschuldigung von ihr reden, seitdem
der sächsische Senatspräsident D a n i e l   P a u l   S c h r e b e r die Geschichte seiner psychotischen Erkrankung und weitgehenden Herstellung
bekannt gemacht hat[17]. Aus dieser unschätzbaren Veröffentlichung erfahren
wir, daß der Herr Senatspräsident etwa um das fünfzigste Jahr seines Lebens
die sichere Überzeugung bekam, daß Gott – der übrigens deutliche Züge
seines Vaters, des verdienten Arztes Dr. S c h r e b e r an sich trägt – den
Entschluß gefaßt, ihn zu entmannen, als Weib zu gebrauchen und aus ihm
neue Menschen von Schreber'schem Geist entstehen zu lassen. (Er war selbst
in seiner Ehe kinderlos geblieben.) An dem Sträuben gegen diese Absicht
Gottes, welche ihm höchst ungerecht und „weltordnungswidrig" vorkam, erkrankte er unter den Erscheinungen einer Paranoia, die sich aber im Laufe
der Jahre bis auf einen geringen Rest rückbildete. Der geistvolle Verfasser
seiner eigenen Krankengeschichte konnte wohl nicht ahnen, daß er in ihr
ein typisches pathogenes Moment aufgedeckt hatte.

Dieses Sträuben gegen die Kastration oder die feminine Einstellung hat
Alf. A d l e r aus seinen organischen Zusammenhängen gerissen, in seichte
oder falsche Beziehungen zum Machtstreben gebracht und als „männlichen Protest" selbständig hingestellt. Da eine Neurose immer nur aus dem
Konflikt zweier Strebungen hervorgehen kann, ist es ebenso berechtigt, im
männlichen Protest die Verursachung „aller" Neurosen zu sehen, wie in der
femininen Einstellung, gegen welche protestiert wird. Richtig ist, daß dieser
männliche Protest einen regelmäßigen Anteil an der Charakterbildung hat,
bei manchen Typen einen sehr großen, und daß er uns als scharfer Widerstand bei der Analyse neurotischer Männer entgegentritt. Die Psychoanalyse würdigt [21] den männlichen Protest im Zusammenhang des Kastra-
tionskomplexes, ohne seine Allmacht oder Allgegenwart bei den Neurosen
vertreten zu können. Der ausgeprägteste Fall von männlichem Protest in
allen manifesten Reaktionen und Charakterzügen, der meine Behandlung

---

[17] D. P. Schreber, Denkwürdigkeiten eines Nervenkranken, Leipzig 1903. Vgl.
meine Analyse des Falles Schreber in Sammlung kl. Schriften z. Neurosenlehre,
dritte Folge.

aufgesucht hat, bedurfte ihrer wegen einer Zwangsneurose mit Obsessionen, in denen der ungelöste Konflikt zwischen männlicher und weiblicher Einstellung (Kastrationsangst und Kastrationslust) zu deutlichem Ausdruck kam. Überdies hatte der Patient masochistische Phantasien entwickelt, die durchaus auf den Wunsch, die Kastration anzunehmen, zurückgingen, und war selbst von diesen Phantasien zur realen Befriedigung in perversen Situationen vorgeschritten. Das Ganze seines Zustandes beruhte – wie die A d - l e r sche Theorie überhaupt – auf der Verdrängung, Verleugnung, frühinfantiler Liebesfixierungen.

Der Senatspräsident S c h r e b e r fand seine Heilung, als er sich entschloß, den Widerstand gegen die Kastration aufzugeben und sich in die ihm von Gott zugedachte weibliche Rolle zu fügen. Er wurde dann klar und ruhig, konnte seine Entlassung aus der Anstalt selbst durchsetzen und führte ein normales Leben bis auf den einen Punkt, daß er einige Stunden täglich der Pflege seiner Weiblichkeit widmete, von deren langsamem Fortschreiten bis zu dem von Gott bestimmten Ziel er überzeugt blieb.

IV. Die zwei Verschreibungen

Ein merkwürdiges Detail in der Geschichte unseres Malers ist die Angabe, daß er dem Teufel zwei verschiedene Verschreibungen ausgestellt. Die erste, mit schwarzer Tinte geschriebene, hatte den Wortlaut:

„Ich Chr. H. vndterschreibe mich diesen Herrn sein leibeigener Sohn auff 9 Jahr."

Die zweite, mit Blut geschrieben, lautet:

„Ch. H. Ich verschreibe mich dißen Satan ich sein leibeigener Sohn zu sein vnd in 9. Jahr ihm mein Leib und Seel zuzugeheren."

[22] Beide sollen zur Zeit der Abfassung des Trophaeum im Archiv von Mariazell im Original vorhanden gewesen sein, beide tragen die nämliche Jahreszahl 1669.

Ich habe die beiden Verschreibungen bereits mehrmals erwähnt und unternehme es jetzt, mich eingehender mit ihnen zu beschäftigen, obwohl gerade hier die Gefahr, Kleinigkeiten zu überschätzen, besonders drohend erscheint.

Die Tatsache, daß sich einer dem Teufel zweimal verschreibt, so daß die erste Schrift durch die zweite ersetzt wird, ohne aber ihre eigene Gültigkeit zu verlieren, ist ungewöhnlich. Vielleicht befremdet sie andere weniger, die mit dem Teufelsstoff vertrauter sind. Ich konnte nur eine besondere Eigentümlichkeit unseres Falles darin sehen und wurde mißtrauisch, als ich fand, daß die Berichte gerade in diesem Punkt nicht zusammenstimmen. Die Verfolgung dieser Widersprüche wird uns in unerwarteter Weise zu einem tieferen Verständnis der Krankengeschichte leiten.

Das Geleitschreiben des Pfarrers von Pottenbrunn weist die einfachsten und klarsten Verhältnisse auf. In ihm ist nur von einer Verschreibung die Rede, die der Maler vor neun Jahren mit Blut gefertigt, und die nun in den nächsten Tagen, am 24. Sept. fällig wird, sie wäre also am 24. Sept. 1668 ausgestellt worden; leider ist diese Jahreszahl, die sich mit Sicherheit ableiten läßt, nicht ausdrücklich genannt.

Der Attest des Abtes Franziscus, wie wir wissen, wenige Tage später datiert (12. Sept. 1677), erwähnt bereits einen komplizierteren Sachverhalt. Es liegt nahe anzunehmen, daß der Maler inzwischen genauere Mitteilungen gemacht hatte. In diesem Attest wird erzählt, daß der Maler zwei Verschreibungen von sich gegeben, die eine im Jahre 1668 (wie es auch nach dem Geleitbrief sein müßte) mit schwarzer Tinte geschrieben, die andere aber *sequenti anno 1669* mit Blut geschrieben. Die Verschreibung, die er am Tage Mariä Geburt zurückbekam, war die mit Blut geschriebene, also die spätere, 1669 ausgestellte. Dies geht nicht aus dem Attest des Abtes hervor, denn dort heißt es im weiteren einfach: *schedam redderet* und *schedam sibi porrigentem* [23] *conspexisset*, als ob es sich nur um ein einziges Schriftstück handeln könnte. Aber wohl folgt es aus dem weiteren Verlauf der Geschichte sowie aus dem farbigen Titelblatt des Trophaeum, wo auf dem Zettel, den der dämonische Drache hält, deutlich r o t e Schrift zu sehen ist. Der weitere Verlauf ist, wie bereits erwähnt, der, daß der Maler im Mai 1678 nach Mariazell wiederkehrt, nachdem er in Wien neuerliche Anfechtungen des Bösen erfahren, und das Ansuchen stellt, es möge ihm durch einen neuerlichen Gnadenakt der heiligen Mutter auch dies erste, mit Tinte geschriebene Dokument wiedergegeben werden. Auf welche Weise dies geschieht, wird nicht mehr so ausführlich wie das erstemal beschrieben. Es heißt nur *quâ iuxta votum reddita* und an anderer Stelle erzählt der Kompilator, daß gerade diese Verschreibung *„zusammenge-knäult und in vier Stücke zerrissen"* dem Maler am 9. Mai 1678 um die neunte Abendstunde vom Teufel zugeworfen wurde.

Die Verschreibungen tragen aber beide dasselbe Datum: Jahr 1669.

Dieser Widerspruch bedeutet entweder gar nichts oder er führt auf folgende Spur:

Wenn wir von der Darstellung des Abtes als der ausführlicheren ausgehen, ergeben sich mancherlei Schwierigkeiten. Als Chr. H. dem Pfarrer von Pottenbrunn bekannte, er sei in Teufelsnöten, der Termin laufe bald ab, kann er (im Jahre 1677) nur an die im Jahre 1668 ausgestellte Verschreibung gedacht haben, also an die erste, schwarze, (die im Geleitbrief allerdings einzig genannt und als die blutige bezeichnet wird). Wenige Tage später, in Mariazell, bekümmert er sich aber nur darum, die spätere, blutige, zurückzubekommen, die noch gar nicht fällig ist (1669–1677), und läßt die erste überfällig werden. Diese wird erst 1678, also im zehnten Jahr zurückerbeten. Ferner, warum sind beide Verschreibungen aus dem gleichen Jahr 1669 datiert, wenn die eine ausdrücklich *„anno subsequenti"* zugeteilt ist?

Der Kompilator muß diese Schwierigkeiten verspürt haben, denn er macht einen Versuch sie zu beheben. In seiner Einleitung schließt er sich der Darstellung des Abtes an, modifiziert sie aber in einem Punkte. Der Maler, sagt er, habe sich im Jahre 1669 dem Teufel mit **[24]** Tinte verschrieben, *„deinde vero"*, später aber mit Blut. Er setzt sich also über die ausdrückliche Angabe der beiden Berichte, daß eine Verschreibung ins Jahr 1668 fällt, hinweg und vernachlässigt die Bemerkung im Attest des Abtes, daß sich zwischen beiden Verschreibungen die Jahreszahl geändert, um im Einklang mit der Datierung der beiden, vom Teufel zurückgegebenen Schriftstücke zu bleiben.

Im Attest des Abtes findet sich nach den Worten *sequenti vero anno 1669* eine in Klammern eingeschlossene Stelle, welche lautet: *sumitur hic alter annus pro nondum completo uti saepe in loquendo fieri solet, nam eundum annum indicant Syngraphae quarum atramento scripta ante praesentem attestationem nondum habita fuit.* Diese Stelle ist ein unzweifelhaftes Einschiebsel des Kompilators, denn der Abt, der nur eine Verschreibung gesehen hat, kann doch nicht aussagen, daß beide dasselbe Datum tragen. Sie soll wohl auch durch die Klammern als ein dem Zeugnis fremder Zusatz kenntlich gemacht werden.

Was sie enthält, ist ein anderer Versuch des Kompilators, die vorliegenden Widersprüche zu versöhnen. Er meint, es sei zwar richtig, daß die erste Verschreibung im Jahre 1668 gegeben worden ist, aber da das Jahr schon vorgerückt war (September), habe der Maler sie um ein Jahr vordatiert, so daß beide Verschreibungen die gleiche Jahreszahl zeigen konnten. Seine Berufung darauf, man mache es ja im mündlichen Verkehr oft ähnlich, verurteilt wohl diesen ganzen Erklärungsversuch als eine „faule Ausrede".

Ich weiß nun nicht, ob meine Darstellung dem Leser irgendeinen Eindruck gemacht und ob sie ihn in Stand gesetzt hat, sich für diese Winzigkeiten zu interessieren. Ich fand es unmöglich, den richtigen Sachverhalt in unzweifelhafter Weise festzustellen, bin aber beim Studium dieser verworrenen Angelegenheit auf eine Vermutung gekommen, die den Vorzug hat, den natürlichsten Hergang einzusetzen, wenngleich die schriftlichen Zeugnisse sich auch ihr nicht völlig fügen.

Ich meine, als der Maler zuerst nach Mariazell kam, sprach er nur von einer regelrecht mit Blut geschriebenen Verschreibung, die bald verfallen sollte, also im September 1668 gegeben war, ganz so wie **[25]** es im Geleitbrief des Pfarrers mitgeteilt ist. In Mariazell präsentierte er auch diese blutige Verschreibung als diejenige, die ihm der Dämon unter dem Zwang der heiligen Mutter zurückgegeben hatte. Wir wissen, was weiter geschah. Der Maler verließ bald darauf den Gnadenort und ging nach Wien, wo er sich auch bis Mitte Oktober frei fühlte. Aber dann fingen Leiden und Erscheinungen, in denen er das Werk des bösen Geistes sah, wieder an. Er fühlte sich wieder erlösungsbedürftig, fand sich aber vor der Schwierigkeit, aufzuklären, warum ihm die Beschwörung in der heiligen Kapelle keine dauernde Erlösung gebracht hatte. Als ungeheilter Rückfälliger wäre er wohl in Mariazell nicht willkommen gewesen. In dieser Not erfand er eine frühere, erste Verschreibung, die aber mit Tinte geschrieben sein sollte, damit ihr Zurückstehen gegen eine spätere, blutige, plausibel erscheinen konnte. Nach Mariazell zurückgekommen, ließ er sich auch diese angeblich erste Verschreibung zurückgeben. Dann hatte er Ruhe vor dem Bösen, allerdings tat er gleichzeitig etwas anderes, was uns auf den Hintergrund dieser Neurose hinweisen wird.

Die Zeichnungen fertigte er gewiß erst bei seinem zweiten Aufenthalt in Mariazell an; das einheitlich komponierte Titelblatt enthält die Darstellung beider Verschreibungsszenen. Bei dem Versuch seine neueren Angaben mit seinen früheren in Einklang zu bringen, mag er wohl in Verlegenheiten geraten sein. Es war für ihn ungünstig, daß er nur eine frühere, nicht eine spätere Verschreibung hinzudichten konnte. So konnte er das ungeschickte Ergebnis nicht vermeiden, daß er die eine, die blutige Verschreibung zu früh (im achten Jahr), die andere, die schwarze, zu spät (im zehnten Jahr) eingelöst hatte. Als verräterisches Anzeichen seiner zweifachen Redaktion ereignete es sich ihm, daß er sich in der Datierung der Verschreibungen irrte und auch die frühere in das Jahr 1669 setzte. Dieser Irrtum hat die Bedeutung einer ungewollten Aufrichtigkeit, er läßt uns erraten, daß die angeblich frühere Verschreibung zu einem späteren Termin hergestellt wurde. Der Kompilator, der den Stoff gewiß nicht früher als 1714, vielleicht erst 1729 zur Bearbeitung übernahm, mußte sich **[26]** bemühen, die nicht unwesentlichen Widersprüche, so gut er konnte, wegzuschaffen. Da die beiden Verschreibungen, die ihm vorlagen, auf 1669 lauteten, half er sich durch die Ausrede, die er in das Zeugnis des Abtes einschaltete.

Man erkennt leicht, worin die Schwäche dieser sonst ansprechenden. Konstruktion gelegen ist. Die Angabe zweier Verschreibungen, einer schwarzen und einer blutigen, findet sich bereits im Zeugnis des Abtes Franciscus. Ich habe also die Wahl, entweder dem Kompilator unterzuschieben, daß er an diesem Zeugnis im engen Anschluß an seine Einschaltung auch etwas geändert hat, oder ich muß bekennen, daß ich die Verwirrung nicht zu lösen vermag[18].

---

[18] Der Kompilator, meine ich, fand sich zwischen zwei fixen Punkten eingeengt. Einerseits fand er sowohl im Geleitbrief des Pfarrers wie im Attest des Abtes die Angabe, daß die Verschreibung (zumindest die erste) im Jahre 1668 ausgestellt worden sei, andererseits zeigten beide im Archiv aufbewahrten Verschreibungen die Jahreszahl 1669; da er zwei Verschreibungen vor sich liegen hatte, stand es für ihn fest, daß zwei Verschreibungen erfolgt waren. Wenn im Zeugnis des Abtes nur von einer die Rede war, wie ich glaube, so mußte er in dieses Zeugnis die Erwähnung der anderen einsetzen und dann den Widerspruch durch die Annahme einer Vordatierung aufheben. Die Abänderung des Textes, die er vornahm, stößt an die Einschaltung, die nur von ihm herrühren kann, unmittelbar an. Er war gezwungen Einschaltung und Abänderung durch die Worte *sequenti vero anno 1669* zu verbinden, weil der Maler in der (sehr beschädigten) Legende zum Titelbilde ausdrücklich geschrieben hatte:

Nach einem Jahr würdt Er
. . . schrökhliche betrohungen in ab-
. . . . . . gestalt Nr. 2 bezwungen sich,
. . . . n Bluut zu verschreiben.

Die ganze Diskussion wird den Lesern längst überflüssig und die in ihr behandelten Details zu unwichtig erschienen sein. Aber die Sache gewinnt ein neues Interesse, wenn man sie nach einer bestimmten Richtung hin verfolgt. Ich habe eben vom Maler ausgesagt, daß er, durch den Verlauf seiner Krankheit unliebsam überrascht, eine frühere Verschreibung (die mit Tinte) erfunden habe, um seine Position gegen die geistlichen Herren in Mariazell behaupten zu können. Nun schreibe ich für Leser, **[27]** die zwar an die Psychoanalyse glauben, aber nicht an den Teufel, und diese könnten mir vorhalten, es sei unsinnig, dem armen Kerl von Maler – *hunc miserum* nennt ihn der Geleitbrief – einen solchen Vorwurf zu machen. Die blutige Verschreibung war ja genau so phantasiert wie die angeblich frühere mit Tinte. In Wirklichkeit ist ihm ja überhaupt kein Teufel erschienen, der ganze Pakt mit dem Teufel existierte ja nur in seiner Phantasie. Ich sehe das ein; man kann dem Armen das Recht nicht bestreiten, seine ursprüngliche Phantasie durch eine neue zu ergänzen, wenn die geänderten Verhältnisse es zu erfordern schienen.

Aber auch hier gibt es noch eine Fortsetzung. Die beiden Verschreibungen sind ja nicht Phantasien wie die Teufelsvisionen; sie waren Dokumente, nach der Versicherung des Abschreibers wie nach dem Zeugnis des späteren Abtes Kilian im Archiv von Mariazell für alle sichtbar und greifbar aufbewahrt. Also stehen wir hier vor einem Dilemma. Entweder haben wir anzunehmen, daß der Maler die beiden ihm angeblich durch göttliche Huld zurückgestellten Schedae selbst zur Zeit verfertigt, da er sie brauchte, oder wir müßten den geistlichen Herren von Mariazell und St. Lambert trotz aller feierlichen Versicherungen, Bestätigungen durch Zeugen mit beigefügten Siegeln usw. die Glaubwürdigkeit verweigern. Ich gestehe, die Verdächtigung der geistlichen Herren fiele mir nicht leicht. Ich neige zwar zur Annahme, daß der Kompilator im Interesse der Konkordanz einiges am Zeugnis des ersten Abtes verfälscht hat, aber diese „sekundäre Bearbeitung" geht nicht weit über ähnliche Leistungen, auch moderner und weltlicher Geschichtsschreiber hinaus und geschah jedenfalls im guten Glauben. Nach anderer Richtung haben sich die geistlichen Herren gegründeten Anspruch auf unser Vertrauen

---

Das „Verschreiben" des Malers, als er die Syngraphae anfertigte, durch das ich in meinem Erklärungsversuch genötigt worden bin, erscheint mir nicht weniger interessant als seine Verschreibungen selbst.

erworben. Ich sagte es schon, nichts hätte sie hindern können, die Berichte über die Unvollständigkeit der Heilung und die Fortdauer der Versuchungen zu unterdrücken, und auch die Schilderung der Beschwörungsszene in der Kapelle, der man mit einigem Bangen entgegensehen durfte, ist nüchtern und glaubwürdig geraten. Es bleibt also nichts übrig, als den Maler **[28]** zu beschuldigen. Die rote Verschreibung hatte er wohl bei sich, als er sich zum Bußgebet in die Kapelle begab, und zog sie dann hervor, als er von seiner Begegnung mit dem Dämon zu den geistlichen Beiständen zurückkehrte. Es muß auch gar nicht derselbe Zettel gewesen sein, der später im Archiv aufbewahrt wurde, sondern nach unserer Konstruktion kann er die Jahreszahl 1668 (neun Jahre vor der Beschwörung) getragen haben.

V. Die weitere Neurose

Aber das wäre Betrug und nicht Neurose, der Maler ein Simulant und Fälscher, nicht ein kranker Besessener! Nun, die Übergänge zwischen Neurose und Simulation sind bekanntlich fließende. Ich finde auch keine Schwierigkeit, anzunehmen, daß der Maler diesen Zettel ebenso wie die späteren in einem besonderen, seinen Visionen gleichzustellenden Zustand geschrieben und mit sich genommen hat. Wenn er die Phantasie vom Teufelspakt und von der Erlösung durchführen wollte, konnte er ja gar nichts anderes tun.

Den Stempel der Wahrhaftigkeit trägt dagegen das Tagebuch aus Wien an sich, das er bei seinem zweiten Aufenthalt zu Mariazell den Geistlichen übergab. Es läßt uns freilich tief in die Motivierung oder sagen wir lieber Verwertung der Neurose blicken.

Die Aufzeichnungen reichen von seiner erfolgreichen Beschwörung bis zum 13. Januar des nächsten Jahres 1678. Bis zum 11. Oktober erging es ihm in Wien, wo er bei einer verheirateten Schwester wohnte, recht gut, dann aber fingen neue Zustände mit Visionen und Krämpfen, Bewußtlosigkeit und schmerzhaften Sensationen an, die dann auch zu seiner Rückkehr nach Mariazell im Mai 1678 führten.

Die neue Leidensgeschichte gliedert sich in drei Phasen. Zuerst meldet sich die Versuchung in Gestalt eines schön gekleideten Kavaliers, der ihm zureden will, den Zettel wegzuwerfen, der seine Aufnahme in die Bruderschaft vom heiligen Rosenkranz bescheinigt. Da er widerstand, wiederholte sich dieselbe Erscheinung am nächsten Tag, **[29]** aber diesmal in einem prächtig geschmückten Saal, in dem vornehme Herren mit schönen Damen tanzten. Derselbe Kavalier, der ihn schon einmal versucht, machte ihm einen auf Malerei bezüglichen Antrag[19] und versprach ihm dafür ein schönes Stück Geld. Nachdem er diese Vision durch Gebete zum Verschwinden gebracht, wiederholte sie sich einige Tage später in noch eindringlicherer Form. Diesmal schickte der Kavalier eine der schönsten Frauen, die an der Festtafel saßen, zu ihm hin, um ihn zur Gesellschaft zu bringen, und er hatte Mühe, sich der Verführerin zu erwehren. Am erschreckendsten war aber die bald darauf folgende Vision eines noch prunkvolleren Saales, in dem ein von *„Goedstuckhauf gerichteter Thron"* war. Kavaliere standen herum und erwarteten die Ankunft ihres Königs. Dieselbe Person, die sich schon so oft um ihn bekümmert hatte, ging auf ihn zu und forderte ihn auf, den Thron zu besteigen, sie *„wollten ihn für ihren König halten und in Ewigkeit verehren".* Mit dieser Ausschweifung seiner Phantasie schließt die erste, recht durchsichtige Phase der Versuchungsgeschichte ab.

Es mußte jetzt zu einer Gegenwirkung kommen. Die asketische Reaktion erhob ihr Haupt. Am 20. Oktober erschien ihm ein großer Glanz, eine Stimme daraus gab sich als Christus zu erkennen und forderte von ihm, daß er dieser bösen Welt entsagen und 6 Jahre lang in einer Wüste Gott dienen solle. Der Maler litt unter diesen heiligen Erscheinungen offenbar mehr als unter den früheren dämonischen. Aus diesem Anfall erwachte er erst nach 2½ Stunden. Im nächsten war die von Glanz umgebene heilige Person weit unfreundlicher, drohte ihm, weil er den göttlichen Vorschlag nicht angenommen hatte, und führte ihn in die Hölle, damit er durch das Los der Verdammten geschreckt werde. Offenbar blieb aber die Wirkung aus, denn die Erscheinungen der Person im Glanze, die Christus sein sollte, wiederholten sich noch mehrmals, jedesmal mit stundenlanger Geistesabwesenheit und Verzücktheit für den Maler. In der großartigsten **[30]** dieser Verzücktheiten führte ihn die Person im Glanze zuerst in eine Stadt, in deren Straßen die Menschen alle Werke der Finsternis übten, und dann zum Gegensatz auf eine schöne Au, in der Einsiedler ihr gottgefälliges Leben führten und greif-

---

[19] Eine mir unverständliche Stelle.

bare Beweise von Gottes Gnade und Fürsorge erhielten. Dann erschien an Stelle Christi die heilige Mutter selbst, die ihn unter Berufung auf ihre früher geleistete Hilfe mahnte, dem Befehl ihres liebsten Sohnes nachzukommen. *„Da er sich hiezu nicht recht resolviret"*, kam Christus am nächsten Tage wieder und setzte ihm mit Drohungen und Versprechungen tüchtig zu. Da gab er endlich nach, beschloß aus diesem Leben auszutreten und zu tun, was von ihm verlangt wurde. Mit dieser Entschließung endet die zweite Phase. Der Maler konstatiert, daß er von dieser Zeit an keine Erscheinung oder Anfechtung mehr gehabt hat.

Indes muß dieser Entschluß nicht sehr gefestigt oder seine Ausführung allzulang aufgeschoben worden sein, denn als er am 26. Dezember in St. Stephan seine Andacht verrichtete, konnte er sich beim Anblick einer wackeren Jungfrau, die mit einem wohlaufgeputzten Herrn ging, der Idee nicht erwehren, er könnte selbst an Stelle dieses Herrn sein. Das forderte Strafe, noch am selben Abend traf es ihn wie ein Donnerschlag, er sah sich in hellen Flammen und fiel in Ohnmacht. Man bemühte sich, ihn zu erwecken, aber er wälzte sich in der Stube, bis Blut aus Mund und Nase kam, verspürte, daß er sich in Hitze und Gestank befand, und hörte eine Stimme sagen, daß ihm dieser Zustand als Strafe für seine unnützen und eiteln Gedanken geschickt worden sei. Später wurde er dann von bösen Geistern mit Stricken gegeißelt und ihm versprochen, daß er alle Tage so gepeinigt werden solle, bis er sich entschlossen habe, in den Einsiedlerorden einzutreten. Diese Erlebnisse setzten sich, soweit die Aufzeichnungen reichen (13. Januar) fort.

Wir sehen, wie bei unserem armen Maler die Versuchungsphantasien von asketischen und endlich von Strafphantasien abgelöst werden, das Ende der Leidensgeschichte kennen wir bereits. Er begibt sich im Mai nach Mariazell, bringt dort die Geschichte von einer früheren, **[31]** mit schwarzer Tinte geschriebenen Verschreibung vor, der er es offenbar zuschreibt, daß er noch vom Teufel geplagt werden kann, erhält auch diese zurück und ist geheilt. Während dieses zweiten Aufenthaltes malt er die Bilder, die im Trophaeum kopiert sind, dann aber tut er etwas, was mit der Forderung der asketischen Phase seines Tagebuches zusammentrifft. Er geht zwar nicht in die Wüste, um Einsiedler zu werden, aber er tritt in den Orden der Barmherzigen Brüder ein: *religiosus factus est*.

Bei der Lektüre des Tagebuches gewinnen wir Verständnis für ein neues

265

Stück des Zusammenhangs. Wir erinnern uns, daß der Maler sich dem Teufel
verschrieben, weil er nach dem Tode des Vaters, verstimmt und arbeitsun-
fähig, Sorge hatte, seine Existenz zu erhalten. Diese Momente, Depression,
Arbeitshemmung und Trauer um den Vater sind irgendwie, auf einfache oder
kompliziertere Art miteinander verknüpft. Vielleicht waren die Erscheinungen des Teufels darum so überreichlich mit Brüsten ausgestattet, weil der
Böse sein Nährvater werden sollte. Die Hoffnung erfüllte sich nicht, es ging
ihm auch weiterhin schlecht, er konnte nicht ordentlich arbeiten oder er
hatte kein Glück und fand nicht genug Arbeit. Der Geleitbrief des Pfarrers
spricht von ihm als *„hunc miserum omni auxilio destitutum".* Er war also nicht
nur in moralischen Nöten, er litt auch materielle Not. In die Wiedergabe
seiner späteren Visionen finden sich Bemerkungen eingestreut, die wie die
Inhalte der erschauten Szenen zeigen, daß sich auch nach der erfolgreichen
ersten Beschwörung daran nichts geändert hatte. Wir lernen einen Menschen kennen, der es zu nichts bringt, dem man auch darum kein Vertrauen
schenkt. In der ersten Vision fragt ihn der Kavalier, was er eigentlich anfangen wolle, da sich niemand seiner annehme *(„dieweillen ich von iedermann
izt verlassen, waß ich anfangen würde").* Die erste Reihe der Visionen in Wien
entspricht durchaus den Wunschphantasien des Armen, nach Genuß Hungernden, Verkommenen: Herrliche Säle, Wohlleben, silbernes Tafelgeschirr
und schöne Frauen; hier wird nachgeholt, was wir im Teufelsverhältnis vermißt haben. Damals bestand eine Melancholie, die ihn ge- **[32]** nußunfähig
machte, auf die lockendsten Anerbieten verzichten hieß. Seit der Beschwörung scheint die Melancholie überwunden, alle Gelüste des Weltkindes sind
wieder rege.

In einer der asketischen Visionen beklagt er sich gegen die ihn führende
Person (Christus), daß ihm niemand glauben wolle, so daß er dessentwegen,
was ihm anbefohlen, nicht vollziehen könne. Die Antwort, die er darauf erhält, bleibt uns leider dunkel *(„so fer man mir nit glauben, waß aber geschechen,
waiß ich wol, ist mir aber selbes auszuspröchen unmöglich").* Besonders aufklä-
rend ist aber, was ihn sein göttlicher Führer bei den Einsiedlern erleben läßt.
Er kommt in eine Höhle, in der ein alter Mann schon seit 60 Jahren sitzt,
und erfährt auf seine Frage, daß dieser Alte täglich von den Engeln Gottes
gespeist wird. Und dann sieht er selbst, wie ein Engel dem Alten zu essen
bringt: *„Drei Schüßerl mit Speiß, ein Brot und ein Knödl und Getränk".* Nachdem

der Einsiedler gespeist, nimmt der Engel alles zusammen und trägt es ab. Wir verstehen, welche Versuchung die frommen Visionen zu bieten haben, sie wollen ihn bewegen, eine Form der Existenz zu wählen, in der ihm die Nahrungssorgen abgenommen sind. Beachtenswert sind auch die Reden Christi in der letzten Vision. Nach der Drohung, wenn er sich nicht füge, werde etwas geschehen, daß er und die Leute [daran] glauben müßten, mahnt er direkt: *„Ich solle die Leith nit achten, obwollen ich von ihnen verfolgt wurdte, oder von ihnen keine hilfflaistung empfienge, Gott würde mich nit verlaßen."*

Ch. Haitzmann war soweit Künstler und Weltkind, daß es ihm nicht leicht fiel, dieser sündigen Welt zu entsagen. Aber endlich tat er es doch mit Rücksicht auf seine hilflose Lage. Er trat in einen geistlichen Orden ein; damit war sein innerer Kampf wie seine materielle Not zu Ende. In seiner Neurose spiegelt sich dieser Ausgang darin, daß die Rückstellung einer angeblich ersten Verschreibung seine Anfälle und Visionen beseitigt. Eigentlich hatten beide Abschnitte seiner dämonologischen Erkrankung denselben Sinn gehabt. Er wollte immer nur sein Leben sichern, das erste Mal mit Hilfe des Teufels auf Kosten seiner Seligkeit, und als dieser versagt hatte und aufgegeben **[33]** werden mußte, mit Hilfe des geistlichen Standes auf Kosten seiner Freiheit und der meisten Genußmöglichkeiten des Lebens. Vielleicht war Chr. Haitzmann nur selbst ein armer Teufel, der eben kein Glück hatte, vielleicht war er zu ungeschickt oder zu unbegabt, um sich selbst zu erhalten, und zählte zu jenen Typen, die als „ewige Säuglinge" bekannt sind, die sich von der beglückenden Situation an der Mutterbrust nicht losreißen können und durchs ganze Leben den Anspruch festhalten, von jemand anderem ernährt zu werden. Und so legte er in dieser Krankengeschichte den Weg vom Vater über den Teufel als Vaterersatz zu den frommen Patres zurück.

Seine Neurose erscheint oberflächlicher Betrachtung als ein Gaukelspiel, welches ein Stück des ernsthaften, aber banalen Lebenskampfes überdeckt. Dies Verhältnis ist gewiß nicht immer so, aber es kommt auch nicht gar so selten vor. Die Analytiker erleben es oft, wie unvorteilhaft es ist, einen Kaufmann zu behandeln, der „sonst gesund, seit einiger Zeit die Erscheinungen einer Neurose zeigt". Die geschäftliche Katastrophe, von der sich der Kaufmann bedroht fühlt, wirft als Nebenwirkung diese Neurose auf, von der er auch den Vorteil hat, daß er hinter ihren Symptomen seine realen Lebenssorgen verheimlichen kann. Sonst aber ist sie überaus unzweckmäßig, da sie

Kräfte in Anspruch nimmt, die vorteilhafter zur besonnenen Erledigung der gefährlichen Lage Verwendung fänden.

In weit zahlreicheren Fällen ist die Neurose selbständiger und unabhängiger von den Interessen der Lebenserhaltung und Behauptung. Im Konflikt, der die Neurose schafft, stehen entweder nur libidinöse Interessen auf dem Spiel oder libidinöse in inniger Verknüpfung mit solchen der Lebensbehauptung. Der Dynamismus der Neurose ist in allen drei Fällen der gleiche. Eine nicht real zu befriedigende Libidostauung schafft sich mit Hilfe der Regression zu alten Fixierungen Abfluß durch das verdrängte Unbewußte. Soweit das Ich des Kranken aus diesem Vorgang einen Krankheitsgewinn ziehen kann, läßt es die Neurose gewähren, deren ökonomische Schädlichkeit doch keinem Zweifel unterliegt.

[34] Auch die üble Lebenslage unseres Malers hätte keine Teufelsneurose bei ihm hervorgerufen, wenn aus seiner Not nicht eine verstärkte Vatersehnsucht erwachsen wäre. Nachdem aber die Melancholie und der Teufel abgetan waren, kam es bei ihm noch zum Kampf zwischen der libidinösen Lebenslust und der Einsicht, daß das Interesse der Lebenserhaltung gebieterisch Verzicht und Askese fordere. Es ist interessant, daß der Maler die Einheitlichkeit der beiden Stücke seiner Leidensgeschichte sehr wohl verspürt, denn er führt die eine wie die andere auf Verschreibungen, die er dem Teufel gegeben, zurück. Anderseits unterscheidet er nicht scharf zwischen den Einwirkungen des bösen Geistes und jenen der göttlichen Mächte, er hat für beide eine Bezeichnung: Erscheinungen des Teufels.

1923-05
Das Ich und das Es

Erstveröffentlichung:
Freud, Sigmund (1923): *Das Ich und das Es*. Leipzig/Wien/Zürich: Internationaler Psychoanalytischer Verlag.

Das Erscheinen des Buches hatte Freud im September 1922 auf dem VII. Internationalen Psychoanalytischen Kongress in Berlin angekündigt (siehe SFG 17, 1922-06, S. 159). Mit dem Thema hatte er sich aber schon in den Monaten davor beschäftigt (vgl. Freud, 1999q, S. 122). Ende 1922 schrieb Freud an Georg Groddeck, dass er den Begriff des „Es" von ihm habe (Freud, 1970b, S. 59).

Das Buch erschien Ende März 1923 (ebd., S. 60).

Das Ich und das Es

Inhaltsverzeichnis

		Seite
	Einleitung	7
I.	Bewußtsein und Unbewußtes	9
II.	Das Ich und das Es	18
III.	Das Ich und das Über-Ich (Ich-Ideal)	31
IV.	Die beiden Triebarten	48
V.	Die Abhängigkeiten des Ichs	60

Nachstehende Erörterungen setzen Gedankengänge fort, die in meiner Schrift „Jenseits des Lustprinzips" 1920 begonnen wurden, denen ich persönlich, wie dort erwähnt ist, mit einer gewissen wohlwollenden Neugierde gegenüber stand. Sie nehmen diese Gedanken auf, verknüpfen sie mit verschiedenen Tatsachen der analytischen Beobachtung, suchen aus dieser Vereinigung neue Schlüsse abzuleiten, machen aber keine neuen Anleihen bei der Biologie und stehen darum der Psychoanalyse näher als das „Jenseits". Sie tragen eher den Charakter einer Synthese als einer Spekulation und scheinen sich ein hohes Ziel gesetzt zu haben. Ich weiß aber, daß sie beim Gröbsten Halt machen, und bin mit dieser Beschränkung recht einverstanden.

Dabei rühren sie an Dinge, die bisher noch nicht Gegenstand der psychoanalytischen Bearbeitung gewesen sind, und können es nicht vermeiden, manche Theorien zu streifen, die von Nicht-Analytikern oder ehemaligen Analytikern auf ihrem Rückzug von der Analyse aufgestellt wurden. Ich bin sonst immer bereit gewesen, meine Verbindlichkeiten gegen andere Arbeiter anzuerkennen, fühle mich aber in diesem Falle durch keine **[8]** solche Dankesschuld belastet. Wenn die Psychoanalyse gewisse Dinge bisher nicht gewürdigt hat, so geschah es nie darum, weil sie deren Leistung übersehen hatte oder deren Bedeutung verleugnen wollte, sondern weil sie einen bestimmten Weg verfolgt, der noch nicht so weit geführt hatte. Und endlich, wenn sie dahin gekommen ist, erscheinen ihr auch die Dinge anders als den anderen.

[9] I
Bewusstsein und Unbewusstes

In diesem einleitenden Abschnitt ist nichts Neues zu sagen und die Wiederholung von früher oft Gesagtem nicht zu vermeiden.

Die Unterscheidung des Psychischen in Bewußtes und Unbewußtes ist die Grundvoraussetzung der Psychoanalyse und gibt ihr allein die Möglichkeit, die ebenso häufigen als wichtigen pathologischen Vorgänge im Seelenleben zu verstehen, der Wissenschaft einzuordnen. Nochmals und anders gesagt: die Psychoanalyse kann das Wesen des Psychischen nicht ins Bewußtsein verlegen, sondern muß das Bewußtsein als eine Qualität des Psychischen ansehen, die zu anderen Qualitäten hinzukommen oder wegbleiben mag.

Wenn ich mir vorstellen könnte, daß alle an der Psychologie Interessierten diese Schrift lesen werden, so wäre ich auch darauf vorbereitet, daß schon an dieser Stelle ein Teil der Leser Halt macht und nicht weiter mitgeht, denn hier ist das erste Schibboleth der Psychoanalyse. Den meisten philosophisch Gebil- **[10]** deten ist die Idee eines Psychischen, das nicht auch bewußt ist, so unfaßbar, daß sie ihnen absurd und durch bloße Logik abweisbar erscheint. Ich glaube, dies kommt nur daher, daß sie die betreffenden Phänomene der Hypnose und des Traumes, welche – vom Pathologischen ganz abgesehen – zu solcher Auffassung zwingen, nie studiert haben. Ihre Bewußtseinspsychologie ist aber auch unfähig, die Probleme des Traumes und der Hypnose zu lösen.

Bewußt sein ist zunächst ein rein deskriptiver Terminus, der sich auf die unmittelbarste und sicherste Wahrnehmung beruft. Die Erfahrung zeigt uns dann, daß ein psychisches Element, z. B. eine Vorstellung gewöhnlich nicht dauernd bewußt ist. Es ist vielmehr charakteristisch, daß der Zustand des Bewußtseins rasch vorübergeht; die jetzt bewußte Vorstellung ist es im nächsten Moment nicht mehr, allein sie kann es unter gewissen leicht hergestellten Bedingungen wieder werden. Inzwischen war sie, wir wissen nicht was; wir können sagen, sie sei l a t e n t gewesen, und meinen dabei, daß sie jederzeit b e w u ß t s e i n s f ä h i g war. Auch wenn wir sagen, sie sei u n b e w u ß t gewesen, haben wir eine korrekte Beschreibung gegeben. Dieses Unbewußt fällt dann mit latent-bewußtseinsfähig zusammen. Die Philosophen würden uns zwar einwerfen: Nein, der Terminus unbewußt hat hier keine Anwendung, solange die Vorstellung im Zustand der Latenz war, war sie überhaupt nichts Psychisches. Würden wir ihnen schon an dieser **[11]** Stelle widersprechen, so gerieten wir in einen Wortstreit, aus dem sich nichts gewinnen ließe.

Wir sind aber zum Terminus oder Begriff des Unbewußten auf einem anderen Weg gekommen, durch Verarbeitung von Erfahrungen, in denen die seelische D y n a m i k eine Rolle spielt. Wir haben erfahren, d. h. annehmen müssen, daß es sehr starke seelische Vorgänge oder Vorstellungen gibt, – hier kommt zuerst ein quantitatives, also ökonomisches Moment in Betracht – die alle Folgen für das Seelenleben haben können wie sonstige Vorstellungen, auch solche Folgen, die wiederum als Vorstellungen bewußt werden können, nur werden sie selbst nicht bewußt. Es ist nicht nötig, hier ausführlich zu wiederholen, was schon so oft dargestellt worden ist. Genug, an dieser Stelle setzt die psychoanalytische Theorie ein und behauptet, daß solche Vorstellungen nicht bewußt sein können, weil eine gewisse Kraft sich dem widersetzt, daß sie sonst bewußt werden könnten und daß man dann sehen würde, wie wenig sie sich von anderen anerkannten psychischen Elementen unterscheiden. Diese Theorie wird dadurch unwiderleglich, daß sich in der psychoanalytischen Technik Mittel gefunden haben, mit deren Hilfe man die widerstrebende Kraft aufheben und die betreffenden Vorstellungen bewußt machen kann. Den Zustand, in dem diese sich vor der Bewußtmachung befanden, heißen wir Verdrängung, und die Kraft, welche die Verdrängung herbeigeführt und aufrecht gehalten hat, behaupten **[12]** wir während der analytischen Arbeit als W i d e r s t a n d zu verspüren.

Unseren Begriff des Unbewußten gewinnen wir also aus der Lehre von der Verdrängung. Das Verdrängte ist uns das Vorbild des Unbewußten. Wir sehen aber, daß wir zweierlei Unbewußtes haben, das latente, doch bewußtseinsfähige und das Verdrängte, an sich und ohne weiteres nicht bewußtseinsfähige. Unser Einblick in die psychische Dynamik kann nicht ohne Einfluß auf Nomenklatur und Beschreibung bleiben. Wir heißen das Latente, das nur deskriptiv unbewußt ist, nicht im dynamischen Sinne, v o r b e w u ß t; den Namen u n b e w u ß t beschränken wir auf das dynamisch unbewußte Verdrängte, so daß wir jetzt drei Termini haben, bewußt *(bw)*, vorbewußt *(vbw)* und unbewußt *(ubw)*, deren Sinn nicht mehr rein deskriptiv ist. Das *Vbw*, nehmen wir an, steht dem *Bw* viel näher als das *Ubw* und da wir das *Ubw* psychisch geheißen haben, werden wir es beim latenten *Vbw* umso unbedenklicher tun. Warum wollen wir aber nicht lieber im Einvernehmen mit den Philosophen bleiben und das *Vbw* wie das *Ubw* konsequenter Weise vom bewußten Psychischen trennen? Die Philosophen würden uns dann vorschlagen, das *Vbw* wie das *Ubw* als zwei Arten oder Stufen des P s y c h o i d e n zu beschreiben, und die Einigkeit wäre hergestellt. Aber unendliche Schwierigkeiten in der Darstellung wären die Folge davon und die einzig wichtige Tatsache, daß diese Psychoide fast in allen **[13]** anderen Punkten mit dem anerkannt Psychischen übereinstimmen, wäre zu Gunsten eines Vorurteils in den Hintergrund gedrängt, eines Vorurteils, das aus der Zeit stammt, da man diese Psychoide oder das Bedeutsamste von ihnen noch nicht kannte.

Nun können wir mit unseren drei Terminis, *bw*, *vbw* und *ubw*, bequem wirtschaften, wenn wir nur nicht vergessen, daß es im deskriptiven Sinne zweierlei Unbewußtes gibt, im dynamischen aber nur eines. Für manche Zwecke der Darstellung kann man diese Unterscheidung vernachlässigen, für andere ist sie natürlich unentbehrlich. Wir haben uns immerhin an diese Zweideutigkeit des Unbewußten ziemlich gewöhnt und sind gut mit ihr ausgekommen. Vermeiden läßt sie sich, soweit ich sehen kann, nicht; die Unterscheidung zwischen Bewußtem und Unbewußtem ist schließlich eine Frage der Wahrnehmung, die mit Ja oder Nein zu beantworten ist, und der Akt der Wahrnehmung selbst gibt keine Auskunft darüber, aus welchem Grund etwas wahrgenommen wird oder nicht wahrgenommen wird. Man darf sich nicht darüber beklagen, daß das Dynamische in der Erscheinung nur einen zweideutigen Ausdruck findet.[1]

---

[1] Soweit vgl.: Bemerkungen über den Begriff des Unbewußten. Sammlung kleiner Schriften zur Neurosenlehre, 4. Folge. – Eine neuerliche Wendung in der Kritik des Unbewußten verdient an dieser Stelle gewürdigt zu werden. Manche Forscher, die sich der Anerkennung der psychoanalytischen Tatsachen nicht verschließen, das Unbewußte aber nicht annehmen wollen, schaffen sich eine Auskunft mit Hilfe der unbestrittenen Tatsache, daß auch **[14]** das Bewußtsein – als Phänomen – eine große Reihe von Abstufungen der Intensität oder Deutlichkeit erkennen läßt. So wie es Vorgänge gibt, die sehr lebhaft, grell, greifbar bewußt sind, so erleben wir auch andere, die nur schwach, kaum eben merklich bewußt sind, und die am schwächsten bewußten seien eben die, für welche die Psychoanalyse das unpassende Wort unbewußt gebrauchen wolle. Sie seien aber doch auch bewußt oder „im Bewußtsein" und lassen sich voll und stark bewußt machen, wenn man ihnen genug Aufmerksamkeit schenkte.

Soweit die Entscheidung in einer solchen entweder von der Konvention oder von Gefühlsmomenten abhängigen Frage durch Argumente beeinflußt werden kann, läßt sich hiezu folgendes bemerken: Der Hinweis auf eine Deutlichkeitsskala der Bewußtheit hat nichts Verbindliches und nicht mehr Beweiskraft als etwa die analogen Sätze: es gibt so viel Abstufungen der Beleuchtung vom grellsten, blendenden Licht bis zum matten Lichtschimmer, folglich gibt es überhaupt keine Dunkelheit. Oder: es gibt verschiedene Grade von Vitalität, folglich gibt es keinen Tod. Diese Sätze mögen ja in einer gewissen Weise sinnreich sein, aber sie sind praktisch verwerflich, wie sich herausstellt, wenn man bestimmte Folgerungen von ihnen ableiten will, z.B.: also braucht **[15]** man kein Licht anzustecken, oder: also sind alle Organismen unsterblich. Ferner erreicht man durch die Subsumierung des Unmerklichen unter das Bewußte nichts anderes, als daß man sich die einzige unmittelbare Sicherheit verdirbt, die es im Psychischen überhaupt gibt. Ein Bewußtsein, von dem man nichts weiß, scheint mir doch um vieles absurder als ein unbewußtes Seelisches. Endlich ist solche Angleichung des Unbemerkten an das Unbewußte offenbar ohne Rücksicht auf die dynamischen Verhältnisse versucht worden, welche für die psychoanalytische Auffassung maßgebend waren.

[14] Im weiteren Verlauf der psychoanalytischen Arbeit stellt sich aber heraus, daß auch diese Unterscheidungen unzulänglich, praktisch insuffizient sind. Unter den Situationen, die das zeigen, sei folgende als die entscheidende hervorgehoben. Wir haben uns die Vorstellung von einer zusammenhängenden Organisation der seelischen Vorgänge in einer Person gebildet und heißen diese das Ich derselben. An diesem Ich hängt das Bewußtsein, es beherrscht die Zugänge zur Motilität, d. i.: zur Abfuhr der Erregungen in die Außenwelt; es ist diejenige seelische Instanz, welche eine Kontrolle über [15] all ihre Partialvorgänge ausübt, welche zur Nachtzeit schlafen geht und dann immer noch die Traumzensur handhabt. Von diesem Ich gehen auch die Verdrängungen aus, durch welche gewisse seelische Strebungen nicht nur vom Bewußtsein, sondern auch von den anderen Arten der Geltung und Betätigung ausgeschlossen werden sollen. Dies durch die Verdrängung Beseitigte stellt sich in der Analyse dem Ich gegenüber, und es wird der Analyse die Aufgabe gestellt, die Widerstände aufzuheben, die das Ich gegen die Beschäftigung mit dem Verdrängten äußert. Nun machen wir während der Analyse die Beobachtung, daß der Kranke in Schwierig- [16] keiten gerät, wenn wir ihm gewisse Aufgaben stellen; seine Assoziationen versagen, wenn sie sich dem Verdrängten annähern sollen. Wir sagen ihm dann, er stehe unter der Herrschaft eines Widerstandes, aber er weiß nichts davon und selbst, wenn er aus seinen Unlustgefühlen erraten sollte, daß jetzt ein Widerstand in ihm wirkt, so weiß er ihn nicht zu benennen und anzugeben. Da aber dieser Widerstand sicherlich von seinem Ich ausgeht und diesem angehört, so stehen wir vor einer unvorhergesehenen Situation. Wir haben im Ich selbst etwas gefunden, was auch unbewußt ist, sich gerade so benimmt wie das Verdrängte, d. h. starke Wirkungen äußert, ohne selbst bewußt zu werden, und zu dessen Bewußtmachung es einer besonderen Arbeit bedarf. Die Folge dieser Erfahrung für die analytische Praxis ist, daß wir in unendlich viele Un-

---

Denn zwei Tatsachen werden dabei vernachlässigt; erstens, daß es sehr schwierig ist, großer Anstrengung bedarf, um einem solchen Unbemerkten genug Aufmerksamkeit zuzuführen, und zweitens, daß, wenn dies gelungen ist, das vordem Unbemerkte jetzt nicht vom Bewußtsein erkannt wird, sondern oft genug ihm völlig fremd, gegensätzlich erscheint und von ihm schroff abgelehnt wird. Der Rekurs vom Unbewußten auf das wenig Bemerkte und nicht Bemerkte ist also doch nur ein Abkömmling des Vorurteils, dem die Identität des Psychischen mit dem Bewußten ein für alle Mal feststeht.

deutlichkeiten und Schwierigkeiten geraten, wenn wir an unserer gewohnten Ausdrucksweise festhalten und z. B. die Neurose auf einen Konflikt zwischen dem Bewußten und dem Unbewußten zurückführen wollen. Wir müssen für diesen Gegensatz aus unserer Einsicht in die strukturellen Verhältnisse des Seelenlebens einen anderen einsetzen, den zwischen dem zusammenhängenden Ich und dem von ihm abgespaltenen Verdrängten.[2]

Die Folgen für unsere Auffassung des Unbewußten sind aber noch bedeutsamer. Die dynamische Betrachtung hatte uns die erste Korrektur gebracht, die strukturelle [17] Einsicht bringt uns die zweite. Wir erkennen, daß das *Ubw* nicht mit dem Verdrängten zusammenfällt; es bleibt richtig, daß alles Verdrängte *ubw* ist, aber nicht alles *Ubw* ist auch verdrängt. Auch ein Teil des Ichs, ein Gott weiß wie wichtiger Teil des Ichs kann *ubw* sein, ist sicherlich *ubw*. Und dies Ubw des Ichs ist nicht latent im Sinne des *Vbw*, sonst dürfte es nicht aktiviert werden, ohne *bw* zu werden, und seine Bewußtmachung dürfte nicht so große Schwierigkeiten bereiten. Wenn wir uns so vor der Nötigung sehen, ein drittes, nicht verdrängtes *Ubw* aufzustellen, so müssen wir zugestehen, daß der Charakter des Unbewußtseins für uns an Bedeutung verliert. Er wird zu einer vieldeutigen Qualität, die nicht die weitgehenden und ausschließenden Folgerungen gestattet, für welche wir ihn gerne verwertet hätten. Doch müssen wir uns hüten, ihn zu vernachlässigen, denn schließlich ist die Eigenschaft bewußt oder nicht die einzige Leuchte im Dunkel der Tiefenpsychologie.

[18] II
Das Ich und das Es

Die pathologische Forschung hat unser Interesse allzu ausschließlich auf das Verdrängte gerichtet. Wir möchten mehr vom Ich erfahren, seitdem wir wissen, daß auch das Ich unbewußt im eigentlichen Sinne sein kann. Unser einziger Anhalt während unserer Untersuchungen war bisher das Kennzeichen des Bewußt- oder Unbewußtseins; zuletzt haben wir gesehen, wie vieldeutig es sein kann.

---

[2] Vgl. Jenseits des Lustprinzips.

Nun ist all unser Wissen immer an das Bewußtsein gebunden. Auch das *Ubw* können wir nur dadurch kennen lernen, daß wir es bewußt machen. Aber halt, wie ist das möglich? Was heißt: etwas bewußt machen? Wie kann das vor sich gehen?

Wir wissen schon, wo wir hiefür anzuknüpfen haben. Wir haben gesagt, das Bewußtsein ist die O b e r f l ä c h e des seelischen Apparats, d. h. wir haben es einem System als Funktion zugeschrieben, welches räumlich das erste von der Außenwelt her ist. Räumlich übrigens nicht nur im Sinne der Funktion, sondern diesmal auch [19] im Sinne der anatomischen Zergliederung.[3] Auch unser Forschen muß diese wahrnehmende Oberfläche zum Ausgang nehmen.

Von vornherein *bw* sind alle Wahrnehmungen, die von außen herankommen (Sinneswahrnehmungen), und von innen her, was wir Empfindungen und Gefühle heißen. Wie aber ist es mit jenen inneren Vorgängen, die wir etwa – roh und ungenau – als Denkvorgänge zusammenfassen können? Kommen sie, die sich irgendwo im Innern des Apparats als Verschiebungen seelischer Energie auf dem Wege zur Handlung vollziehen, an die Oberfläche, die das Bewußtsein entstehen läßt, heran? Oder kommt das Bewußtsein zu ihnen? Wir merken, das ist eine von den Schwierigkeiten, die sich ergeben, wenn man mit der räumlichen, t o p i s c h e n, Vorstellung des seelischen Geschehens Ernst machen will. Beide Möglichkeiten sind gleich unausdenkbar, es müßte etwas drittes der Fall sein.

An einer anderen Stelle[4] habe ich schon die Annahme gemacht, daß der wirkliche Unterschied einer *ubw* von einer *vbw* Vorstellung (einem Gedanken) darin besteht, daß die erstere sich an irgendwelchem Material, das unerkannt bleibt, vollzieht, während bei der letzteren (der *vbw*) die Verbindung mit W o r t v o r s t e l- [20] l u n g e n hinzukommt. Hier ist zuerst der Versuch gemacht, für die beiden Systeme *Vbw* und *Ubw* Kennzeichen anzugeben, die anders sind als die Beziehung zum Bewußtsein. Die Frage: Wie wird etwas bewußt? lautet also zweckmäßiger: Wie wird etwas vorbewußt? Und die Antwort wäre: durch Verbindung mit den entsprechenden Wortvorstellungen.

Diese Wortvorstellungen sind Erinnerungsreste, sie waren einmal Wahr-

---

[3] S. Jenseits des Lustprinzips.

[4] Das Unbewußte. Internationale Zeitschrift für Psychoanalyse, III. 1915 (auch: Sammlung kleiner Schriften zur Neurosenlehre, 4. Folge. 1918.)

nehmungen und können wie alle Erinnerungsreste wieder bewußt werden. Ehe wir noch weiter von ihrer Natur handeln, dämmert uns wie eine neue Einsicht auf: bewußt werden kann nur das, was schon einmal *bw* Wahrnehmung war, und was außer Gefühlen von innen her bewußt werden will, muß versuchen sich in äußere Wahrnehmungen umzusetzen. Dies wird mittels der Erinnerungsspuren möglich.

Die Erinnerungsreste denken wir uns in Systemen enthalten, welche unmittelbar an das System *W-Bw* anstoßen, so daß ihre Besetzungen sich leicht auf die Elemente dieses Systems von innen her fortsetzen können. Man denkt hier sofort an die Halluzination und an die Tatsache, daß die lebhafteste Erinnerung immer noch von der Halluzination wie von der äußeren Wahrnehmung unterschieden wird, allein ebenso rasch stellt sich die Auskunft ein, daß bei der Wiederbelebung einer Erinnerung die Besetzung im Erinnerungssystem erhalten bleibt, während die von der Wahrnehmung nicht unterscheidbare Halluzination entstehen mag, wenn die Besetzung **[21]** nicht nur von der Erinnerungsspur auf das *W*-Element übergreift, sondern völlig auf dasselbe übergeht.

Die Wortreste stammen wesentlich von akustischen Wahrnehmungen ab, so daß hiedurch gleichsam ein besonderer Sinnesursprung für das System *Vbw* gegeben ist. Die visuellen Bestandteile der Wortvorstellung kann man als sekundär, durch Lesen erworben, zunächst vernachlässigen und ebenso die Bewegungsbilder des Wortes, die außer bei Taubstummen die Rolle von unterstützenden Zeichen spielen. Das Wort ist doch eigentlich der Erinnerungsrest des gehörten Wortes.

Es darf uns nicht beifallen, etwa der Vereinfachung zuliebe, die Bedeutung der optischen Erinnerungsreste – von den Dingen – zu vergessen, oder zu verleugnen, daß ein Bewußtwerden der Denkvorgänge durch Rückkehr zu den visuellen Resten möglich ist und bei vielen Personen bevorzugt scheint. Von der Eigenart dieses visuellen Denkens kann uns das Studium der Träume und der vorbewußten Phantasien nach den Beobachtungen J. V a - r e n d o n c k s eine Vorstellung geben. Man erfährt, daß dabei meist nur das konkrete Material des Gedankens bewußt wird, für die Relationen aber, die den Gedanken besonders kennzeichnen, ein visueller Ausdruck nicht gegeben werden kann. Das Denken in Bildern ist also ein nur sehr unvollkommenes Bewußtwerden.

279

Es steht auch irgendwie den unbewußten Vorgängen näher als das Denken in Worten und ist unzweifelhaft onto- wie phylogenetisch älter als dieses.

[22] Wenn also, um zu unserem Argument zurückzukehren, dies der Weg ist, wie etwas an sich Unbewußtes vorbewußt wird, so ist die Frage, wie machen wir etwas Verdrängtes (vor)bewußt, zu beantworten: indem wir solche *vbw* Mittelglieder durch die analytische Arbeit herstellen. Das Bewußtsein verbleibt also an seiner Stelle, aber auch das *Ubw* ist nicht etwa zum *Bw* aufgestiegen.

Während die Beziehung der äußeren Wahrnehmung zum Ich ganz offenkundig ist, fordert die der inneren Wahrnehmung zum Ich eine besondere Untersuchung heraus. Sie läßt noch einmal den Zweifel auftauchen, ob man wirklich Recht daran tut, alles Bewußtsein auf das eine oberflächliche System *W-Bw* zu beziehen.

Die innere Wahrnehmung ergibt Empfindungen von Vorgängen aus den verschiedensten, gewiß auch tiefsten Schichten des seelischen Apparats. Sie sind schlecht gekannt, als ihr bestes Muster können noch die der Lust-Unlustreihe gelten. Sie sind ursprünglicher, elementarer, als die von außen stammenden, können noch in Zuständen getrübten Bewußtseins zu Stande kommen. Über ihre größere ökonomische Bedeutung und deren metapsychologische Begründung habe ich mich an anderer Stelle geäußert. Diese Empfindungen sind multilokulär wie die äußeren Wahrnehmungen, können gleichzeitig von verschiedenen Stellen kommen und dabei verschiedene, auch entgegengesetzte Qualitäten haben.

[23] Die Empfindungen mit Lustcharakter haben nichts Drängendes an sich, dagegen im höchsten Grad die Unlustempfindungen. Diese drängen auf Veränderung, auf Abfuhr und darum deuten wir die Unlust auf eine Erhöhung, die Lust auf eine Erniedrigung der Energiebesetzung. Nennen wir das, was als Lust und Unlust bewußt wird, ein quantitativ-qualitativ Anderes im seelischen Ablauf, so ist die Frage, ob ein solches Anderes an Ort und Stelle bewußt werden kann, oder bis zum System *W* fortgeleitet werden muß.

Die klinische Erfahrung entscheidet für das Letztere. Sie zeigt, daß dies Andere sich verhält wie eine verdrängte Regung. Es kann treibende Kräfte entfalten, ohne daß das Ich den Zwang bemerkt. Erst Widerstand gegen den Zwang, Aufhalten der Abfuhrreaktion macht dieses Andere sofort als Unlust bewußt. Ebenso wie Bedürfnisspannungen kann auch der Schmerz unbewußt bleiben, dies Mittelding zwischen äußerer und innerer Wahrnehmung, der sich wie eine innere Wahrnehmung verhält, auch wo er aus der Außenwelt stammt. Es bleibt also richtig, daß auch Empfindungen und Gefühle nur durch Anlangen an das System *W* bewußt werden; ist die Fortleitung gesperrt, so kommen sie nicht als Empfindungen zu Stande, obwohl das ihnen entsprechende Andere im Erregungsablauf dasselbe ist. Abgekürzter, nicht ganz korrekter Weise sprechen wir dann von u n b e w u ß t e n   E m p f i n d u n g e n, halten die Analogie mit unbewußten Vorstellungen fest, die nicht **[24]** ganz gerechtfertigt ist. Der Unterschied ist nämlich, daß für die *ubw* Vorstellung erst Verbindungsglieder geschaffen werden müssen, um sie zum *Bw* zu bringen, während dies für die Empfindungen, die sich direkt fortleiten, entfällt. Mit anderen Worten: die Unterscheidung von *Bw* und *Vbw* hat für die Empfindungen keinen Sinn, das *Vbw* fällt hier aus, Empfindungen sind entweder bewußt oder unbewußt. Auch wenn sie an Wortvorstellungen gebunden werden, danken sie nicht diesen ihr Bewußtwerden, sondern sie werden es direkt.

Die Rolle der Wortvorstellungen wird nun vollends klar. Durch ihre Vermittlung werden die inneren Denkvorgänge zu Wahrnehmungen gemacht. Es ist, als sollte der Satz erwiesen werden: alles Wissen stammt aus der äußeren Wahrnehmung. Bei einer Überbesetzung des Denkens werden die Gedanken wirklich – wie von außen – wahrgenommen und darum für wahr gehalten.

Nach dieser Klärung der Beziehungen zwischen äußerer und innerer Wahrnehmung und dem Oberflächensystem *W-Bw* können wir daran gehen, unsere Vorstellung vom Ich auszubauen. Wir sehen es vom System *W* als seinem Kern ausgehen und zunächst das *Vbw*, das sich an die Erinnerungsreste anlehnt, umfassen. Das Ich ist aber auch, wie wir erfahren haben, unbewußt.

Nun meine ich, wir werden großen Vorteil davon haben, wenn wir der Anregung eines Autors folgen, der vergebens aus persönlichen Motiven beteuert, er **[25]** habe mit der gestrengen, hohen Wissenschaft nichts zu tun. Ich meine G. G r o d d e c k, der immer wieder betont, daß das, was wir unser Ich heißen, sich im Leben wesentlich passiv verhält, daß wir nach seinem Ausdruck „g e l e b t" werden von unbekannten unbeherrschbaren Mächten.[5] Wir haben alle dieselben Eindrücke empfangen, wenngleich sie uns nicht bis zum Ausschluß aller anderen überwältigt haben, und verzagen nicht daran,

---

[5] G. G r o d d e c k, Das Buch vom Es. Internationaler Psychoanalytischer Verlag 1923.

der Einsicht G r o d d e c k s ihre Stelle in dem Gefüge der Wissenschaft anzuweisen. Ich schlage vor, ihr Rechnung zu tragen, indem wir das vom System W ausgehende Wesen, das zunächst *vbw* ist, das Ich heißen, das andere Psychische aber, in welches es sich fortsetzt, und das sich wie *ubw* verhält, nach G r o d d e c k s Gebrauch das E s.[6]

Wir werden bald sehen, ob wir aus dieser Auffassung Nutzen für Beschreibung und Verständnis ziehen können. Ein Individuum ist nun für uns ein psychisches Es, unerkannt und unbewußt, diesem sitzt das Ich oberflächlich auf, aus dem W-System als Kern entwickelt. Streben wir nach graphischer Darstellung, so werden wir hinzufügen, das Ich umhüllt das Es nicht ganz, **[26]** sondern nur insoweit das System W dessen Oberfläche bildet, also etwa so wie die Keimscheibe dem Ei aufsitzt. Das Ich ist vom Es nicht scharf getrennt, es fließt nach unten hin mit ihm zusammen.

Aber auch das Verdrängte fließt mit dem Es zusammen, ist nur ein Teil von ihm. Das Verdrängte ist nur vom Ich durch die Verdrängungswiderstände scharf geschieden, durch das Es kann es mit ihm kommunizieren. Wir erkennen sofort, fast alle Sonderungen, die wir auf die Anregung der Pathologie hin beschrieben haben, beziehen sich nur auf die – uns allein bekannten – oberflächlichen Schichten des seelischen Apparats. Wir könnten von diesen Verhältnissen eine

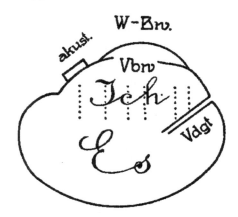

---

[6] G r o d d e c k selbst ist wohl dem Beispiel N i e t z s c h e s gefolgt, bei dem dieser grammatikalische Ausdruck für das Unpersönliche und sozusagen Naturnotwendige in unserem Wesen durchaus gebräuchlich ist.

Zeichnung entwerfen, deren Konturen allerdings nur der Darstellung dienen, keine besondere Deutung **[27]** beanspruchen sollen. Etwa fügen wir hinzu, daß das Ich eine „Hörkappe" trägt, nach dem Zeugnis der Gehirnanatomie nur auf einer Seite. Sie sitzt ihm sozusagen schief auf.

Es ist leicht einzusehen, das Ich ist der durch den direkten Einfluß der Außenwelt unter Vermittlung von *W-B*w veränderte Teil des Es, gewissermaßen eine Fortsetzung der Oberflächendifferenzierung. Es bemüht sich auch, den Einfluß der Außenwelt auf das Es und seine Absichten zur Geltung zu bringen, ist bestrebt, das Realitätsprinzip an die Stelle des Lustprinzips zu setzen, welches im Es uneingeschränkt regiert. Die Wahrnehmung spielt für das Ich die Rolle, welche im Es dem Trieb zufällt. Das Ich repräsentiert, was man Vernunft und Besonnenheit nennen kann, im Gegensatz zum Es, welches die Leidenschaften enthält. Dies alles deckt sich mit allbekannten populären Unterscheidungen, ist aber auch nur als durchschnittlich oder ideell richtig zu verstehen.

Die funktionelle Wichtigkeit des Ichs kommt darin zum Ausdruck, daß ihm normaler Weise die Herrschaft über die Zugänge zur Motilität eingeräumt ist. Es gleicht so im Verhältnis zum Es dem Reiter, der die überlegene Kraft des Pferdes zügeln soll, mit dem Unterschied, daß der Reiter dies mit eigenen Kräften versucht, das Ich mit geborgten. Dieses Gleichnis trägt ein Stück weiter. Wie dem Reiter, will er sich nicht vom Pferd trennen, oft nichts anderes übrig bleibt, **[28]** als es dahin zu führen, wohin es gehen will, so pflegt auch das Ich den Willen des Es in Handlung umzusetzen, als ob es der eigene wäre.

Auf die Entstehung des Ichs und seine Absonderung vom Es scheint noch ein anderes Moment als der Einfluß des Systems *W* hingewirkt zu haben. Der eigene Körper und vor allem die Oberfläche desselben ist ein Ort, von dem gleichzeitig äußere und innere Wahrnehmungen ausgehen können. Er wird wie ein anderes Objekt gesehen, ergibt aber dem Getast zweierlei Empfindungen, von denen die eine einer inneren Wahrnehmung gleichkommen kann. Es ist in der Psychophysiologie hinreichend erörtert worden, auf welche Weise sich der eigene Körper aus der Wahrnehmungswelt heraushebt. Auch der Schmerz scheint dabei eine Rolle zu spielen und die Art, wie man bei schmerzhaften Erkrankungen eine neue Kenntnis seiner Organe erwirbt, ist vielleicht vorbildlich für die Art, wie man überhaupt zur Vorstellung seines eigenen Körpers kommt.

Das Ich ist vor allem ein körperliches, es ist nicht nur ein Oberflächenwesen, sondern selbst die Projektion einer Oberfläche. Wenn man eine anatomische Analogie für dasselbe sucht, kann man es am ehesten mit dem „Gehirnmännchen" der Anatomen identifizieren, das in der Hirnrinde auf dem Kopf steht, die Fersen nach oben streckt, nach hinten schaut und wie bekannt, links die Sprachzone trägt.

[29] Das Verhältnis des Ichs zum Bewußtsein ist wiederholt gewürdigt worden, doch sind hier einige wichtige Tatsachen neu zu beschreiben. Gewöhnt, den Gesichtspunkt einer sozialen oder ethischen Wertung überallhin mitzunehmen, sind wir nicht überrascht zu hören, daß das Treiben der niedrigen Leidenschaften im Unbewußten vor sich geht, erwarten aber, daß die seelischen Funktionen umso leichter sicheren Zugang zum Bewußtsein finden, je höher sie in dieser Wertung angesetzt sind. Hier enttäuscht uns aber die psychoanalytische Erfahrung. Wir haben einerseits Belege dafür, daß selbst feine und schwierige intellektuelle Arbeit, die sonst angestrengtes Nachdenken erfordert, auch vorbewußt geleistet werden kann, ohne zum Bewußtsein zu kommen. Diese Fälle sind ganz unzweifelhaft, sie ereignen sich z. B. im Schlafzustand und äußern sich darin, daß eine Person unmittelbar nach dem Erwachen die Lösung eines schwierigen mathematischen oder anderen Problems weiß, um das sie sich am Tage vorher vergeblich bemüht hatte.[7]

Weit befremdender ist aber eine andere Erfahrung. Wir lernen in unseren Analysen, daß es Personen gibt, bei denen die Selbstkritik und das Gewissen, also überaus hochgewertete seelische Leistungen, unbewußt sind und als unbewußt die wichtigsten Wirkungen [30] äußern; das Unbewußtbleiben des Widerstandes in der Analyse ist also keineswegs die einzige Situation dieser Art. Die neue Erfahrung aber, die uns nötigt, trotz unserer besseren kritischen Einsicht, von einem unbewußten Schuldgefühl zu reden, verwirrt uns weit mehr und gibt uns neue Rätsel auf, besonders wenn wir allmählich erraten, daß ein solches unbewußtes S c h u l d g e f ü h l bei einer großen Anzahl von Neurosen eine ökonomisch entscheidende Rolle spielt und der Heilung die stärksten Hindernisse in den Weg legt. Wollen wir zu unserer

---

[7] Ein solcher Fall ist mir erst kürzlich und zwar als Einwand gegen meine Beschreibung der „Traumarbeit" mitgeteilt worden.

Wertskala zurückkehren, so müssen wir sagen: Nicht nur das Tiefste, auch das Höchste am Ich kann unbewußt sein. Es ist, als würde uns auf diese Weise demonstriert, was wir vorhin vom bewußten Ich ausgesagt haben, es sei vor allem ein Körper-Ich.

[31] III
Das Ich und das Über-Ich (Ich-Ideal)

Wäre das Ich nur der durch den Einfluß des Wahrnehmungssystems modifizierte Anteil des Es, der Vertreter der realen Außenwelt im Seelischen, so hätten wir es mit einem einfachen Sachverhalt zu tun. Allein es kommt etwas anderes hinzu.

Die Motive, die uns bewogen haben, eine Stufe im Ich anzunehmen, eine Differenzierung innerhalb des Ichs, die I c h-I d e a l oder Ü b e r-I c h zu nennen ist, sind an anderen Orten auseinandergesetzt worden.[8] Sie bestehen zu Recht.[9] Daß dieses Stück des Ichs eine weniger feste Beziehung zum Bewußtsein hat, ist die Neuheit, die nach Erklärung verlangt.

[32] Wir müssen hier etwas weiter ausgreifen. Es war uns gelungen, das schmerzhafte Leiden der Melancholie durch die Annahme aufzuklären, daß ein verlorenes Objekt im Ich wieder aufgerichtet, also eine Objektbesetzung durch eine Identifizierung abgelöst wird.[10] Damals erkannten wir aber noch nicht die ganze Bedeutung dieses Vorgangs und wußten nicht, wie häufig und typisch er ist. Wir haben seither verstanden, daß solche Ersetzung einen großen Anteil an der Gestaltung des Ichs hat und wesentlich dazu beiträgt, das herzustellen, was man seinen C h a r a k t e r heißt.

Uranfänglich in der primitiven oralen Phase des Individuums sind Objektbesetzung und Identifizierung wohl nicht von einander zu unterscheiden.

---

8 Zur Einführung des Narzißmus, Massenpsychologie und Ich-Analyse.
9 Nur daß ich die Funktion der Realitätsprüfung diesem Über-Ich zugewiesen habe, erscheint irrig und der Korrektur bedürftig. Es würde durchaus den Beziehungen des Ichs zur Wahrnehmungswelt entsprechen, wenn die Realitätsprüfung seine eigene Aufgabe bliebe. – Auch frühere, ziemlich unbestimmt gehaltene Äußerungen über einen K e r n   d e s   I c h s sollen jetzt dahin richtig gestellt werden, daß nur das System *W-Bw* als Kern des Ichs anzuerkennen ist.
10 Trauer und Melancholie.

Späterhin kann man nur annehmen, daß die Objektbesetzungen vom Es ausgehen, welches die erotischen Strebungen als Bedürfnisse empfindet. Das anfangs noch schwächliche Ich erhält von den Objektbesetzungen Kenntnis, läßt sie sich gefallen oder sucht sie durch den Prozeß der Verdrängung abzuwehren.[11]

[33] Soll oder muß ein solches Sexualobjekt aufgegeben werden, so tritt dafür nicht selten die Ichveränderung auf, die man als Aufrichtung des Objekts im Ich wie bei der Melancholie beschreiben muß; die näheren Verhältnisse dieser Ersetzung sind uns noch nicht bekannt. Vielleicht erleichtert oder ermöglicht das Ich durch diese Introjektion, die eine Art von Regression zum Mechanismus der oralen Phase ist, das Aufgeben des Objekts. Vielleicht ist diese Identifizierung überhaupt die Bedingung, unter der das Es seine Objekte aufgibt. Jedenfalls ist der Vorgang zumal in frühen Entwicklungsphasen ein sehr häufiger und kann die Auffassung ermöglichen, daß der Charakter des Ichs ein Niederschlag der aufgegebenen Objektbesetzungen ist, die Geschichte dieser Objektwahlen enthält. Es ist natürlich von vorne herein eine Skala der Resistenzfähigkeit zuzugeben, inwieweit der Charakter einer Person diese Einflüsse aus der Geschichte der erotischen Objektwahlen abwehrt oder annimmt. Bei Frauen, die viel Liebeserfahrungen gehabt haben, glaubt man, die Rückstände ihrer Objektbesetzungen in ihren Charakterzügen leicht nachweisen zu können. Auch eine Gleichzeitigkeit von Objektbesetzung und Identifizierung, also eine Charakterveränderung, ehe das Objekt aufgegeben worden ist, kommt in Betracht. In diesem Fall könnte die Charakterveränderung die Objektbeziehung überleben und sie in gewissem Sinne konservieren.

[34] Ein anderer Gesichtspunkt besagt, daß diese Umsetzung einer erotischen Objektwahl in eine Ichveränderung auch ein Weg ist, wie das Ich das Es bemeistern und seine Beziehungen zu ihm vertiefen kann, allerdings auf

---

[11] Eine interessante Parallele zur Ersetzung der Objektwahl durch Identifizierung enthält der Glaube der Primitiven, daß die Eigenschaften des als Nahrung einverleibten Tieres dem, der es ißt, als Charakter verbleiben werden, und die darauf gegründeten Verbote. Dieser Glaube geht bekanntlich auch in die Begründung des Kannibalismus ein und wirkt in der Reihe der Gebräuche der Totemmahlzeit bis zur heiligen Kommunion fort. Die Folgen, die hier der oralen Objektbemächtigung zugeschrieben werden, treffen für die spätere sexuelle Objektwahl wirklich zu.

Kosten einer weitgehenden Gefügigkeit gegen dessen Erlebnisse. Wenn das Ich die Züge des Objekts annimmt, drängt es sich sozusagen selbst dem Es als Liebesobjekt auf, sucht ihm seinen Verlust zu ersetzen, indem es sagt: „Sieh', du kannst auch mich lieben, ich bin dem Objekt so ähnlich."

Die Umsetzung von Objektlibido in narzißtische Libido, die hier vor sich geht, bringt offenbar ein Aufgeben der Sexualziele, eine Desexualisierung mit sich, also eine Art von Sublimierung. Ja, es entsteht die eingehender Behandlung würdige Frage, ob dies nicht der allgemeine Weg zur Sublimierung ist, ob nicht alle Sublimierung durch die Vermittlung des Ichs vor sich geht, welches zunächst die sexuelle Objektlibido in narzißtische verwandelt, um ihr dann vielleicht ein anderes Ziel zu setzen.[12] Ob diese Verwandlung nicht auch andere Triebschicksale zur Folge haben kann, z.B. eine Entmischung der verschiedenen mit einander verschmolzenen Triebe herbeizuführen, wird uns noch später beschäftigen.

[35] Es ist eine Abschweifung von unserem Ziel und doch nicht zu vermeiden, daß wir unsere Aufmerksamkeit für einen Moment bei den Objektidentifizierungen des Ichs verweilen lassen. Nehmen diese überhand, werden allzu zahlreich, und überstark und miteinander unverträglich, so liegt ein pathologisches Ergebnis nahe. Es kann zu einer Aufsplitterung des Ichs kommen, indem sich die einzelnen Identifizierungen durch Widerstände gegeneinander abschließen, und vielleicht ist es das Geheimnis der Fälle von sogenannter m u l t i p l e r P e r s ö n l i c h k e i t, daß die einzelnen Identifizierungen alternierend das Bewußtsein an sich reißen. Auch wenn es nicht so weit kommt, ergibt sich das Thema der Konflikte zwischen den verschiedenen Identifizierungen, in die das Ich auseinanderfährt, Konflikte, die endlich nicht durchwegs als pathologische bezeichnet werden können.

Wie immer sich aber die spätere Resistenz des Charakters gegen die Einflüsse aufgegebener Objektbesetzungen gestalten mag, die Wirkungen der ersten, im frühesten Alter erfolgten Identifizierungen werden allgemeine und nachhaltige sein. Dies führt uns zur Entstehung des Ichideals zurück, denn hinter ihm verbirgt sich die erste und bedeutsamste Identifizierung des

---

[12] Als das große Reservoir der Libido, im Sinne der Einführung des Narzißmus, müssen wir jetzt nach der Scheidung von Ich und Es das Es anerkennen. Die Libido, welche dem Ich durch die beschriebenen Identifizierungen zufließt, stellt dessen „s e k u n d ä r e n N a r z i ß m u s" her.

Individuums, die mit dem Vater der persönlichen Vorzeit.[13] Diese scheint zunächst nicht Erfolg oder **[36]** Ausgang einer Objektbesetzung zu sein, sie ist eine direkte und unmittelbare und frühzeitiger als jede Objektbesetzung. Aber die Objektwahlen, die der ersten Sexualperiode angehören und Vater und Mutter betreffen, scheinen beim normalen Ablauf den Ausgang in solche Identifizierung zu nehmen und somit die primäre Identifizierung zu verstärken.

Immerhin sind diese Beziehungen so kompliziert, daß es notwendig wird, sie eingehender zu beschreiben. Es sind zwei Momente, welche diese Komplikation verschulden, die dreieckige Anlage des Ödipusverhältnisses und die konstitutionelle Bisexualität des Individuums.

Der vereinfachte Fall gestaltet sich für das männliche Kind in folgender Weise: Ganz frühzeitig entwickelt es für die Mutter eine Objektbesetzung, die von der Mutterbrust ihren Ausgang nimmt und das vorbildliche Beispiel einer Objektwahl nach dem Anlehnungstypus zeigt; des Vaters bemächtigt sich der Knabe durch Identifizierung. Die beiden Beziehungen gehen eine Weile nebeneinander her, bis durch die **[37]** Verstärkung der sexuellen Wünsche nach der Mutter und die Wahrnehmung, daß der Vater diesen Wünschen ein Hindernis ist, der Ödipuskomplex entsteht.[14] Die Vateridentifizierung nimmt nun eine feindselige Tönung an, sie wendet sich zum Wunsch, den Vater zu beseitigen, um ihn bei der Mutter zu ersetzen. Von da an ist das Verhältnis zum Vater ambivalent; es scheint, als ob die in der Identifizierung von Anfang an enthaltene Ambivalenz manifest geworden wäre. Die ambivalente Einstellung zum Vater und die nur zärtliche Objektstrebung nach der Mutter beschreiben für den Knaben den Inhalt des einfachen, positiven Ödipuskomplexes.

Bei der Zertrümmerung des Ödipuskomplexes muß die Objektbesetzung

---

13 Vielleicht wäre es vorsichtiger zu sagen, mit den Eltern, denn Vater und Mutter werden vor der sicheren Kenntnis des **[36]** Geschlechtsunterschiedes, des Penismangels, nicht verschieden gewertet. In der Geschichte einer jungen Frau hatte ich kürzlich Gelegenheit zu erfahren, daß sie, seitdem sie ihren eigenen Penismangel bemerkt, den Besitz dieses Organs nicht allen Frauen, sondern bloß den für minderwertig gehaltenen aberkannt hatte. Die Mutter hatte ihn in ihrer Meinung behalten. Der einfacheren Darstellung wegen werde ich nur die Identifizierung mit dem Vater behandeln.

14 Vgl. Massenpsychologie und Ich-Analyse. VII.

der Mutter aufgegeben werden. An ihre Stelle kann zweierlei treten, entweder eine Identifizierung mit der Mutter oder eine Verstärkung der Vateridentifizierung. Den letzteren Ausgang pflegen wir als den normaleren anzusehen, er gestattet es, die zärtliche Beziehung zur Mutter in gewissem Maße festzuhalten. Durch den Untergang des Ödipuskomplexes hätte so die Männlichkeit im Charakter des Knaben eine Festigung erfahren. In ganz analoger Weise kann die Ödipuseinstellung des kleinen Mädchens in eine Verstärkung ihrer Mutteridentifizierung (oder in die Herstellung einer solchen) auslaufen, die den weiblichen Charakter des Kindes festlegt.

[38] Diese Identifizierungen entsprechen nicht unserer Erwartung, denn sie führen nicht das aufgegebene Objekt ins Ich ein, aber auch dieser Ausgang kommt vor und ist bei Mädchen leichter zu beobachten als bei Knaben. Man erfährt sehr häufig aus der Analyse, daß das kleine Mädchen, nachdem es auf den Vater als Liebesobjekt verzichten mußte, nun seine Männlichkeit hervorholt und sich anstatt mit der Mutter, mit dem Vater, also mit dem verlorenen Objekt, identifiziert. Es kommt dabei offenbar darauf an, ob ihre männlichen Anlagen stark genug sind, – worin immer diese bestehen mögen.

Der Ausgang der Ödipussituation in Vater- oder in Mutteridentifizierung scheint also bei beiden Geschlechtern von der relativen Stärke der beiden Geschlechtsanlagen abzuhängen. Dies ist die eine Art, wie sich die Bisexualität in die Schicksale des Ödipuskomplexes einmengt. Die andere ist noch bedeutsamer. Man gewinnt nämlich den Eindruck, daß der einfache Ödipuskomplex überhaupt nicht das häufigste ist, sondern einer Vereinfachung oder Schematisierung entspricht, die allerdings oft genug praktisch gerechtfertigt bleibt. Eingehendere Untersuchung deckt zumeist den v o l l s t ä n d i - g e r e n Ödipuskomplex auf, der ein zweifacher ist, ein positiver und negativer, abhängig von der ursprünglichen Bisexualität des Kindes, d. h. der Knabe hat nicht nur eine ambivalente Einstellung zum Vater und eine zärtliche Objektwahl für [39] die Mutter, sondern er benimmt sich auch gleichzeitig wie ein Mädchen, er zeigt die zärtliche feminine Einstellung zum Vater und die ihr entsprechende eifersüchtig- feindselige gegen die Mutter. Dieses Eingreifen der Bisexualität macht es so schwer, die Verhältnisse der primitiven Objektwahlen und Identifizierungen zu durchschauen und noch schwieriger, sie faßlich zu beschreiben. Es könnte auch sein, daß die im Elternverhältnis konstatierte Ambivalenz durchaus auf die Bisexualität zu beziehen wäre und nicht, wie ich es vorhin dargestellt, durch die Rivalitätseinstellung aus der Identifizierung entwickelt würde.

Ich meine, man tut gut daran, im allgemeinen und ganz besonders bei Neurotikern die Existenz des vollständigen Ödipuskomplexes anzunehmen. Die analytische Erfahrung zeigt dann, daß bei einer Anzahl von Fällen der eine oder der andere Bestandteil desselben bis auf kaum merkliche Spuren schwindet, so daß sich eine Reihe ergibt, an deren einem Ende der normale, positive, an deren anderem Ende der umgekehrte, negative Ödipuskomplex steht, während die Mittelglieder die vollständige Form mit ungleicher Beteiligung der beiden Komponenten aufzeigen. Beim Untergang des Ödipuskomplexes werden die vier in ihm enthaltenen Strebungen sich derart zusammenlegen, daß aus ihnen eine Vater- und eine Mutteridentifizierung hervorgeht, die Vateridentifizierung wird das Mutterobjekt des positiven Komplexes festhalten [40] und gleichzeitig das Vaterobjekt des umgekehrten Komplexes ersetzen; analoges wird für die Mutteridentifizierung gelten. In der verschieden starken Ausprägung der beiden Identifizierungen wird sich die Ungleichheit der beiden geschlechtlichen Anlagen spiegeln.

So kann man als allgemeinstes Ergebnis der vom Ödipuskomplex beherrschten Sexualphase einen Niederschlag im Ich annehmen, welcher in der Herstellung dieser beiden, irgendwie miteinander vereinbarten Identifizierungen besteht. Diese Ichveränderung behält ihre Sonderstellung, sie tritt dem anderen Inhalt des Ichs als Ichideal oder Über-Ich entgegen.

Das Über-Ich ist aber nicht einfach ein Residuum der ersten Objektwahlen des Es, sondern es hat auch die Bedeutung einer energischen Reaktionsbildung gegen dieselben. Seine Beziehung zum Ich erschöpft sich nicht in der Mahnung: So (wie der Vater) s o l l s t du sein, sie umfaßt auch das Verbot: So (wie der Vater) d a r f s t d u n i c h t sein d. h. nicht alles tun, was er tut; manches bleibt ihm vorbehalten. Dies Doppelangesicht des Ichideals leitet sich aus der Tatsache ab, daß das Ichideal zur Verdrängung des Ödipuskomplexes bemüht wurde, ja diesem Umschwung erst seine Entstehung dankt. Die Verdrängung des Ödipuskomplexes ist offenbar keine leichte Aufgabe

gewesen. Da die Eltern, besonders der Vater, als das Hindernis gegen die
Verwirklichung der Ödipuswünsche erkannt [41] werden, stärkte sich das
infantile Ich für diese Verdrängungsleistung, indem es dies selbe Hindernis
in sich aufrichtete. Es lieh sich gewissermaßen die Kraft dazu vom Vater aus
und diese Anleihe ist ein außerordentlich folgenschwerer Akt. Das Über-Ich
wird den Charakter des Vaters bewahren und je stärker der Ödipuskomplex
war, je beschleunigter (unter dem Einfluß von Autorität, Religionslehre, Unterricht, Lektüre) seine Verdrängung erfolgte, desto strenger wird später das
Über-Ich als Gewissen, vielleicht als unbewußtes Schuldgefühl über das Ich
herrschen. – Woher es die Kraft zu dieser Herrschaft bezieht, den zwangsar-
tigen Charakter, der sich als kategorischer Imperativ äußert, darüber werde
ich später eine Vermutung vorbringen.

Fassen wir die beschriebene Entstehung des Über- Ichs nochmals ins
Auge, so erkennen wir es als das Ergebnis zweier höchst bedeutsamer bio-
logischer Faktoren, der langen kindlichen Hilflosigkeit und Abhängigkeit
des Menschen und der Tatsache seines Ödipuskomplexes, den wir ja auf die
Unterbrechung der Libidoentwicklung durch die Latenzzeit, somit auf den
z w e i z e i t i g e n   A n s a t z seines Sexuallebens zurückgeführt haben.
Letztere, wie es scheint, spezifisch menschliche Eigentümlichkeit hat eine
psychoanalytische Hypothese als Erbteil der durch die Eiszeit erzwungenen
Entwicklung zur Kultur hingestellt. Somit ist die Sonderung des Über-Ichs
vom Ich nichts Zufälliges, sie vertritt die bedeutsamsten Züge der individuellen [42] und der Artentwicklung, ja indem sie dem Elterneinfluß einen
dauernden Ausdruck schafft, verewigt sie die Existenz der Momente, denen
sie ihren Ursprung verdankt.

Es ist der Psychoanalyse unzählige Male zum Vorwurf gemacht worden,
daß sie sich um das Höhere, Moralische, Überpersönliche im Menschen nicht
kümmere. Der Vorwurf war doppelt ungerecht, historisch wie methodisch.
Ersteres, da von Anbeginn an den moralischen und ästhetischen Tendenzen
im Ich der Antrieb zur Verdrängung zugeteilt wurde, letzteres, da man nicht
einsehen wollte, daß die psychoanalytische Forschung nicht wie ein philoso-
phisches System mit einem vollständigen und fertigen Lehrgebäude auftreten
konnte, sondern sich den Weg zum Verständnis der seelischen Komplikationen schrittweise durch die analytische Zergliederung normaler wie abnormer
Phänomene bahnen mußte. Wir brauchten die zitternde Besorgnis um den

Verbleib des Höheren im Menschen nicht zu teilen, solange wir uns mit dem Studium des Verdrängten im Seelenleben zu beschäftigen hatten. Nun, da wir uns an die Analyse des Ichs heranwagen, können wir all denen, welche, in ihrem sittlichen Bewußtsein erschüttert, geklagt haben, es muß doch ein höheres Wesen im Menschen geben, antworten: Gewiß, und dies ist das höhere Wesen, das Ichideal oder Über-Ich, die Repräsentanz unserer Elternbeziehung. Als kleine Kinder haben wir diese höheren [43] Wesen gekannt, bewundert, gefürchtet, später sie in uns selbst aufgenommen.

Das Ichideal ist also der Erbe des Ödipuskomplexes und somit Ausdruck der mächtigsten Regungen und wichtigsten Libidoschicksale des Es. Durch seine Aufrichtung hat sich das Ich des Ödipuskomplexes bemächtigt und gleichzeitig sich selbst dem Es unterworfen. Während das Ich wesentlich Repräsentant der Außenwelt, der Realität ist, tritt ihm das Über-Ich als Anwalt der Innenwelt, des Es, gegenüber. Konflikte zwischen Ich und Ideal werden, darauf sind wir nun vorbereitet, in letzter Linie den Gegensatz von Real und Psychisch, Außenwelt und Innenwelt, wiederspiegeln.

Was die Biologie und die Schicksale der Menschenart im Es geschaffen und hinterlassen haben, das wird durch die Idealbildung vom Ich übernommen und an ihm individuell wieder erlebt. Das Ichideal hat infolge seiner Bildungsgeschichte die ausgiebigste Verknüpfung mit dem phylogenetischen Erwerb, der archäischen Erbschaft, des Einzelnen. Was im einzelnen Seelenleben dem Tiefsten angehört hat, wird durch die Idealbildung zum Höchsten der Menschenseele im Sinne unserer Wertungen. Es wäre aber ein vergebliches Bemühen, das Ichideal auch nur in ähnlicher Weise wie das Ich zu lokalisieren oder es in eines der Gleichnisse einzupassen, durch welche wir die Beziehung von Ich und Es nachzubilden versuchten.

[44] Es ist leicht zu zeigen, daß das Ichideal allen Ansprüchen genügt, die an das höhere Wesen im Menschen gestellt werden. Als Ersatzbildung für die Vatersehnsucht enthält es den Keim, aus dem sich alle Religionen gebildet haben. Das Urteil der eigenen Unzulänglichkeit im Vergleich des Ichs mit seinem Ideal ergibt das demütige religiöse Empfinden, auf das sich der sehnsüchtig Gläubige beruft. Im weiteren Verlauf der Entwicklung haben Lehrer und Autoritäten die Vaterrolle fortgeführt; deren Gebote und Verbote sind im Ideal-Ich mächtig geblieben und üben jetzt als G e w i s s e n die moralische Zensur aus. Die Spannung zwischen den Ansprüchen des Gewis-

sens und den Leistungen des Ichs wird als S c h u l d g e f ü h l empfunden. Die sozialen Gefühle ruhen auf Identifizierungen mit anderen auf Grund des gleichen Ichideals.

Religion, Moral und soziales Empfinden – diese Hauptinhalte des Höheren im Menschen[15] – sind ursprünglich eins gewesen. Nach der Hypothese von „Totem und Tabu" wurden sie phylogenetisch am Vaterkomplex erworben, Religion und sittliche Beschränkung durch die Bewältigung des eigentlichen Ödipuskomplexes, die sozialen Gefühle durch die Nötigung zur Überwindung der erübrigenden Rivalität unter den Mitgliedern der jungen Generation. In all diesen sittlichen Erwerbungen scheint das Geschlecht [45] der Männer vorangegangen zu sein, gekreuzte Vererbung hat den Besitz auch den Frauen zugeführt. Die sozialen Gefühle entstehen noch heute beim Einzelnen als Überbau über die eifersüchtigen Rivalitätsregungen gegen die Geschwister. Da die Feindseligkeit nicht zu befriedigen ist, stellt sich eine Identifizierung mit dem anfänglichen Rivalen her. Beobachtungen an milden Homosexuellen stützen die Vermutung, daß auch diese Identifizierung Ersatz einer zärtlichen Objektwahl ist, welche die aggressiv-feindselige Einstellung abgelöst hat.[16]

Mit der Erwähnung der Phylogenese tauchen aber neue Probleme auf, vor deren Beantwortung man zaghaft zurückweichen möchte. Aber es hilft wohl nichts, man muß den Versuch wagen, auch wenn man fürchtet, daß er die Unzulänglichkeit unserer ganzen Bemühung bloßstellen wird. Die Frage lautet: Wer hat seinerzeit Religion und Sittlichkeit am Vaterkomplex erworben, das Ich des Primitiven oder sein Es? Wenn es das Ich war, warum sprechen wir nicht einfach von einer Vererbung im Ich? Wenn das Es, wie stimmt das zum Charakter des Es? Oder darf man die Differenzierung im Ich, Über-Ich und Es nicht in so frühe Zeiten tragen? Oder soll man nicht ehrlich eingestehen, daß die ganze Auffassung der Ichvorgänge nichts fürs [46] Verständnis der Phylogenese leistet und auf sie nicht anwendbar ist?

Beantworten wir zuerst, was sich am leichtesten beantworten läßt. Die Differenzierung von Ich und Es müssen wir nicht nur den primitiven Menschen, sondern noch viel einfacheren Lebewesen zuerkennen, da sie der not-

---

[15] Wissenschaft und Kunst sind hier bei Seite gelassen.
[16] Vgl. Massenpsychologie und Ich-Analyse. – Über einige neurotische Mechanismen bei Eifersucht, Paranoia und Homosexualität.

wendige Ausdruck des Einflusses der Außenwelt ist. Das Über-Ich ließen wir gerade aus jenen Erlebnissen, die zum Totemismus führten, entstehen. Die Frage, ob das Ich oder das Es jene Erfahrungen und Erwerbungen gemacht haben, fällt bald in sich zusammen. Die nächste Erwägung sagt uns, daß das Es kein äußeres Schicksal erleben oder erfahren kann außer durch das Ich, welches die Außenwelt bei ihm vertritt. Von einer direkten Vererbung im Ich kann man aber doch nicht reden. Hier tut sich die Kluft auf zwischen dem realen Individuum und dem Begriff der Art. Auch darf man den Unterschied von Ich und Es nicht zu starr nehmen, nicht vergessen, daß das Ich ein besonders differenzierter Anteil des Es ist. Die Erlebnisse des Ichs scheinen zunächst für die Erbschaft verloren zu gehen, wenn sie aber sich häufig und stark genug bei vielen generationsweise aufeinanderfolgenden Individuen wiederholen, setzen sie sich sozusagen in Erlebnisse des Es um, deren Eindrücke durch Vererbung festgehalten werden. Somit beherbergt das erbliche Es in sich die Reste ungezählt vieler Ich-Existenzen, und wenn das Ich sein Über-Ich aus **[47]** dem Es schöpft, bringt es vielleicht nur ältere Ichgestaltungen wieder zum Vorschein, schafft ihnen eine Auferstehung.

Die Entstehungsgeschichte des Über-Ichs macht es verständlich, daß frühe Konflikte des Ichs mit den Objektbesetzungen des Es sich in Konflikte mit deren Erben, dem Über-Ich, fortsetzen können. Wenn dem Ich die Bewältigung des Ödipuskomplexes schlecht gelungen ist, wird dessen dem Es entstammende Energiebesetzung in der Reaktionsbildung des Ichideals wieder zur Wirkung kommen. Die ausgiebige Kommunikation dieses Ideals mit diesen *ubw* Triebregungen wird das Rätsel lösen, daß das Ideal selbst zum großen Teil unbewußt, dem Ich unzugänglich bleiben kann. Der Kampf, der in tieferen Schichten getobt hatte, durch rasche Sublimierung und Identifizierung nicht zum Abschluß gekommen war, setzt sich nun wie auf dem K a u l - b a c h schen Gemälde der Hunnenschlacht in einer höheren Region fort.

[48] IV
Die beiden Triebarten

Wir sagten bereits, wenn unsere Gliederung des seelischen Wesens in ein Es, ein Ich und ein Über- Ich einen Fortschritt in unserer Einsicht bedeutet, so muß sie sich auch als Mittel zum tieferen Verständnis und zur besseren Beschreibung der dynamischen Beziehungen im Seelenleben erweisen. Wir haben uns auch bereits klar gemacht, daß das Ich unter dem besonderen Einfluß der Wahrnehmung steht und daß man im Rohen sagen kann, die Wahrnehmungen haben für das Ich dieselbe Bedeutung wie die Triebe für das Es. Dabei unterliegt aber auch das Ich der Einwirkung der Triebe wie das Es, von dem es ja nur ein besonders modifizierter Anteil ist.

Über die Triebe habe ich kürzlich (Jenseits des Lustprinzips) eine Anschauung entwickelt, die ich hier festhalten und den weiteren Erörterungen zu Grunde legen werde. Daß man zwei Triebarten zu unterscheiden hat, von denen die eine, S e x u a l t r i e b e oder E r o s, [49] die bei weitem auffälligere und der Kenntnis zugänglichere ist. Sie umfaßt nicht nur den eigentlichen ungehemmten Sexualtrieb und die von ihm abgeleiteten zielgehemmten und sublimierten Triebregungen, sondern auch den Selbsterhaltungstrieb, den wir dem Ich zuschreiben müssen und den wir zu Anfang der analytischen Arbeit mit guten Gründen den sexuellen Objekttrieben gegenübergestellt hatten. Die zweite Triebart aufzuzeigen, bereitete uns Schwierigkeiten; endlich kamen wir darauf, den Sadismus als Repräsentanten derselben anzusehen. Auf Grund theoretischer, durch die Biologie gestützter Überlegungen supponierten wir einen T o d e s t r i e b, dem die Aufgabe gestellt ist, das organische Lebende in den leblosen Zustand zurückzuführen, während der Eros das Ziel verfolgt, das Leben durch immer weitergreifende Zusammenfassung der in Partikel zersprengten lebenden Substanz zu komplizieren, natürlich es dabei zu erhalten. Beide Triebe benehmen sich dabei im strengsten Sinne konservativ, indem sie die Wiederherstellung eines durch die Entstehung des Lebens gestörten Zustandes anstreben. Die Entstehung des Lebens wäre also die Ursache des Weiterlebens und gleichzeitig auch des Strebens nach dem Tode, das Leben selbst ein Kampf und Kompromiß zwischen diesen beiden Strebungen. Die Frage nach der Herkunft des Lebens bliebe eine kosmologische, die nach Zweck und Absicht des Lebens wäre d u a l i s t i s c h beantwortet.

[50] Jeder dieser beiden Triebarten wäre ein besonderer physiologischer Prozeß (Aufbau und Zerfall) zugeordnet, in jedem Stück lebender Substanz wären beiderlei Triebe tätig, aber doch in ungleicher Mischung, so daß eine Substanz die Hauptvertretung des Eros übernehmen könnte.

In welcher Weise sich Triebe der beiden Arten miteinander verbinden, vermischen, legieren, wäre noch ganz unvorstellbar; daß dies aber regelmäßig und in großem Ausmaß geschieht, ist eine in unserem Zusammenhang unabweisbare Annahme. Infolge der Verbindung der einzelligen Elementarorganismen zu mehrzelligen Lebewesen wäre es gelungen, den Todestrieb der Einzelzelle zu neutralisieren und die destruktiven Regungen durch Vermittlung eines besonderen Organs auf die Außenwelt abzuleiten. Dies Organ wäre die Muskulatur und der Todestrieb würde sich nun – wahrscheinlich doch nur teilweise – als D e s t r u k t i o n s t r i e b gegen die Außenwelt und andere Lebewesen äußern.

Haben wir einmal die Vorstellung von einer Mischung der beiden Triebarten angenommen, so drängt sich uns auch die Möglichkeit einer – mehr oder minder vollständigen – E n t m i s c h u n g derselben auf. In der sadistischen Komponente des Sexualtriebs hätten wir ein klassisches Beispiel einer zweckdienlichen Triebmischung vor uns, im selbständig gewordenen Sadismus als Perversion das Vorbild einer, allerdings nicht [51] bis zum äußersten getriebenen Entmischung. Es eröffnet sich uns dann ein Einblick in ein großes Gebiet von Tatsachen, welches noch nicht in diesem Licht betrachtet worden ist. Wir erkennen, daß der D e s t r u k t i o n s t r i e b regelmäßig zu Zwecken der Abfuhr in den Dienst des Eros gestellt ist, ahnen, daß der epileptische Anfall Produkt und Anzeichen einer Triebentmischung ist, und lernen verstehen, daß unter den Erfolgen mancher schweren Neurosen, z. B. der Zwangsneurosen, die Triebentmischung und das Hervortreten des Todestriebes eine besondere Würdigung verdient. In rascher Verallgemeinerung möchten wir vermuten, daß das Wesen einer Libidoregression, z. B. von der genitalen zur sadistisch-analen Phase, auf einer Triebentmischung beruht, wie umgekehrt der Fortschritt von der früheren zur definitiven Genitalphase einen Zuschuß von erotischen Komponenten zur Bedingung hat. Es erhebt sich auch die Frage, ob nicht die reguläre Ambivalenz, die wir in der konstitutionellen Anlage zur Neurose so oft verstärkt finden, als Ergebnis einer Entmischung aufgefaßt werden darf; allein diese ist so ursprünglich, daß sie vielmehr als nicht vollzogene Triebmischung gelten muß.

Unser Interesse wird sich natürlich den Fragen zuwenden, ob sich nicht aufschlußreiche Beziehungen zwischen den angenommenen Bildungen des Ichs, Über- Ichs und des Es einerseits, den beiden Triebarten anderseits auffinden lassen, ferner, ob wir dem die [52] seelischen Vorgänge beherrschenden Lustprinzip eine feste Stellung zu den beiden Triebarten und den seelischen Differenzierungen zuweisen können. Ehe wir aber in diese Diskussion eintreten, haben wir einen Zweifel zu erledigen, der sich gegen die Problemstellung selbst richtet. Am Lustprinzip ist zwar kein Zweifel, die Gliederung des Ichs ruht auf klinischer Rechtfertigung, aber die Unterscheidung der beiden Triebarten scheint nicht genug gesichert und möglicher Weise heben Tatsachen der klinischen Analyse ihren Anspruch auf.

Eine solche Tatsache scheint es zu geben. Für den Gegensatz der beiden Triebarten dürfen wir die Polarität von Liebe und Haß einsetzen. Um eine Repräsentanz des Eros sind wir ja nicht verlegen, dagegen sehr zufrieden, daß wir für den schwer zu fassenden Todestrieb im Destruktionstrieb, dem der Haß den Weg zeigt, einen Vertreter aufzeigen können. Nun lehrt uns die klinische Beobachtung, daß der Haß nicht nur der unerwartet regelmäßige Begleiter der Liebe ist (Ambivalenz), nicht nur häufig ihr Vorläufer in menschlichen Beziehungen, sondern auch, daß Haß sich unter mancherlei Verhältnissen in Liebe, und Liebe in Haß verwandelt. Wenn diese Verwandlung mehr ist als bloß zeitliche Sukzession, also Ablösung, dann ist offenbar einer so grundlegenden Unterscheidung wie zwischen erotischen und Todestrieben, die entgegengesetzt laufende physiologische Vorgänge voraussetzt, der Boden entzogen.

[53] Nun der Fall, daß man dieselbe Person zuerst liebt und dann haßt, oder umgekehrt, wenn sie einem die Anlässe dazu gegeben hat, gehört offenbar nicht zu unserem Problem. Auch nicht der andere, daß eine noch nicht manifeste Verliebtheit sich zuerst durch Feindseligkeit und Aggressionsneigung äußert, denn die destruktive Komponente könnte da bei der Objektbesetzung vorangeeilt sein, bis die erotische sich zu ihr gesellt. Aber wir kennen mehrere Fälle aus der Psychologie der Neurosen, in denen die Annahme einer Verwandlung näher liegt. Bei der Paranoia persecutoria erwehrt sich der Kranke einer überstarken homosexuellen Bindung an eine bestimmte Person auf eine gewisse Weise, und das Ergebnis ist, daß diese geliebteste Person zum Verfolger wird, gegen den sich die oft gefährliche Aggression des Kranken richtet. Wir haben das Recht einzuschalten, daß eine Phase vorher die Liebe in Haß umgewandelt hatte. Bei der Entstehung der Homosexualität, aber auch der desexualisierten sozialen Gefühle, lehrte uns

die analytische Untersuchung erst neuerdings die Existenz von heftigen, zu Aggressionsneigung führenden Gefühlen der Rivalität kennen, nach deren Überwindung erst das früher gehaßte Objekt zum geliebten oder zum Gegenstand einer Identifizierung wird. Die Frage erhebt sich, ob für diese Fälle eine direkte Umsetzung von Haß in Liebe anzunehmen ist. Hier handelt es sich ja um rein innerliche Änderungen, an denen ein geändertes Benehmen des Objekts keinen Anteil hat.

[54] Die analytische Untersuchung des Vorganges bei der paranoischen Umwandlung macht uns aber mit der Möglichkeit eines anderen Mechanismus vertraut. Es ist von Anfang an eine ambivalente Einstellung vorhanden und die Verwandlung geschieht durch eine reaktive Besetzungsverschiebung, indem der erotischen Regung Energie entzogen und der feindseligen Energie zugeführt wird.

Nicht das nämliche, aber ähnliches geschieht bei der Überwindung der feindseligen Rivalität, die zur Homosexualität führt. Die feindselige Einstellung hat keine Aussicht auf Befriedigung, daher – aus ökonomischen Motiven also – wird sie von der Liebeseinstellung abgelöst, welche mehr Aussicht auf Befriedigung d. i. Abfuhrmöglichkeit bietet. Somit brauchen wir für keinen dieser Fälle eine direkte Verwandlung von Haß in Liebe, die mit der qualitativen Verschiedenheit der beiden Triebarten unverträglich wäre, anzunehmen.

Wir bemerken aber, daß wir bei der Inanspruchnahme dieses anderen Mechanismus der Umwandlung von Liebe in Haß stillschweigend eine andere Annahme gemacht haben, die laut zu werden verdient. Wir haben so geschaltet, als gebe es im Seelenleben – unentschieden, ob im Ich oder im Es – eine verschiebbare Energie, die an sich indifferent, zu einer qualitativ differenzierten erotischen oder destruktiven Regung hinzutreten und deren Gesamtbesetzung erhöhen [55] kann. Ohne die Annahme einer solchen verschiebbaren Energie kommen wir überhaupt nicht aus. Es fragt sich nur, woher sie stammt, wem sie zugehört und was sie bedeutet.

Das Problem der Qualität der Triebregungen und deren Erhaltung bei den verschiedenen Triebschicksalen ist noch sehr dunkel und derzeit kaum in Angriff genommen. An den sexuellen Partialtrieben, die der Beobachtung besonders gut zugänglich sind, kann man einige Vorgänge, die in denselben Rahmen gehören, feststellen, z. B. daß die Partialtriebe gewissermaßen miteinander kommunizieren, daß ein Trieb aus einer besonderen erogenen Quelle seine Intensität zur Verstärkung eines Partialtriebes aus anderer Quelle abgeben kann, daß die Befriedigung des einen Triebes einem anderen die Befriedigung ersetzt u. dgl. mehr, was einem Mut machen muß, Annahmen gewisser Art zu wagen.

Ich habe auch in der vorliegenden Diskussion nur eine Annahme, nicht einen Beweis zu bieten. Es erscheint plausibel, daß diese wohl im Ich und im Es tätige, verschiebbare und indifferente Energie dem narzißtischen Libidovorrat entstammt, also desexualisierter Eros ist. Die erotischen Triebe erscheinen uns ja überhaupt plastischer, ablenkbarer und verschiebbarer als die Destruktionstriebe. Dann kann man ohne Zwang fortsetzen, daß diese verschiebbare Libido im Dienst des Lustprinzips arbeitet, um Stauungen zu [56] vermeiden und Abfuhren zu erleichtern. Dabei ist eine gewisse Gleichgiltigkeit, auf welchem Wege die Abfuhr geschieht, wenn sie nur überhaupt geschieht, unverkennbar. Wir kennen diesen Zug als charakteristisch für die Besetzungsvorgänge im Es. Er findet sich bei den erotischen Besetzungen, wobei eine besondere Gleichgiltigkeit in Bezug auf das Objekt entwickelt wird, ganz besonders bei den Übertragungen in der Analyse, die vollzogen werden müssen, gleichgiltig auf welche Personen. R a n k hat kürzlich schöne Beispiele dafür gebracht, daß neurotische Racheaktionen gegen die unrichtigen Personen gerichtet werden. Man muß bei diesem Verhalten des Unbewußten an die komisch verwertete Anekdote denken, daß einer der drei Dorfschneider gehängt werden soll, weil der einzige Dorfschmied ein todwürdiges Verbrechen begangen hat. Strafe muß eben sein, auch wenn sie nicht den Schuldigen trifft. Die nämliche Lockerheit haben wir zuerst an den Verschiebungen des Primärvorganges in der Traumarbeit bemerkt. Wie hier die Objekte, so wären es in dem uns beschäftigenden Falle die Wege der Abfuhraktion, die erst in zweiter Linie in Betracht kommen. Dem Ich würde es ähnlich sehen, auf größerer Exaktheit in der Auswahl des Objekts, wie des Weges der Abfuhr zu bestehen.

Wenn diese Verschiebungsenergie desexualisierte Libido ist, so darf sie auch s u b l i m i e r t heißen, denn sie würde noch immer an der Hauptabsicht des Eros, [57] zu vereinigen und zu binden, festhalten, indem sie zur Herstellung jener Einheitlichkeit dient, durch die – oder durch das Streben nach welcher – das Ich sich auszeichnet. Schließen wir die Denkvorgänge im weiteren Sinne unter diese Verschiebungen ein, so wird eben auch die Denkarbeit durch Sublimierung erotischer Triebkraft bestritten.

Hier stehen wir wieder vor der früher berührten Möglichkeit, daß die Sublimierung regelmäßig durch die Vermittlung des Ichs vor sich geht. Wir erinnern den anderen Fall, daß dies Ich die ersten und gewiß auch spätere Objektbesetzungen des Es dadurch erledigt, daß es deren Libido ins Ich aufnimmt und an die durch Identifizierung hergestellte Ichveränderung bindet. Mit dieser Umsetzung in Ichlibido ist natürlich ein Aufgeben der Sexualziele, eine Desexualisierung, verbunden. Jedenfalls erhalten wir so Einsicht in eine wichtige Leistung des Ichs in seinem Verhältnis zum Eros. Indem es sich in solcher Weise der Libido der Objektbesetzungen bemächtigt, sich zum alleinigen Liebesobjekt aufwirft, die Libido des Es desexualisiert oder sublimiert, arbeitet es den Absichten des Eros entgegen, stellt sich in den Dienst der gegnerischen Triebregungen. Einen anderen Anteil der Es-Objektbesetzungen muß es sich gefallen lassen, sozusagen mitmachen. Auf eine andere mögliche Folge dieser Ichtätigkeit werden wir später zu sprechen kommen.

[58] An der Lehre vom Narzißmus wäre nun eine wichtige Ausgestaltung vorzunehmen. Zu Uranfang ist alle Libido im Es angehäuft, während das Ich noch in der Bildung begriffen oder schwächlich ist. Das Es sendet einen Teil dieser Libido auf erotische Objektbesetzungen aus, worauf das erstarkte Ich sich dieser Objektlibido zu bemächtigen und sich dem Es als Liebesobjekt aufzudrängen sucht. Der Narzißmus des Ichs ist so ein sekundärer, den Objekten entzogener.

Immer wieder machen wir die Erfahrung, daß die Triebregungen, die wir verfolgen können, sich als Abkömmlinge des Eros enthüllen. Wären nicht die im „Jenseits des Lustprinzips" angestellten Erwägungen und endlich die sadistischen Beiträge zum Eros, so hätten wir es schwer, an der dualistischen Grundanschauung festzuhalten. Da wir aber dazu genötigt sind, müssen wir den Eindruck gewinnen, daß die Todestriebe im wesentlichen stumm sind und der Lärm des Lebens meist vom Eros ausgeht.[17]

Und vom Kampf gegen den Eros! Es ist die Anschauung nicht abzuweisen, daß das Lustprinzip dem Es als ein Kompaß im Kampf gegen die Libido

---

[17] Nach unserer Auffassung sind ja die nach außen gerichteten Destruktionstriebe durch Vermittlung des Eros vom eigenen Selbst abgelenkt worden.

dient, die Störungen in den Lebensablauf einführt. Wenn das Konstanz-Prinzip im Sinne F e c h n e r s das Leben beherrscht, welches also dann ein Gleiten in den Tod **[59]** sein sollte, so sind es die Ansprüche des Eros, der Sexualtriebe, welche als Triebbedürfnisse das Herabsinken des Niveaus aufhalten und neue Spannungen einführen. Das Es erwehrt sich ihrer, vom Lustprinzip d. h. der Unlustwahrnehmung geleitet, auf verschiedenen Wegen. Zunächst durch möglichst beschleunigte Nachgiebigkeit gegen die Forderungen der nicht desexualisierten Libido, also durch Ringen nach Befriedigung der direkt sexuellen Strebungen. In weit ausgiebigerer Weise, indem es sich bei einer dieser Befriedigungen, in der alle Teilansprüche zusammentreffen, der sexuellen Substanzen entledigt, welche sozusagen gesättigte Träger der erotischen Spannungen sind. Die Abstoßung der Sexualstoffe im Sexualakt entspricht gewissermaßen der Trennung von Soma und Keimplasma. Daher die Ähnlichkeit des Zustandes nach der vollen Sexualbefriedigung mit dem Sterben, bei niederen Tieren das Zusammenfallen des Todes mit dem Zeugungsakt. Diese Wesen sterben an der Fortpflanzung, insoferne nach der Ausschaltung des Eros durch die Befriedigung der Todestrieb freie Hand bekommt, seine Absichten durchzusetzen. Endlich erleichtert, wie wir gehört haben, das Ich dem Es die Bewältigungsarbeit, indem es Anteile der Libido für sich und seine Zwecke sublimiert.

[60] V
Die Abhängigkeiten des Ichs

Die Verschlungenheit des Stoffes mag entschuldigen, daß sich keine der Überschriften ganz mit dem Inhalt der Kapitel deckt, und daß wir immer wieder auf bereits Erledigtes zurückgreifen, wenn wir neue Beziehungen studieren wollen.

So haben wir wiederholt gesagt, daß das Ich sich zum guten Teil aus Identifizierungen bildet, welche aufgelassene Besetzungen des Es ablösen, daß die ersten dieser Identifizierungen sich regelmäßig als besondere Instanz im Ich gebärden, sich als Über-Ich dem Ich entgegenstellen, während das erstarkte Ich sich späterhin gegen solche Identifizierungseinflüsse resistenter verhalten mag. Das Über-Ich verdankt seine besondere Stellung im Ich oder zum Ich einem Moment, das von zwei Seiten her eingeschätzt werden soll, erstens, daß es die erste Identifizierung ist, die vorfiel, solange das Ich noch schwach war, und zweitens, daß es der Erbe des Ödipuskomplexes ist, also die großartigsten Objekte ins Ich einführte. Es verhält **[61]** sich gewissermaßen zu den späteren Ichveränderungen wie die primäre Sexualphase der Kindheit zum späteren Sexualleben nach der Pubertät. Obwohl allen späteren Einflüssen zugänglich, behält es doch zeitlebens den Charakter, der ihm durch seinen Ursprung aus dem Vaterkomplex verliehen ist, nämlich die Fähigkeit, sich dem Ich entgegenzustellen und es zu meistern. Es ist das Denkmal der einstigen Schwäche und Abhängigkeit des Ichs und setzt seine Herrschaft auch über das reife Ich fort. Wie das Kind unter dem Zwange stand, seinen Eltern zu gehorchen, so unterwirft sich das Ich dem kategorischen Imperativ seines Über-Ichs.

Die Abkunft von den ersten Objektbesetzungen des Es, also vom Ödipuskomplex, bedeutet aber für das Über-Ich noch mehr. Sie bringt es, wie wir bereits ausgeführt haben, in Beziehung zu den phylogenetischen Erwerbungen des Es und macht es zur Reinkarnation früherer Ichbildungen, die ihre Niederschläge im Es hinterlassen haben. Somit steht das Über-Ich dem Es dauernd nahe und kann dem Ich gegenüber dessen Vertretung führen. Es taucht tief ins Es ein, ist dafür entfernter vom Bewußtsein als das Ich.[18]

Diese Beziehungen würdigen wir am besten, wenn wir uns gewissen klinischen Tatsachen zuwenden, die **[62]** längst keine Neuheit sind, aber ihrer theoretischen Verarbeitung noch warten.

Es gibt Personen, die sich in der analytischen Arbeit ganz sonderbar benehmen. Wenn man ihnen Hoffnung gibt und ihnen Zufriedenheit mit dem Stand der Behandlung zeigt, scheinen sie unbefriedigt und verschlechtern regelmäßig ihr Befinden. Man hält das anfangs für Trotz und Bemühen, dem Arzt ihre Überlegenheit zu bezeugen. Später kommt man zu einer tieferen und gerechteren Auffassung. Man überzeugt sich nicht nur, daß diese Personen kein Lob und keine Anerkennung vertragen, sondern, daß sie auf die Fortschritte der Kur in verkehrter Weise reagieren. Jede Partiallösung, die eine Besserung oder zeitweiliges Aussetzen der Symptome zur Folge haben

---

[18] Man kann sagen: Auch das psychoanalytische oder metapsychologische Ich steht auf dem Kopf wie das anatomische, das Gehirnmännchen.

sollte und bei anderen auch hat, ruft bei ihnen eine momentane Verstärkung ihres Leidens hervor, sie verschlimmern sich während der Behandlung anstatt sich zu bessern. Sie zeigen die sogenannte n e g a t i v e t h e r a - p e u t i s c h e R e a k t i o n.

Kein Zweifel, daß sich bei ihnen etwas der Genesung widersetzt, daß deren Annäherung wie eine Gefahr gefürchtet wird. Man sagt, bei diesen Personen hat nicht der Genesungswille, sondern das Krankheitsbedürfnis die Oberhand. Analysiert man diesen Widerstand in gewohnter Weise, zieht die Trotzeinstellung gegen den Arzt, die Fixierung an die Formen des Krankheitsgewinnes von ihm ab, so bleibt doch das **[63]** meiste noch bestehen und dies erweist sich als das stärkste Hindernis der Wiederherstellung, stärker als die uns bereits bekannten der narzißtischen Unzugänglichkeit, der negativen Einstellung gegen den Arzt und des Haftens am Krankheitsgewinne.

Man kommt endlich zur Einsicht, daß es sich um einen sozusagen „moralischen" Faktor handelt, um ein Schuldgefühl, welches im Kranksein seine Befriedigung findet und auf die Strafe des Leidens nicht verzichten will. An dieser wenig tröstlichen Aufklärung darf man endgiltig festhalten. Aber dies Schuldgefühl ist für den Kranken stumm, es sagt ihm nicht, daß er schuldig ist, er fühlt sich nicht schuldig, sondern krank. Dies Schuldgefühl äußert sich nur als schwer reduzierbarer Widerstand gegen die Herstellung. Es ist auch besonders schwierig, den Kranken von diesem Motiv seines Krankbleibens zu überzeugen, er wird sich an die näher liegende Erklärung halten, daß die analytische Kur nicht das richtige Mittel ist, ihm zu helfen.[19]

---

[19] Der Kampf gegen das Hindernis des unbewußten Schuldgefühls wird dem Analytiker nicht leicht gemacht. Man kann direkt nichts dagegen tun, indirekt nichts anderes, als daß man langsam seine unbewußt verdrängten Begründungen aufdeckt, wobei es sich allmählich in bewußtes Schuldgefühl verwandelt. Eine besondere Chance der Beeinflussung gewinnt man, wenn dies ubw Schuldgefühl ein e n t l e h n t e s ist, d.h. das Ergebnis der Identifizierung mit einer anderen Person, die einmal Objekt einer erotischen Besetzung war. Eine solche Übernahme des Schuldgefühls ist oft der einzige, schwer kenntliche Rest der aufgegebenen **[64]** Liebesbeziehung. Die Ähnlichkeit mit dem Vorgang bei Melancholie ist dabei unverkennbar. Kann man diese einstige Objektbesetzung hinter dem ubw Schuldgefühl aufdecken, so ist die therapeutische Aufgabe oft glänzend gelöst, sonst ist der Ausgang der therapeutischen Bemühung keineswegs gesichert. Er hängt in erster Linie von der Intensität des Schuldgefühls ab, welcher die Therapie oft keine Gegenkraft von gleicher Größenordnung entgegenstellen kann. Vielleicht auch davon, ob die Person des Analytikers es zuläßt, daß sie vom

[64] Was hier beschrieben wurde, entspricht den extremsten Vorkommnissen, dürfte aber in geringerem Ausmaß für sehr viele, vielleicht für alle
schwereren Fälle von Neurose in Betracht kommen. Ja noch mehr, vielleicht
ist es gerade dieser Faktor, das Verhalten des Ichideals, der die Schwere einer
neurotischen Erkrankung maßgebend bestimmt. Wir wollen darum einigen
weiteren Bemerkungen über die Äußerung des Schuldgefühls unter verschiedenen Bedingungen nicht aus dem Wege gehen.

Das normale, bewußte Schuldgefühl (Gewissen) bietet der Deutung keine
Schwierigkeiten, es beruht auf der Spannung zwischen dem Ich und dem
Ichideal, ist der Ausdruck einer Verurteilung des Ichs durch seine [65]
kritische Instanz. Die bekannten Minderwertigkeitsgefühle der Neurotiker
dürften nicht weit davon abliegen. In zwei uns wohlvertrauten Affektionen
ist das Schuldgefühl überstark bewußt; das Ichideal zeigt dann eine besondere Strenge und wütet gegen das Ich oft in grausamer Weise. Neben dieser
Übereinstimmung ergeben sich bei den beiden Zuständen, Zwangsneurose
und Melancholie, Verschiedenheiten im Verhalten des Ichideals, die nicht
minder bedeutungsvoll sind.

Bei der Zwangsneurose (gewissen Formen derselben) ist das Schuldgefühl
überlaut, kann sich aber vor dem Ich nicht rechtfertigen. Das Ich des Kranken sträubt sich daher gegen die Zumutung, schuldig zu sein, und verlangt
vom Arzt, in seiner Ablehnung dieser Schuldgefühle bestärkt zu werden. Es
wäre töricht, ihm nachzugeben, denn es bliebe erfolglos. Die Analyse zeigt
dann, daß das Über-Ich durch Vorgänge beeinflußt wird, welche dem Ich
unbekannt geblieben sind. Es lassen sich wirklich die verdrängten Impulse
auffinden, welche das Schuldgefühl begründen. Das Über-Ich hat hier mehr
vom unbewußten Es gewußt als das Ich.

Noch stärker ist der Eindruck, daß das Über-Ich das Bewußtsein an sich
gerissen hat, bei der Melancholie. Aber hier wagt das Ich keinen Einspruch,
es bekennt sich schuldig und unterwirft sich den Strafen. Wir verstehen

---

Kranken an die Stelle seines Ichideals gesetzt werde, womit die Versuchung verbunden ist, gegen den Kranken die Rolle des Propheten, Seelenretters, Heilands
zu spielen. Da die Regeln der Analyse einer solchen Verwendung der ärztlichen
Persönlichkeit entschieden widerstreben, ist ehrlich zuzugeben, daß hier eine
neue Schranke für die Wirkung der Analyse gegeben ist, die ja die krankhaften
Reaktionen nicht unmöglich machen, sondern dem Ich des Kranken die F r e i -
h e i t schaffen soll, sich so oder anders zu entscheiden.

diesen Unterschied. Bei der Zwangsneurose handelte es sich um anstößige Regungen, die **[66]** außerhalb des Ichs geblieben sind; bei der Melancholie aber ist das Objekt, dem der Zorn des Über-Ichs gilt, durch Identifizierung ins Ich aufgenommen worden.

Es ist gewiß nicht selbstverständlich, daß bei diesen beiden neurotischen Affektionen das Schuldgefühl eine so außerordentliche Stärke erreicht, aber das Hauptproblem der Situation liegt doch an anderer Stelle. Wir schieben seine Erörterung auf, bis wir die anderen Fälle behandelt haben, in denen das Schuldgefühl unbewußt bleibt.

Dies ist doch wesentlich bei Hysterie und Zuständen vom hysterischen Typus zu finden. Der Mechanismus des Unbewußtbleibens ist hier leicht zu erraten. Das hysterische Ich erwehrt sich der peinlichen Wahrnehmung, die ihm von Seiten der Kritik seines Über-Ichs droht, in derselben Weise, wie es sich sonst einer unerträglichen Objektbesetzung zu erwehren pflegt, durch einen Akt der Verdrängung. Es liegt also am Ich, wenn das Schuldgefühl unbewußt bleibt. Wir wissen, daß sonst das Ich die Verdrängungen im Dienst und Auftrag seines Über-Ichs vornimmt; hier ist aber ein Fall, wo es sich derselben Waffe gegen seinen gestrengen Herrn bedient. Bei der Zwangsneurose überwiegen bekanntlich die Phänomene der Reaktionsbildung; hier gelingt dem Ich nur die Fernhaltung des Materials, auf welches sich das Schuldgefühl bezieht.

[67] Man kann weiter gehen und die Voraussetzung wagen, daß ein großes Stück des Schuldgefühls normaler Weise unbewußt sein müsse, weil die Entstehung des Gewissens innig an den Ödipuskomplex geknüpft ist, welcher dem Unbewußten angehört. Würde jemand den paradoxen Satz vertreten wollen, daß der normale Mensch nicht nur viel unmoralischer ist als er glaubt, sondern auch viel moralischer als er weiß, so hätte die Psychoanalyse, auf deren Befunden die erste Hälfte der Behauptung ruht, auch gegen die zweite Hälfte nichts einzuwenden.[20]

Es war eine Überraschung, zu finden, daß eine Steigerung dieses *ubw* Schuldgefühls den Menschen zum Verbrecher machen kann. Aber es ist unzweifelhaft so. Es läßt sich bei vielen, besonders jugendlichen Verbrechern,

---

[20] Dieser Satz ist nur scheinbar ein Paradoxon; er besagt einfach, daß die Natur des Menschen im Guten wie im Bösen weit über das hinausgeht, was er von sich glaubt, d. h. was seinem Ich durch Bewußtseinswahrnehmung bekannt ist.

ein mächtiges Schuldgefühl nachweisen, welches vor der Tat bestand, also nicht deren Folge, sondern deren Motiv ist, als ob es als Erleichterung empfunden würde, dies unbewußte Schuldgefühl an etwas Reales und Aktuelles knüpfen zu können.

In all diesen Verhältnissen erweist das Über-Ich seine Unabhängigkeit vom bewußten Ich und seine innigen Beziehungen zum unbewußten Es. Nun erhebt sich mit Rücksicht auf die Bedeutung, die wir den [68] vorbewußten Wortresten im Ich zugeschrieben haben, die Frage, ob das Über-Ich, wenn es *ubw* ist, nicht aus solchen Wortvorstellungen, oder aus was sonst es besteht. Die bescheidene Antwort wird lauten, daß das Über-Ich auch seine Herkunft aus Gehörtem unmöglich verleugnen kann, es ist ja ein Teil des Ichs und bleibt von diesen Wortvorstellungen (Begriffen, Abstraktionen) eher dem Bewußtsein zugänglich, aber die Besetzungsenergie wird diesen Inhalten des Über-Ichs nicht von der Hörwahrnehmung, dem Unterricht, der Lektüre, sondern von den Quellen im Es zugeführt.

Die Frage, deren Beantwortung wir zurückgestellt hatten, lautet: wie geht es zu, daß das Über-Ich sich wesentlich als Schuldgefühl (besser: als Kritik; Schuldgefühl ist die dieser Kritik entsprechende Wahrnehmung im Ich) äußert und dabei eine so außerordentliche Härte und Strenge gegen das Ich entfaltet. Wenden wir uns zunächst zur Melancholie, so finden wir, daß das überstarke Über-Ich, welches das Bewußtsein an sich gerissen hat, gegen das Ich mit schonungsloser Heftigkeit wütet, als ob es sich des ganzen im Individuum verfügbaren Sadismus bemächtigt hätte. Nach unserer Auffassung des Sadismus würden wir sagen, die destruktive Komponente habe sich im Über-Ich abgelagert und gegen das Ich gewendet. Was nun im Über-Ich herrscht, ist wie eine Reinkultur des Todestriebes, und wirklich gelingt es diesem oft genug, das [69] Ich in den Tod zu treiben, wenn das Ich sich nicht vorher durch den Umschlag in Manie seines Tyrannen erwehrt.

Ähnlich peinlich und quälerisch sind die Gewissensvorwürfe bei bestimmten Formen der Zwangsneurose, aber die Situation ist hier weniger durchsichtig. Es ist im Gegensatz zur Melancholie bemerkenswert, daß der Zwangskranke eigentlich niemals den Schritt der Selbsttötung macht, er ist wie immun gegen die Selbstmordgefahr, weit besser dagegen geschützt als der Hysteriker. Wir verstehen, es ist die Erhaltung des Objekts, die die Sicherheit des Ichs verbürgt. Bei der Zwangsneurose ist es durch eine Regression zur prägenitalen Organisation möglich geworden, daß die Liebesimpulse sich in Aggressionsimpulse gegen das Objekt umsetzen. Wiederum ist der Destruktionstrieb frei geworden und will das Objekt vernichten, oder es hat wenigstens den Anschein, als bestünde solche Absicht. Das Ich hat diese Tendenzen nicht aufgenommen, es sträubt sich gegen sie mit Reaktionsbildungen und Vorsichtsmaßregeln, sie verbleiben im Es. Das Über-Ich aber benimmt sich, als wäre das Ich für sie verantwortlich, und zeigt uns gleichzeitig durch den Ernst, mit dem es diese Vernichtungsabsichten verfolgt, daß es sich nicht um einen durch die Regression hervorgerufenen Anschein, sondern um wirklichen Ersatz von Liebe durch Haß handelt. Nach beiden Seiten hilflos, wehrt sich das Ich vergeblich **[70]** gegen die Zumutungen des mörderischen Es wie gegen die Vorwürfe des strafenden Gewissens. Es gelingt ihm, gerade die gröbsten Aktionen beider zu hemmen, das Ergebnis ist zunächst eine endlose Selbstqual und in der weiteren Entwicklung eine systematische Quälerei des Objekts, wo dies zugänglich ist.

Die gefährlichen Todestriebe werden im Individuum auf verschiedene Weise behandelt, teils durch Mischung mit erotischen Komponenten unschädlich gemacht, teils als Aggression nach außen abgelenkt, zum großen Teil setzen sie gewiß unbehindert ihre innere Arbeit fort. Wie kommt es nun, daß bei der Melancholie das Über-Ich zu einer Art Sammelstätte der Todestriebe werden kann?

Vom Standpunkt der Triebeinschränkung, der Moralität, kann man sagen: Das Es ist ganz amoralisch, das Ich ist bemüht moralisch zu sein, das Über-Ich kann hypermoralisch und dann so grausam werden wie nur das Es. Es ist merkwürdig, daß der Mensch, je mehr er seine Aggression nach außen einschränkt, desto strenger, also aggressiver in seinem Ichideal wird. Der gewöhnlichen Betrachtung erscheint dies umgekehrt, sie sieht in der Forderung des Ichideals das Motiv für die Unterdrückung der Aggression. Die Tatsache bleibt aber, wie wir sie ausgesprochen haben: Je mehr ein Mensch seine Agression meistert, desto mehr steigert sich die Aggressionsneigung seines Ideals gegen sein Ich. Es ist wie eine Verschiebung, eine Wendung gegen **[71]** das eigene Ich. Schon die gemeine, normale Moral hat den Charakter des hart Einschränkenden, grausam Verbietenden. Daher stammt ja die Konzeption des unerbittlich strafenden höheren Wesens.

Ich kann nun diese Verhältnisse nicht weiter erläutern, ohne eine neue

Annahme einzuführen. Das Über-Ich ist ja durch eine Identifizierung mit dem Vatervorbild entstanden. Jede solche Identifizierung hat den Charakter einer Desexualisierung oder selbst Sublimierung. Es scheint nun, daß bei einer solchen Umsetzung auch eine Triebentmischung stattfindet. Die erotische Komponente hat nach der Sublimierung nicht mehr die Kraft, die ganze hinzugesetzte Destruktion zu binden, und diese wird als Aggressions- und Destruktionsneigung frei. Aus dieser Entmischung würde das Ideal überhaupt den harten, grausamen Zug des gebieterischen S o l l e n s beziehen.

Noch ein kurzes Verweilen bei der Zwangsneurose. Hier liegen die Verhältnisse anders. Die Entmischung der Liebe zur Aggression ist nicht durch eine Leistung des Ichs zu Stande gekommen, sondern die Folge einer Regression, die sich im Es vollzogen hat. Aber dieser Vorgang hat vom Es auf das Über-Ich übergegriffen, welches nun seine Strenge gegen das unschuldige Ich verschärft. In beiden Fällen würde aber das Ich, welches die Libido durch Identifizierung bewältigt hat, dafür die Strafe durch die der Libido beigemengte Aggression vom Über-Ich her erleiden.

[72] Unsere Vorstellungen vom Ich beginnen sich zu klären, seine verschiedenen Beziehungen an Deutlichkeit zu gewinnen. Wir sehen das Ich jetzt in seiner Stärke und in seinen Schwächen. Es ist mit wichtigen Funktionen betraut, kraft seiner Beziehung zum Wahrnehmungssystem stellt es die zeitliche Anordnung der seelischen Vorgänge her und unterzieht dieselben der Realitätsprüfung. Durch die Einschaltung der Denkvorgänge erzielt es einen Aufschub der motorischen Entladungen und beherrscht die Zugänge zur Motilität. Letztere Herrschaft ist allerdings mehr formal als faktisch, das Ich hat in der Beziehung zur Handlung etwa die Stellung eines konstitutionellen Monarchen, ohne dessen Sanktion nichts Gesetz werden kann, der es sich aber sehr überlegt, ehe er gegen einen Vorschlag des Parlaments sein Veto einlegt. Das Ich bereichert sich bei allen Lebenserfahrungen von außen; das Es aber ist seine andere Außenwelt, die es sich zu unterwerfen strebt. Es entzieht dem Es Libido, bildet die Objektbesetzungen des Es zu Ichgestaltungen um. Mit Hilfe des Über-Ichs schöpft es in einer für uns noch dunklen Weise aus den im Es angehäuften Erfahrungen der Vorzeit.

Es gibt zwei Wege, auf denen der Inhalt des Es ins Ich eindringen kann. Der eine ist der direkte, der andere führt über das Ichideal, und es mag für manche seelische Tätigkeiten entscheidend sein, auf welchem der beiden

Wege sie erfolgen. Das Ich entwickelt sich von der Triebwahrnehmung zur Triebbeherrschung, vom **[73]** Triebgehorsam zur Triebhemmung. An dieser Leistung hat das Ichideal, das ja zum Teil eine Reaktionsbildung gegen die Triebvorgänge des Es ist, seinen starken Anteil. Die Psychoanalyse ist ein Werkzeug, welches dem Ich die fortschreitende Eroberung des Es ermöglichen soll.

Aber anderseits sehen wir dasselbe Ich als armes Ding, welches unter dreierlei Dienstbarkeiten steht und demzufolge unter den Drohungen von dreierlei Gefahren leidet, von der Außenwelt her, von der Libido des Es und von der Strenge des Über-Ichs. Dreierlei Arten von Angst entsprechen diesen drei Gefahren, denn Angst ist der Ausdruck eines Rückzugs vor der Gefahr. Als Grenzwesen will das Ich zwischen der Welt und dem Es vermitteln, das Es der Welt gefügig machen und die Welt mittels seiner Muskelaktionen dem Es-Wunsch gerecht machen. Es benimmt sich eigentlich wie der Arzt in einer analytischen Kur, indem es sich selbst mit seiner Rücksichtnahme auf die reale Welt dem Es als Libidoobjekt empfiehlt und dessen Libido auf sich lenken will. Es ist nicht nur der Helfer des Es, auch sein unterwürfiger Knecht, der um die Liebe seines Herrn wirbt. Es sucht, wo möglich, im Einvernehmen mit dem Es zu bleiben, überzieht dessen *ubw* Gebote mit seinen *vbw* Rationalisierungen, spiegelt den Gehorsam des Es gegen die Mahnungen der Realität vor, auch wo das Es starr und unnachgiebig geblieben ist, vertuscht die Konflikte des Es mit der Realität und **[74]** wo möglich auch die mit dem Über-Ich. In seiner Mittelstellung zwischen Es und Realität unterliegt es nur zu oft der Versuchung, liebedienerisch, opportunistisch und lügnerisch zu werden, etwa wie ein Staatsmann, der bei guter Einsicht sich doch in der Gunst der öffentlichen Meinung behaupten will.

Zwischen beiden Triebarten hält es sich nicht unparteiisch. Durch seine Identifizierungs- und Sublimierungsarbeit leistet es den Todestrieben im Es Beistand zur Bewältigung der Libido, gerät aber dabei in Gefahr, zum Objekt der Todestriebe zu werden und selbst umzukommen. Es hat sich zu Zwecken der Hilfeleistung selbst mit Libido erfüllen müssen, wird dadurch selbst Vertreter des Eros und will nun leben und geliebt werden.

Da aber seine Sublimierungsarbeit eine Triebentmischung und Freiwerden der Aggressionstriebe im Über-Ich zur Folge hat, liefert es sich durch seinen Kampf gegen die Libido der Gefahr der Mißhandlung und des Todes

aus. Wenn das Ich unter der Aggression des Über-Ichs leidet oder selbst erliegt, so ist sein Schicksal ein Gegenstück zu dem der Protisten, die an den
Zersetzungsprodukten zu Grunde gehen, die sie selbst geschaffen haben. Als
solches Zersetzungsprodukt im ökonomischen Sinne erscheint uns die im
Über-Ich wirkende Moral.

Unter den Abhängigkeiten des Ichs ist wohl die vom Über-Ich die inte-
ressanteste.

[75] Das Ich ist ja die eigentliche Angststätte. Von den dreierlei Gefahren
bedroht, entwickelt das Ich den Fluchtreflex, indem es seine eigene Besetzung von der bedrohlichen Wahrnehmung oder dem ebenso eingeschätzten
Vorgang im Es zurückzieht und als Angst ausgibt. Diese primitive Reaktion
wird später durch Aufführung von Schutzbesetzungen abgelöst (Mechanismus der Phobien). Was das Ich von der äußeren und von der Libidogefahr
im Es befürchtet, läßt sich nicht angeben; wir wissen, es ist Überwältigung
oder Vernichtung, aber es ist analytisch nicht zu fassen. Das Ich folgt einfach
der Warnung des Lustprinzips. Hingegen läßt sich sagen, was sich hinter der
Angst des Ichs vor dem Über-Ich, der Gewissensangst, verbirgt. Vom höheren Wesen, welches zum Ichideal wurde, drohte einst die Kastration und
diese Kastrationsangst ist wahrscheinlich der Kern, um den sich die spätere
Gewissensangst ablagert, sie ist es, die sich als Gewissensangst fortsetzt.

Der volltönende Satz: jede Angst sei eigentlich Todesangst, schließt kaum
einen Sinn ein, ist jedenfalls nicht zu rechtfertigen. Es scheint mir vielmehr
durchaus richtig, die Todesangst von der Objekt-(Real-)Angst und von der
neurotischen Libidoangst zu sondern. Sie gibt der Psychoanalyse ein schwe-
res Problem auf, denn Tod ist ein abstrakter Begriff von negativem Inhalt,
für den eine unbewußte Entsprechung nicht zu finden ist. Der Mechanismus
der Todesangst [76] könnte nur sein, daß das Ich seine narzißtische Libidobesetzung in reichlichem Ausmaß entläßt, also sich selbst aufgibt, wie
sonst im Angstfalle ein anderes Objekt. Ich meine, daß die Todesangst sich
zwischen Ich und Über-Ich abspielt.

Wir kennen das Auftreten von Todesangst unter zwei Bedingungen, die
übrigens denen der sonstigen Angstentwicklung durchaus analog sind, als
Reaktion auf eine äußere Gefahr und als inneren Vorgang, z. B. bei Melancholie. Der neurotische Fall mag uns wieder einmal zum Verständnis des
realen verhelfen.

Die Todesangst der Melancholie läßt nur die eine Erklärung zu, daß das Ich sich aufgibt, weil es sich vom Über-Ich gehaßt und verfolgt anstatt geliebt fühlt. Leben ist also für das Ich gleichbedeutend mit Geliebtwerden, vom Über-Ich geliebt werden, das auch hier als Vertreter des Es auftritt. Das Über-Ich vertritt dieselbe schützende und rettende Funktion wie früher der Vater, später die Vorsehung oder das Schicksal. Denselben Schluß muß das Ich aber auch ziehen, wenn es sich in einer übergroßen realen Gefahr befindet, die es aus eigenen Kräften nicht glaubt überwinden zu können. Es sieht sich von allen schützenden Mächten verlassen und läßt sich sterben. Es ist übrigens immer noch dieselbe Situation, die dem ersten großen Angstzustand der Geburt und der infantilen Sehnsucht-Angst zu Grunde lag, die der Trennung von der schützenden Mutter.

[77] Auf Grund dieser Darlegungen kann also die Todesangst wie die Gewissensangst als Verarbeitung der Kastrationsangst aufgefaßt werden. Bei der großen Bedeutung des Schuldgefühls für die Neurosen ist es auch nicht von der Hand zu weisen, daß die gemeine neurotische Angst in schweren Fällen eine Verstärkung durch die Angstentwicklung zwischen Ich und Über-Ich (Kastrations-, Gewissens-, Todesangst) erfährt.

Das Es, zu dem wir am Ende zurückführen, hat keine Mittel, dem Ich Liebe oder Haß zu bezeugen. Es kann nicht sagen, was es will; es hat keinen einheitlichen Willen zu Stande gebracht. Eros und Todestrieb kämpfen in ihm; wir haben gehört, mit welchen Mitteln sich die einen Triebe gegen die anderen zur Wehre setzen. Wir könnten es so darstellen, als ob das Es unter der Herrschaft der stummen, aber mächtigen Todestriebe stünde, die Ruhe haben und den Störenfried Eros nach den Winken des Lustprinzips zur Ruhe bringen wollen, aber wir besorgen, doch dabei die Rolle des Eros zu unterschätzen.

1923-06
Die infantile Genitalorganisation
(Eine Einschaltung in die Sexualtheorie)

Erstveröffentlichung:
Internationale Zeitschrift für ärztliche Psychoanalyse, 9. Jg. (1923), H. 2,
S. 168–171.

Die infantile Genitalorganisation.

(Eine Einschaltung in die Sexualtheorie.)

Von Sigm. Freud.

Es ist recht bezeichnend für die Schwierigkeit der Forschungsarbeit in der Psychoanalyse, daß es möglich ist, allgemeine Züge
und charakteristische Verhältnisse trotz unausgesetzter jahrzehntelanger Beobachtung zu übersehen, bis sie einem endlich einmal
unverkennbar entgegentreten; eine solche Vernachlässigung auf
dem Gebiet der infantilen Sexualentwicklung möchte ich durch
die nachstehenden Bemerkungen gutmachen.

Den Lesern meiner „Drei Abhandlungen zur Sexualtheorie"
(1905) wird es bekannt sein, daß ich in den späteren Ausgaben
dieser Schrift niemals eine Umarbeitung vorgenommen, sondern
die ursprüngliche Anordnung gewahrt habe und den Fortschritten
unserer Einsicht durch Einschaltungen und Abänderungen des
Textes gerecht geworden bin. Dabei mag es oft vorgekommen
sein, daß das Alte und das Neuere sich nicht gut zu einer widerspruchsfreien Einheit verschmelzen ließen. Anfänglich ruhte ja
der Akzent auf der Darstellung der fundamentalen Verschiedenheit
im Sexualleben der Kinder und der Erwachsenen, später drängten
sich die prägenitalen Organisationen der Libido in den
Vordergrund und die merkwürdige und folgenschwere Tatsache
des zweizeitigen Ansatzes der Sexualentwicklung. Endlich
nahm die infantile Sexualforschung unser Interesse in
Anspruch, und von ihr aus ließ sich die weitgehende Annäherung
des Ausganges der kindlichen Sexualität (um das
fünfte Lebensjahr) an die Endgestaltung beim Erwachsenen
erkennen. Dabei bin ich in der letzten Auflage der Sexualtheorie
(1922) stehen geblieben.

Freud schrieb diese Arbeit im Februar 1923 (Jones, 1960–62, Bd. 3, S. 125) als Ergänzung zu seinen *Drei Abhandlungen zur Sexualtheorie* (SFG 10, 1905-04).[1]

---

[1]   Die weiteren Auflagen bis 1922 in SFG 12, 1910-09; SFG 14, 1915-09; SFG 16, 1920-08; SFG 17, 1922-14.

Die infantile Genitalorganisation.
(Eine Einschaltung in die Sexualtheorie.)

Von Sigm. Freud.

Es ist recht bezeichnend für die Schwierigkeit der Forschungsarbeit in der Psychoanalyse, daß es möglich ist, allgemeine Züge und charakteristische Verhältnisse trotz unausgesetzter jahrzehntelanger Beobachtung zu übersehen, bis sie einem endlich einmal unverkennbar entgegentreten; eine solche Vernachlässigung auf dem Gebiet der infantilen Sexualentwicklung möchte ich durch die nachstehenden Bemerkungen gutmachen.

Den Lesern meiner „Drei Abhandlungen zur Sexualtheorie" (1905) wird es bekannt sein, daß ich in den späteren Ausgaben dieser Schrift niemals eine Umarbeitung vorgenommen, sondern die ursprüngliche Anordnung gewahrt habe und den Fortschritten unserer Einsicht durch Einschaltungen und Abänderungen des Textes gerecht geworden bin. Dabei mag es oft vorgekommen sein, daß das Alte und das Neuere sich nicht gut zu einer widerspruchsfreien Einheit verschmelzen ließen. Anfänglich ruhte ja der Akzent auf der Darstellung der fundamentalen Verschiedenheit im Sexualleben der Kinder und der Erwachsenen, später drängten sich die p r ä g e n i t a l e n O r g a n i s a - t i o n e n der Libido in den Vordergrund und die merkwürdige und folgenschwere Tatsache des z w e i z e i t i g e n A n s a t z e s der Sexualentwicklung. Endlich nahm die infantile S e x u a l f o r s c h u n g unser Interesse in Anspruch, und von ihr aus ließ sich die weitgehende A n n ä h e r u n g d e s A u s g a n g e s d e r k i n d l i c h e n S e x u a l i t ä t (um das fünfte Lebensjahr) an die Endgestaltung beim Erwachsenen erkennen. Dabei bin ich in der letzten Auflage der Sexualtheorie (1922) stehen geblieben.

Auf Seite 63 derselben erwähne ich, daß „häufig oder regelmäßig bereits in den Kinderjahren eine Objektwahl vollzogen wird, wie wir sie als charakteristisch für die Entwicklungsphase der Pubertät hingestellt haben, in der Weise, daß sämtliche Sexualstrebungen die Richtung auf eine einzige Person nehmen, **[169]** an der sie ihre Ziele erreichen wollen. Dies ist dann die größte Annäherung an die definitive Gestaltung des Sexuallebens nach der Pubertät, die in den Kinderjahren möglich ist. Der Unterschied von letzterer liegt nur noch darin, daß die Zusammenfassung der Partialtriebe und deren Unterordnung unter das Primat der Genitalien in der Kindheit nicht oder nur sehr unvollkommen durchgesetzt wird. Die Herstellung dieses Primats im Dienste der Fortpflanzung ist also die letzte Phase, welche die Sexualorganisation durchläuft."

Mit dem Satz, das Primat der Genitalien sei in der frühinfantilen Periode nicht oder nur sehr unvollkommen durchgeführt, würde ich mich heute nicht mehr zufrieden geben. Die Annäherung des kindlichen Sexuallebens an das der Erwachsenen geht viel weiter und bezieht sich nicht nur auf das Zustandekommen einer Objektwahl. Wenn es auch nicht zu einer richtigen Zusammenfassung der Partialtriebe unter das Primat der Genitalien kommt, so gewinnt doch auf der Höhe des Entwicklungsganges der infantilen Sexualität das Interesse an den Genitalien und die Genitalbetätigung eine dominierende Bedeutung, die hinter der in der Reifezeit wenig zurücksteht. Der Hauptcharakter dieser „i n f a n t i l e n G e n i t a l o r g a n i - s a t i o n" ist zugleich ihr Unterschied von der endgültigen Genitalorganisation der Erwachsenen. Er liegt darin, daß für beide Geschlechter nur e i n G e n i t a l e, das männliche, eine Rolle spielt. Es besteht also nicht ein Genitalprimat, sondern ein Primat des P h a l l u s.

Leider können wir diese Verhältnisse nur für das männliche Kind beschreiben, in die entsprechenden Vorgänge beim kleinen Mädchen fehlt uns die Einsicht. Der kleine Knabe nimmt sicherlich den Unterschied von Männern und Frauen wahr, aber er hat zunächst keinen Anlaß, ihn mit einer Verschiedenheit ihrer Genitalien zusammenzubringen. Es ist ihm natürlich, ein ähnliches Genitale, wie er es selbst besitzt, bei allen anderen Lebewesen, Menschen und Tieren, vorauszusetzen, ja wir wissen, daß er auch an unbelebten Dingen nach einem seinem Gliede analogen Gebilde forscht.[1] Dieser

---

[1] Es ist übrigens merkwürdig, ein wie geringes Maß von Aufmerksamkeit der andere Teil des männlichen Genitales, das Säckchen mit seinen Einschlüssen, beim Kinde auf sich zieht. Aus den Analysen könnte man nicht erraten, daß noch etwas anderes als der Penis zum Genitale gehört.

leicht erregte, veränderliche, an Empfindungen so reiche Körperteil beschäftigt das Interesse des Knaben in hohem Grade und stellt seinem Forschertrieb unausgesetzt neue Aufgaben. Er möchte ihn auch bei anderen Personen sehen, um ihn mit seinem eigenen zu vergleichen, er benimmt sich, als ob ihm **[170]** vorschwebte, daß dieses Glied größer sein könnte und sollte; die treibende Kraft, welche dieser männliche Teil später in der Pubertät entfalten wird, äußert sich um diese Lebenszeit wesentlich als Forschungsdrang, als sexuelle Neugierde. Viele der Exhibitionen und Aggressionen, welche das Kind vornimmt und die man im späteren Alter unbedenklich als Äußerungen von Lüsternheit beurteilen würde, erweisen sich der Analyse als Experimente im Dienste der Sexualforschung angestellt.

Im Laufe dieser Untersuchungen gelangt das Kind zur Entdeckung, daß der Penis nicht ein Gemeingut aller ihm ähnlichen Wesen sei. Der zufällige Anblick der Genitalien einer kleinen Schwester oder Gespielin gibt hiezu den Anstoß; scharfsinnige Kinder haben schon vorher aus ihren Wahrnehmungen beim Urinieren der Mädchen, weil sie eine andere Stellung sehen und ein anderes Geräusch hören, den Verdacht geschöpft, daß hier etwas anders sei, und dann versucht, solche Beobachtungen in aufklärender Weise zu wiederholen. Es ist bekannt, wie sie auf die ersten Eindrücke des Penismangels reagieren. Sie leugnen diesen Mangel, glauben doch ein Glied zu sehen, beschönigen den Widerspruch zwischen Beobachtung und Vorurteil durch die Auskunft, es sei noch klein und werde erst wachsen, und kommen dann langsam zu dem affektiv bedeutsamen Schluß, es sei doch wenigstens vorhanden gewesen und dann weggenommen worden. Der Penismangel wird als Ergebnis einer K a s t r a t i o n erfaßt und das Kind steht nun vor der Aufgabe, sich mit der Beziehung der Kastration zu seiner eigenen Person auseinanderzusetzen. Die weiteren Entwicklungen sind zu sehr allgemein bekannt, als daß es notwendig wäre, sie hier zu wiederholen. Es scheint mir nur, d a ß m a n d i e B e d e u t u n g d e s K a s t r a t i o n s k o m p l e x e s e r s t r i c h t i g w ü r d i g e n k a n n, w e n n m a n s e i n e E n t s t e h u n g i n d e r P h a s e d e s P h a l l u s p r i m a t s m i t b e r ü c k s i c h t i g t.[2]

---

[2] Es ist mit Recht darauf hingewiesen worden, daß das Kind die Vorstellung einer narzißtischen Schädigung durch Körperverlust aus dem Verlieren der Mutterbrust nach dem Saugen, aus der täglichen Abgabe der Fäzes, ja schon aus der Trennung

Es ist auch bekannt, wie viel Herabwürdigung des Weibes, Grauen vor dem Weib, Disposition zur Homosexualität sich aus der endlichen Überzeugung von der Penislosigkeit des Weibes ableitet. F e r e n c z i hat kürzlich mit vollem Recht das mytho- **[171]** logische Symbol des Grausens, das Medusenhaupt, auf den Eindruck des penislosen weiblichen Genitales zurückgeführt.[3]

Doch darf man nicht glauben, daß das Kind seine Beobachtung, manche weibliche Personen besitzen keinen Penis, so rasch und bereitwillig verallgemeinert; dem steht schon die Annahme, daß die Penislosigkeit die Folge der Kastration als einer Strafe sei, im Wege. Im Gegenteile, das Kind meint, nur unwürdige weibliche Personen, die sich wahrscheinlich ähnlicher unerlaubter Regungen schuldig gemacht haben wie es selbst, hätten das Genitale eingebüßt. Respektierte Frauen aber wie die Mutter behalten den Penis noch lange. Weibsein fällt eben für das Kind noch nicht mit Penismangel zusammen.[4] Erst später, wenn das Kind die Probleme der Entstehung und Geburt der Kinder angreift und errät, daß nur Frauen Kinder gebären können, wird auch die Mutter des Penis verlustig und mitunter werden ganz komplizierte Theorien aufgebaut, die den Umtausch des Penis gegen ein Kind erklären sollen. Das weibliche Genitale scheint dabei niemals entdeckt zu werden. Wie wir wissen, lebt das Kind im Leib (Darm) der Mutter und wird durch den Darmausgang geboren. Mit diesen letzten Theorien greifen wir über die Zeitdauer der infantilen Sexualperiode hinaus.

Es ist nicht unwichtig, sich vorzuhalten, welche Wandlungen die uns geläufige geschlechtliche Polarität während der kindlichen Sexualentwicklung durchmacht. Ein erster Gegensatz wird mit der Objektwahl, die ja Subjekt und Objekt voraussetzt, eingeführt. Auf der Stufe der prägenitalen sadis-

---

vom Mutterleib bei der Geburt gewinnt. Von einem Kastrationskomplex sollte man aber doch erst sprechen, wenn sich diese Vorstellung eines Verlustes mit dem männlichen Genitale verknüpft hat.

[3] Diese Zeitschrift 1923, Heft 1. Ich möchte hinzufügen, daß im Mythos das Genitale der Mutter gemeint ist. Athene, die das Medusenhaupt an ihrem Panzer trägt, wird eben dadurch das unnahbare Weib, dessen Anblick jeden Gedanken an sexuelle Annäherung erstickt.

[4] Aus der Analyse einer jungen Frau erfuhr ich, daß sie, die keinen Vater und mehrere Tanten hatte, bis weit in die Latenzzeit an dem Penis der Mutter und einiger Tanten festhielt. Eine schwachsinnige Tante aber hielt sie für kastriert, wie sie sich selbst empfand.

tisch-analen Organisation ist von männlich und weiblich noch nicht zu reden, der Gegensatz von a k t i v und p a s s i v ist der herrschende.[5] Auf der nun folgenden Stufe der infantilen Genitalorganisation giebt es zwar ein m ä n n l i c h, aber kein weiblich; der Gegensatz lautet hier: m ä n n l i - c h e s G e n i t a l e oder k a s t r i e r t. Erst mit der Vollendung der Entwicklung zur Zeit der Pubertät fällt die sexuelle Polarität mit m ä n n - l i c h und w e i b l i c h zusammen. Das Männliche faßt das Subjekt, die Aktivität und den Besitz des Penis zusammen, das Weibliche setzt das Objekt und die Passivität fort. Die Vagina wird nun als Herberge des Penis geschätzt, sie tritt das Erbe des Mutterleibes an.

---

[5] Siehe: Drei Abh. z. Sexualtheorie. 5. Aufl., S. 62.

1923-07
Josef Popper-Lynkeus
und die Theorie des Traumes

Erstveröffentlichung:
Zeitschrift des Vereins für Allgemeine Nährpflicht, Nr. 21 (1923), Juni
1923, S. XI-1–XI-3.

Zu Josef Popper-Lynkeus (1838–
1921) hatte Freud spätestens seit
1916 Kontakt. Popper hatte ihm
damals die 1825 erschienene
Dissertation von Heinrich Straus
*Über den Rhythmus in den Lebens-
erscheinungen* zugeschickt (Freud,
1960a, S. 329f.).

Allerdings hatte Freud schon
sieben Jahre vorher in der zweiten
Auflage seiner Traumdeutung geschrieben, daß sich Poppers „Auffassung des Traumes [...] mit dem
Kern der meinigen völlig deckt"
(SFG 11, 1909-06, S. 78).

In der von Popper begründe-
ten *Zeitschrift des Vereins für Allgemeine Nährpflicht* waren ihm

Abb. 6: Popper-Lynkeus (ca. 1917)

nach seinem Tod eine Reihe von Artikeln gewidmet; so war auch der Beitrag Freuds von der Redaktion mit „IN MEMORIAM" überschrieben.

Josef Popper-Lynkeus und die Theorie des Traumes

von Prof. S i g m. F r e u d

Über den Anschein wissenschaftlicher Originalität ist viel Interessantes zu sagen. Wenn in der Wissenschaft eine neue Idee auftaucht, die zunächst als Entdeckung gewertet und in der Regel als solche auch bekämpft wird, so weist die objektive Erforschung bald nach, daß sie eigentlich doch keine Neuheit ist. In der Regel ist sie schon wiederholt gemacht und dann wieder vergessen worden, oft zu sehr weit voneinander entfernten Zeiten. Oder sie hat wenigstens Vorläufer gehabt, wurde undeutlich geahnt oder unvollkommen ausgesprochen. Das ist zu genau bekannt, als daß es einer weiteren Ausführung bedürfte.

Aber auch die subjektive Seite der Originalität ist der Verfolgung würdig. Ein wissenschaftlicher Arbeiter mag sich einmal die Frage stellen, woher die ihm eigentümlichen Ideen kommen, die er an sein Material herangebracht hat. Dann findet er von einem Teil derselben ohne viel Besinnen, auf welche Anregungen er zurückgeht, welche Angaben von anderer Seite er dabei aufgegriffen, modifiziert und in ihre Konsequenzen ausgeführt hat. Von einem anderen Anteil seiner Ideen kann er nichts Ähnliches bekennen, er muß annehmen, diese Gedanken und Gesichtspunkte seien in seiner eigenen Denktätigkeit – er weiß nicht wie – entstanden, durch sie stützt er seinen Anspruch auf Originalität.

Sorgfältige psychologische Untersuchung schränkt diesen Anspruch dann noch weiter ein. Sie deckt verborgene, längst vergessene Quellen auf, aus denen die Anregung der anscheinend originellen Ideen erflossen ist, und setzt an Stelle der vermeintlichen Neuschöpfung eine Wiederbelebung des Vergessenen in der Anwendung auf einen neuen **[XI-2]** Stoff, daran ist nichts

323

zu bedauern; man hatte ja kein Recht zu erwarten, daß das „Originelle" etwas Unableitbares, Indeterminiertes sein würde. Auf solche Weise hat sich auch für meinen Fall die Originalität vieler neuer Gedanken, die ich in der Traumdeutung und in der Psychoanalyse verwendet hatte, verflüchtigt. Nur von einem dieser Gedanken kenne ich die Herkunft nicht. Er ist geradezu der Schlüssel meiner Auffassung des Traumes geworden und hat mir dazu verholfen, seine Rätsel zu lösen, soweit sie bis heute lösbar geworden sind. Ich knüpfe an den fremdartigen, verworrenen, unsinnigen Charakter so vieler Träume an und kam auf die Idee, daß der Traum so werden müsse, weil in ihm etwas nach Ausdruck ringt, was den Widerstand anderer Mächte des Seelenlebens gegen sich hat. Im Traume rühren sich geheime Regungen, die mit dem sozusagen offiziellen ethischen und ästhetischen Bekenntnis des Träumers in Widerspruch stehen; darum schämt sich der Träumer dieser Regungen, wendet sich tagsüber von ihnen ab, will nichts von ihnen wissen, und wenn er ihnen zur Nachtzeit nicht jede Art von Ausdruck verwehren kann, zwingt er sie zur T r a u m e n t s t e l l u n g, durch die der Trauminhalt verworren und unsinnig erscheint. Die seelische Macht im Menschen, die diesem inneren Widerspruch Rechnung trägt und zu Gunsten der konventionellen oder auch der höheren sittlichen Ansprüche die primitiven Triebregungen des Traumes entstellt, nannte ich die T r a u m z e n s u r.

Gerade dieses wesentliche Stück meiner Traumtheorie hat aber Popper-Lynkeus selbst gefunden. Man vergleiche das nachstehende Zitat aus seiner Erzählung „Träume wie Wachen" in den „Phantasien eines Realisten", die sicherlich ohne Kenntnis meiner 1900 veröffentlichten „Traumtheorie" geschrieben worden sind, wie ich auch damals Lynkeus' Phantasien noch nicht kannte:

„Von einem Manne, der die merkwürdige Eigenschaft hat, niemals Unsinn zu träumen" … „Diese herrliche Eigenschaft, zu träumen wie zu **[XI-3]** wachen, beruht auf Deinen Tugenden, auf Deiner Güte, Deiner Gerechtigkeit, Deiner Wahrheitsliebe: es ist die moralische Klarheit Deiner Natur, die mir alles an Dir verständlich macht."

„Wenn ich aber recht bedenke", erwiderte der Andere, „so glaube ich beinahe, alle Menschen seien so wie ich beschaffen, und gar niemand träume jemals Unsinn! Ein Traum, an den man sich so deutlich erinnert, daß man ihn nacherzählen kann, der also kein Fiebertraum ist, hat i m m e r Sinn.

Und es kann gar nicht anders sein! Denn was miteinander im Widerspruch steht, könnte sich ja nicht zu einem Ganzen gruppieren. Daß Zeit und Ort oft durcheinander gerüttelt werden, benimmt dem wahren Gehalt des Traumes gar nichts, denn sie beide sind gewiß ohne Bedeutung für seinen wesentlichen Inhalt gewesen. Wir machen es ja oft im Wachen auch so: denke an das Märchen, an so viele sinnvolle Phantasiegebilde, zu denen nur ein Unverständiger sagen würde: Das ist widersinnig! denn das ist nicht möglich!"

Wenn man nur die Träume richtig zu deuten wüßte, so wie Du es eben mit dem meinen getan hast", sagte der Freund.

„Das ist gewiß keine leichte Aufgabe, aber es müßte bei einiger Aufmerksamkeit dem Träumenden wohl immer gelingen. Warum es meistens nicht gelingt? Es scheint bei Euch etwas Verstecktes in den Träumen zu liegen, etwas Unkeusches eigener und höherer Art, eine gewisse Heimlichkeit in Eurem Wesen, die schwer auszudenken ist; und darum scheint Euer Träumen so oft ohne Sinn, sogar ein Widersinn zu sein. Es ist aber im tiefsten Grunde nicht so; ja, es kann gar nicht anders sein, denn es ist immer derselbe Mensch, ob er wacht oder träumt."

Ich glaube, was mich dazu befähigt hat, die Ursache der Traumentstellung aufzufinden, war mein moralischer Mut. Bei P o p p e r war es die Reinheit, Wahrheitsliebe und moralische Klarheit seines Wesens.

1923-08
Vorwort zu Eitingon:
Bericht über die Berliner
psychoanalytische Poliklinik

Erstveröffentlichung:
Eitingon, Max (1923): *Bericht über die Berliner psychoanalytische Poliklinik (März 1920 bis Juni 1922)* (S. 3). Leipzig/Wien/Zürich: Internationaler Psychoanalytischer Verlag.

Max Eitingon (1881–1943) hatte noch als „Unterassistent" im Burghölzli in Zürich im Dezember 1906 auf Anraten von Eugen Bleuler und C. G. Jung Kontakt zu Freud aufgenommen (Freud, 2004h, S. 47). 1907 besuchte er Freud in Wien und blieb bis an sein Lebensende Anhänger und Freund Freuds und Förderer der Psychoanalyse. Seit 1919 gehörte er auch zu den Mitgliedern des sogenannten „Geheimen Komitees".

Abb. 7: Max Eitingon (1922)

Im Juli 1919 beschloss die Berliner Zweigvereinigung auf Eitingons „Antrag hin [...,] zum kommenden Winter [...] eine psychoanalytische Poliklinik in Berlin zu eröffnen" (ebd., S. 158).

[Vorwort]

Mein Freund Max E i t i n g o n, der die B e r l i n e r P s y c h o -
a n a l y t i s c h e P o l i k l i n i k geschaffen und bisher aus eigenen
Mitteln erhalten hat, berichtet auf den nachstehenden Blättern der Öffent-
lichkeit über die Motive seiner Gründung, wie über Einrichtung und Leistung des Instituts. Ich kann zu dieser Schrift nur den Wunsch beitragen, daß
sich bald auch an anderen Orten Männer oder Vereinigungen finden mögen,
welche, dem Beispiele E i t i n g o n s folgend, ähnliche Anstalten ins Leben rufen. Wenn die Psychoanalyse neben ihrer wissenschaftlichen Bedeutung einen Wert als therapeutische Methode besitzt, wenn sie imstande ist,
leidenden Menschen im Kampf um die Erfüllung der kulturellen Forderungen beizustehen, so soll diese Hilfeleistung auch der großen Menge jener zu
teil werden, die zu arm sind, um den Analytiker für seine mühevolle Arbeit
selbst zu entlohnen. Zumal in unseren Zeiten erscheint dies als soziale Not-
wendigkeit, da die der Neurose besonders ausgesetzten intellektuellen Volksschichten unaufhaltsam in die Verarmung herabsinken. Solche Institute wie
die Berliner Poliklinik sind auch allein imstande, die Schwierigkeiten zu
überwinden, welche sich sonst einem gründlichen Unterricht in der Psychoanalyse entgegenstellen. Sie machen die Ausbildung einer größeren Anzahl
von geschulten Analytikern möglich, in deren Wirksamkeit man den einzig
möglichen Schutz gegen die Schädigung der Kranken durch Unkundige und
Unberufene, seien es nun Laien oder Ärzte, erblicken muß.

W i e n, März 1923
Freud.

1923-09
Dr. Ferenczi Sándor
(Zum 50. Geburtstag)

Erstveröffentlichung:
Internationale Zeitschrift für ärztliche Psychoanalyse, 9. Jg. (1923), H. 3,
S. 257–259.

Sándor Ferenczi (1873–1933) war
ein ungarischer Arzt. Er hatte Freud
im Februar 1908 aufgesucht und
war einer seiner treuesten Anhänger
und engsten Mitarbeiter geworden
(vgl. auch Harmat, 1988).

Er gehörte seit seiner Gründung
dem sogenannten „Geheimen Komitee" an (vgl. Wittenberger & Tögel,
1999, S. 7–26) und von 1918 bis
1920 war er Präsident der Internationalen Psychoanalytischen Vereinigung.

Abb. 8: Sándor Ferenczi (1922)

Dr. Ferenczi Sándor.

Wenige Jahre nach ihrem Erscheinen (1900) geriet die „Traumdeutung"
auch in die Hand eines jungen Budapester Arztes, der Neurologe, Psychiater
und gerichtlicher Sachverständiger, doch eifrig nach neuem Erwerb in seiner
Wissenschaft ausschaute. Er kam nicht weit in der Lektüre, bald hatte er
das Buch von sich geworfen; es ist nicht bekannt, ob mehr gelangweilt oder
angewidert. Indes kurze Zeit nachher lockte ihn der Ruf von neuen Arbeits-
und Erkenntnismöglichkeiten nach Z ü r i c h, von dort trieb es ihn nach
Wien, um den Autor des einst verächtlich beseitigten Buches zu sprechen.
An diesen ersten Besuch knüpfte eine lange, intime und bis heute ungetrübte
Freundschaft an, in deren Betätigung er auch 1909 die Reise nach Amerika
zu den Vorlesungen an der C l a r k-U n i v e r s i t y in W o r c e s t e r,
M a s s a c h u s e t t s, mitmachte.

Dies waren die Anfänge F e r e n c z i s, der seither selbst ein Meister
und Lehrer der Psychoanalyse geworden ist und in diesem Jahre, 1923,
gleichzeitig sein fünfzigstes Lebensjahr wie das erste Dezennium in der Führung der Budapester Ortsgruppe vollendet.

F e r e n c z i hat wiederholt auch in die äußeren Schicksale der Psychoanalyse eingegriffen. Bekannt ist sein Auftreten auf dem zweiten Kongreß
der Analytiker, Nürnberg 1910, wo er die Gründung der Internationalen
Psychoanalytischen Vereinigung als Abwehrmaßregel gegen die Ächtung
der Analyse durch die offizielle Medizin in Vorschlag brachte und durchsetzen half. Auf dem fünften analytischen Kongreß in Budapest, September
1918, wurde F e r e n c z i zum Präsidenten der Vereinigung gewählt. Er
bestimmte Anton v. F r e u n d zu seinem Sekretär und die vereinte Tatkraft

beider Männer sowie die großzügigen Stiftungsabsichten Freunds hätten Budapest sicherlich zur analytischen Hauptstadt Europas erhoben, wenn nicht politische Katastrophen [258] und persönliche Schicksale diese schönen Hoffnungen erbarmungslos vernichtet hätten. F r e u n d erkrankte und starb im Jänner 1920, im Oktober 1919 hatte F e r e n c z i unter Berufung auf die Isolierung Ungarns vom Weltverkehr seine Stelle niedergelegt und das Präsidium der Internationalen Vereinigung Ernest J o n e s in London übertragen. Während der Dauer der Sowjetrepublik in Ungarn war F e - r e n c z i mit den Funktionen eines Universitätslehrers betraut gewesen und die Hörer hatten sich zu seinen Vorlesungen gedrängt. Die Ortsgruppe aber, die er 1913 gegründet hatte,[1] überstand alle Stürme, entwickelte sich unter seiner Leitung zu einer Stätte intensiver und fruchtbringender Arbeit und glänzte durch eine Häufung von Begabungen, wie sie sich an keinem anderen Orte zusammengefunden hatten. F e r e n c z i, der als ein mittleres Kind aus einer großen Geschwisterreihe ursprünglich einen starken Bruderkomplex in sich zu bekämpfen hatte, war unter der Einwirkung der Analyse ein tadelloser älterer Bruder, ein gütiger Erzieher und Förderer junger Talente geworden.

F e r e n c z i s analytische Schriften sind allgemein bekannt und gewürdigt worden. Seine „Populären Vorträge über Psychoanalyse" hat unser Verlag erst 1922 als XIII. Band der „Internationalen psychoanalytischen Bibliothek" herausgegeben. Klar und formvollendet, mitunter fesselnd geschrieben, sind sie eigentlich die beste „Einführung in die Psychoanalyse" für den ihr ferner Stehenden. Eine Sammlung der rein fachlich-medizinischen Arbeiten, von denen eine Anzahl durch E. J o n e s ins Englische übersetzt worden ist (Contributions to Psycho-Analysis 1916), steht noch aus. Der Verlag wird diese Aufgabe nachholen, sobald die Ungunst der Zeiten es ihm nicht mehr verwehrt. Die in ungarischer Sprache erschienenen Bücher und Broschüren haben zahlreiche Auflagen gehabt und die Analyse den gebildeten Kreisen Ungarns vertraut gemacht.

Die wissenschaftliche Leistung F e r e n c z i s imponiert vor allem durch ihre Vielseitigkeit. An glückliche kasuistische Funde und scharf beobachtete

---

[1] Die konstituierende Generalversammlung wurde am 19. Mai 1913 von F e r e n - c z i als Obmann, Dr. R a d ó als Sekretär, H o l l ó s, I g n o t u s und L é v y als Mitgliedern abgehalten.

klinische Mitteilungen (Ein kleiner Hahnemann – Passagere Symptombildungen während der Behandlung – Mitteilungen aus der analytischen Praxis) reihen sich muster- **[259]** gültige kritische Arbeiten, wie die über J u n g s Wandlungen und Symbole der Libido und R é g i s und H é s n a r d s Beurteilung der Analyse, treffliche Polemiken, wie die gegen B l e u l e r in der Alkoholfrage und gegen P u t n a m betreffs des Verhältnisses der Psychoanalyse zur Philosophie, maßvoll und würdig bei aller Entschiedenheit. Ferner die Aufsätze, auf denen F e r e n c z i s Ruhm vorwiegend beruht, in denen seine Originalität, sein Gedankenreichtum und seine Verfügung über eine wohlgeleitete wissenschaftliche Phantasie so erfreulich zum Ausdruck kommen, durch die er wichtige Stücke der psychoanalytischen Theorie ausgebaut und die Erkenntnis fundamentaler Verhältnisse im Seelenleben gefördert hat. (Introjektion und Übertragung. – Die Theorie der Hypnose. – Die Entwicklungsstufen des Wirklichkeitssinnes. – Die Arbeiten über Symbolik u. a.) Endlich die Arbeiten dieser letzten Jahre (Kriegsneurosen – Hysterie und Pathoneurosen – Zur Psychoanalyse der paralytischen Geistesstörung [mit H o l l ó s]), in denen das ärztliche Interesse vom psychologischen Tatbestand zur somatischen Bedingtheit hindrängt und seine Ansätze zu einer „aktiven" Therapie.

So unvollständig diese Aufzählung ausgefallen ist, so wissen doch seine Freunde, daß F e r e n c z i noch mehr für sich behalten hat, als er sich mitzuteilen entschließen konnte. An seinem fünfzigsten Geburtstage vereinigen sie sich in dem Wunsch, daß ihm Stimmung, Kraft und Muße gegönnt sein mögen, seine wissenschaftlichen Vorsätze in neuen Leistungen zu verwirklichen.

Herausgeber und Redaktion.

1923-10
Zur Psychopathologie des Alltagslebens
[9. Auflage]

Erstveröffentlichung:
Freud, Sigmund (1923): *Zur Psychopathologie des Alltagslebens (Über Vergessen, Versprechen, Vergreifen, Aberglaube und Irrtum)*. Neunte Auflage. Leipzig/Wien/Zürich: Internationaler Psychoanalytischer Verlag.

Den digitalen Text der neunten Auflage findet der Leser unter[1]:
www.psychosozial-verlag.de/download/Alltagsleben-Auflage9.pdf.

Nur ein Jahr nach der achten, unveränderten Auflage (SFG 17, 1922-13) erschien die neunte, ebenfalls unveränderte Auflage.

---

[1] Eine Korrigenda zu allen bisher erschienenen Bänden finden Sie unter:
www.psychosozial-verlag.de/download/Korrigenda.pdf.

1923-11
Eine Kindheitserinnerung
des Leonardo da Vinci
[3. Auflage]

Erstveröffentlichung:
Freud, Sigmund (1923): *Eine Kindheitserinnerung des Leonardo da Vinci.*
Dritte, vermehrte Auflage. Schriften zur angewandten Seelenkunde, Heft 7.
Leipzig/Wien: Franz Deuticke.

Den digitalen Text der dritten Auflage findet der Leser unter[1]:
www.psychosozial-verlag.de/download/Leonardo-Auflage3.pdf.

1919 war die zweite, vermehrte Auflage erschienen (SFG 16, 1919-14),
die dritte, ebenfalls vermehrte Auflage erschien 1923. Freud hat zu einigen
Fußnoten Zusätze gemacht und die Paginierung hat sich geändert.

---

[1] Eine Korrigenda zu allen bisher erschienenen Bänden finden Sie unter:
www.psychosozial-verlag.de/download/Korrigenda.pdf.

1923-12
Jenseits des Lustprinzips
[3. Auflage]

Erstveröffentlichung:
Freud, Sigmund (1923): *Jenseits des Lustprinzips*. Dritte, durchgesehene Auflage. Leipzig/Wien/Zürich: Internationaler Psychoanalytischer Verlag.

Den digitalen Text der dritten Auflage findet der Leser unter[1]:
www.psychosozial-verlag.de/download/Lustprinzip-Auflage3.pdf.

Die zweite, durchgesehene Auflage war 1921 erschienen (SFG 17, 1921-08). Die dritte, ebenfalls durchgesehene und leicht vermehrte Auflage erschien zwei Jahre später.

---

[1] Eine Korrigenda zu allen bisher erschienenen Bänden finden Sie unter:
www.psychosozial-verlag.de/download/Korrigenda.pdf.

1923-13
Massenpsychologie und Ich-Analyse
[2. Auflage]

Erstveröffentlichung:
Freud, Sigmund (1923): *Massenpsychologie und Ich-Analyse*. Zweite Auflage. Leipzig/Wien/Zürich: Internationaler Psychoanalytischer Verlag.

Den digitalen Text der zweiten Auflage findet der Leser unter[1]:
www.psychosozial-verlag.de/download/Massenpsychologie-Auflage2.pdf.

Zwei Jahre nach dem Erscheinen der ersten Auflage (SFG 17, 1921-01) erschien die zweite, in der Paginierung veränderte und nur leicht korrigierte Auflage.

---

[1] Eine Korrigenda zu allen bisher erschienenen Bänden finden Sie unter:
www.psychosozial-verlag.de/download/Korrigenda.pdf.

Konkordanz

Diese Konkordanz erlaubt die Lokalisierung von Freuds Schriften in den vorliegenden deutschen Ausgaben und ihre Zuordnung zu den von Strachey eingeführten und von Meyer-Palmedo & Fichtner (1989) bzw. Fichtner & Hirschmüller (2013) ergänzten Siglen.

SFG   Sigmund-Freud-Gesamtausgabe
GS   Gesammelte Schriften
GW   Gesammelte Werke (NB = Nachtragsband)
SA   Studienausgabe (EB = Ergänzungsband)
MP & F   Meyer-Palmedo & Fichtner

SFG	GS	GW	SA	MP & F
1921-01	6	13	9	1921c
1921-02	11	13	–	1921a
1921-03	–	NB	–	1921d
1921-04	–	–	–	1921f
1921-05	11[1]	13[2]	–	1921b
1921-06	–	–	–	–
1921-07	–	–	–	–
1921-08	–	–	–	–
1922-01	3	13	–	1922a

---

[1]   Nur die ersten beiden Absätze.
[2]   Deutsche Fassung sowie der Rest des Textes in Englisch.

1922-02	5	13	7	1922b
1922-03	8	13	8	1922c
1922-04	–	NB	–	1922d
1922-05	–	NB	–	1922e
1922-06	–	NB	–	1922f
1922-07	–	–	–	1922i
1922-08	–	–	–	1922j
1922-09	–	–	–	–
1922-10	–	–	–	–
1922-11	–	–	–	–
1922-12	–	–	–	–
1922-13	–	–	–	–
1922-14	–	–	–	–
1922-15	–	–	–	1922g
1922-16	–	–	–	–
1922-17	–	–	–	–
1922-18	–	–	–	–
1923-01	11	13	–	1923a
1923-02	11	13	–	1923a
1923-03	6	13	3	1923b
1923-04	3	13	EB	1923c
1923-05	10	13	7	1923d
1923-06	5	13	5	1923e
1923-07	11	13	–	1923f
1923-08	11	13	–	1923g
1923-09	11	13	–	1923i
1923-10	–	–	–	–
1923-11	–	–	–	–
1923-12	–	–	–	–
1923-13	–	–	–	–

Abbildungen

Abb. 1: Sigmund Freud 1920 (FML)

Abb. 2: Raymond de Saussure (Michel Collée)

Abb. 3: Das Brüdervereinshaus in der Kurfürstenstraße (Boris Kokotov)

Abb. 4: Auszug aus dem von Freud beantworteten Fragebogen des *Who's Who*

Abb. 5: Abschrift des Teufelspakts (Bibliophile Ausgabe von Freuds Text, 1928, S. 19)

Abb. 6: Popper-Lynkeus (WikiCommons)

Abb. 7: Max Eitingon (FML)

Abb. 8: Sándor Ferenczi (FML)

Literatur

Bortoloti, M. (2013). E assim nasceram as celebridades. *Sociedade*, 6.2.2013, S. 82–83.

Czeike, F. (1993). *Historisches Lexikon Wien*, Bd. 2. Wien: Kremayr & Scheriau.

Fallend, K. (1995). *Sonderlinge, Träumer, Sensitive. Psychoanalyse auf dem Weg zur Institution und Profession. Protokolle der Wiener Psychoanalytischen Vereinigung und biographische Studien*. Wien: Verlag Jugend & Volk.

Fichtner, G. & Hirschmüller, A. (2013). *Freud-Bibliographie. Ergänzungen zur zweiten Auflage von 1999*. http://www.iegm.uni-tuebingen.de/images/pdf/freud_bibliographie_2013.pdf.

Freud, S. (1960a). *Briefe 1873–1939*. Frankfurt am Main: S. Fischer.

Freud, S. (1970b). *Georg Groddeck/Sigmund Freud. Briefwechsel*. Wiesbaden & München: Limes.

Freud, S. (1992g). *Sigmund Freud – Sándor Ferenczi. Briefwechsel, 1908–1933*. 4 Bände, Hrsg. v. E. Brabant, E. Falzeder, P. Giampieri-Deutsch, unter wiss. Leitung v. A. Haynal. Transkription v. I. Meyer-Palmedo. Wien/Köln/Weimar: Böhlau.

Freud, S. (1993e). *Briefwechsel Sigmund Freud, Ernest Jones, 1908–1939*. Frankfurt am Main: S. Fischer.

Freud, S. (1999q). Zwei Briefe an August Stärcke. In P. Schneider (Hrsg.), *Sigmund Freud*. München: dtv.

Freud, S. (2002b). *Unser Herz zeigt nach dem Süden: Reisebriefe 1895–1923*. Hrsg. v. C. Tögel u. Mitarb. v. M. Molnar. Berlin: Aufbau-Verlag.

Freud, S. (2004h). *Sigmund Freud/Max Eitingon. Briefwechsel 1906–1939*. Hrsg. v. M. Schröter. Tübingen: edition diskord.

Freud, S. (2006h). *Sigmund Freud/Anna Freud. Briefwechsel 1904–1938*. Hrsg. v. I. Meyer-Palmedo. Frankfurt am Main: S. Fischer.

Freud, S. (2009h). *Sigmund Freud/Karl Abraham. Briefe 1907–1925*. Hrsg. v. E. Falzeder & L. M. Hermanns. Wien: Turia & Kant.

Grubrich-Simitis, I. (1993). *Zurück zu Freuds Texten. Stumme Dokumente sprechen machen*. Frankfurt am Main: S. Fischer.

Harmat, P. (1988). *Freud, Ferenczi und die ungarische Psychoanalyse*. Tübingen: edition diskord.

Jones, E. (1960–1962). *Das Leben und Werk von Sigmund Freud*. 3 Bände. Bern/Stuttgart: Hans Huber.

Meyer-Palmedo, I. & Fichtner, G. (1989). *Freud-Bibliographie mit Werkkonkordanz.* Frankfurt am Main: S. Fischer.

Mühlleitner, E. (1992). *Biographisches Lexikon der Psychoanalyse.* Tübingen: edition diskord.

Nunberg, H. & Federn, E. (Hrsg.). (1962–1975). *Protokolle der Wiener Psycnoanalytischen Vereinigung.* 4 Bände. Frankfurt am Main: Fischer.

Reik, T. (1976). *Dreißig Jahre mit Sigmund Freud.* München: Kindler.

Romm, S. (1983). *The Unwelcome Intruder. Freud's Struggle with Cancer.* New York: Praeger.

Roudinesco, E. & Plon, M. (2004). *Wörterbuch der Psychoanalyse. Namen, Länder, Werke, Begriffe.* Wien/New York: Springer.

Schur, M. (1982). *Sigmund Freud. Leben und Sterben.* Frankfurt am Main: Suhrkamp.

Varendonck, J. (1922). *Über das vorbewußte phantasierende Denken.* Leipzig/Wien/Zürich: Internationaler Psychoanalytischer Verlag.

Wittenberger, G. & Tögel, C. (1999a). *Die Rundbriefe des »Geheimen Komitees«. Band 1: 1913–1920.* Tübingen: edition diskord.

Wittenberger, G. & Tögel, C. (2001a). *Die Rundbriefe des »Geheimen Komitees«. Band 2: 1921.* Tübingen: edition diskord.

Personenregister

Alle Namen erscheinen in der Schreibweise Freuds. Die Vornamen sind in der Regel vom Herausgeber ergänzt. Falls Freuds Schreibweise von der üblichen abweicht, wird diese in eckigen Klammern hinzugefügt. Seitenzahlen von Namen, die in den Einleitungstexten erwähnt werden, sind kursiv.

A

Abraham, Karl 50, 76, 96, 216
Adler, Alfred 216, 256

B

Bahr, Hermann 161, 164
Bernays, Martha 175
Bernheim, Hippolyte 36, 71, 206
Bleuler, Eugen 18, 93, 141, 216, 327, 335
Braun, Leopold 241, 242
Breuer, Josef 171, 175, 177, 203, 204, 205, 207
Brod, Max 165
Brugeilles, Raoul 35

C

Caesar 41
Charcot, Jean-Martin 175, 203, 204, 239
Christophorus 37

Christus 37, 40, 42, 77, 244, 264, 266
Chrysostomus 244

D

Darwin, Charles 65
Degener, Hermann 173
Deutsch, Felix 11, 122
Dostojewski, Fjodor 162, 163
Dreiser, Theodore 165

E

Eichmann, Adolf 157
Eisler, Rudolf 20
Eitingon, Max 96, 97, 216, 327, 329, 347
Erös, Ferenc 165

F

Fechner, Gustav Theodor 301
Federn, Paul 12, 44, 91

Felszeghy, Béla von 43
Ferenczi, Sándor 58, 70, 90, 125,
    216, 318, 331, 333, 334, 335,
    347
Flournoy, Théodore 216
Frank, Leonhard 164
Franziscus 258
Freud, Anna 11, 12, 91
Freud, Anton Walter 11
Freud, Sam 169
Freud, Sophie 11
Freund, Anton von 15, 81, 95, 216,
    325, 327, 333

G

Galsworthy, John 165
Goethe, Johann Wolfgang von 250
Gogol, Nikolai 162, 163
Gradiva 171, 175
Graf, Cäcilie 11
Graf, Herbert 145
Groddeck, Georg 218, 269, 281, 282
Grosz, George 161

H

Haitzmann (Haizmann), Johann Chris-
    toph 237, 240, 241, 243, 245,
    247, 249, 252, 253, 267
Halberstadt, Rudolf (Heinele) 11
Hegenbarth, Ernst 161, 164
Herzfelde, Wieland 161
Hésnard, Angelo 335
Hesse, Hermann 165
Hitschmann, Eduard 91
Holitscher, Arthur 161
Hollós, István 334, 335
Holofernes (Judith und Holofernes) 44

J

Janet, Pierre 204, 205
Jensen, Wilhelm 171, 175
Jones, Ernest 12, 87, 88, 133, 193,
    216, 223, 313, 334

Jones, Katherine 90
Josef von Arimathäa 44
Judith und Holofernes 44
Jung, Carl Gustav 196, 216, 220, 221,
    327, 335

K

Kilian von St. Lambert 242, 262
Kollwitz, Käthe 161
Kraus, Karl 162

L

Le Bon, Gustave 19, 20, 21, 22, 24,
    25, 27, 28, 29, 30, 31, 33, 36,
    61, 63, 71, 72
Leisching, Eduard 164
Leonardo da Vinci 171, 175, 255, 339

M

Maeder, Alphonse 120
Marcuse, Max 193, 201
Markuszewicz, Roman 53
Moede, Walter 30
Moissi, Alexander 164
Molière, Jean-Baptiste 81
Moll, Albert 195
Moses 69, 124

N

Nachmansohn, Max 38
Nansen, Fridtjof 161, 163, 164
Nestroy, Johann 44
Nexø, Martin Andersen 165

O

Odier, Charles 155
Ödipus 135
Odysseus 249

P

Paulus 38
Payer, Rudolf 237, 240
Pfister, Oskar 38, 82, 221
Philoktet 249
Pichler, Hans 12
Piscator, Erwin 161
Plato 38
Popper-Lynkeus, Josef 321, 323, 324, 347
Putnam, James 87, 89, 90, 216, 335

R

Rank, Otto 77, 79, 99, 179, 221, 299
Régis, Emanuel 335
Reik, Theodor 16, 221, 250, 251
Reumann, Jakob 164
Richter, Konrad 36
Róheim, Géza 96, 97
Rohrer, Rudolf 177
Roland, Ida 164
Rosegger, Peter 233
Russell, Bertrand 165

S

Sachs, Hanns 26, 79
Salten, Felix 161, 164
Saussure, Ferdinand de 153
Saussure, Raymond de 153, 155, 156, 347
Schiller, Friedrich 24
Schnitzler, Arthur 161, 164
Schopenhauer, Arthur 46
Schreber, Daniel Paul 137, 256, 257
Schwarzwald, Eugenie 164

Shaw, Bernard 83
Sidis, Boris 63
Sighele, Scipio 30, 31
Silberer, Herbert 127
Simmel, Ernst 41
Sinclair, Upton 165
Smith, Robertson 55
Sophokles 249
Stärcke, August 96, 97
Steinach, Eugen 12
Stekel, Wilhelm 110, 111
Strachey, James 345
Straus, Heinrich 321

T

Tandler, Julius 161, 164
Tarde, Gabriel 35
Tolstoi, Leo 162, 163
Trotter, Wilfred 35, 62, 63, 65, 74
Tschechow, Anton 162, 163

V

Varendonck, Julien 91, 93, 94, 279

W

Wildgans, Anton 161, 164

Y

Young, George 133

Z

Zinzendorf, Nicolaus 82

Sachregister

Das Register enthält Begriffe in der von Freud verwendeten Schreibweise.

A

Aberglaube 181, 243, 337
Abfuhr 59, 61, 214, 276, 280, 296, 299
Abfuhraktion 299
Abfuhrmöglichkeit 298
Abfuhrreaktion 280
Abgrenzung 32
Ablösung 75, 297
Abnormität 138, 140
Abwehr 137, 139, 205, 216
Abwehrmaßregel 333
Affekt 32, 36, 204
Affektion 53, 196, 217, 218, 304, 305
Affektivität 26, 30, 32, 33, 35, 61, 66, 135
Affektivitätslehre 37
Affektladung 32
Affektsteigerung 32, 35, 42
Affektumkehrung 139
Affektzustand 32, 36, 135
After 93
Afterzone 213
Aggression 55, 76, 297, 307, 308, 310, 317
Aggressionsimpuls 307

Aggressionsneigung 297, 307
Aggressionstendenz 198
Aggressionstrieb 309
Aggressivität 47
Aktualneurosen 211
Alkoholfrage 335
Allgemeingefühl 75
Allmacht 25, 256
Altersgrenzen 218
Altersunterschied 254
Altruismus 48
Ambivalenz 85, 140, 250, 251, 252, 288, 289, 296, 297
Ambivalenzeinstellung 231
Ambivalenzkonflikt 228
Anagogie 128
Analerotik 234
Anamnese 116
Angst 22, 42, 43, 44, 62, 63, 65, 119, 123, 125, 141, 143, 250, 309, 310, 311
Angstentwicklung 310, 311
Angstfalle 310
Angstneurose 211
Angstzustand 311
Anlehnung 198, 213
Anlehnungstypus 50, 288
Antipathie 62

Antrieb 70, 136, 291
Aphasie 171, 175
Arbeitshemmung 246, 252, 266
Arbeitsleistung 34
Artentwicklung 291
Askese 268
Assoziation 70, 114, 128, 206, 209,
    211, 225, 226, 276
Assoziationsfähigkeit 206
Assoziationskette 128
Assoziationsmaterial 118
Assoziationsreihen 127
Aufmerksamkeit 46, 49, 69, 117, 126,
    138, 140, 207, 239, 253, 275,
    276, 287, 316, 325

B

Bedürfnis 28, 39, 46, 66, 67, 72, 83,
    139, 256, 286
Bedürfnisspannungen 280
Befriedigung 18, 48, 50, 54, 56, 57,
    59, 64, 68, 81, 86, 196, 198,
    210, 213, 214, 257, 298, 299,
    301, 303
Befriedigungsabfuhr 196
Befürchtung 110, 220
Beobachtungsgabe 124
Beobachtungswahn 54
Beschwörung 260, 263, 266
Beschwörungsszene 243, 263
Besetzung 27, 56, 81, 140, 279, 299,
    301, 303, 310
Besetzungsenergie 306
Besetzungsverschiebung 298
Besetzungsvorgänge 299
Bewältigung 293, 294, 309
Bewältigungsarbeit 301
Bewußtlosigkeit 263
Bewußtmachen 220
Bewußtmachung 274, 276, 277
Bewußtsein 26, 33, 131, 204, 206,
    215, 219, 271, 272, 273, 275,
    276, 278, 280, 284, 285, 287,
    292, 302, 304, 306
Bewußtseinspsychologie 221, 273
Bewußtseinsstörung 203

Bewußtwerden 214, 279, 281
Bindung 41, 42, 44, 45, 48, 49, 50,
    51, 52, 59, 61, 65, 71, 73, 80,
    81, 82, 84, 198, 297
Biographie 173, 242
Bisexualität 288, 289
Bruder 41, 79, 83, 115, 122, 128,
    129, 244, 265, 334
Bruderkomplex 334
Bruderschaft 264
Brüderschar 83
Brust 112, 254, 255, 266

C

Charakter 20, 21, 23, 31, 42, 47, 61,
    69, 71, 74, 85, 124, 135, 137,
    142, 195, 209, 211, 215, 217,
    222, 250, 255, 272, 277, 285,
    286, 287, 289, 291, 293, 302,
    307, 308, 324
Charakterbildung 68, 256
Charakterveränderung 286
Charakterzug 256, 286
Christ 77, 252
Christentum 77

D

Dämon 239, 250, 260, 263
Darmausgang 318
Dauerwillen 25
Degeneration 212
Dementia praecox 196, 217
Demenz 137, 196, 217, 221
Denkarbeit 30, 33, 71, 300
Denken 53, 69, 70, 73, 116, 141,
    279, 280, 281
Denkhemmung 35
Denkstoff 141
Denktätigkeit 323
Denkvorgänge 278, 279, 281, 299,
    308
Denkweise 249
Desexualisierung 197, 287, 300, 308
Destruktion 308

Destruktionstrieb 199, 296, 297, 299, 300, 307
Determinante 128
Determinierung 128, 206, 208
Deutung 25, 57, 63, 110, 113, 117, 118, 124, 125, 126, 127, 128, 131, 140, 142, 207, 208, 225, 227, 229, 231, 234, 240, 283, 304
Deutungsarbeit 207, 209, 225, 226, 235
Deutungskunst 207, 208
Deutungstechnik 217
Deutungsversuch 234
Dilemma 262
Disposition 72, 85, 213, 214, 318
Doppelangesicht 290
Doppelsehen 121
Dramatisierung 120
Dreieinigkeit 248

E

Ebenbild 124, 125
Ehe 55, 82, 136, 139, 198, 240, 256, 279, 297
Ehemann 136
Ehepaar 122, 125
Eheschließung 47
Ehewahl 139
Eifersucht 51, 64, 68, 78, 82, 125, 133, 135, 136, 137, 138, 139, 293
Eifersüchtige, Eifersüchtiger 137, 139
Eifersuchtsanfall 136, 138
Eifersuchtsparanoia 133, 137, 140
Eifersuchtswahn 137
Eigenliebe 49
Einschüchterung 35
Einzelpersönlichkeit 66
Eiszeit 291
Elastizität 199
Elementarorganismen 198, 296
Eltern 18, 38, 47, 54, 56, 64, 70, 71, 80, 117, 122, 198, 234, 288, 291, 302
Elterneinfluß 291

Elternhaus 115
Elternkomplex 232
Elternteil 56, 111
Elternverhältnis 289
Empfindung 32, 74, 123, 136, 278, 280, 281, 283, 317
Energie 37, 70, 81, 196, 220, 278, 298, 299
Energiebesetzung 280, 294
Entbehrung 78
Entbindung 113, 118, 119
Enthusiasmus 24
Entladung 204, 308
Entmischung 198, 287, 296, 308
Entwicklungsgeschichte 27, 56, 82, 159
Entwicklungsphase 214, 286, 316
Entwicklungsstufe 335
Erbgeschichte 66
Erbgut 211
Erbniederschläge 85
Erbrechen 123, 124
Erinnern 39, 69
Erinnerung 116, 123, 126, 127, 206, 225, 226, 252, 279
Erinnerungsangaben 219
Erinnerungsgefühl 230
Erinnerungsreihe 126
Erinnerungsrest 278, 279, 281
Erinnerungsspur 250, 279
Erinnerungssystem 279
Erinnerungstäuschung 129, 230
Erniedrigung 56, 83, 252, 280
Eroberungssucht 136
Eros 38, 39, 198, 199, 295, 296, 297, 299, 300, 309, 311
Erotik 39
Erregung 32, 82, 130, 196, 276
Erregungsablauf 281
Erregungsvorgänge 205
Ersatz 41, 46, 52, 53, 79, 204, 207, 247, 250, 251, 293, 307
Ersatzbefriedigung 215
Ersatzbildung 292
Ersatzobjekt 27
Exhibition 317
Exhibitionslust 234
Exkretionsverrichtung 80

Exogamie 83
Experimentalphysiologe 203

F

Fehlerquelle 81, 212
Fehlleistung 189, 208
Feindseligkeit 47, 138, 139, 214, 215,
    255, 293, 297
Fesseln 220
Fesselung 69
Fixieren 69
Fixierung 68, 143, 213, 215, 268,
    303
Fixierungsstellen 126
Flucht 44
Fluchtreflex 310
Folklore 31, 211
Fortpflanzung 199, 301, 316
Frauenherrschaft 78
Fremdartigkeit 210
Fremdliebe 48
Frühperiode 214
Frühreife 212
Führer 28, 29, 36, 40, 41, 42, 44, 45,
    46, 52, 59, 60, 61, 63, 65, 67,
    68, 71, 72, 266
Führung 333

G

Gattungsbegriff 254
Gebräuche 34, 286
Geburt 11, 113, 114, 116, 129, 234,
    242, 258, 311, 318
Geburtsarbeit 124
Geburtstraum 124
Gedächtnis 39, 207
Gedanke 23, 25, 39, 66, 70, 113,
    115, 117, 119, 127, 142, 203,
    205, 206, 209, 226, 227, 228,
    229, 234, 235, 265, 272, 278,
    279, 281, 318, 323, 324
Gedankenarbeit 118
Gedankenaustausch 77
Gedankenbildung 229

Gedankengang 272
Gedankenreichtum 335
Gefahr 32, 41, 42, 43, 44, 84, 110,
    114, 217, 219, 245, 258, 303,
    309, 310, 311
Gefälligkeitsträume 230, 232
Gefallsucht 136
Gefühl 20, 22, 23, 25, 29, 32, 33,
    45, 47, 48, 56, 65, 66, 80, 81,
    115, 123, 125, 135, 139, 198,
    208, 230, 250, 278, 279, 281,
    293, 297
Gefühlsambivalenz 47, 139
Gefühlsansteckung 32
Gefühlsäußerung 61
Gefühlsbereitschaft 52
Gefühlsbeziehung 215
Gefühlsbindung 39, 42, 43, 45, 46,
    49, 51, 52, 66, 68, 80, 81, 118,
    126, 198, 228
Gefühlseinstellungen 27
Gefühlsleben 125, 130
Gefühlsregung 26, 32, 61, 82
Gefühlsrichtungen 56
Gefühlsverhältnis 34, 47
Gegenseitigkeit 23
Gegenstände 38, 210
Gegensuggestionen 36
Gegenwirkung 264
Geheimgeschichte 250
Gehirnanatomie 283
Gehör 124
Geist 165, 241, 244, 250, 256, 260,
    265, 268
Geistesabwesenheit 264
Geisteskranke 210
Geistesleben 21
Geistesstörung 335
Geistestätigkeit 131, 207, 254
Geisteswissenschaften 221
Geld 162, 245, 264
Geldgeber 96
Geldscheine 254
Gelüste 266
Gemälde 294
Gemeinschaft 40, 84, 197
Gemeinschaftsgefühl 64

Gemeinwillen 66
Gemütsdepression 246
Genesung 231, 303
Genesungsträume 228
Genesungswille 303
Genitalbetätigung 316
Genitalien 80, 212, 213, 254, 255,
316, 317, 318, 319
Genitalorganisation 27, 83, 313, 315,
316, 319
Genitalphase 296
Genitalprimat 316
Genitalziel 82
Genitalzone 213
Genußmöglichkeit 267
Gerechtigkeit 64, 324
Geringschätzung 141, 142
Geschlecht 38, 62, 83, 112, 113,
114, 139, 142, 212, 251, 289,
293, 316
Geschlechtsanlagen 289
Geschlechtskennzeichen 255
Geschlechtsleben 49
Geschlechtsliebe 38, 82, 83
Geschwister 18, 79, 121, 127, 130,
293
Geschwisterkomplex 135
Gesicht 121, 122, 123, 125, 128,
130, 138
Gesichtshälfte 121
Gespenst 121
Gewalt 71
Gewalttat 36, 44
Gewalttätigkeit 26
Gewissen 22, 33, 54, 58, 60, 65,
136, 284, 291, 292, 304, 305,
307, 311
Gewissenhaftigkeit 110
Gewissensangst 310, 311
Gewissensvorwürfe 306
Glauben 28, 42, 44, 111, 129, 140,
165, 208, 251, 262
Glaubensgemeinschaft 45, 72
Gläubige 40, 41, 45, 84, 292
Gleichheitsforderung 65
Gnade 240, 241, 244, 265
Gnadenakt 258

Gnadenort 240, 260
Gott 69, 241, 244, 248, 250, 251,
252, 254, 255, 256, 257, 264,
266, 277
Götter 250
Götterreihe 79
Gottesbedürfnis 63
Gottheit 69, 79, 250
Grammatik 124
Graphik 164
Grausamkeit 45, 127
Grenze 81, 110, 216, 226, 241
Grenzwesen 309
Grundmotive 226
Gruppenehe 82

H

Haßbereitschaft 47
Haßregung 127
Heer 17, 39, 40, 68, 77, 83
Heereskörper 43
Heerführer 41
Heilung 126, 220, 243, 257, 263,
284
Heilungsarbeit 218, 219
Heilverfahren 204, 219
Hemmung 26, 30, 32, 75, 84, 203,
218
Herde 28, 62, 63, 65
Herdenhaftigkeit 62
Herdeninstinkt 62, 63
Herdentrieb 17, 61, 62, 63, 74, 82,
197
Heroenmythus 79
Heroismus 24
Heros 78, 79
Hirnrinde 284
Höhenphobie 125
Hölle 254, 264
Homosexualität 53, 133, 135, 137,
139, 142, 293, 297, 298, 318
Homosexuelle 293
Horde 65, 66, 67, 79
Hordentier 65
Hörigkeit 58
Humor 74

Hunger 163, 195
Hungergebiete 163
Hungertod 163
Hypnose 17, 28, 29, 55, 58, 59, 61,
    69, 70, 71, 85, 203, 204, 205,
    206, 273, 335
Hypnotiseur 23, 24, 58, 69, 70, 71
Hypnotisierte 23
Hypothese 66, 291, 293
Hysterie 140, 171, 175, 177, 195,
    203, 204, 215, 217, 218, 239,
    305, 335
Hysterieanalyse 51
Hysteriker 306

I

Ich-Analyse 12, 15, 17, 73, 75, 143,
    169, 285, 288, 293, 343
Ich-Besetzung 197
Ich-Bildung 302
Ich-Existenz 294
Ichfremde 52
Ichgemeinsamkeit 77
Ichgestaltungen 294, 308
Ich-Ideal 54, 57, 58, 60, 71, 72, 73,
    74, 75, 76, 78, 85, 86, 235, 271,
    285, 287, 290, 292, 294, 304,
    307, 308, 310
Ichidealersetzung 77
Ichidentifizierung 77
Ichinstanz 233
Ichlibido 85, 197, 300
Ichtätigkeit 300
Ichtriebe 195, 197, 215, 220
Ichveränderung 286, 290, 300, 302
Ichvorgänge 293
Ideal 26, 50, 74, 75, 76, 77, 78,
    292, 294, 307, 308
Idealbildung 74, 292
Idealisierung 57
Identifizierung 17, 49, 50, 51, 52, 53,
    55, 58, 62, 64, 65, 68, 72, 73,
    76, 77, 85, 126, 129, 142, 198,
    285, 286, 287, 288, 289, 290,
    293, 294, 298, 300, 301, 303,
    305, 308

Identifizierungseinflüsse 301
Identität 38, 276
Imitation 52
Indifferenz 138
Individualität 254
Individualpsychologie 18, 67, 68, 77
Induktion 32, 43
Infektion 52, 65
Inflation 96
Infusionstierchen 26
Instanz 25, 54, 57, 59, 75, 197, 210,
    215, 235, 276, 301, 304
Instinkte 26, 62, 116
Intelligenz 20, 33, 219
Intelligenzhemmung 33
Intelligenzleistung 34
Interessengemeinschaft 48
Interessenkonflikt 47
Interferenz 198, 208
Intoleranz 45, 48, 68, 82
Introjektion 52, 53, 54, 70, 286, 335
Irrtum 181, 208, 212, 227, 261, 337
Isolierung 26, 228, 334

J

Jehova 69
Jugendzeit 139

K

Kannibale 50
Kastration 255, 256, 257, 310, 317,
    318
Kastrationsangst 143, 257, 310, 311
Kastrationskomplex 97, 143, 256, 317,
    318
Kastrationslust 257
Katharsis 204, 205
Keimplasma 301
Keimscheibe 282
Keuschheit 124, 127
Kinderjahre 80, 121, 213, 315
Kinderlähmungen 171
Kinderzeit 239
Kinderzeugung 234

Kindesliebe 38
Kindheit 83, 121, 126, 127, 211,
  230, 250, 302, 316
Kindheitserinnerung 110, 121, 125,
  171, 255, 339
Kindheitsjahre 120
Kindheitsperiode 216
Kindheitsreste 80
Kindschaft 47
Knabenjahre 139
Koitus 124
Koitusbeobachtung 234
Koitusszene 234
Koketterie 138
Kollektivpsychologie 31
Kollektivseele 20
Kompromiß 295
Kompromißbildung 210, 215
Konflikt 27, 54, 85, 121, 141, 197,
  198, 210, 215, 219, 220, 228,
  256, 268, 277, 287, 292, 294,
  309
Konfliktbeziehungen 86
Konstanz-Prinzip 301
Konstitution 59, 60, 61, 68, 77
Kopf 44, 113, 123, 284, 302
Kopfschmerzen 234
Körper 213, 283, 285
Körperbau 123
Körper-Ich 285
Körperinnervation 204
Körperorgane 213
Körperregion 196
Körperteil 317
Kraft 26, 72, 84, 128, 274, 283, 291,
  308, 317, 335
Kraftäußerung 195
Kraftbewußtsein 33
Krampfanfälle 240
Krampfzustände 243
Krankbleiben 303
Krankheitsgewinn 268, 303
Krebs 12
Krieg 62, 110, 123, 129
Krieger 44, 110, 129
Kriegskünstler 42
Kriegsneurosen 41, 335

Kriegsneurotiker 228
Kulturgeschichte 221
Kulturwelt 84
Kunst 126, 207, 220, 239, 241, 245,
  246, 253, 293
Künstler 81, 161, 163, 164, 267
Künstlerhilfe 161, 162, 163, 164

L

Lähmung 60, 203, 243
Latenz 214, 273
Latenzzeit 80, 82, 85, 214, 291, 318
Lebensablauf 301
Lebensbedingungen 33
Lebensbedürfnisse 48
Lebensbehauptung 268
Lebensende 327
Lebenserfahrung 308
Lebenserhaltung 268
Lebenserscheinung 321
Lebenserwartung 11
Lebenslust 268
Lebenssorge 246, 253, 267
Lebenstriebe 48, 198
Lebensumstände 66
Lebensweise 20
Lebenszeit 317
Leiche 44, 163
Leidenschaft 32, 33, 82, 283, 284
Leidensgeschichte 263, 265, 268
Leidenssymptom 51, 219
Libido 17, 27, 35, 37, 38, 48, 50, 57,
  62, 68, 76, 81, 83, 85, 126, 138,
  143, 195, 196, 197, 213, 214,
  217, 220, 268, 287, 299, 300,
  308, 309, 315, 335
Libidoangst 310
Libidoanspruch 41
Libidobesetzung 43, 196, 217, 310
Libidobindung 43, 46
Libidoeinstellung 60
Libidoentwicklung 80, 85, 215, 291
Libidogefahr 310
Libidolehre 217
Libidoobjekt 309
Libidoökonomie 140

Libidoorganisation 50
Libidoposition 77
Libidoreservoir 197
Libidotheorie 38, 62, 85, 193, 195, 201
Libidoverteilung 77
Libidovorrat 299
Liebe 37, 38, 39, 40, 44, 48, 55, 56, 57, 59, 64, 67, 68, 76, 82, 83, 84, 124, 138, 195, 220, 252, 255, 297, 298, 307, 308, 309, 311
Liebesaffäre 11
Liebesansprüche 139
Liebesbedingung 142
Liebesbeziehung 39, 82, 83, 140, 303
Liebeseinstellung 298
Liebeserfahrungen 286
Liebesfixierungen 257
Liebesforderung 138
Liebesgestaltung 80
Liebesimpulse 307
Liebeskraft 38
Liebesleben 56, 83, 143, 214, 218
Liebesobjekt 18, 56, 135, 142, 287, 289, 300
Liebesphänomene 55
Liebesstärke 77
Liebestriebe 38, 49
Liebesverblendung 58
Liebesverhältnis 52
Liebesverkehr 56, 83
Liebesverlust 135
Liebeswahl 57
Lüge 79
Lust 280
Lustcharakter 280
Lustempfindungen 212
Lüsternheit 317
Lustgewinn 33, 74
Lustprinzip 48, 62, 105, 171, 232, 272, 277, 278, 283, 295, 297, 299, 300, 310, 311, 341

Mächte 28, 126, 239, 268, 281, 311, 324
Machtstreben 256
Männer 83, 123, 140, 256, 293, 316, 329, 334
Männlichkeit 141, 289
Märchen 79, 234, 251, 325
Masse 17, 19, 20, 21, 22, 23, 24, 25, 26, 27, 28, 30, 31, 32, 33, 34, 35, 36, 39, 40, 42, 43, 44, 45, 46, 48, 49, 55, 59, 60, 61, 62, 63, 64, 65, 66, 67, 68, 69, 71, 72, 73, 77, 78, 79, 82, 83, 84, 85
Massenangst 43
Massenbestandteil 22
Massenbeziehungen 82
Massenbildung 19, 30, 32, 34, 40, 48, 49, 55, 59, 63, 67, 68, 69, 71, 72, 77, 82, 84, 85
Massenbindung 41, 45, 82, 83, 84
Massengefühl 63, 82
Massenideal 71, 72
Massenindividuum 21, 24, 26, 35, 42, 44, 45, 52, 59, 61, 67, 68
Massenleistung 30
Massenmitglieder 49
Massenpsychologie 12, 15, 17, 18, 19, 20, 31, 35, 37, 42, 46, 49, 67, 68, 72, 79, 143, 169, 171, 285, 288, 293, 343
Massenseele 17, 19, 24, 27, 28, 29, 30, 31, 32, 39, 43, 61, 72
Mastkur 123
Medusenhaupt 318
Melancholie 53, 54, 73, 75, 76, 217, 246, 252, 266, 268, 285, 286, 303, 304, 306, 307, 310, 311
Melancholiker 75, 76
Menschenart 250, 292
Menschengeschlecht 250
Menschenhaufen 19, 31, 67
Menschenliebe 38, 162, 163
Menschenmenge 20, 28, 45
Menschenpsychologie 67
Menschenseele 22, 292
Menschheit 48, 77, 84, 163, 164, 165, 220, 221

M

Macht 22, 28, 29, 32, 33, 39, 69, 217, 232, 245, 324

Menschheitsgeschichte 67
Metapsychologie 81
Militarismus 41
Minderwertigkeitsgefühl 74
Minuseigenschaften 124
Mitgefühl 52
Mord 78
Morphologie 39, 45
Motilität 204, 276, 283, 308
Motiv 20, 21, 41, 53, 56, 75, 84,
    110, 128, 136, 139, 143, 244,
    245, 246, 252, 281, 285, 298,
    303, 306, 307, 329
Motivierung 45, 244, 263
Mund 11, 265
Mundhöhlenkrebs 11
Mundzone 213
Musik 113
Muskelaktionen 309
Muskulatur 296
Mutter 47, 50, 51, 53, 63, 78, 80,
    110, 113, 115, 122, 123, 124,
    125, 126, 127, 128, 129, 130,
    139, 142, 214, 234, 241, 243,
    255, 258, 260, 265, 288, 289,
    311, 318
Mutterbindung 139, 143
Mutterbrust 213, 267, 288, 317
Mutterfixierung 142, 255
Mutterglück 126
Muttergottheit 78
Muttergöttin 79
Mutteridentifizierung 289, 290
Mutterobjekt 290
Mutters 115
Muttervorbild 70
Mythenbildungen 221
Mythologie 211, 221, 251, 252
Mythus 78, 79, 83

N

Nachahmung 35, 55
Nachahmungstendenz 36
Nachbild 250, 251
Nahrungsmittel 123
Nahrungssorgen 267

Naivität 237
Narzißmus 47, 48, 54, 57, 67, 68,
    73, 74, 143, 196, 197, 217, 285,
    287, 300
Naturkräfte 28
Naturmythus 79
Nervenleiden 185
Nervosität 211
Neurose 27, 28, 74, 84, 85, 126, 128,
    141, 185, 203, 205, 207, 211, 212,
    213, 214, 220, 228, 233, 234, 239,
    240, 249, 252, 255, 256, 260, 263,
    267, 268, 277, 284, 296, 297, 304,
    311, 329
Neurosenentwicklung 217
Neurosenlehre 13, 48, 49, 59, 73, 83,
    171, 175, 189, 256, 275, 278
Neurosenpsychologie 74
Neurotika 126
Neurotiker 27, 28, 84, 116, 191, 208,
    210, 212, 214, 220, 228, 290,
    304
Niederkunft 112, 113, 114, 118, 125,
    126

O

Oberflächendifferenzierung 283
Oberflächensystem 281
Oberflächenwesen 284
Objektbesetzung 49, 50, 55, 58, 197,
    198, 285, 286, 287, 288, 294,
    297, 300, 302, 303, 305, 308
Objektbeziehung 286
Objektbindung 50, 52, 80, 142
Objekteinstellung 214
Objektfindung 73, 213
Objektidentifizierungen 287
Objektlibido 197, 287, 300
Objektliebe 51, 68, 77
Objektperson 51
Objektstrebung 288
Objekttriebe 295
Objektverhältnis 51
Objektwahl 47, 51, 77, 81, 82, 126,
    142, 214, 286, 288, 289, 290,
    293, 315, 316, 318

Objektwechsels 82
Obsessionen 257
Ödipuskomplex 49, 50, 51, 53, 80,
    126, 130, 213, 214, 215, 216,
    221, 288, 289, 290, 291, 292,
    293, 294, 302, 305
Ödipussituation 289
Ödipusverhältnis 288
Ödipuswünsche 291
Okkultismus 115, 117
Ontogenese 63
Organminderwertigkeit 217
Orgie 83
Originalität 61, 72, 323, 324, 335

P

Pankomplex 43
Parabel 46
Paranoiker 137, 138, 139, 142
Partialtrieb 196, 213, 298, 316
Partialvorgänge 276
Passivität 196, 319
Pathologie 55, 74, 282
Pathoneurose 335
Penisbedingung 143
Penislosigkeit 318
Penismangel 255, 288, 317, 318
Penisschlange 254
Persönlichkeit 23, 27, 42, 71, 193,
    195, 287, 304
Persönlichkeitsbewußtsein 23
Perversion 197, 212, 213, 218, 296
Pflicht 68, 110, 193, 206, 252
Pflichtgefühl 65
Phallus 316
Phallusprimat 317
Phallussymbol 124, 126
Phantasie 25, 27, 28, 78, 79, 120, 130,
    137, 140, 141, 142, 212, 221, 230,
    241, 249, 253, 254, 255, 257, 262,
    263, 264, 279, 324, 335
Phantasiegebilde 325
Phantasieleben 28
Phantasietätigkeit 212, 227
Phantasiewelt 84, 128
Phantasten 115

Philosophie 335
Phobie 147, 218, 228, 310
Phylogenese 85, 221, 293
Physik 222
Physiologie 23
Plastizität 218
Polarität 48, 297, 318
Priester 78, 84
Primärvorgang 299
Privatleben 11
Problemflüchtigkeit 116
Problemlösung 30
Problemstellung 297
Projektion 137, 239, 255, 284
Projektionstypus 140
Psychoneurosen 37, 84, 211, 217
Psychopathologie 171, 181, 337
Psychophysiologie 283
Psychose 53, 73, 217
Pubertät 53, 56, 142, 211, 212, 214,
    302, 316, 317, 319

R

Rache 54
Racheaktionen 299
Rasse 72, 84
Rasseneigentümlichkeiten 61
Rassenseele 21, 22
Rätsel 37, 55, 59, 61, 109, 284, 294,
    324
Rätselwort 33, 69
Räuber 251
Reaktion 20, 61, 64, 67, 71, 83, 118,
    126, 256, 264, 303, 304, 310
Reaktionsbildung 64, 128, 198, 215,
    221, 233, 290, 294, 305, 307,
    309
Realität 26, 28, 59, 79, 109, 111,
    129, 131, 212, 220, 254, 292,
    309
Realitätsprinzip 232, 283
Realitätsprüfung 28, 59, 285, 308
Regression 61, 66, 80, 83, 85, 221,
    268, 286, 306, 308
Reifezeit 316
Reinheit 59, 60, 325

Reinkarnation 302
Reiz 26, 73, 119
Reizlosigkeit 73
Relation 279
Religion 45, 66, 84, 121, 220, 221, 250, 251, 292, 293
Religionskämpfe 45
Religionslehre 291
Religionslehrer 124
Reminiszenzen 204
Repräsentanz 292, 297
Reproduktion 60, 120, 230, 232
Resistenz 287
Resistenzfähigkeit 286
Reue 253
Rivale 129, 135, 293
Rivalin 64, 136
Rivalität 47, 214, 293, 298
Rivalitätseinstellung 198, 290
Rivalitätsregungen 293

S

Samenleiter 12
Satan 243, 247, 251, 257
Sättigung 138, 213
Saturnalien 74
Säugling 213, 267
Schamgefühl 82
Schande 229
Scheidung 74, 217, 287
Schicksal 50, 66, 75, 215, 242, 250, 289, 292, 294, 310, 311, 333
Schicksalsfragen 167
Schiefheilungen 84
Schlaf 60, 71, 73, 119, 210, 234
Schlafgebot 70
Schlaflosigkeit 122
Schlafstörung 233
Schlafwunsch 210
Schlafzeit 119
Schlafzustand 119, 131, 210, 232, 233, 284
Schlange 254
Schlangennest 136
Schleimhautflecken 11
Schmerz 135, 280, 283

Schreck 229
Schreckhypnose 60
Schuldbewußtsein 28, 51, 52, 62, 140
Schuldgefühl 74, 159, 284, 291, 293, 303, 304, 305, 306, 311
Schutzbesetzung 310
Schwachmütigkeit 39
Schwangerschaft 113, 253
Schwangerschaftsmonate 253
Schwangerschaftsphantasie 253, 255, 256
Seelenkunde 171, 339
Seelenleben 17, 18, 19, 20, 21, 25, 27, 29, 36, 50, 55, 80, 119, 131, 135, 140, 191, 198, 204, 205, 208, 210, 212, 213, 219, 221, 251, 256, 272, 273, 277, 292, 295, 298, 324, 335
Seelenschichten 209
Seelentätigkeit 28, 66, 209
Seelsorger 222
Selbstachtung 33
Selbstaufopferung 38, 57
Selbstbehauptung 47
Selbstbeobachtung 54
Selbstbeschädigung 208
Selbstbestrafung 253
Selbstbewußtsein 33, 34
Selbsterhaltung 25, 35, 195, 241, 253
Selbsterhaltungstrieb 35, 63, 195, 197, 295
Selbsterniedrigung 75
Selbstherabsetzung 54
Selbstliebe 38, 47, 48, 57, 197
Selbstmordgefahr 306
Selbstqual 307
Selbstschädigung 57
Selbstvorwürfe 54, 75, 76
Sexualakt 137, 212, 301
Sexualäußerungen 212
Sexualbedürfnis 67
Sexualbefriedigung 55, 57, 82, 215, 301
Sexualbestrebung 80
Sexualbeziehung 83
Sexualcharakter 53
Sexualempfinden 126

Sexualentwicklung 214, 315, 318
Sexualforschung 315, 317
Sexualfunktion 85, 212, 214
Sexualgelüste 220
Sexualität 39, 185, 195, 212, 214,
    215, 220, 254, 315, 316
Sexualleben 27, 185, 211, 212, 214,
    291, 302, 315, 316
Sexualobjekt 53, 56, 83, 286
Sexualperiode 135, 232, 288, 318
Sexualphase 290, 302
Sexualregung 127
Sexualstoffe 301
Sexualstrebung 59, 68, 82, 83, 84, 85,
    196, 198, 214, 316
Sexualtheorie 27, 50, 56, 80, 85, 171,
    175, 183, 313, 315
Sexualtrieb 27, 38, 48, 50, 52, 55,
    56, 80, 81, 82, 85, 195, 196,
    197, 213, 214, 217, 220, 295,
    296, 301
Sexualüberschätzung 57
Sexualverdrängung 185
Sexualwissenschaft 193, 201
Sexualwissenschaftler 193
Sexualziel 49, 56, 59, 68, 81, 82, 84,
    197, 287, 300
Simulant 263
Simulation 263
Sinnestäuschung 122
Sippe 221
Sittengeschichte 79
Sittlichkeit 26, 30, 66, 77, 220, 221,
    293
Sohn 11, 47, 68, 78, 79, 110, 124,
    129, 140, 247, 248, 252, 257,
    265
Sohnestrotz 250
Sohnschaft 248
Sohn-Vaterbeziehung 252
Sowjetrepublik 334
Sozialpsychologie 18, 30
Soziologie 35
Spontaneität 24
Spontanheilungen 126
Sprache 31, 38, 62, 111, 122, 124,
    228, 241, 334

Sprachgebrauch 55, 119, 211
Sprachgemeinschaft 211
Staatlichkeit 72
Staatsmann 30, 309
Standesvorurteile 61
Steinach-Operation 12
Stimmung 75, 167, 203, 247, 335
Stimmungsschwankung 75
Strafe 32, 244, 265, 299, 303, 304,
    308, 318
Strafphantasien 265
Strafträume 233
Sublimierung 81, 139, 196, 287, 294,
    300, 308
Sublimierungsarbeit 309
Suggerierbarkeit 24, 36
Suggestibilität 23, 36, 63
Suggestion 17, 23, 24, 26, 33, 35,
    36, 37, 39, 62, 69, 7', 205, 229,
    230, 232
Suggestionserscheinungen 24, 71
Suggestionsverdacht 231
Suggestionswirkung 232
Symbol 124, 127, 141, 210, 318,
    335
Symbolgemeinschaft 211
Symbolik 124, 210, 335
Symbolübersetzungen 226
Symptom 28, 51, 52, 84, 195, 204,
    205, 206, 207, 208, 210, 211, 215,
    221, 228, 230, 252, 257, 302
Symptombildung 51, 84, 141, 210,
    211, 212, 215, 335
Syngrapha 253, 259, 262
Syphilitiker 65

T

Tabu 25, 28, 55, 66, 69, 74, 78, 85,
    171, 175, 191, 250, 293
Tagesphantasien 120
Tagesreste 25, 119, 209, 227
Tagtraum 12, 79, 91
Tagtraumroman 227
Taubstumme 279
Telepathie 107, 108, 109, 111, 117,
    119, 120, 128, 13C, 131

Telephon 164
Teufel 241, 242, 243, 244, 245, 246, 247, 248, 249, 250, 251, 252, 254, 255, 257, 258, 259, 262, 265, 266, 267, 268
Teufelsaustreibungen 237
Teufelsbilder 246
Teufelserscheinung 243, 245
Teufelskörper 255
Teufelsneurose 237, 239, 252, 268
Teufelsnöte 259
Teufelspakt 237, 240, 244, 247, 263, 347
Teufelssohnschaft 248
Teufelsstoff 258
Teufelsverhältnis 266
Teufelsverschreibung 237, 244, 249
Teufelsvisionen 262
Tiefenforschung 19
Tiefenpsychologie 21, 219, 221, 277
Tierarten 62
Tiere 28, 33, 60, 79, 127, 251, 301, 316
Tierphobien 251
Tod 76, 87, 110, 111, 115, 129, 130, 140, 198, 247, 248, 252, 253, 266, 275, 295, 301, 306, 309, 310, 321
Todesangst 310, 311
Todesfälle 111
Todesmöglichkeit 129
Todessymbolik 110
Todesträume 110
Todestrieb 48, 198, 199, 295, 296, 297, 300, 301, 306, 307, 309, 311
Todeswunsch 26, 126, 129
Toleranz 48, 137
Totem 25, 28, 55, 66, 69, 74, 85, 171, 175, 191, 221, 250, 293
Totemismus 66, 97, 125, 221, 294
Totemverbote 78
Tötung 66
Trauer 54, 73, 135, 252, 255, 266, 285
Trauma 41, 139, 211
Traumanalyse 117, 127

Traumarbeit 25, 119, 120, 141, 209, 210, 229, 254, 284, 299
Traumbeispiel 112
Traumbilder 233
Traumbildung 119, 131, 142, 209, 210, 226, 229, 231, 232, 235
Traumdeuter 209
Traumdeutung 26, 99, 109, 118, 171, 179, 223, 225, 233, 235, 321, 324, 333
Träume 25, 109, 111, 119, 121, 125, 127, 139, 141, 171, 175, 208, 210, 221, 225, 226, 227, 228, 229, 230, 231, 232, 233, 279, 324, 325
Traumelemente 225, 234
Traumentstellung 233, 324, 325
Träumer 109, 116, 117, 118, 124, 125, 128, 130, 209, 210, 225, 226, 229, 230, 235, 324
Traumerzählung 25
Traumgedanken 25, 118, 120, 131, 209, 226, 227, 229, 233
Trauminhalt 117, 118, 119, 209, 230, 233, 324
Traumleben 26, 227
Traumlehre 59, 91
Traumnacht 117
Traumstücke 226, 234
Traumsymbole 79, 211
Traumtheorie 120, 324
Traumzensur 54, 210, 276, 324
Treue 136
Trieb 19, 22, 23, 37, 49, 56, 62, 63, 81, 82, 85, 195, 196, 197, 198, 199, 213, 283, 287, 295, 296, 299, 311
Triebart 196, 198, 199, 271, 295, 296, 297, 298, 309
Triebbedürfnisse 301
Triebbefriedigung 18, 26
Triebbeherrschung 309
Triebeinschränkung 307
Triebentmischung 296, 308, 309
Triebgehorsam 309
Triebhemmung 35, 309
Triebkräfte 53, 209, 215, 220, 232, 233, 300

Triebleben 127
Trieblehre 195, 198
Triebmischung 296
Triebregungen 18, 20, 22, 27, 38, 86,
    128, 140, 195, 198, 221, 239,
    294, 295, 298, 300, 324
Triebschicksal 196, 287, 298
Triebsituation 64
Triebvorgänge 309
Triebwahrnehmung 309
Triebwesen 24
Trotz 302
Trotzeinstellung 303
Tugend 128, 324
Tyrann 306
Tyrannei 36

U

Überbesetzung 140, 281
Überdeutung 127
Über-Ich 271, 285, 290, 291, 292,
    293, 294, 301, 302, 304, 305,
    306, 307, 308, 309, 310, 311
Überkompensation 217
Übertragung 70, 125, 215, 217, 228,
    232, 254, 299, 335
Übertragungsneurosen 195, 197, 217,
    218
Übertragungstraum 141
Überwältigung 310
Umarbeitung 68, 127, 315
Umbildungen 214
Umdeutung 247
Umdichtung 78
Unbewußtbleiben 284
Unbewußtes 21, 22, 25, 26, 30, 51,
    53, 56, 81, 85, 103, 129, 130,
    131, 135, 138, 140, 157, 158,
    159, 171, 175, 195, 207, 208,
    209, 214, 217, 220, 227, 230,
    268, 271, 272, 273, 274, 275,
    277, 278, 280, 284, 299, 305
Unbewußtsein 277
Uneigennützigkeit 26, 30
Ungehemmtheit 61
Unglaube 141, 211

Ungläubige 45
Unlust 234, 280
Unlustgefühle 276
Unterdrückung 307
Unterwerfung 58, 71
Untreue 136, 137, 139, 140
Untreuestrebungen 137
Unzufriedenheit 78
Unzugänglichkeit 303
Uranfang 300
Urbild 251
Urfamilie 83
Urgeschichte 55, 72
Urhorde 17, 65, 66, 67, 68, 69, 71,
    78, 79, 82, 250
Urhordenzeiten 78
Urinieren 317
Urlibido 196, 197
Urmensch 67
Urvater 67, 68, 71, 79, 250, 251
Urzeit 26, 66, 78, 221, 251

V

Vagina 319
Vater 51, 67, 68, 78, 115, 130, 139,
    140, 203, 247, 248, 250, 251,
    252, 255, 256, 266, 288, 291
Vatereinstellung 253
Vatererniedrigung 255
Vaterersatz 40, 247, 249, 250, 251,
    252, 254, 255, 267
Vaterfixierung 233
Vatergott 79
Vaterhass 252
Vateridentifizierung 50, 288, 289, 290
Vaterkomplex 293, 302
Vaterland 41
Vatermord 83
Vaterobjekt 51, 290
Vaterobjektwahl 51
Vaterrolle 292
Vatersehnsucht 250, 255, 268, 292
Vatersurrogat 79
Vaterübertragung 141
Vaterverhältnis 254
Vatervertretung 141

Vatervorbild 308
Verantwortlichkeit 33
Verantwortlichkeitsgefühl 22, 33
Verbot 74, 83, 286, 290, 292
Verbrechen 44, 299
Verbrecher 58, 305
Verdrängung 22, 47, 51, 54, 56, 57, 69, 74, 135, 136, 139, 214, 215, 217, 219, 220, 232, 234, 255, 257, 274, 276, 280, 286, 290, 291, 305
Verdrängungslehre 214
Verdrängungsleistung 291
Verdrängungsschub 80
Vererbung 117, 293, 294
Vererbungseinflüsse 21
Vererbungsfragen 114
Verfolgung 203, 209, 211, 258, 323
Verfolgungsgedanken 140
Verfolgungsträume 141
Verführerin 78, 264
Verführung 143, 212
Vergesellschaftungen 31, 40, 63
Vergottung 67, 79
Verhüllung 110
Verletzungen 121, 126
Verliebtheit 17, 49, 55, 56, 57, 58, 59, 60, 64, 82, 83, 84, 85, 297
Verliebtsein 83
Verlockung 78
Verlust 23, 44, 53, 54, 75, 252, 287
Verlustträgerin 65
Vermeidung 75
Vermischungen 198
Versagen 73
Verschiebung 209, 215, 254, 278, 299, 300, 307
Verschiebungsenergie 299
Verschreibungen 243, 246, 247, 248, 253, 257, 258, 259, 260, 261, 262, 268
Verschreibungsszenen 260
Versittlichung 26
Verstimmung 75, 124, 246, 248
Versuchungsgeschichte 264
Versuchungsphantasien 265
Verurteilung 75, 216, 304

Verwandtschaft 71
Verzagtheit 241, 246
Verzicht 35, 56, 74, 143, 205, 206, 268
Verzücktheit 264
Verzückung 239
Virginität 139
Visionen 240, 243, 245, 263, 264, 266, 267
Völker 221
Völkerstämme 47
Volkslied 31
Volksschichten 219, 329
Vollbart 249
Vorbewußtes 159
Vorgesetzter 41, 42, 47, 77
Vorstellung 34, 66, 71, 204, 205, 217, 251, 273, 276, 278, 279, 281, 283, 296, 308, 317
Vorstellungsbild 250
Vorstellungskreisen 226

W

Wachdenken 141, 227
Wachen 229, 324, 325
Wachleben 109, 131, 142, 209, 210, 225, 227, 229, 254
Wahn 129, 137, 139, 171, 175
Wahnidee 140, 141, 142
Wahnsystem 84
Wahrheit 112, 167, 237
Wahrheitsdurst 28
Wahrheitsliebe 324, 325
Wahrnehmung 59, 66, 70, 71, 73, 120, 128, 273, 275, 278, 279, 280, 281, 283, 288, 295, 305, 306, 310, 317
Wahrnehmungsmaterial 136
Wahrnehmungssystem 285
Wahrnehmungswelt 283, 285
Wehen 124
Wehentätigkeit 124
Weib 48, 68, 78, 83, 84, 124, 135, 136, 140, 142, 221, 255, 256, 318
Weiblichkeit 255, 257

Welt 37, 39, 69, 70, 118, 157, 216, 239, 264, 267, 309
Weltganzes 222
Weltgetriebe 195
Weltkind 266, 267
Weltverkehr 334
Wertschätzung 140
Wertskala 285
Widerstand 36, 62, 71, 74, 80, 159, 198, 211, 214, 215, 217, 219, 220, 226, 230, 254, 256, 257, 274, 276, 280, 284, 287, 303, 324
Widerstandsdruck 226
Widerstandssteigerung 141
Wiederholung 28, 61, 73, 203, 207, 272
Wiederholungszwang 232
Wille 23, 29, 66, 67, 69, 71, 121, 163, 193, 217, 283, 311
Willensaufhebung 71
Witwe 87
Witwer 122, 130
Witz 70, 74, 103, 171, 175, 209
Wochenbett 113
Wort 20, 28, 37, 38, 39, 43, 83, 119, 163, 167, 208, 244, 246, 249, 259, 261, 275, 279, 280, 281
Wortlaut 243, 246, 257
Wortrest 279, 306
Wortstreit 273
Wortvorstellung 278, 279, 281, 306
Wunder 59, 72, 218, 221, 229, 242, 243
Wunderheilung 240, 242
Wunsch 28, 46, 50, 65, 80, 81, 114, 118, 119, 130, 131, 140, 210, 227, 228, 231, 232, 239, 245, 253, 257, 288, 309, 329, 335

Wunscherfüllung 119, 120, 130, 209, 210, 215, 220, 226, 233
Wunschphantasien 266
Wunschregung 28, 119, 210, 214, 221, 229, 233
Wunschtheorie 110

Z

Zahlen 19, 59, 141, 217, 253
Zärtlichkeit 50, 80, 126, 255
Zärtlichkeitsbeziehungen 198
Zärtlichkeitstriebe 56
Zauber 29
Zauberkünste 245
Zauberwort 35
Zersetzung 44
Zersetzungsprodukt 310
Zeugungsakt 301
Zielablenkung 81
Zivilisation 24
Zölibat 84
Zufall 113, 118, 128
Zufallshandlungen 208
Zukunft 67, 205, 210, 220
Zukunftserwartungen 167
Zwange 302
Zwangskranke 306
Zwangsneurose 129, 195, 215, 217, 218, 257, 296, 304, 305, 306, 308
Zwangsvorstellung 142
Zweideutigkeit 248, 275
Zweifel 25, 26, 30, 44, 58, 80, 115, 116, 139, 212, 226, 230, 231, 241, 245, 268, 280, 297, 303
Zweifler 229
Zwillinge 112, 113, 115, 117, 118
Zwillingsgeburt 113, 115, 118